原色 野菜 病害虫百科
第2版

トマト・ナス・ピーマン他

1

社団法人
農山漁村文化協会

まえがき

　新鮮でおいしい野菜を食卓にのせることは，生産者と消費者の共通の願いです。しかし，高温で多湿なわが国では，四季を通じていろいろな病気や害虫によって被害をこうむっております。健康な土つくりや作りまわし，品種の組合わせなどによって病害虫の被害を避ける手立てもとられておりますが，それだけでは防ぎきれない場合もあります。そのようなときにはぜひ本書をご活用ください。

　的確な防除の第一歩は，正確な診断です。畑の状態や野菜の症状から，それがなんという病気によるものか，どんな害虫が加害したのかを正確に判断することが必要です。

　本書〔診断の部〕では被害の様子を初期症状，中期症状，典型的な症状などに分け，さらに葉，茎，根部，果実など，被害部位ごとにその症状を鮮明なカラー写真で示しました。害虫では，卵，幼虫，蛹，成虫というように各生態をカラー写真で示して，害虫名を的確に判断できるようにしました。病害虫の的確な診断は専門家でも難しいといわれるものですが，本書をかたわらにおけば初心者でも不可能ではありません。また，全く見当がつかない場合でも病害虫を特定できるように，被害の部位や症状を図解した絵目次をつけました。

　"敵"がなにものであるかが明らかになれば，的確な手を打つことができます。

　本書〔防除の部〕ではその病害虫の生態や生活史，発生しやすい条件，対策のポイントを解説し，さらに防除適期と薬剤，栽培管理を含めた防除上の注意にまで及んでおります。適用農薬は「改正農薬取締法」に合わせて最新のデータを精選して掲載いたしました。

　本シリーズは好評を得た『原色野菜病害虫百科　第1版』を約20年ぶりに全面改訂したものです。プロ農家から家庭園芸愛好家まで，ひろくご活用いただければ幸いです。

　2005年3月　　　　　　　　　　　　（社）農山漁村文化協会

========『原色 病害虫百科 第２版』全巻の構成案内========

原色 野菜病害虫百科 第２版

1. トマト・ナス・ピーマン 他
   トマト・ナス・ピーマン・トウガラシ
2. キュウリ・スイカ・メロン 他
   キュウリ・スイカ・温室メロン・露地メロン・シロウリ・カボチャ・ウリ類
3. イチゴ・マメ類・スイートコーン 他
   イチゴ・エンドウ・インゲン・ソラマメ・マメ類・オクラ・スイートコーン
4. キャベツ・ハクサイ・シュンギク 他
   キャベツ・ハクサイ・コマツナ・カリフラワー・ブロッコリー・チンゲンサイ・タアサイ・アブラナ科・シュンギク
5. レタス・ホウレンソウ・セルリー 他
   レタス・ホウレンソウ・セルリー・セリ・パセリ・シソ・ショウガ・ミョウガ・ワサビ
6. ネギ類・アスパラガス・ミツバ 他
   ネギ・タマネギ・ニンニク・ニラ・ラッキョウ・ネギ類・アスパラガス・ウド・ミツバ・フキ
7. ダイコン・ニンジン・イモ類 他
   ダイコン・カブ・ニンジン・ゴボウ・ジャガイモ・サツマイモ・サトイモ・ヤマノイモ・レンコン

原色 作物病害虫百科 第２版

1. イネ
2. ムギ・ダイズ・アズキ・飼料作物 他
   ムギ・ダイズ・アズキ・ラッカセイ・飼料作物
3. チャ・コンニャク・タバコ 他
   チャ・コンニャク・ホップ・タバコ・クワ

原色 果樹病害虫百科 第２版

1. カンキツ・キウイフルーツ
2. リンゴ・オウトウ・クルミ・西洋ナシ
3. ブドウ・カキ
4. モモ・ウメ・スモモ・アンズ・クリ
5. ナシ・ビワ・イチジク・マンゴー

『原色 病害虫百科 第２版』は，好評をいただいている『加除式 農業総覧 原色 病害虫診断防除編』をより多くの方にご利用いただけるよう，最新の情報をもとに改稿したものです。とくに適用農薬については最新の情報を盛り込んでおります。単行本化に快く同意していただくと同時に改稿の労をとっていただいた著者の方々に厚く御礼申し上げます。
　なお本書に記載されている農薬については，登録内容を逐次ご確認のうえご使用ください。

目　　次

トマトの病気

	カラー	本文	農薬表
疫病	3	5	751
葉かび病	11	13	752
萎凋病	19	21	753
輪紋病	29	31	754
青枯病	35	37	755
モザイク病	43		
1. CMVによるモザイク病		45	756
2. TMVによるモザイク病		51	
灰色かび病	57	59	759
しり腐病	65	67	
かいよう病	71	73	760
半身萎凋病	79	81	760
褐色根腐病	80	87	761
斑点細菌病	89	91	761
アルターナリア茎枯病	95	97	
根腐萎凋病	96	101	
黄化えそ病	107	109	761
環紋葉枯病	115	117	761
白絹病	116	121	762
苗立枯病	127	129	762
茎えそ細菌病	128	133	
うどんこ病	139	141	765
白かび病	140	145	

目　次

腐敗細菌病 …………………………………149　**151**
褐色輪紋病 …………………………………150　**155**
黄化葉巻病 …………………………………159　**161**
へた腐症 ……………………………………160　**167**　*766*
根腐疫病 ……………………………………171　**173**
根腐病 ………………………………………172　**179**　*766*
灰色疫病 ……………………………………185　**187**
黒点根腐病 …………………………………186　**193**　*766*
斑点病 ………………………………………197　**199**　*767*
生理障害 ……………………………………198
　　カルシウム欠乏症 …………………………　**203**
　　マグネシウム欠乏症 ………………………　**205**
　　鉄欠乏症 ……………………………………　**209**

トマトの害虫

吸蛾類 ………………………………………213　**215**
モモアカアブラムシ ………………………214　**219**　*767*
テントウムシダマシ類 ……………………223　**225**　*769*
ミナミアオカメムシ ………………………224　**229**　*769*
オンシツコナジラミ ………………………233　**235**　*770*
ネコブセンチュウ類 ………………………234　**241**　*772*
ヒラズハナアザミウマ ……………………247　**249**　*773*
オオタバコガ ………………………………248　**255**　*773*
マメハモグリバエ …………………………261　**265**　*774*
シルバーリーフコナジラミ ………………262　**271**　*775*
ハスモンヨトウ ……………………………264　**279**　*777*
トマトサビダニ ……………………………283　**285**　*778*
ダイズウスイロアザミウマ ………………284　**289**　*778*

4

目次

ミカンキイロアザミウマ	295	**297**	*779*
カメムシ類	305	**307**	*779*
トマトハモグリバエ	306	**313**	*780*

ナスの病気

青枯病	319	**321**	*782*
半枯病	320	**327**	
半身萎凋病	331	**333**	*783*
黒枯病	332	**337**	*784*
褐紋病	341	**343**	
褐色円星病	347	**349**	
菌核病	348	**353**	*784*
うどんこ病	357	**359**	*785*
灰色かび病	363	**365**	*786*
すす斑病	369	**371**	*788*
すすかび病	370	**375**	*788*
えそ斑点病	381	**383**	*789*
根腐疫病	382	**387**	*789*
モザイク病	391	**393**	
褐色腐敗病	391	**397**	*790*
萎縮病	392	**403**	
苗立枯病	405	**407**	*790*
苗葉枯疫病	406	**411**	*792*
茎腐細菌病	417	**419**	*793*
黄化えそ病	425	**427**	*793*
茎枯病	426	**431**	

目 次

ナスの害虫

テントウムシダマシ類	437	**439**	*794*
ハスモンヨトウ	438	**443**	*795*
ハダニ類	447	**449**	*796*
アブラムシ類	455	**457**	*797*
ネコブセンチュウ類	456	**463**	*799*
ネキリムシ類	469	**471**	*800*
ジャガイモガ	470	**475**	
フキノメイガ	479	**481**	
チャノホコリダニ	480	**485**	*801*
ミナミキイロアザミウマ	489	**491**	*802*
ナメクジ類	495	**497**	*803*
ダイズウスイロアザミウマ	496	**501**	*804*
オンシツコナジラミ	507	**509**	*804*
ヨトウガ	508	**513**	*805*
マメハモグリバエ	517	**519**	*805*
シルバーリーフコナジラミ	518	**525**	*806*
ミカンキイロアザミウマ	531	**533**	*807*
オオタバコガ	532	**539**	*808*
ナスナガスネトビハムシ	545	**547**	
メンガタスズメ	545	**549**	
カメムシ類	546	**551**	*809*

ピーマンの病気

モザイク病	559	**561**	*809*
疫病	560	**565**	*809*
うどんこ病	569	**571**	*810*

目 次

斑点細菌病	570	**575**	*811*
軟腐病	579	**581**	*811*
炭疽病	579	**585**	
菌核病	580	**587**	*811*
青枯病	580	**589**	*812*
黄化えそ病	593	**595**	
灰色かび病	594	**599**	*812*
苗立枯病	603	**605**	*813*
白斑病	604	**607**	
白絹病	611	**613**	*813*
へた腐病	612	**617**	
斑点病	621	**623**	*813*
半身萎凋病	622	**627**	

ピーマンの害虫

ミナミキイロアザミウマ	633	**635**	*814*
オンシツコナジラミ	634	**639**	*815*
チャノホコリダニ	643	**645**	*816*
タバコガ類	644	**649**	*816*
ハダニ類	655	**657**	*817*
ヒラズハナアザミウマ	656	**661**	*817*
アブラムシ類	665	**667**	*818*
ハスモンヨトウ	666	**673**	*820*
サツマイモネコブセンチュウ	666	**677**	*820*
コナカイガラムシ類	681	**683**	*821*
シリバーリーフコナジラミ	682	**687**	*821*
ミカンキイロアザミウマ	691	**693**	*822*
クリバネアザミウマ	692	**697**	*822*

7

目　　次

シクラメンホコリダニ …………………701　**703**
ナメクジ類 ……………………………702　**707**　*823*

トウガラシの病気

軟腐病 …………………………………713　**715**　*823*
炭疽病 …………………………………714　**719**
白星病 …………………………………721　**723**
斑点細菌病 ……………………………722　**725**
青枯病 …………………………………727　**729**　*824*
疫病 ……………………………………727　**733**　*824*
半身萎凋病 ……………………………728　**737**
モザイク病 ……………………………741　**743**

病害・虫害の発生部位，症状の特色から見た目次

〔トマトの病気〕

葉の症状

円形～不整形・濃褐色に囲まれた淡褐色の小病斑……………………………………斑点病　199

1～2mm大の円形の褐色または黒色のややへこんだ病斑，病斑のまわりは淡黄色にふちどられる………………………斑点細菌病　91
1～5mm大の円形～不整形で淡褐色または黒褐色の病斑，病斑のまわりは淡黄色にふちどられる………………………褐色輪紋病　155

ややくぼんだ円形～不整楕円形・暗褐色病斑，病斑上に同心輪紋………………………輪紋病　31

不整形・暗緑色・浸潤性の大型病斑，病斑のまわりまたは裏に霜状のカビが生える………………………………………………疫病　5

円形～不整形の暗緑色水浸状病斑を生じ，乾燥すると褐色になり砕けやすくなる……………………………………………灰色疫病　187

病害・虫害の発生部位，症状の特色から見た目次（トマト）

淡褐色の同心輪紋状の円形病斑で葉裏部に乳白色のピラミッド状のカビが生える……………………………………環紋葉枯病　117

円形〜不整形，表面がわずかに黄変。裏面にビロード状のカビが生える…………葉かび病　13

不整形，褐色大型病斑，ネズミ色のカビが生える………………………………灰色かび病　59

緑色部に濃淡の斑入り…………モザイク病（CMV/TMV）　45

奇形（糸葉，葉縁波状）となる
　　　………………………モザイク病（CMV/TMV）　45

葉縁から黄化し，葉巻する。葉が縮葉となる………………………………………黄化葉巻病　161

葉脈間に黒褐色〜黒色のえ死斑点が多数生じて枯死し巻き上がる………アルターナリア茎枯病　97

10

病害・虫害の発生部位，症状の特色から見た目次（トマト）

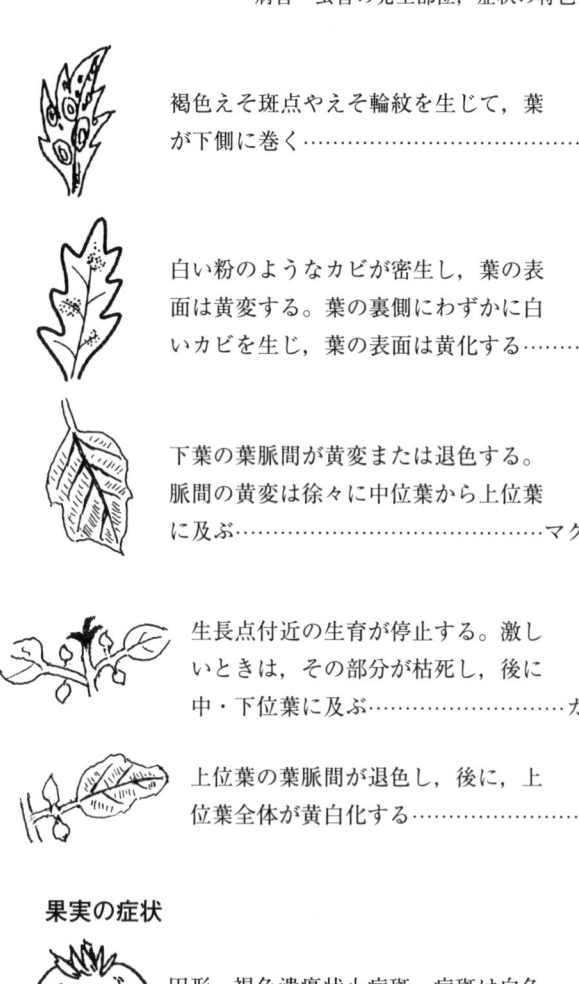

褐色えそ斑点やえそ輪紋を生じて，葉が下側に巻く…………………………黄化えそ病　109

白い粉のようなカビが密生し，葉の表面は黄変する。葉の裏側にわずかに白いカビを生じ，葉の表面は黄化する……うどんこ病　141

下葉の葉脈間が黄変または退色する。脈間の黄変は徐々に中位葉から上位葉に及ぶ………………………マグネシウム欠乏症　205

生長点付近の生育が停止する。激しいときは，その部分が枯死し，後に中・下位葉に及ぶ………………カルシウム欠乏症　203

上位葉の葉脈間が退色し，後に，上位葉全体が黄白化する………………………鉄欠乏症　209

果実の症状

円形・褐色潰瘍状小病斑，病斑は白色部に囲まれ鳥目状……………………かいよう病　73

初め水浸状褐色で周縁が白くふちどられた小斑点ができ，やがて中心部がコルク化して隆起する………………斑点細菌病　91

病害・虫害の発生部位，症状の特色から見た目次（トマト）

へたとがくが赤褐色に変色してコルク状に乾燥する。果実が成熟せずに離層部から落下する ……………へた腐症（斑点病の一症状）　167

不整形・あめ色～褐色の火傷状大型病斑，白色の霜状のカビが生える……………疫病　5

円形の暗緑色，水浸状の病斑が生じ，多湿下では灰色ビロード状のカビが生じる……………灰色疫病　187

軟化腐敗しネズミ色のカビが生える……………灰色かび病　59

奇形，小型となる……………モザイク病　45

果実を切ってみると褐色の条斑，株が萎凋する……………萎凋病　21
……………かいよう病　73

褐色えそ斑点やえそ輪紋を生じ，部分的にコブを生じて奇形になる……………黄化えそ病　109

病害・虫害の発生部位，症状の特色から見た目次（トマト）

土に接触した部分が軟化し，土の表面に白色絹糸状の菌糸と丸い小菌核が生じる……………………………………白絹病　121

白色ビロード状のカビが生え，水浸状に軟化腐敗し，酸っぱい臭いがする…………白かび病　145

果実を切ってみると果肉組織が黒褐色に腐敗している………………………腐敗細菌病　151

花落部を中心に果実の尻の部分が暗緑色から黒褐色に変色し，後に腐敗する……………………………………しり腐病　67

茎の症状

苗の茎部が侵されくびれて倒れ枯死する。リゾクトニア属菌によるものは患部が褐変する………………………苗立枯病　129

長楕円形・灰褐色～灰白色病斑，同心輪紋………………………アルターナリア茎枯病　97

13

病害・虫害の発生部位，症状の特色から見た目次（トマト）

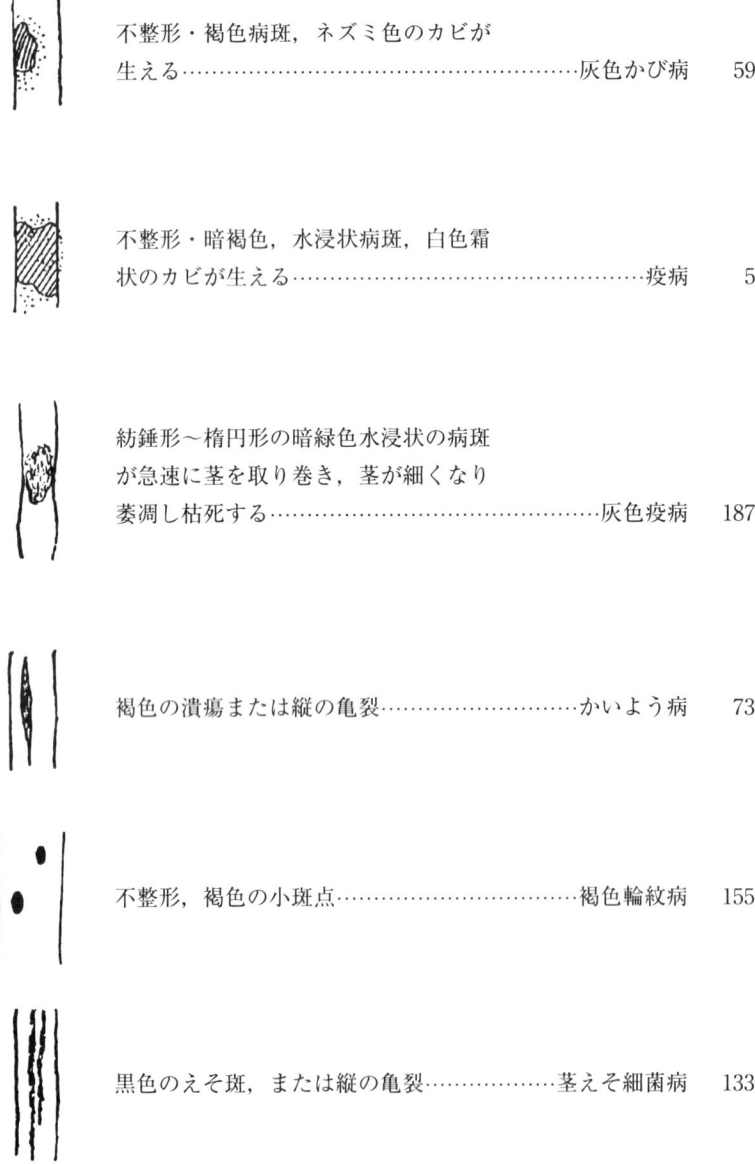

不整形・褐色病斑，ネズミ色のカビが
生える……………………………………灰色かび病　59

不整形・暗褐色，水浸状病斑，白色霜
状のカビが生える………………………………疫病　5

紡錘形〜楕円形の暗緑色水浸状の病斑
が急速に茎を取り巻き，茎が細くなり
萎凋し枯死する…………………………………灰色疫病　187

褐色の潰瘍または縦の亀裂………………………かいよう病　73

不整形，褐色の小斑点……………………………褐色輪紋病　155

黒色のえそ斑，または縦の亀裂…………………茎えそ細菌病　133

14

病害・虫害の発生部位，症状の特色から見た目次（トマト）

褐色えそ条斑を生じる……………………………黄化えそ病　109

地ぎわ部が褐変し，表面に白色絹糸状
菌糸と丸い小菌核が生じる………………………白絹病　121

維管束が褐変する
　　乾燥状，上部まで褐変…………………………萎凋病　21
　　手でおすと白濁状の粘液を分泌………………青枯病　37
　　髄部黄変，粉状または中空……………………かいよう病　73
　　髄部褐変，小房状または中空…………………茎えそ細菌病　133
　　褐変する場合もある……………………………根腐疫病　173
維管束が黄変する
　　………………………………………………………半身萎凋病　81

全体の症状

萎凋する
　　下葉から黄変・萎凋，上葉にひろ
　　がる。根は部分的に褐変………………………萎凋病　21
　　根の褐色変色部分がひろがるにつ
　　れ，急速に下部全体が萎凋し枯死
　　する。養液栽培で多い…………………………灰色疫病　187
　　茎・葉が急にしおれ，青枯れ症状
　　となる。根は部分的に褐変……………………青枯病　37
　　茎基部がおかされるので，株全体
　　が黄化して，衰弱し，萎凋する………………白絹病　121

病害・虫害の発生部位，症状の特色から見た目次（トマト）

葉はまわりからしおれ，上に巻きあがり枯死，上葉にひろがる。根は正常……………かいよう病　73

下葉の葉縁が黄変・しおれ，上葉へとひろがる。根は太根が褐変・コルク化，細根は腐敗・脱落……褐色根腐病　87

上葉から軽度に黄変し，しおれがひろがる。根は正常………茎えそ細菌病　133

下葉の葉縁部がくさび状に黄変・しおれ，ゆっくりと上葉にひろがる。根は一部黄変……………半身萎凋病　81

下葉が黄変・しおれ，ゆっくりと上葉にひろがる。根は褐変，表面に小黒粒点………………黒点根腐病　193

先端葉がしおれ，黄変，上葉へひろがる。根は黒褐変，腐敗…………根腐萎凋病　101

養液栽培で多く，根の褐変部が全体にひろがりあめ色になり，地上部はしおれ下葉から黄化して枯死する。維管束の変色はない………根腐病　179

頂葉・茎が急にしおれ，青枯れ症状となる。根は太根が褐変しその中心柱が赤褐変，細根は腐敗・脱落………………………………根腐疫病　173

生長点付近がそう生またはわい化する……………モザイク病（CMV/TMV）　45

病害・虫害の発生部位，症状の特色から見た目次（トマト）

上位葉の黄化えそ症状が著しく，株全体にえそを生じて，枯死することがある………………………………………黄化えそ病　109

生長点付近の生長がとまり，枯死する
　　………………………………………カルシウム欠乏症　203

病害・虫害の発生部位，症状の特色から見た目次（トマト）

〔トマトの害虫〕

葉の症状

吸汁して害する

新芽に近い葉裏や下葉に近いところに
寄生し，葉を黄化・萎縮させる………モモアカアブラムシ　219

葉脈を加害し，葉が黄化する…………ミナミアオカメムシ　229

葉裏に小さな白い成虫と黄色の幼虫が
多数寄生し，黒いすすで汚染する
………………………………シルバーリーフコナジラミ　271

先端部の葉群を手で払うと，裏側から
小さな白い成虫が舞いたつ……………オンシツコナジラミ　235

緑の縁が黄褐色になって葉裏側へやや
そり返る。葉裏は緑褐色で光沢をもつ
………………………………………………トマトサビダニ　285

カスリ状の白斑を生じ，しだいに光沢
をおびて銀色に光る…………ダイズウスイロアザミウマ　289

18

病害・虫害の発生部位，症状の特色から見た目次（トマト）

生長点部が萎凋する
　………………………………ミナミアオカメムシ　229
　………………………………アオクサカメムシ　307

葉の養分が吸収されて，症状がでる

葉の表面や葉裏に，シルバリング症状
が見られる………………ミカンキイロアザミウマ　297

葉，特に老化葉の葉脈間に不定形で斑
点状のえ死部分が見られる………ミカンキイロアザミウマ　297

かじって害する

葉の裏側を表皮を残してさざ波状にか
じる………………………………テントウムシダマシ類　225

葉に円形または楕円形の食痕を残し，
花蕾・花梗を切断する………………オオタバコガ　255
表皮を残し，葉がスカシ状になる…………ハスモンヨトウ　279

葉面に，くねくねとした線条の食害痕
が現われる………………………………マメハモグリバエ　265
　………………………………トマトハモグリバエ　313

19

病害・虫害の発生部位，症状の特色から見た目次（トマト）

果実の症状

吸汁して害する

赤く熟してきた実に針でついたくらい
の穴をあけ，腐らせる……………………………………吸蛾類　215

青い実を加害し，そこが汚黒色になり，
腐敗や早熟着色が起こる………………ミナミアオカメムシ　229
　………………………………………………アオクサカメムシ　307
　………………………………………………ブチヒゲカメムシ　307
　……………………………………………………カメムシ類　307

果実表面が硬化して緑褐色ないし灰褐
色になり，多数の細かい亀裂が生じる……トマトサビダニ　285

果面にソバカス状の傷を生じる
　………………………………………ダイズウスイロアザミウマ　289

かじって害する

果実表面が硬化して緑褐色ないし灰褐
色になり，多数の細かい亀裂が生じる……トマトサビダニ　285
不定形に舐めたようにかじる…………ハスモンヨトウ　279

子房内に産卵して害する

果実が大きくなるにつれて，白ぶくれ
の斑紋も拡大し明瞭になる…………ヒラズハナアザミウマ　249

病害・虫害の発生部位，症状の特色から見た目次（トマト）

果実の表面に症状がでる

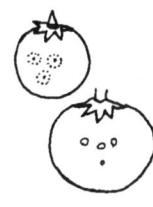

幼果の表面に小さな白ぶくれ症状がでる（上）。また，着色後の成熟果では，黄色い小さな斑点が見られる（下）
………………………………ミカンキイロアザミウマ　297

未熟果が加害されると白ぶくれ症状がでる………………………………ミナミアオカメムシ　229
…………………………………………アオクサカメムシ　307

排泄物で汚す

黒いすすで汚染したり，縦縞やまだら模様の着色異常が生じる………シルバーリーフコナジラミ　271

排泄物（甘露）にすす病菌が発生し，すす状に黒ずむ……………………オンシツコナジラミ　235

根の症状

根に寄生する

根にコブをたくさんつくる……………ネコブセンチュウ類　241

病害・虫害の発生部位，症状の特色から見た目次（ナス）

〔ナスの病気〕

葉の症状

斑点ができる

病斑上に黒い粒，同心円状の輪紋がある……………………………………………褐紋病　343

病斑状に黒い粒はなく，カビが生える
　病斑は紫黒色………………………………黒枯病　337
　病斑は褐色。主に施設栽培で発生………すす斑病　371
　　　　　　　　　………………………………すすかび病　375
　病斑は褐色。露地栽培で秋口に発生………………………………………………褐色円星病　349
退色斑紋や輪紋からえそ斑を生じる…………黄化えそ病　427

特定の病斑はない

小麦粉のようなカビが生える………………うどんこ病　359

葉縁部が縮み，灰褐色〜茶褐色に変色し，のちに白粉状の胞子が密生する……苗葉枯疫病　411

病害・虫害の発生部位，症状の特色から見た目次（ナス）

枝・茎の症状

果梗の切口から発生する。主にハウス
栽培で発生……………………………………黒枯病　337

褐色の細長い病斑，黒い粒がある……………褐紋病　343
　　　　　　　　　　　　　　　　　　………茎枯病　431

綿のようなカビが生え，のち菌核がで
きる……………………………………………菌核病　353

芽かき部から発病する。病斑部の上位
の茎葉は黄化，萎凋し，枯死する…………茎腐細菌病　419

株全体の症状

しおれる　　全体がしおれる

茎の導管が変色している……………………青枯病　321
茎の導管に変色は見られない。根
の中心柱にも変色は見られない……………根腐疫病　387
　　　　　　　　　　　　　　　　…………褐色腐敗病　397
茎の導管に変色は見られない。接
木部の上位の茎表皮が褐変，腐敗…………茎腐細菌病　419
台木や穂木の茎が黒変，維管束が
褐変し細菌やカビが認められない…………黄化えそ病　427

病害・虫害の発生部位，症状の特色から見た目次（ナス）

片側がしおれる……………………………………半身萎凋病　333

株元の茎部が侵され腰折れ状になる………………苗立枯病　407

しおれない

葉の半分が黄変する………………………………半枯病　327

株全体が萎縮・わい化し，先端葉が奇形となる

先端葉にモザイク斑紋がある……………………モザイク病　393

先端葉に紫褐色の小斑点がある…………………えそ斑点病　383

先端葉の葉縁が上向きに巻いて大きく
ならない……………………………………………萎縮病　403

病害・虫害の発生部位，症状の特色から見た目次（ナス）

果実の症状

果実に病斑が生じ，腐敗する

　　　　黒い粒が同心円状にならぶ……………………褐紋病　343

　　　　灰色のカビがほこりのように密生する…………灰色かび病　365
　　　　白色のち灰色のカビが粉状に生える……………褐色腐敗病　397

果実が奇形になる

　　　　凸凹になる………………………………………モザイク病　393

　　　　肥大が悪く，わん曲する………………………萎縮病　403

病害・虫害の発生部位，症状の特色から見た目次（ナス）

〔ナスの害虫〕

葉の症状

葉が円形，楕円形に食害される……………オオタバコガ 539
葉が蚕食され，ひどいときには丸坊主
になる………………………………………ハスモンヨトウ 443
………………………………………………ナメクジ類 497
………………………………………………ヨトウガ 513
………………………………………………メンガタスズメ 549

葉が網目状に食われる……………テントウムシダマシ類 439

葉間が食われるので，透かし状になる
　袋状の透かし………………………………ジャガイモガ 475
　線状の透かし……………………………マメハモグリバエ 519

葉の表面に小さく，不整形の食害痕が
見られる………………………ナスナガスネトビハムシ 547

茎・幹の症状

根ぎわがかみきられる………………………ネキリムシ類 471

茎や幹の折れた部分から虫糞が出てい
る……………………………………………フキノメイガ 481
………………………………………………オオタバコガ 539

26

病害・虫害の発生部位，症状の特色から見た目次（ナス）

茎の養分吸収・奇形

糞にすす病が発生し，黒く汚れる。葉裏に1mm前後の虫が群生 ……………………アブラムシ類　457

葉裏に白色の三角形の虫が群生し，葉が動くと四方に散る……………オンシツコナジラミ　509
…………………………シルバーリーフコナジラミ　525

カスリ状の白斑がわかる………………………ハダニ類　449
葉脈にそって白斑を生じる………ミナミキイロアザミウマ　491
………………………ダイズウスイロアザミウマ　501
カスリ状の白斑を生じる…………ミカンキイロアザミウマ　533

葉や生長点部がしおれる（ミナミアオカメムシ，アオクサカメムシ，ブチヒゲカメムシ，ホオズキカメムシ）………………カメムシ類　551

新葉がわい小，奇形となる。葉裏に茶褐色のツヤがでる…………………チャノホコリダニ　485

新葉に不規則な穴が多数あいたり，奇形となる（コアオカスミカメ）………………カメムシ類　551

病害・虫害の発生部位，症状の特色から見た目次（ナス）

果実の症状

穴をあけられる……………………………ハスモンヨトウ 443
　　　　　……………………………………ナメクジ類 497
穴をあけられ，虫糞が排出している…………オオタバコガ 539

果面がかじられる……………………テントウムシダマシ類 439
　　　　　…………………………………………ジャガイモガ 475

果面がサメ肌になる………………………チャノホコリダニ 485
　　　　　……………………………ミナミキイロアザミウマ 491
　　　　　……………………………ダイズウスイロアザミウマ 501

果頂部に脱色白斑点が生じる
　　　　　……………………………ミカンキイロアザミウマ 533

果面の加害部が小さくくぼむ（ミナミ
アオカメムシ，アオクサカメムシ，ブ
チヒゲカメムシ）………………………………カメムシ類 551

根の症状

根にじゅず状のコブができ，ひどくな
ると腐敗する。葉が萎凋して生育が不
良となる（サツマイモネコブセンチュ
ウ）………………………………ネコブセンチュウ類 463

根にホシ型のコブができ，ひどくなる
と腐敗する。葉が萎凋して生育が不良
となる（キタネコブセンチュウ）
　　　　　……………………………ネコブセンチュウ類 463

28

病害・虫害の発生部位，症状の特色から見た目次（ピーマン）

〔ピーマンの病気〕

葉の症状

斑点ができる

水浸状暗緑色，円形斑点，灰白色粉状
のカビが生える……………………………………疫病　565

はじめ黄色小斑，拡大すると内側の退
色した褐色斑……………………………………炭疽病　585

かさぶた状の白色小斑………………………斑点細菌病　575

不規則でやや不明瞭な黄色輪紋……………黄化えそ病　595

周縁部に褐色を帯びた，白色・明瞭の
小斑点を葉一面に生じる………………………………白斑病　607

カエルの目玉のような，輪紋を伴った
ほぼ円形の褐色斑点……………………………………斑点病　623

病害・虫害の発生部位，症状の特色から見た目次（ピーマン）

明瞭な斑点をつくらない

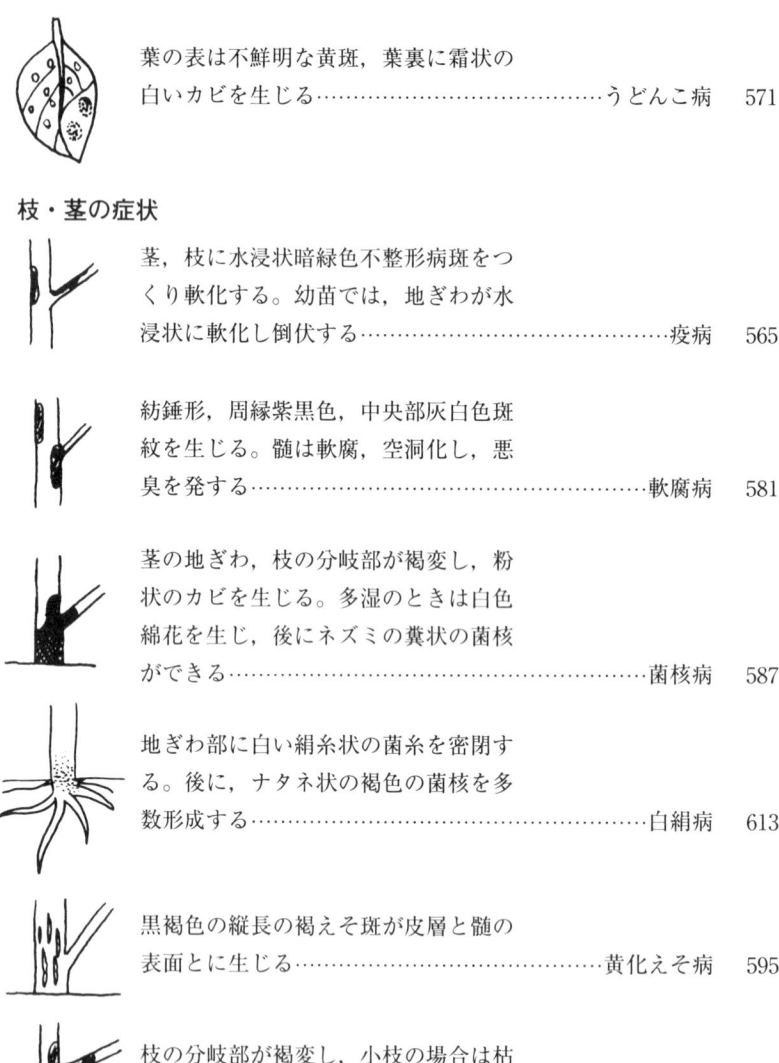

葉の表は不鮮明な黄斑，葉裏に霜状の
白いカビを生じる……………………………………うどんこ病　571

枝・茎の症状

茎，枝に水浸状暗緑色不整形病斑をつ
くり軟化する。幼苗では，地ぎわが水
浸状に軟化し倒伏する………………………………疫病　565

紡錘形，周縁紫黒色，中央部灰白色斑
紋を生じる。髄は軟腐，空洞化し，悪
臭を発する……………………………………………軟腐病　581

茎の地ぎわ，枝の分岐部が褐変し，粉
状のカビを生じる。多湿のときは白色
綿花を生じ，後にネズミの糞状の菌核
ができる………………………………………………菌核病　587

地ぎわ部に白い絹糸状の菌糸を密閉す
る。後に，ナタネ状の褐色の菌核を多
数形成する……………………………………………白絹病　613

黒褐色の縦長の褐えそ斑が皮層と髄の
表面とに生じる………………………………………黄化えそ病　595

枝の分岐部が褐変し，小枝の場合は枯
死するとともに折れやすくなる……………………灰色かび病　599

病害・虫害の発生部位，症状の特色から見た目次（ピーマン）

地ぎわがくびれて倒伏・枯死する……………苗立枯病　605

株全体の症状

茎葉が緑色のまま急にしおれる。茎の維管束が褐変している………………………青枯病　589

生長点の茎や若い葉に褐色えそを生じ，葉はやや汚れた黄色となり，のちに黒褐色となって枯れる。茎の皮層を剥ぐと髄の表面が褐変し，ひどいと株全体が枯れる……………黄化えそ病　595

葉は奇形，株が萎縮し茎葉がそう生する。茎に条斑，葉にえそ斑を生じるものもある。新葉にはモザイク症状，果実は凸凹モザイク症状を生じる………………………………モザイク病　561

株内の一部の主枝で下葉からしおれが見られ，ときに本葉の主脈を中心に半身がえそを生じる。地ぎわの茎部を切断すると萎凋主枝に通じる維管束の淡い褐変が見られる……………………………半身萎凋病　627

病害・虫害の発生部位，症状の特色から見た目次（ピーマン）

果実の症状

水浸状暗緑色斑紋を生じ軟化する……………………疫病　565

黄白色不規則形斑紋を生じ，軟化，悪臭を発する……………………………………軟腐病　581

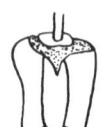
果実の成り口から侵入する。腐った部分は，のちにくもの巣状のカビで覆われ，黒い粉のような胞子を生じる………へた腐病　617

果梗に輪紋を伴った褐色斑……………………斑点病　623

褐色でややへこんだ輪紋斑，病斑上に黒色小粒点を密生する。着色した熟果に発生する……………………………………炭疽病　585

褐色のえそを生ずる………………………黄化えそ病　595

果頂部より褐変軟化し，腐敗部には褐色のカビの形成が見られる……………灰色かび病　599

病害・虫害の発生部位，症状の特色から見た目次（ピーマン）

〔ピーマンの害虫〕

葉の症状

葉が汚れる

すす病で黒くなる……………………オンシツコナジラミ　639
すす病で黒く（きめ細かい）なる
　　　………………………シルバーリーフコナジラミ　687

すす病で葉面が黒くなり，脱皮殻が多
数見られる（ワタアブラムシ，モモア
カアブラムシ）………………………アブラムシ類　667

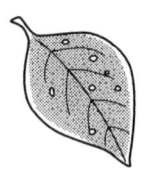

すす病で黒く汚れる。死骸（白色）が
散見される……………………コナカイガラムシ類　683

葉の養分が吸汁される

葉脈間がうすく黄変し，ひどくなると
落葉する（ワタアブラムシ，モモアカ
アブラムシ）…………………………アブラムシ類　667

葉脈間に鮮明な黄斑ができる（ジャガ
イモヒゲナガアブラムシ）……………アブラムシ類　667

葉裏の葉脈沿いにカスリ状の斑点がで
きる………………………ミナミキイロアザミウマ　635

病害・虫害の発生部位，症状の特色から見た目次（ピーマン）

葉にわずかなカスリ状の白斑が生じる。
葉の脈間が黄化してくる。ひどくなる
と落葉する……………………………………………ハダニ類　657

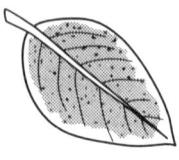

葉裏がカスリ状に食害される。食痕
上に暗褐色の排泄物が点状に見られ
る………………………………………………クリバネアザミウマ　697

葉が食害される

ふ化幼虫の集団食害により葉が白変す
る……………………………………………………ハスモンヨトウ　673

中・老齢幼虫に，葉が食いつくされる
……………………………………………………ハスモンヨトウ　673
ハスモンヨトウの被害症状に似るが，
食いつくされることはない。また，光
沢のある粘着物質が付着している………………ナメクジ類　707

新葉部分が萎縮したり白黄化したりする

葉縁が葉表側にわん曲，銀灰色ににぶ
く光り，芯止まりする……………………チャノホコリダニ　645
…………………………………………シクラメンホコリダニ　703

芯止まりし，新葉が萎縮する（ワタア
ブラムシ，モモアカアブラムシ）……………アブラムシ類　667

34

病害・虫害の発生部位，症状の特色から見た目次（ピーマン）

新葉の葉縁が波打って奇形化し，萎縮する……………………………ミナミキイロアザミウマ　635

新葉が退緑したり，白化する。葉は萎縮しない………………………シルバーリーフコナジラミ　687

芯芽の伸長が鈍化し，その周辺葉がまだらに白黄化する………サツマイモネコブセンチュウ　677

果実の症状

萼と果実の境い目や果実のへこんだ部分が褐変する……………………ミナミキイロアザミウマ　635
　………………………………………………クリバネアザミウマ　697
　…………………………………………シクラメンホコリダニ　703

萼の部分を中心に黒褐色のしみ状の斑点が発生し，萼周辺の果面も黒っぽくなる……………………………………………ヒラズハナアザミウマ　661

果梗部がカスリ状に褐変する
　………………………………………ミカンキイロアザミウマ　693

病害・虫害の発生部位，症状の特色から見た目次（ピーマン）

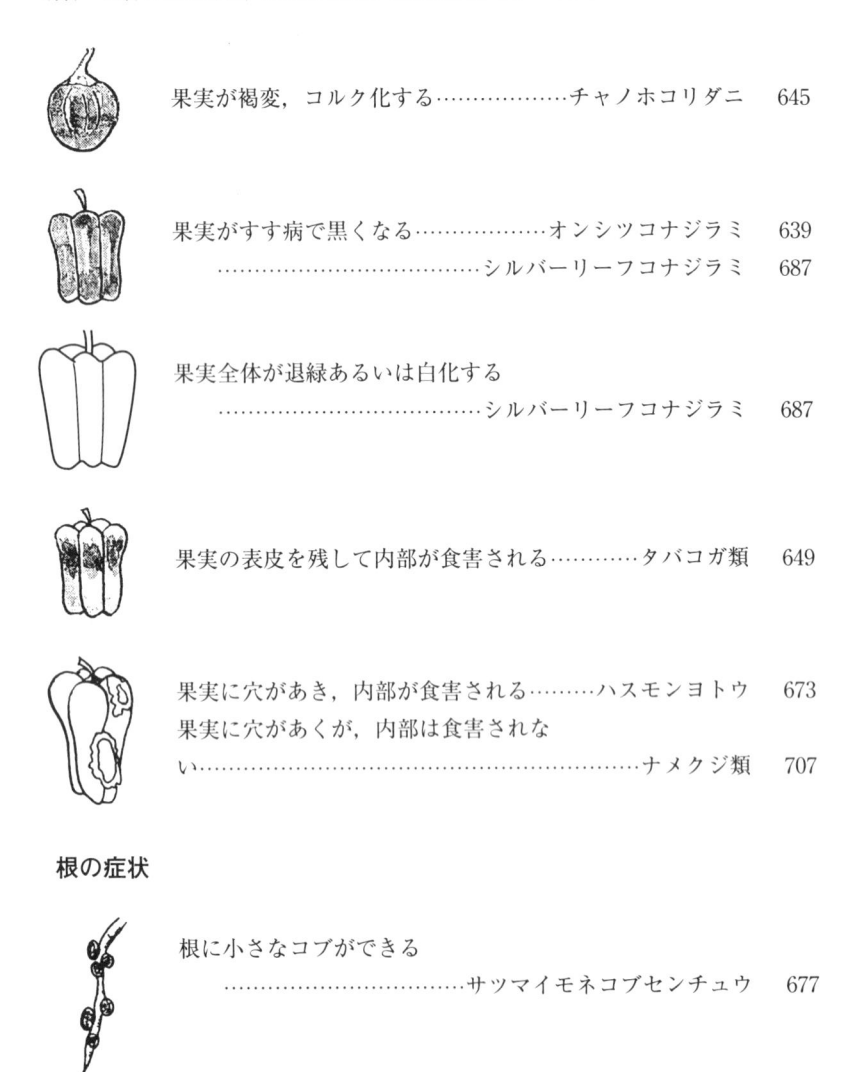

果実が褐変，コルク化する……………チャノホコリダニ　645

果実がすす病で黒くなる……………オンシツコナジラミ　639
　　　　　　　　　　　………………シルバーリーフコナジラミ　687

果実全体が退緑あるいは白化する
　　　　　　　　　　　………………シルバーリーフコナジラミ　687

果実の表皮を残して内部が食害される…………タバコガ類　649

果実に穴があき，内部が食害される………ハスモンヨトウ　673
果実に穴があくが，内部は食害されない………………………………………………ナメクジ類　707

根の症状

根に小さなコブができる
　　　………………………………サツマイモネコブセンチュウ　677

病害・虫害の発生部位，症状の特色から見た目次（トウガラシ）

〔トウガラシの病気〕

葉の症状

葉脈に沿って濃緑色となるか，反対に退色する。葉脈間が黄緑色となり，モザイク状を呈する。あるいは葉柄，葉片が伸びて糸葉となる……………………モザイク病　743

灰白色不整形の小病斑の周りは褐変し，さらにその周りが黄緑色となる。三段変色の病斑は融合して大型となり，のちには落葉する……………………………白星病　723

健全な葉のところどころに直径2〜3mm大のまっ白な円形の斑点が現われる。むしろ清楚な感じのする病斑である。葉はこのために変色することも落葉することもない………………………斑点細菌病　725

果実の症状

熟果に発生する

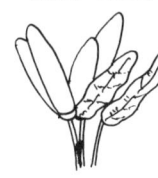

赤い果実の中にしわのよった白い果実がまじる。これは軟腐病菌によって果実の内容が崩壊し，果皮だけになった末期の症状である………………………………軟腐病　715

黒褐色不整形でややへこんだ大型病斑の中心部に輪紋状に黒色小粒点（分生子層）が密生する………………………………炭疽病　719

橙黄色のややへこんだ小型病斑を中心としてやがてピンク色の粉状物（分生子層）が果実表面にひろがる………………炭疽病　719

病害・虫害の発生部位，症状の特色から見た目次（トウガラシ）

株全体の症状

株全体の葉が鮮明な黄と緑のモザイク状を呈し，伸長はとまり萎縮してくる。また糸葉となってそう生することもある……………………………………モザイク病　743

先端の葉が日中しおれ夕方回復する状態がつづくと突然，株全体の葉が青いまましおれてしまう………………………………青枯病　729

地ぎわに近い主幹に暗緑色水浸状のややへこんだ病斑が出現する。下葉は黒く枯れて垂れ下がる。果実では暗緑色水浸状不規則病斑上に白いカビが見える………………………………………………疫病　733

葉の主脈を中心とした半身が黄化し，まもなく落葉する。落葉は下葉からはじまり，しだいに上葉に及び，株全体は草高が低く，葉は数えられるていどになってしまう…………………………半身萎凋病　737

トマト
病気

トマト〈疫病〉

疫 病

<葉の被害>

発生初期の症状　　　　　　（竹内　妙子） 　　発生中期の症状　　　　　　（竹内　妙子）

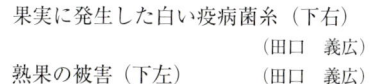

緑果に発生した輪郭の不鮮明な暗褐色の病斑
　　　　　　　　　（竹内　妙子）

<果実の被害>

果実に発生した白い疫病菌糸（下右）
　　　　　　　　　　（田口　義広）
熟果の被害（下左）　　（田口　義広）

トマト〈疫病〉

＜茎の被害＞

茎の症状：湿潤性，暗褐色の病斑を生じる。
（草刈　眞一）

腋芽を欠いた部分の発病　　（草刈　眞一）

多湿時に発生する白い霜状
のカビ　　　　（黒田　克利）

露地栽培で激しく発生した圃
場（下左）　　　（竹内　妙子）
茎に発病した苗（下右）
（黒田　克利）

トマト ＜疫病＞

疫　病

病原菌学名　*Phytophthora infestans* (Montagne) de Bary
英　　　名　Late blight

〔診断の部〕

＜被害のようす＞

▷疫病は，葉や果実に多く発生し，低温のときには茎に発生しやすい。
▷葉の病斑は，ふつう下葉から発生し，しだいに上葉にひろがる。はじめ，葉の一部に小さな不規則，湿潤性の灰緑色の病斑を生じ，しだいに拡大して暗褐色の大型病斑となり，健全部との境は灰緑色となる。曇天で湿度の高いときには，病斑の裏面や病斑のまわりの灰緑色部に白色霜状のカビを生じる。はなはだしいときには，葉全体がカビにおおわれ，霜がおりたようになる。また，晴天がつづき，湿度が低くなると，病斑は乾燥し褐変してもろくなる。
▷果実では，緑果が侵されやすく，輪郭の不鮮明な，褐色の光沢のあるやけど状の病斑を生じる。のちに病斑は拡大し，暗褐色になってくぼみ，ついには軟腐する。湿度の高いときには，葉と同様に白い霜状のカビを生じる。
▷茎には，はじめ湿潤性，暗褐色の病斑を生じ，のちにややくぼんで暗褐色になる。多湿のときには，白いカビを生じる。誘引した部分や，わき芽をかいた部分などに発病しやすく，病斑が茎を一周すると，その部分から折れやすくなる。一般に低温のときに，茎に発生しやすい。
▷病勢のはげしいときには，病斑は急激に拡大し，また数をまして，全葉が発病する。さらに，若い先端部も侵されて褐変し，ついに枯死してし

トマト ＜疫病＞

まう。晴天のときは乾枯してかさかさになるが，曇天のときには茎葉や果実が腐敗して悪臭をはなつ。

▷疫病にかかると，茎葉部が早期に枯死するため，果実は小形となる。さらに緑果に発生するので，多発したときは収穫皆無となる。

▷疫病は，ふつう露地栽培では5～7月，抑制栽培では9～11月，施設の促成栽培では12～2月，半促成栽培では3～5月，長期収穫栽培では10～3月に発生が多い。

＜診断のポイント＞

▷露地栽培では梅雨期または秋雨期，施設栽培では秋から春にかけ低温多湿の時期に発生しやすい。

▷葉，果実，茎に暗褐色の病斑を生じ，多湿のときには，病斑上または病斑のまわりの灰緑色部に，白色霜状のカビを生ずる。

＜発生動向その他＞

▷露地栽培では梅雨期および秋雨期に降雨日数が多い年に多発し，降雨日数が少ない年には発生が少ない。

▷施設栽培では，湿度管理，排水対策などのハウス環境の適正化が進んだこともあり，発生は減少傾向にあるが，九州地域では発生の多い年が近年報告されている。

▷誤診されやすい病害；葉かび病参照。

〔防除の部〕

＜病原菌の生態，生活史＞

▷疫病は，鞭毛菌類に属する一種のカビによっておこされる。疫病菌には，現在トマトやジャガイモへの病原性の違いから3種の生態型のあることが知られている。これらの中でトマトに関係があるのは，トマトとジャ

ガイモに強い病原性を示すトマト型と，トマトには中程度，ジャガイモには強い病原性を示す中間型である。

▷疫病菌はレモン型の分生子をつくる。まれに卵胞子を形成する。また低温のときには，分生子の内容が多数に分割され，それぞれが一つの遊走子となる。遊走子は2本の鞭毛をもっており，水の中を遊泳する。

▷疫病菌は，圃場に残されたトマトの被害茎葉上，またはジャガイモの塊茎の病斑上で越冬し，生き残って伝染源となる。ジャガイモの塊茎上の病原菌は，はじめジャガイモの茎葉に疫病をおこしたのち，周囲のトマトへ伝染する。圃場の伝染は，分生子または遊走子による。

▷病斑上にできた分生子は，風雨で飛散してトマトの葉に達し，水滴の中で発芽して菌糸によって気孔から侵入する。この場合，比較的高温（24℃くらい）のときには分生子が直接発芽して侵入するが，低温の場合は分生子は遊走子のうとなり，いったん内容が分割して遊走子を生じ，これらが水の中を泳いで気孔付近に達し，運動を停止してから発芽して気孔から侵入する。前者の場合を直接発芽，後者の場合を間接発芽という。

▷気温が20℃以下のときには，分生子はほとんどが遊走子のうとなり遊走子を生ずる。それ以上の気温では，ほとんどが分生子から直接発芽管をだし，遊走子の形成が少ない。低温多湿のときに疫病が多発するのは，低温により遊走子が形成され，1個の分生子（遊走子のう）から多数の伝染源が生ずることと，多湿により遊走子の遊泳，発芽，侵入が容易に行なわれるためである。

▷分生子は，病斑または病斑付近の気孔から突き出した分生子柄上に形成される。病斑上または病斑付近に生じた白色霜状のカビは，分生子である。

▷疫病菌の発育適温は15〜20℃，分生子の形成適温は21℃，分生子内に遊走子の形成される適温は12〜13℃，分生子から直接発芽して発芽管（菌糸）をだす適温は24℃くらいである。

トマト　＜疫病＞

＜発生しやすい条件＞

▷疫病は，20℃くらいの低温で多湿の条件がつづくと発生しやすい。ふつう，露地栽培では梅雨期と秋雨期に降水日数の多い年が，施設栽培では10～5月がこのような条件になりやすい。

▷促成栽培や半促成栽培では育苗期間が低温多湿条件になりやすいため発生することが多い。施設栽培ではこのような発病株の持ち込みによって多発する事例も多い。

▷トマトやジャガイモの跡地や，ジャガイモ畑の近くで発生しやすい。このような畑では，疫病菌の密度が高くなりがちである。

▷窒素質肥料を過用すると，茎葉が軟弱となり発生しやすい。また施設などでは，換気や通光不良，灌水過多などによって植物体が軟弱になりやすいため，発病が多くなる。

＜対策のポイント＞

▷発病前から，薬剤による予防散布を定期的に行なう。とくに発生しやすい時期には，雨のあいまを利用して薬剤散布を行なう。

▷初発を認めた場合は，散布間隔を短縮して，集中的に薬剤散布を行なう。初発生の早期発見につとめ，防除適期を失わないようにする。

▷マルチを行なって，病原菌の雨水によるはねかえりを防ぐ。

▷施肥とくに窒素質肥料の過用を避ける。

▷トマトやジャガイモの跡地や，ジャガイモ畑の近くで発生しやすいので，このような畑では栽培しないようにする。

▷付近のジャガイモにも，トマトと同様に薬剤散布を行なう。

▷初発時には，つとめて発病葉を摘み取り焼却する。

▷施設や苗床では，換気，通光，灌水，加温などに注意し，低温多湿にならないよう心がける。

トマト ＜疫病＞

＜防除の実際＞

▷別表〈防除適期と薬剤〉参照。

＜その他の注意＞

▷予防散布につとめる。とくに露地栽培では梅雨期に入ったら散布間隔を短縮し，雨間をまって散布する。このとき展着剤は必ず加用する。

▷施設栽培では秋季や春季に曇雨天がつづくときは散布間隔を短くする。

▷葉の裏にも充分に薬剤散布を行なう。病原菌は気孔から侵入して発病するので，気孔の多い葉裏にも薬剤散布することが必要である。

▷中段以下に初発し蔓延しやすいので，とくに下葉にはていねいに散布する。

▷激発すると農薬ではほとんど防除効果が期待できない。被害作物を圃場から除去し，焼却処分する。

▷発病前防除剤は，予防散布で防除効果を発揮するので，発病前の使用を心がける。

▷散布濃度に幅がある薬剤は，発病前には低い濃度とし，発病初期以降には濃い濃度に切り替える。

▷散布間隔は発病前の比較的発生しにくい時期には7日とし，発病初期には3〜5日に短縮する。

▷発病後防除剤は，治療効果が高いので，発病初期以降に使用するのが効果的である。

▷有効成分が同じ薬剤を連用すると耐性菌が発生し防除効果が低下するおそれがあるので，連用をさけ，有効成分の異なる薬剤を交互に散布する。

▷散布間隔は，発病ごく初期には3〜5日ごとに，多発が懸念される場合や多発時には2〜3日ごとに散布する。その後は防除効果をみて散布方

トマト　＜疫病＞

法を決める。

▷マルチを行なうと，発病が少なくなるが，露地栽培ではあまり早くから行なうとかえって地温を低下させ，根部の生育を害するので，地温の上昇をまって行なうようにする。一般には5月下旬に行なうとよい。

▷トマトやジャガイモの跡地，ジャガイモ畑に近い畑などでは，栽培しないようにする。

▷施設栽培では地表面をフィルムでマルチするとともに，灌水を最小限にとどめ，保温や換気を充分に行なって，施設内の多湿をさける。

▷抑制施設栽培では，9月中旬ころから秋雨の降る時期になるので，秋雨のさいは，天窓を閉めるように心がける。

▷初発を認めたら，すぐに病葉を摘み取り，焼却する。また被害茎葉は，伝染源になるので，堆肥などには用いないようにする。

＜効果の判定＞

▷疫病菌は，侵入してからごく短期間で発病するので，薬剤散布の効果は散布した日から2～3日たって判定する。もし新しい病斑がふえるようであったら，さらに薬剤散布を励行する。

(執筆：阿部善三郎・善林六朗，改訂：黒田克利)

トマト〈葉かび病〉

葉かび病

葉表の初期症状　　（竹内　妙子）

葉裏の初期症状　　（竹内　妙子）

葉裏の初期症状　　（田口　義広）

トマト 〈葉かび病〉

下葉からの激しい発病　　　　　　　　　（竹内　妙子）

古くなった葉かび病の病斑　　　　　　　　（田口　義広）

株全体に発生した葉かび病　　　　　　　　（田口　義広）

葉かび病

病原菌学名　*Fulvia fulvum* (Cooke) Ciferri
別　　　名　黄斑病，褐色黴斑病，葉鏽病，
　　　　　　鼠黴病，葉枯病，葉渋病
英　　　名　Leaf mold

〔診断の部〕

＜被害のようす＞

▷葉かび病は主に葉に発生するが，茎，花，萼などにもまれに発生する。

▷葉かび病の病斑は，はじめ下葉に現われ，しだいに上葉にひろがる。ときに中位の成葉から発生しはじめることもある。はじめ葉の表面の一部分がわずかに黄変し，その裏側に灰白色の輪郭の不鮮明な病斑を生じ，灰白色のビロード状のカビを密生する。多湿時にはのちに葉の表面にもカビがはえてくる。

▷ビロード状のカビは，淡褐色，褐色，灰紫色としだいに濃さをましていく。病勢の進展につれて病斑は拡大して円形または葉脈に囲まれた不整形となる。

▷病勢の激しいときは，中位の成葉に小型の病斑が多数できる。病斑は，はじめ大型で葉の先端などに多くみられるが，蔓延期には，中位の葉に小型の病斑が多数現われる。このようなときには，病原菌が多くの葉に侵入しており，すでに防除適期を失っており，手おくれである。葉かび病にかかると，しまいには葉は乾燥し，上に巻きあがって枯死するため，成葉のほとんどが枯死してしまうことがある。着果不良，果実の肥大の不良，

トマト ＜葉かび病＞

早期着色の原因になる。

▷葉かび病は施設栽培で多発する。トンネル栽培では被覆中に主に発生するが，多湿のときには，ビニール除去後も蔓延することがある。露地栽培でも雨の多い年にまれに発生するが，実害はほとんどない。

＜診断のポイント＞

▷葉かび病は，温室，ハウスなどの通気不良の場所にでやすい。

▷病斑は，表面が黄変し，裏面に灰白色～灰紫色のビロード状のカビを密生する。多湿のときには葉の表面にも同様のカビを生ずる。

誤診されやすい病気

病害名	葉の表面の病徴	葉の裏面の病徴	発生部位
葉かび病	黄色の病斑であるが，灰白色～灰紫色のビロード状のカビを生ずることもある	灰白色～灰紫色のビロード状のカビを密生する	主に葉に発生
灰色かび病	灰褐色の病斑上に灰色のカビを生ずる	表面と同じ	主に果実に発生。葉，茎にも発生
疫病	暗褐色～灰緑色の大型病斑上に白い霜状のカビを生ずる	表面と同じ	葉，茎，果梗，果実いずれにも発生
輪紋病	暗褐色の病斑上に同心輪紋，のちに黒いビロード状のカビを生ずる	表面と同じ	葉，茎，果梗，果実いずれにも発生

〔防除の部〕

＜病原菌の生態，生活史＞

▷葉かび病は，不完全菌に属する一種のカビによっておこされる。本菌はトマトだけを侵す。

トマト ＜葉かび病＞

▷葉かび病菌は，温室・ハウス・トンネルなどのガラス・ビニール・骨組・支柱などの表面に付着して生き残るほか，ハウスや温室に残された被害葉上で生き残って伝染源となる。また，種子の表面にも付着して生き残り，種子伝染も行なわれる。

▷分生子は，病斑上に多数生じた短い分生子柄の上に形成される。病斑に密生したビロード状のカビは，この分生子である。

▷病斑上にできた分生子は，風によって運ばれて葉に達し，発芽して菌糸によって気孔から侵入する。

▷侵入した菌は，2週間内外で発病し，葉の裏面に多数の分生子を生ずる。湿度の高いときには，葉の表面にも多数の分生子を生ずる。これらの分生子が風によって運ばれ，つぎつぎに蔓延していく。

▷葉かび病は，施設栽培のトマトで発生しやすい。葉かび病菌は，20～25℃の温度と95％以上の多湿を好む。このため，充分な換気を行なうことのできない晩秋～早春に施設栽培のトマトで発生しやすいことになる。

▷トマトの生育がおとろえると発生しやすい。肥料が不足したり，干害をうけたりして生育がおとろえると，葉かび病が発生しやすい。とくに着果する時期になると，トマトは多量の養分を必要とするので，肥料切れしやすい。

▷本病の病勢の激しいときは，葉だけでなく，茎・花・果実なども侵す。

▷多発すると，ほとんどの成葉が枯れあがり，ほとんど収穫できないようになる。

＜発生しやすい条件＞

▷施設栽培で多発する。葉かび病は，施設栽培の重要な病害であるが，トンネル栽培や露地栽培でも発生する。

▷多湿のときに発生する。葉かび病菌は，95％以上の多湿と20～25℃

トマト　＜葉かび病＞

の温度を好むので，外気が低温で，換気を充分に行なうことのできない晩秋〜早春の栽培で発生しやすい。

▷密植のとき多発する。密植しすぎると，茎葉が繁茂し，多湿となるので発生しやすくなる。

▷過度の灌水を行なうと多発する。過度の灌水を行なうと多湿となり，苗も軟弱に育つので，発生しやすくなる。

▷草勢がおとろえると多発する。肥料切れしたり，干害をうけたり，日焼けをおこしたりして，生育がおとろえると多発しやすい。とくに収穫期に入ると，肥料切れしやすいので多発する。

＜対策のポイント＞

▷マイロック，桃太郎コルトなどの抵抗性品種を栽培する。

▷多湿にならないようにする。多湿は葉かび病を多発させるので，換気につとめ，過度の灌水や密植栽培をさける。

▷薬剤防除は，発病極初期から行なう。多発してから散布をはじめても，もはや手おくれのことが多い。発病が予想される場合はあらかじめ予防散布を行なうと効果が高い。

＜防除の実際＞

▷別表〈防除適期と薬剤〉参照。

＜その他の注意＞

▷換気を充分に行なう。湿度を低く保てばほとんど発生しない。露地栽培で発生がまれであるのは，このためである。日中，気温の高いときを見はからって，換気を行なう。サイドの換気だけでは不充分で，天窓換気も必要である。換気をおろそかにし薬剤散布だけにたよっても，防ぎきれないことが多い。

▷日頃から圃場をよく観察し，発病が認められたら直ちに薬剤を散布す

トマト　＜葉かび病＞

る。

▷発病が予想される場合は苗床期から，薬剤を散布して予防する。ほとんどの株の中位の葉に病斑がみえるようになってからでは，もはや手おくれである。

▷散布間隔は発病前の比較的発生しにくい時期には10～14日とし，発病初期には7日に短縮する。

▷同一系統の薬剤を連用すると耐性菌が発生し防除効果が低下するおそれがあるので，連用をさけ，グループの異なる薬剤を交互に散布する。

▷施設栽培ではくん煙剤の使用により施設内の湿度を低く保つことができ，発病前から予防的に使用すると効果が高い。

▷薬剤は葉の裏にも充分に散布する。葉かび病菌は気孔から侵入して発病をおこす。トマトの葉では気孔が葉の裏に多数存在するため，葉かび病菌は葉の裏から侵入することが多い。このようなことから，薬剤散布のさいは，噴霧器の噴口を上に向けて葉の裏から吹きあげるように散布する。

▷抵抗性品種には，葉かび病だけでなく，他の病害にも抵抗をしめす多くの複合抵抗性品種が市販されている。また，地域によって一部の抵抗性品種をおかす菌系があるので，品種選定に注意する。

▷肥料切れになると発病しやすくなるので，肥培管理に注意する。とくに，収穫期に入ったら，肥料不足にならないようにする。

▷過度の密植や灌水を行なうと多湿になり多発しやすいので注意する。地下給水やチューブ灌水を行ない，さらに地表をビニールまたはポリシートでマルチすると，葉かび病，灰色かび病，疫病その他の病害の発生も少なくなる。

▷伝染源となる被害株をとり除く。多発したときは，被害株をていねいに集めて，ハウス外の土中に深く埋める。

トマト ＜葉かび病＞

＜効果の判定＞

▷葉かび病菌は，侵入してから発病までに2週間ぐらいかかるので，薬剤の効果は，散布を開始した日から15日以上たって判定する。

（執筆：阿部善三郎，改訂：竹内妙子）

トマト〈萎凋病〉

萎 凋 病

萎凋病（レース2）発生初期の被害株の様子：下葉の片側が黄化する。　（竹内　妙子）

萎凋病（レース2）発生初期の症状：左の写真を拡大したところ　（竹内　妙子）

全身に発病（レース1）した株：葉が黄化し，萎凋はしだいに上位の葉に現われてくる。　（挾間　渉）

圃場全体に広がった被害（レース2）
（挾間　渉）

トマト 〈萎凋病〉

レース3の発病症状：トマト萎凋病レース1，2，トマト根腐萎凋病抵抗性台木に接いだものに発生　　　（石井　貴明）

収穫末期の5月頃の被害状況（レース3）　　　（内川　敬介）

中心部が黒褐変している根（レース2）　（竹内　妙子）

褐変した導管部　　　　　　　　　　（挟間　渉）

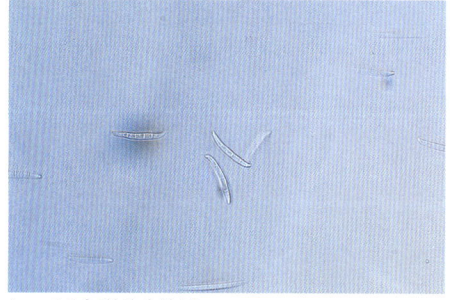

レース3大型分生胞子　　　　　　（石井　貴明）

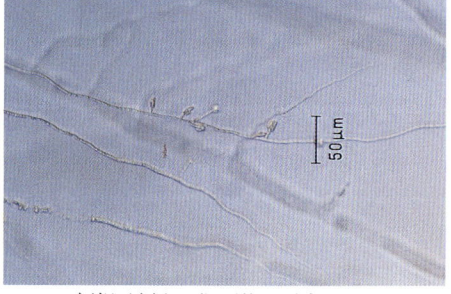

レース3短担子梗上に擬頭状に形成された小型分生胞子　　　　　　　　　　　　（石井　貴明）

トマト ＜萎凋病（レース1，レース2，レース3）＞

萎凋病（レース1，レース2，レース3）

病原菌学名　*Fusarium oxysporum* Schlechtendahl f. sp. *lycopersici* (Saccardo) Snyder et Hansen
英　　　名　Fusarium wilt

〔診断の部〕

＜被害のようす＞

▷トマトの導管部が侵される導管病で，病徴は地上部と根に現われる。
▷苗に発生すると生気を失って，下葉が黄化してしおれる。幼苗では，茎に褐色のスジがすけてみえることが多い。
▷定植後の株では，はじめ下葉が黄化してしおれ，葉柄が下にたれさがる。のちに病葉は枯死する。
▷病気がすすむと，葉の黄化萎凋はしだいに上の葉に現われ，激しいときは，全葉が黄変萎凋し，葉は葉柄の部分から下に垂れさがり，しまいには全株が黄褐色になり枯死する。被害の軽いときには，複葉の片側だけが発病したり，茎の片側だけについている複葉が侵されたりして半枯れ症状になる。
▷発病株の根部は太根，細根とも局部的に褐変している。
▷重症の株に着いた果実は早期に着色する。萎凋病にかかると，一般に早めに株が枯死するので，果実は早期に着色する。上位の花房に着果した果実は，肥大しないうちに着色するのでいちじるしく減収する。
▷枯死した茎の表面に，夏期高温のとき淡紅色のカビを生ずることが多い。このカビは，萎凋病菌の菌糸や分生子である。
▷萎凋病にかかった株の黄化した葉の葉柄，茎，果梗，果実などを切っ

トマト ＜萎凋病（レース1，レース2，レース3）＞

てみると，導管部が褐変している。青枯病では地際部に近い茎が褐変し，褐変した部分から白濁の汚汁が分泌される。かいよう病の場合は，その部分がぼろぼろにくずれ，粉状または中空になる。

▷温室，ハウス栽培，都市近郊などの野菜栽培地帯などで発生が多い。萎凋病は土壌伝染をするが，このようなところでは，集約栽培が行なわれているため，土壌中の萎凋病菌の密度が高くなりがちである。一般に，梅雨あけから秋にかけて発生するが，盛夏には少ない。

誤診されやすい病気

病害名	病気の現われ方	茎・根の病徴	発病時期
萎凋病（レース1，レース2，レース3）	下葉が黄変・萎凋し，ゆっくりと上葉へすすむ。ひどいときには株全体が黄褐色に枯死するが，ふつう半身だけが枯死することが多い。病勢のすすみ方は慢性的	茎の導管部は上部まで褐変している。根は太根，細根とも局部的に褐変している	高温期（露地栽培，施設栽培）
青枯病	茎葉が急に水分を失ってしおれ，まもなく青枯れ症状となる。病勢のすすみ方は急性的	茎の導管部は比較的上部まで褐変している。茎を水の中につけると導管部から乳白色の汁液を溢出する。根は太根，細根とも局部的に褐変している	高温期（露地栽培，施設栽培〔抑制，半促成〕）
かいよう病	下葉の周縁部からしおれ，乾燥して上にまきあがる。病勢のすすみ方は慢性的	茎の髄部が黄変して粉状となり，木質部から分離している。はなはだしいときは髄部は消失して中空となる。根は異常なし	高温期（露地栽培，施設栽培〔抑制，半促成〕）
軟腐病	葉が退色してしおれ，枯死する。病勢のすすみ方はやや急性的	茎の内部が軟化，腐敗し，悪臭を放つ。根はほとんど異常なし	高温期（露地栽培，施設栽培〔抑制〕）

トマト ＜萎凋病（レース1，レース2，レース3）＞

根腐萎凋病	先端葉が萎凋し，のち下葉から黄変する。半身だけが枯死することはない。病勢のすすみ方は慢性的	茎の地際部は褐変腐敗し，導管部は地際部から10～15cmのみが褐変している。根は黒褐変し，腐敗がいちじるしい	低温期（施設栽培〔抑制，促成，半促成〕）
半身萎凋病	はじめ下葉の小葉がクサビ形に黄変し，しだいに下葉から褐変枯死し枯れあがる。病勢のすすみ方はふつう慢性的	茎の導管部は黄褐色に変色するが，萎凋病にくらべて細く不鮮明である。根部はほとんど異常なし	やや高温期（露地栽培，施設栽培〔抑制，促成，半促成〕）
褐色根腐病	はじめ下葉から黄化し，しだいに上葉へと枯れあがる。病勢のすすみ方は慢性的	茎の地際部は黒褐変し，くびれる。導管部は異常なし。根は細根が褐変，腐敗，脱落する。太根はコルク化し，マツの根のような外観となる	低温期（施設栽培〔促成，半促成〕）
灰色疫病	葉が急に退色し，全葉が枯死する。病勢のすすみ方は急性的	茎の地際部が軟化し，くびれる。根は全体が褐変，腐敗する。茎の導管部はわずかに変色する	年中（露地栽培，施設栽培）
根腐疫病	先端葉からしおれはじめ，のち株全体が褐変枯死する。病勢のすすみ方はやや急性的	茎の地際部は変色し，気根の発生が多い。導管部は多くが褐変している。根は褐変，腐敗，脱落し他の病害と酷似するが，太根の中心柱が赤褐色である	年中（露地栽培，施設栽培）
黒点根腐病	下葉から黄化，落葉する。病勢のすすみ方は慢性的	茎の地際部はやや退色して表面に多数の小黒点がみられる。導管部は正常。細根は淡褐色に腐敗，脱落する。太根は褐変し，表面に多数の小黒点がみられる	やや高温期（施設栽培〔促成、半促成〕）

トマト　＜萎凋病（レース1，レース2，レース3）＞

＜診断のポイント＞

▷下葉が日中しおれ，のちに黄変萎凋し，ついに枯死する。苗では，茎に黒褐色のスジがすけてみえることがある。

▷葉の黄変萎凋した株の葉柄や茎を切断してみると，導管が褐変している。

〔防除の部〕

＜病原菌の生態，生活史＞

▷萎凋病は，不完全菌に属する一種のカビによっておこされる。本菌はトマトだけを侵す。本病菌には現在三つの病原性の異なるレースのあることが知られている。わが国に分布しているレースは，ほとんどがレース1であり，病原性の強いレース2も全国各地で発生が認められている。また，1997年に福岡県で新たにレース3の発生が確認され，今後の発生動向に注意が必要である。

▷萎凋病菌は，分生子をつくる。

▷萎凋病菌は，被害茎葉とともに床土または畑の土壌中に生き残り伝染源となる。土壌中での病原菌は，分生子や菌糸の一部が厚膜胞子という厚い膜におおわれた耐久性のある胞子となり，外界の不良環境にも耐えて長い間（2～3年）生き残ることができる。そのほか，種子について生き残ることもある。

▷土壌中の萎凋病菌（厚膜胞子）は，トマトが植えられると発芽して，作業中にできた傷や，ネコブセンチュウなどによって生じた傷口などから侵入する。まれに無傷の根の先端部からも侵入する。

▷病原菌は空気中を飛散し，育苗中の鉢土や本圃土壌の表面に落下して発生源になることがある。

▷萎凋病はトマトの導管部を侵す導管病である。侵入した菌は導管に達

トマト ＜萎凋病（レース1，レース2，レース3）＞

して繁殖し，導管を破壊し，また毒素を生産して地上部を萎凋枯死させるといわれている。

▷萎凋病菌は，27〜28℃でもっともよく生育する。

＜対策のポイント＞

▷圃場へ病原菌を持ち込まないために，農薬や乾熱処理による種子消毒を徹底する。

▷育苗用土は，発病のおそれのない山砂や水田土壌か，充分に土壌消毒を行なった土を用いる。

▷育苗中は，病原菌が空中を飛散し，感染のおそれがあるので，汚染された施設内やその周辺で育苗しない。

▷収穫後の残渣はできるだけきれいに除去し，焼却するか，地中深く埋没する。

▷完熟堆肥など有益な微生物の増殖を助ける資材を投与して微生物の均衡を良好に保ち，病原菌の増殖を抑制することと，作物に活力を与えることによって，被害は軽減できる。

▷できれば計画的な輪作体系を組み，トマトの連作をさけることが発生の未然防止策として好ましい。しかし，病原菌に汚染された圃場では，輪作だけで本病を回避するのは困難であり，輪作の効果は病原菌を現在以上に増加させない効果とみるべきであろう。

▷隔離床のように耕土が基礎土と遊離していて，さらに発病の少ない圃場では，蒸気や太陽熱処理での熱の到達もよく，また，ガスくん蒸剤のガスの到達もよい。このような圃場では単独処理によっても高い防除効果が期待できる。

▷隔離床でも，本病が多発している場合には，土壌消毒を行なっても残存する病原菌が多く，また病原菌密度の復元も早い。このような圃場では，抵抗性品種や台木利用による防除との組合わせが望ましい。

▷地床栽培は，深部までの熱や農薬の到達が悪いので，よほどていねい

トマト ＜萎凋病（レース1，レース2，レース3）＞

に処理を行なっても充分な効果はあげられない。このような圃場では，抵抗性品種や台木利用による防除との組合わせが望ましい。

▷養液栽培においても，本病は発生する。養液栽培では培養液を介して施設全体への病害の蔓延が容易であることから，圃場衛生に留意し，培養液，栽培槽などへの病原菌の侵入を防ぐことが重要である。

＜防除の実際＞

▷別表〈防除適期と薬剤〉参照。
▷発病した圃場は定植前に土壌消毒する。
▷薬剤ごとに使用方法や注意事項を守り，薬害がでないように注意する。
▷少なくとも3～4年の輪作とする。
▷台木と穂木の組合わせに注意して接ぎ木栽培する。
▷抵抗性品種を栽培する。

＜その他の注意＞

▷萎凋病菌は，トマトを栽培しなくても，2～3年間は土壌中で生き残ることができる。少なくとも3～4年間は，トマトを栽培しないように心がける。また萎凋病は，トマト以外には発病しないので，輪作に用いる作物はトマト以外のものなら何でもよいが，青枯病，白絹病，菌核病，軟腐病などをおこす病原菌はトマトのほか多くの作物を侵す。このようないろいろの病害に侵されないイネ科作物を輪作することが，もっとも有効である。

▷土壌水分が極端に高い，または低いとガスくん蒸剤のガスが土壌中によく拡散しないので，土を手で握りしめて放すとゆっくりこわれる状態で行なう。

▷刺激性，催涙性のガスを発生する薬剤の処理は，風のある日に，風下から風上に向かって行なうとよい。近くに人家や家畜のある場所では，

トマト ＜萎凋病（レース1, レース2, レース3）＞

トマト台木品種の特性

台木品種	対象病害虫								TMV抵抗性因子
	青枯病	褐色根腐病	根腐萎凋病	萎凋病 レース1	レース2	レース3	半身萎凋病	ネコブセンチュウ	
LS-89	○			○	○				
BF-興津101号	○			○					
耐病性新交1号		○	○	○			○	○	
がんばる根3号	○	○	○	○			○	○	Tm-2^a
がんばる根	○	○	○	○	○		○	○	Tm-2^a
助人	○	○	○	○	○		○	○	Tm-2^a
スーパー良縁	○		○	○	○		○	○	Tm-2^a
良縁	○		○	○			○	○	Tm-2^a
マグネット	○	○	○	○	○		○	○	Tm-2^a
ジョイント	○	○	○				○	○	Tm-2^a
新メイト	○								Tm-2
バルカン		○	○	○			○	○	Tm-2^a
ベスパ	○		○	○	○		○	○	Tm-2^a
ドクターK		○	○	○	○		○	○	Tm-2^a
影武者	○			○	○		○	○	Tm-2^a
アンカーT	○			○	○		○	○	Tm-2^a
プロテクト3	○			○	○	○	○	○	Tm-2^a
カップルT	○			○	○		○	○	Tm-2^a
KCFT2号		○		○			○	○	Tm-2^a
PFNT1号	○			○				○	Tm-2^a
PFNT2号	○			○	○		○	○	Tm-2^a
キャディー1号	○		○	○	○			○	Tm-2^a
キャディー2号	○		○	○				○	Tm-2^a

とくに注意する。

▷接ぎ木栽培を行なう場合は，表に示した台木用品種により適切なものを選ぶ。選定にあたっては，とくにタバコモザイクウイルス（TMV）に対する抵抗性が穂木品種と同一型である台木品種を選ぶことである。品種

トマト ＜萎凋病（レース1，レース2，レース3）＞

選択を誤ると，タバコモザイクウイルスに感染したとき，穂木品種に激しい全身えそを生じたり，株全体が萎凋枯死したりする。

▷接ぎ木部が土壌中に埋まると，穂の部分から出た根から病原菌が侵入して発病することがあるので，接ぎ木する場所はあまり下のほうにならないようにする。定植時には接ぎ木部が地表に出るようにする。

▷接ぎ木苗をつくる場合は，無病の床土を準備し育苗する。接ぎ木の方法としては一般には割り接ぎが行なわれているが，挿し接ぎ，呼び接ぎなどでもよい。接ぎ木の終わった苗は，すばやく温床に入れ，数日間密閉して多湿に保ち，活着を早める。

▷抵抗性品種で，現在わが国で市販されている実用的品種にはきわめて多くのものがあるが，これらはいずれもわが国に広く分布している萎凋病菌のレース1に強いが，レース2に強いものは少ない。

▷ネコブセンチュウは，萎凋病を誘発するので，殺線虫剤で本畑を防除する。

▷伝染源となる被害株は，見つけしだい抜き取って焼却する。

＜効果の判定＞

▷土壌消毒による殺菌効果は，試験場などでフザリウム菌を培養して判定する以外は，事前に現地で判断する方法はない。

▷萎凋病菌のレースにより使用できる台木が異なることから，接ぎ木栽培を行なったにもかかわらず萎凋病が発生した場合は，台木の選定のまちがいを考える。

（執筆：阿部善三郎・善林六朗，改訂：黒田克利）

トマト〈輪紋病〉

輪　紋　病

典型的な病徴(初期)：下位葉にあらわれた同心輪紋病斑

一般的な病徴

輪 紋 病

病原菌学名　*Alternaria solani* Sorauer
別　　　名　夏疫病，褐斑病，黒黴病
英　　　名　Early blight

〔診断の部〕

＜被害のようす＞

▷輪紋病は葉に多く発生するが，茎，葉柄，果梗，果実などにも発生する。

▷葉の病斑は，はじめ暗褐色，水浸状の小斑点を生じ，しだいに拡大して，直径6〜10mmくらいの円形または楕円形となる。病斑上には同心輪紋を生じ，病斑のまわりには黄色のクマが入る。

▷茎，葉柄，果梗，果実などにも，葉とほぼ同様の暗褐色の同心輪紋のある病斑を生ずる。

▷病勢がすすみ，多湿になると，病斑の上に黒いビロード状のカビを生ずる。

▷病勢のはげしいときは，葉に多数の病斑を生じ，下葉から枯れあがる。また，茎や果梗などが侵されると，病斑の部分から折れやすくなり，果実が侵されると，商品価値が低下する。

▷輪紋病は，栽培期間中発生するが，とくに28〜30℃くらいの気温のときに多発しやすい。温室，ハウス栽培では早くから発生するが，トンネル栽培ではトンネル除去後，露地栽培ではかなり生育して果実がつきはじめるころ高温で乾燥すると発生する。とくに空梅雨の年に多発する。

▷平坦地では，4月上旬ごろから発生しはじめるが，高冷地では発生が

トマト　＜輪紋病＞

おくれ，梅雨後半から夏にかけて発生する。8月ごろが蔓延期である。

▷一般に，輪紋病は，疫病より被害はかるいが，栽培の後期にかなりの被害を生ずることがある。

＜診断のポイント＞

▷果実がなりはじめるころから，おもに下葉に現われ，やや高温で乾燥状態がつづくと多発しやすい。

▷病斑は，円形～楕円形の暗褐色病斑であり，病斑上には同心輪紋を生ずる。多湿のときには，病斑上に黒色のビロード状のカビを生ずる。

＜その他の注意＞

▷誤診されやすい病害　葉かび病を参照。

〔防除の部〕

＜病原菌の生態，生活史＞

▷輪紋病は，不完全菌に属する一種のカビによっておこされる。輪紋病菌は，トマトのほか，ナス，トウガラシ・ピーマン，ジャガイモなども侵し，ナスに褐斑病を，トウガラシ・ピーマンに白星病を，ジャガイモに夏疫病を発生させる。

▷輪紋病菌は分生子をつくる。

病斑上にできた分生子は，風によって運ばれて葉や茎などに達し，適当な水分をえて発芽し，菌糸によって表皮（角皮）を貫通して侵入する。侵入した菌は好条件のとき（28～30℃）に2～3日くらいで発病する。

▷輪紋病菌は，圃場に残されたトマト，ナス，トウガラシ，ジャガイモなどの被害植物とともに土中で越年し，生き残って伝染源となる。また，まれに種子の表面に付着して越年し，伝染源となる。

▷輪紋病菌は，26～28℃でもっともよく生育し，分生子の発芽適温は

トマト ＜輪紋病＞

28～30℃である。

＜発生しやすい条件＞

▷輪紋病は，気温が比較的高く，乾燥状態で発生しやすい。したがって，空梅雨の年には多発しやすい。

▷ハウス栽培は早くから温度が上がるので，露地栽培より発生が早い。

▷肥料不足になると発生しやすい。とくに果実のつくころからは，多量の養分が必要になるので，肥料が不足しがちである。

＜対策のポイント＞

▷梅雨後や空梅雨のときにも，定期的に予防散布を行なう。とくに輪紋病は生育後半に発生しやすいので，生育末期まで薬剤を散布する。

▷肥料切れさせない。とくに着果するころから肥料切れしやすくなる。

＜防除の実際＞

▷別表〈防除適期と薬剤〉参照。

＜防除上の注意＞

▷梅雨期の疫病防除にひきつづき，梅雨後は，輪紋病防除のために薬剤散布を行なう。散布間隔は5～7日で充分である。

▷輪紋病の発生期には，アブラムシ，テントウムシダマシ類，ジャガイモガなどが発生しやすいので，発生を見たら殺虫剤を混用し同時防除を行なうと省力的である。

＜その他の注意＞

▷輪紋病は，肥料切れすると発生しやすいので，発生地ではとくに追肥などはおくれないようにする。このさいしり腐病のでやすいところでは，窒素質肥料を偏用しないようにする。各都道府県の耕種基準にしたがって

トマト ＜輪紋病＞

行なうことが必要である。

▷生育の旺盛なトマトでは，輪紋病はそれほど問題にならないので，激発地では，草勢の旺盛な品種をえらんで栽培する。

▷農薬の中には人がかぶれやすいもの，魚毒性の高いものがあるので注意する。

＜効果の判定＞

▷輪紋病菌は，侵入してから2～3日後に発病するので，薬剤の効果判定は，散布後数日たって行なう。もし病斑がふえるようであれば，散布間隔を短縮したり，追肥を行なったりする。

（執筆・改訂：阿部善三郎）

トマト〈青枯病〉

青 枯 病

初期症状：株全体が急に生気を失う。降雨のときや朝夕は一時回復する。

青枯症状：急に病勢がすすみ青枯れとなる。（右の株）

トマト〈青枯病〉

導管褐変：発病茎を切断すると導管部が褐変している。指でおすと汚汁を分泌する。

トマト ＜青枯病＞

青　枯　病

病原菌学名　*Ralstonia solanacearum* (Smith 1896) Yabuuchi,
　　　　　　Kosako, Yano, Hotta & Nishiuchi 1996
別　　　名　舞病，立枯病
英　　　名　Bacterial wilt

〔診断の部〕

＜被害のようす＞

▷青枯病は，全国各地に発生し，とくに暖地で被害が大きいおそろしい病害である。

▷青枯病は，トマトなどの導管部が侵される導管病である。地上部と根に病徴が現れる。

▷地上部では，はじめ何の異常も認められなかった株が，日中急に水分を失ったようになり，地上部全体がしおれる。曇天の日や朝夕は一時回復して健全株のようにみえるが，のちにしおれたままとなり，いわゆる青枯れ症状となる。このような経過は急速にすすむ。

▷このような株の細根は，はじめ褐変しているが，やがて腐敗し，消失してしまう。

▷青枯病にかかった株の地ぎわ部を切ってみると，維管束がやや褐変していることが多く，またその部分から白濁の汚汁を分泌する。

▷青枯病が激発すると，急速に全株が枯死するため，収穫皆無になることが多い。

▷青枯病は，一般に夏期に発生する。九州南部では5月下旬ころから，その他では6月ころから発生がはじまり，盛夏にかけて多発する。促成栽

トマト ＜青枯病＞

培では低温時に栽培が行われるので，自然的に発病を回避しているが，その他の栽培型では，いずれも発病しやすい。とくに暖地のトンネル栽培や各地の露地栽培で多発しやすい。

＜診断のポイント＞

▷夏期高温の時期に発生する。

▷外観上健全とみえた株が急激にしおれ，短時日の間に青枯れ症状を呈して枯死する。

▷地ぎわ近くの茎を切ってみると，維管束部がやや褐変し，水につけるとその部分から白濁の汚汁を分泌する。

＜その他の注意＞

▷誤診されやすい病害　萎凋病を参照。

〔防除の部〕

＜病原菌の生態，生活史＞

▷青枯病は，一種の細菌（バクテリア）によっておこされる。グラム陰性菌で，菌体は短桿状，鞭毛を有し，運動性がある。トマトのほか，ナス，トウガラシ，ピーマン，ジャガイモ，タバコなどのナス科植物，ダイコン，イチゴ，ゴマその他多数の植物（28科100種以上）を侵す多犯性の病原細菌である。

▷青枯病菌は，被害株とともに土壌中に入り，長期間生存し伝染源となる。土壌中での生存は，土壌水分によっていちじるしい影響をうける。湿度の高い沖積土などでは，2～3年以上生存できるが，乾燥した土壌中では短い日数しか生存できない。青枯病菌の土壌中での生活は，休眠状態のまま生存しているのではなく，上記の罹病植物やある種の雑草の根圏で増殖しているものと考えられている。

トマト ＜青枯病＞

▷土壌中に生存している青枯病菌は，おもに作業中にできた傷口やネコブセンチュウ，コガネムシ幼虫などの根部害虫によってできた傷口から侵入し，茎の導管部や根部に発病をおこす。また，無傷の細胞から侵入し発病をおこすこともある。

▷青枯病菌は，トマトなどの維管束部を侵す。侵入した菌は，維管束の部分で増殖し，維管束を多数の菌の塊（茎を切ったときに分泌される白濁の汚汁は菌体が多数集合したものである）で閉塞してしまい，水分や養分の移動を害して，植物体を萎凋させる。

▷青枯病菌は，10～41℃で生育するが，35～37℃でもっともよく生育する。一般に気温が20℃くらいから発病しはじめ，地温が20℃を超えるとはげしくなる。

＜発生しやすい条件＞

▷罹病植物を連作した畑，床土更新または床土消毒をおこたった床土などで栽培すると多発しやすい。

▷地下水の高い沖積土畑で発生しやすい。青枯病菌は，多湿な土壌中で長期間生存することができる。

▷青枯病は，夏期高温になると発生しやすい。青枯病菌の生育適温は高温であり，夏期に繁殖しやすい。

＜対策のポイント＞

▷床土の更新または床土の消毒を励行し，かつ輪作を計画的に行なう。
▷圃場を消毒するか接ぎ木栽培を行なう。
▷発病株は，見つけしだい抜き取り焼却する。

＜防除の実際＞

▷別表〈防除適期と薬剤〉参照。

トマト ＜青枯病＞

＜防除上の注意＞

▷青枯病菌は，土壌中で1年以上生き残ることができるので，少なくとも2年間以上は，罹病植物以外のものを栽培する。ほかの土壌病害虫の発生の危険性のあるところでは，さらに2年間延ばしたほうが安全である。

▷床土の更新や消毒あるいは圃場の消毒は萎凋病と同様必ず行なう。しかし，一般に土壌くん蒸による土壌消毒のみでは，本圃における発病防止は充分でない。そのため，抵抗性台木の導入など他の防除対策の併用が必要である。

▷前作で発病した圃場は，くん蒸剤による土壌消毒とあわせて，抵抗性台木を導入すると防除効果が高い。また，太陽熱利用土壌消毒もある程度有効であるが，本法を実施する場合には，必ず抵抗性台木の利用による接ぎ木栽培を行なう。

▷接ぎ木栽培では，トマト台木用品種を利用する。BF興津101号，LS-89，PFN，PFNTなど多くの品種が市販されている。

＜その他の注意＞

▷発病株は伝染源となるので，早期に抜き取って焼却する。堆肥にしたり，土壌中に埋めたりしないようにする。

▷センチュウなどは，青枯病を誘発するので，密度の高いときは防除を行なう。

▷苗の取扱いには注意して，なるべく傷をつけないようにする。また，発病期に入ってからの中耕などはさける。

▷早熟栽培では早生種を早植えし，被害を軽減させる。

▷水田の裏作にすると病原菌の密度が減り，被害が軽減できる。

▷芽かきや摘心は，高温・乾燥条件のときに行なうと，手からの感染が少なくなる。

トマト　＜青枯病＞

▷圃場の湛水除塩や適正施肥を行なって，圃場の塩類集積をさける。
▷寒冷紗被覆や敷わらなどを行なって，地温の低下を図る。
▷排水不良畑での栽培をさけ，高畦栽培を行ない，灌水を最小限にとどめて，土壌の過湿を防ぐ。

＜効果の判定＞

▷青枯病は，夏期に近くなって発生しはじめるので，防除効果の判定はそのころから行なう。もし発生を認めたら，輪作，床土の更新，床土の消毒が充分でなかったことを意味する。さらに防除について反省し，将来の対策をたてる。

(執筆・改訂：阿部善三郎)

モザイク病

初期：生長点付近の葉の葉脈透過、モザイク症状、小葉の奇形などを生じる。

葉脈透過：葉をすかしてみると、葉脈の部分がすけてみえる。

モザイク症状：葉に濃緑と黄緑の部分が入り混じっている。

トマト〈モザイク病〉

糸葉症状：生長点付近の葉のほとんどが糸のように細くなる。

重症の株：幼苗のときに感染すると、株全体が矮化し、生長点付近が叢生化することが多い。（左）

条斑病：TMVのトマト系によって褐色のえそを葉や茎や果実につくることがある。急性に枯死することが多いので、発生すると被害は大きい。（右）

果実に発生した条斑病：茶褐色〜黒褐色のえそ斑点を生じる。

モザイク病

1. CMVによるモザイク病

病原ウイルス　キュウリモザイクウイルス
　　　　　　　Cucumber mosaic virus (CMV)
英　　　名　Mosaic

〔診断の部〕

＜被害のようす＞

▷モザイク病は，全国各地で発生し，被害が大きい。

▷はじめ新葉の葉脈が透明となり，しだいに葉脈にそった部分が帯状に退色し，緑色部に濃淡のモザイクを生ずるようになる。このモザイク症状は，一般に生長点に近い2～3枚にもっとも鮮明で，下葉にいくほど不鮮明となる。

▷葉にモザイク症状を生じた後に，新しく展開した葉は，奇形となり，細く糸のようになり，いわゆる糸葉症状になることが多いが，葉，葉柄，茎などに黒褐色のえそを生じることもある。

▷モザイク病にかかると，生育がいちじるしく衰えて矮小となる。一般に初期にかかると，矮化がひどく現われ，はなはだしいときは草丈が健全株の半分以下になることもある。

▷モザイク病にかかると，生長点の生育が止まるため，生長点付近の節間が短縮し，その部分に多くの茎，葉，腋芽が集合するので，叢生状になることが多い。

▷葉，茎などにえそを生じるモザイク病にかかると，株は萎凋しやがて

トマト　＜モザイク病＞

枯死する。

▷モザイク病は，花にも現われる。モザイク病にかかると，着花が不良となり，花弁は小型となり，花弁やがくにモザイクを生ずる。また，花弁が細くなることもある。

▷モザイク病はトマトを矮化させ，着果数をいちじるしく減少させる。しかも果実が小型となるため，いちじるしい減収の原因となる。幼苗期にかかると被害が大きい。

▷モザイク病は，アブラムシによって媒介されるので，4月から11月ころまでのアブラムシの発生期間中に発生する。トンネル栽培ではトンネル除去後に発生する。

＜診断のポイント＞

▷一般には，5～11月ごろに発生する。

▷若い葉に濃淡のモザイクを生じ，のちに新しく展開した葉が糸葉状になることが多いほか，葉，茎などにえそを生じることもある。

▷被害株は矮小になり，生長点付近の生育が止まり，叢生状になることが多いほか，えそを生じて萎凋枯死するばあいもある。

＜その他の注意＞

▷トマトにモザイク病をおこすウイルスは，主として $Cucumber\ mosaic\ virus$（CMV）と，$Tobacco\ mosaic\ virus$（TMV）の2種であるが，病徴から判断することは困難である。

▷12～4月ごろに発生するモザイク病は，主としてTMVによるものであり，CMVによるものはまず発生しない。

▷5～11月ころに発生するモザイク病は，両者のいずれか，または両者の複合感染によるものである。

トマト ＜モザイク病＞

〔防除の部〕

＜病原ウイルスの性質，伝染方法＞

▷CMVは，トマトのほか，ナス，ピーマン，キュウリ，その他多数の野菜類，花卉類，その他の農作物，雑草なども侵し，モザイク病をおこす。実験的には，45科190種以上もの植物にモザイク病をおこす寄主範囲の広いウイルスである。

▷CMVは，生きた寄主植物の細胞内でのみ増殖する。

▷CMVは，冬期間，罹病したツユクサ，イヌガラシなどの雑草，ミツバ，ミョウガなどの宿根野菜や越冬野菜などの細胞内で増殖している。

▷越冬罹病植物中のCMVは，これらの病葉上に寄生したモモアカアブラムシや，ワタアブラムシの有翅型によって，トマトなどの多くの感受性植物に非永続的に伝播される。CMVを保毒した有翅型は，トマトの葉上に飛来し，葉汁を吸収するときに口吻にあるCMVを葉中に注入する。葉中のCMVは，細胞内で増殖し，モザイク病をおこす。畑でのモザイク病の媒介も，同様にこれらのアブラムシによってつぎつぎに行なわれる。

▷CMVが注入されてから発病までに要する日数は，トマトの生育度によって異なるが，6～15日くらいである。一般に生育度のすすんだものは潜伏期間が長く，かつ抵抗性が増す。

▷CMVは芽かき，誘引，収穫などの作業のときに，低率であるが病汁液のついた手指，ハサミなどにより接触伝染する。

▷CMVは，球状の粒子で，28～30nmの径をもった超微粒子である。CMVの不活化温度は60～70℃，耐保存性は4日以内，耐希釈性は1万倍である。

▷CMVには，多数の病原性の異なる系統のあることが報告されているが，わが国では，現在，普通系統群，軽症系統群，黄斑系統群，黄色微斑系統群，マメ科系統群，アブラナ科系統群，ラゲナリア系統群などのある

トマト ＜モザイク病＞

ことが知られている。ふつう，トマトにみられるものは，普通系統群であり，これらはタバコ，キュウリ，ホウレンソウにも一般的である。

＜発生しやすい条件＞

▷4〜5月ころから夏にかけて晴天がつづいたり，空梅雨であったりすると，アブラムシの発生が多くなるため，発生しやすい。
▷露地栽培で発生しやすい。とくに都市近郊では，露地抑制栽培に多発するため，栽培が困難である。
▷初期生育の不良な株に発生しやすい。活着がおくれたり，地力の低い畑に定植して生育不良になったりすると発生しやすい。
▷アブラムシの飛来最盛期に定植すると，発生しやすく被害が大きい。
▷裸地栽培を行なうと発生しやすい。
▷トンネル栽培では，トンネル除去後に発生しやすい。

＜対策のポイント＞

▷アブラムシの飛来を防止する。
▷定植時期とアブラムシの飛来最盛期が一致しないようにする。
▷定植時は，植えいたみのないようにし，活着を早める。
▷シルバーポリ，ムシコンなどによるマルチ栽培を行なう。
▷薬剤散布を行ない，アブラムシを防除する。また，除草を励行する。
▷発病株の除去，焼却を行なう。
▷多発地では，トンネル，ハウス，温室栽培とする。
▷露地栽培や抑制栽培では，TMVによるモザイク病も発生するので，TMVによるモザイク病の対策もあわせて行なう。

＜防除の実際＞

▷別表〈防除適期と薬剤〉参照。

トマト ＜モザイク病＞

＜防除上の注意＞

▷間作を行なって，アブラムシの飛来を防ぐ。あらかじめ，95～150cmの畦間でムギを播種しておく。裸ムギ，コムギいずれでもよいが，裸ムギのほうが有効である。畦間はせまいほうがよく，定植のときはムギになるべく接近させて定植する。また，ムギは成熟期まで結束しないほうがよい。

▷5～11月にかけて育苗する栽培型では，苗床は寒冷紗で完全に被覆して，アブラムシの飛来を防止する。

▷露地栽培では，定植直前にシルバーポリやムシコンなどで畦部をおおい，マルチ栽培を行なうと，有翅アブラムシの飛来防止効果が高い。

▷ハウス，温室で抑制栽培を行なうときには，窓や天窓はビニロン寒冷紗などを張ってアブラムシの侵入を防ぐ。

▷モザイク病の発生の多い地方では，トンネル栽培を行なう。幼苗期にモザイク病に感染すると被害が大きいので，アブラムシの発生時期をさけるため，栽培時期を早めてトンネル栽培にすると被害がかるくなる。

▷薬剤散布は，有翅アブラムシの最盛期にはひんぱんに行なう。しかしモザイク病の多発地では，薬剤散布は広範囲に行なわないと効果はあまり期待できない。

▷露地栽培や抑制栽培は，TMVによるモザイク病も発生して被害が大きいので，TMVの防除もあわせて行なう。

＜その他の注意＞

▷定植のときは，植えいたみのないようにする。活着がおくれて生育が不良になるとモザイク病にかかりやすくなる。

▷地力のある畑で栽培する。地力のある畑によい苗を定植すると，初期生育が旺盛になり，モザイク病による被害がかるくなる。

▷一般にアブラムシは，飛来最盛期をすぎると，その後の飛来が少なく

トマト ＜モザイク病＞

なるので，飛来の少なくなった時期をねらって定植する。
　▷モザイク病にかかった雑草が伝染源となるので，つとめて除草を行なう。
　▷モザイク病の少ない地方では，モザイク病にかかったトマトはもちろん，その他の野菜類，花卉類などは伝染源となるので，できるだけ早く抜きとって，焼却するか地中に埋める。
　▷温室・ハウス栽培では，一般に発生が少ない。
　▷有翅アブラムシは，色彩によって反応が異なり，白色や銀色のものへの飛来が少ない。これを利用して畦部に，白色または銀色にみえるシルバーポリやムシコンなどでマルチをすると飛来が少なくなる。このばあい，アブラムシは黄色のものによく集まるので，黄色に変色するものは有効でない。

2. TMVによるモザイク病

病原ウイルス　タバコモザイクウイルス
　　　　　　　Tobacco mosaic virus (TMV)
英　　名　Mosaic

〔診断の部〕

<被害のようす>

▷主として葉にモザイク症状があらわれるが，ときには果実，茎，葉に黒色のえそを生じ，生長点部からはげしく枯死したり，施設栽培で低温時に一時的に先端葉のしおれを生じたりする。

▷葉のモザイク，株の矮化，生長点付近の叢生化，花部での被害，減収などは，キュウリモザイクウイルス（CMV）によるモザイク病のばあいと判別することは困難である。ガラス室内で実験的に接種してみると，やや異なった病徴を示すが，畑では中間型を示すものが多く，区別がつかない。CMVのばあいと同様，幼苗期にかかると被害が大きい。

▷モザイク病は，病原ウイルスが種子または病汁液によって伝染するので，トマトの栽培期間中発生する。また，TMVは，CMVと異なりアブラムシによって媒介されない。アブラムシの発生の少ない12～4月ころの温室，ハウス，トンネル内に発生するモザイク病は，ほとんどがTMVによるものである。

<診断のポイント>

▷年間発生するが，12～4月に発生するモザイク病は，おもにタバコモザイクウイルス（TMV）によるものである。その他については，CMVによるモザイク病の項参照。

トマト ＜モザイク病＞

＜その他の注意＞

▷ TMVにはいろいろの変異系があるが，黄斑系に侵されると，葉に黄色のあざやかなモザイクを生ずる。発生はきわめてまれである。

▷ また，TMVに侵された株の茎の一部に灰色がかった褐色のえそを生じ，しだいに拡大して茎をとり巻いたり，条斑になったりする。葉にも黒褐色の不整形の斑点を生ずる。また，時に果実にも同様のえそ斑点をつくる。この病害は，とくに条斑病という。一般に，ハウスでは5月ころ，トンネル栽培では6月中旬ころから発生する。発生すると被害は大きい。

▷ 発生時期によるモザイク病の差異は，CMVによるモザイク病の項を参照。

〔防除の部〕

＜病原ウイルスの性質，伝染方法＞

▷ TMVは，トマトのほか，トウガラシ，タバコその他のナス科植物に多くモザイク病をおこすほか，実験的には22科200種以上もの植物にモザイク病をおこす。

▷ TMVには，いろいろの変異系があるが，トマトにモザイク病をおこすものは，おもにトマト系と普通系である。このうちトマト系が圧倒的に多い。まれに黄斑系も発生する。タバコでは普通系がほとんどで，トマト系はごくまれである。

▷ TMVのトマト系は，トマトに対して高い親和性をもっているので，トマトの組織内で旺盛に増殖する。普通系もトマトに侵入してモザイク病を起こすが，組織内での増殖はトマト系に比べて緩慢である。

▷ トマト条斑病は，TMVのトマト系の単独感染のばあいと，TMVとCMV，またはTMVとジャガイモXウイルス（PVX）の複合感染のばあいとがある。一般にTm-2^{a}因子をもったTMV抵抗性品種がTMVに感染した

トマト ＜モザイク病＞

ばあいにはげしくえそがあらわれる。
　▷TMVによるしおれ症は，1〜3月の低温期に施設栽培でみられる。
　一過性の症状で，日中に先端葉に軽いしおれを生じるが，枯死することはなく，4月ころには回復する。
　▷TMVは，畑ではつねに病汁液中にあるTMVが，なんらかの方法によってできたトマトの傷口から侵入し，発病をおこす。いわゆる汁液伝染が行なわれる。
　▷TMVの伝染経路は，ほぼつぎのような経過をたどるものと考えられる。
　最初の伝染源は，TMVに汚染された種子および前作トマトの病株の遺体である。これらから種子伝染および土壌伝染によってごく少数株に発病がおこる。つづいて移植，芽かき，誘引，収穫などの管理作業のさいに，TMVに汚染した手や農機具などで健全株に触れると接触伝染により高率な伝染をおこす。そのほか，トマト畑周辺で栽培されているトマト，ピーマン，タバコなどの病株も重要な伝染源である。
　▷種子伝染が行なわれることもある。研究者によって異論があるが，ごく低率ではあるが伝染が行なわれた例がある。TMVはおもに種皮の外皮に付着しており，発芽とともに子葉の表面を汚染（付着）し，移植などのさい生じた傷口からTMVが侵入して発病をおこすという。
　▷土壌伝染が行なわれることもある。根，病葉，茎などが腐敗せずに土中に残っていれば，その中にあるTMVは，長期間伝染力を失わない。乾燥土壌中で2年間，多湿土壌中でも6か月間伝染力を失わなかった例もある。
　▷病汁液による接触伝染はきわめてはげしい。病汁を500万倍以上にうすめても，伝染力を失わないほど強い。たとえば，芽かき作業を最初に発病株で行なったのち，その手でつぎつぎに健全株の芽かきを行なったところ，15株もの株に発病がおこった例もある。

トマト ＜モザイク病＞

▷侵入したTMVは，生きた細胞内でだけ増殖する。

▷TMVが侵入してから発病までに要する日数は，トマトの生育度によってほとんど差がなく，6～13日である。

▷TMVは，棒状で300～18nmの超微粒子である。またTMVの不活化温度は95℃で，耐保存性は数年，耐希釈性は500万倍である。

▷TMVには多数の系統があるが，わが国でトマトに発生する系統は，トマト系がもっとも多く，つぎに普通系が発生する。黄斑モザイク系のものはごく少ない。

＜発生しやすい条件＞

▷発病株から採種した種子を使用すると，発生しやすい。
▷温室やハウスで連作すると，発生しやすい。
▷タバコ屑を苗床の醸熱材料にすると発生しやすい。
▷発病株を畑に残していると，蔓延しやすい。

＜対策のポイント＞

▷種子の消毒を行なう。
▷床土，播種箱，育苗鉢などの消毒を行なう。
▷苗床や畑の作業を行なう前には，手を清潔にする。
▷早期に発病した株は，見つけしだい抜きとり焼却する。
▷芽かき，誘引などは必ず健全株から始め，あやしい株は最後にする。
▷タバコ屑は，TMVを含んでいるものが多く，伝染源となるので，苗床の醸熱材料には使用しない。
▷温室やハウスで多発したときは，少なくとも1年くらいは休閑する。
▷抵抗性品種を栽培する。
▷弱毒ウイルスを幼苗期に接種する。

トマト ＜モザイク病＞

＜防除の実際＞

トマト TMVによるモザイク病 防除適期と対策

時期	対　策	薬　剤	希釈倍数	注
播種前	輪作			1年以上は罹病植物を栽培しない
	抵抗性品種の栽培			
	床土消毒	蒸気消毒		
	種子消毒			70℃，3日間の乾熱滅菌
育苗初期	弱毒ウイルスの利用			
育苗～定植後	手の洗浄			

＜防除上の注意＞

▷種子は，無病株から採種したものを使用するとよいが，市販の種子を使用するときには，念のため播種前に種子消毒を行なって種皮上のTMVをのぞく。なお，乾熱滅菌による消毒済みのものは再消毒しない。

▷手の洗浄は，石けんで洗ったのち，流水で充分に水洗する。

▷温室やハウスで多発したときは，少なくとも1年以上はトマトや他のナス科作物の栽培をさける。また床土なども毎年更新する。

▷早期に発病した株は伝染源となるので，見つけしだい抜きとり焼却する。

▷はげしく汁液伝染が行なわれるので，芽かき，誘引などを行なうときには健全株から行ない，あやしい株は最後に行なう。

▷本病は年中発生するが，5～11月にはCMVによるモザイク病も発生するので，CMVによるモザイク病の防除もあわせて行なう。

▷抵抗性品種には，Tm-1，Tm-2およびTm-2_2^a因子型抵抗性遺伝子をもつ多くのすぐれた品種が市販されている。これらのほとんどは他の病害などに対しても抵抗性をあわせもった複合抵抗性品種である。しかし，近

トマト ＜モザイク病＞

年，これらの抵抗性品種をおかすTMVのストレインが各県より報告されているので，栽培にあたっては感受性品種と同様，輪作，土壌・種子消毒，手の洗浄などを励行する。

また，土壌病害対策として接ぎ木栽培を行なうときは，TMVに対して同一因子の抵抗性遺伝子をもった品種間同士の組合わせで接ぎ木する必要がある。

▷現在わが国で実用化されている弱毒ウイルスにはTMV－$L_{11}A$，TMV－$L_{11}A_{237}$の2種がある。幼苗期に弱毒ウイルスを接種，感染させ，交叉免疫により強毒ウイルスの感染を防衛することができる。なお，使用にあたっては定められた使用基準を厳守する。

＜その他の注意＞

▷製品タバコには，TMVの普通系の入っているものが多く，これらも伝染源となるので，作業時の喫煙をさけることも必要である。

（執筆・改訂：阿部善三郎）

灰色かび病

葉に発生した褐色の大型病斑と表面に生じた灰色のかび　　　（竹内　妙子）

幼果での発生
　　（竹内　妙子）

トマト 〈灰色かび病〉

花と果実での発生
(竹内　妙子)

分生子梗の上に房状に形成された分生子
(竹内　妙子)

灰色かび病

病原菌学名　*Botrytis cinerea* Persoon
別　　　名　鼠黴病
英　　　名　Gray mold

〔診断の部〕

＜被害のようす＞

▷果実，花弁，葉などに多く発生するが，茎，葉柄にも発生する。

▷幼苗期や定植後に茎の地際部に発生すると被害部は褐変し，その部分に灰白色のカビを生じ，病勢の激しいときは株全体が枯死することがある。また地際より上の茎に発生すると，紫褐色にかこまれた暗褐色で長楕円形の，大型の病斑をつくる。発病した茎の付近にある葉や葉柄も侵されることがあり，はじめは葉に褐色の丸い病斑を生ずるが，急速にひろがり，葉や葉柄が枯死し，たれさがる。このような被害は，土壌に接触している茎葉に多い。病斑が茎を一周すると，その部分から上がしおれて枯死する。

▷幼果では，はじめ，咲き終わった花のしぼんだ花弁に灰色のカビを密生し，花落部から幼果にひろがり，幼果全体が灰色のカビでおおわれ，肥大せずに終わる。未熟果では，被害部は水浸状となり，その表面に灰色のカビを生じ軟化腐敗する。

▷葉では，落花の付着した部分を中心に褐色の病斑を生じ，拡大して周囲の葉や葉柄に広がり，ついに褐変枯死する。

▷被害部には灰色のカビを密生することが多いが，温度が極端に低いときには生じない。

トマト　＜灰色かび病＞

▷灰色かび病は，促成栽培，半促成栽培，抑制栽培など施設栽培で多発する。20℃くらいで多湿のときに発生しやすいので，一般に11～4月にかけてみられるが，曇雨天が続くと5～6月にも発生することがある。また，トンネル栽培や露地栽培では，育苗期や梅雨期に発生することがある。

＜診断のポイント＞

▷促成栽培，半促成栽培，抑制栽培など施設栽培で発生しやすい。
▷トンネル栽培，露地栽培では育苗期や梅雨期に発生することがある。
▷果実，花弁，葉，葉柄，茎などの被害部の表面に，灰色のカビを密生する。
▷誤診されやすい病害；葉かび病参照。
▷菌核病の場合も果実が腐敗するが，病斑部に灰色のカビを生じないので見分けることができる。菌核病の病斑部には白色の菌糸が生じ，のちにネズミの糞状の菌核が形成される。

〔防除の部〕

＜病原菌の生態，生活史＞

▷灰色かび病は，不完全菌に属する一種のカビによっておこされる。灰色かび病菌はトマトのほかナス，ピーマン，イチゴ，キュウリ，レタスなどの野菜や多数の花卉類，果樹類を侵し，灰色かび病をおこす多犯性の病原菌である。
▷灰色かび病菌は，植物を侵す病原菌であるだけでなく，有機物の上で腐生的に繁殖をつづけることができる。
▷分生子，菌核（菌糸のかたまり）をつくる。
▷被害部に生じた菌糸，分生子，または菌核で越年するほか，他の有機物の上で腐生的に繁殖して，越年して伝染源となる。

トマト ＜灰色かび病＞

▷越年した分生子や菌糸，菌核から生じた分生子は，風によって飛散し発芽して菌糸をのばし，柔軟な部分から侵入して発病をおこす。

▷灰色かび病菌は，とくに咲き終わった花の，しぼんだ花弁の上でよく繁殖し，つづいて菌糸によって幼果に蔓延し発病させる。

▷多発するといちじるしく減収する。灰色かび病はハウス病害の中では葉かび病と並んで恐ろしい病気である。とくに果実に発生が多いので，多発するといちじるしく減収する。

▷灰色かび病菌の発育適温は23℃くらいである。低温の場合には，胞子をほとんど形成しない。

＜発生しやすい条件＞

▷ハウス栽培で11～4月にかけて発生しやすい。この時期には外気温が低いため，とくに夜間の冷えこみをおそれて密閉しがちである。室温も低く多湿になりがちである。

▷密植しすぎたり，軟弱な生育となったり，繁茂しすぎたりすると発生しやすい。

▷20℃くらいで多湿のときに発生しやすい。ハウス促成栽培や暖地のハウス抑制栽培では密植栽培になりやすく，しかも夜間の冷えこみをおそれてハウスを密閉しがちなので，多湿になり多発しやすい。

▷とくに，朝夕の急激な冷えこみは，灰色かび病の発生をいちじるしく助長する。

▷着果後の花落ちの不良な品種に発生しやすい。

＜対策のポイント＞

▷低温にならないように，保温につとめる。
▷多湿にならないように，日中高温のときは換気につとめる。
▷発病前から薬剤による予防散布を行なう。
▷ビニールなどによるマルチ栽培を行ない，施設内の湿度の低下を図

トマト　＜灰色かび病＞

り，同時に土壌中の病原菌からの伝染を防ぐ。

▷強健に生育させるために肥料や灌水量は充分に調節する。

▷果実に付着した花は早期に取り除く。

▷発病した果実や茎葉は見つけしだい摘除し，施設外へ搬出して土中深く埋める。

▷紫外線除去フィルムによる被覆は灰色かび病菌の分生子形成を抑制するため，発病を軽減する。

▷ポリビニルアルコールフィルムは吸放湿性や透湿性があるので，これを内張りに用いると発病は抑制される。

＜防除の実際＞

▷別表〈防除適期と薬剤〉参照。

＜その他の注意＞

▷ハウス内の保温，換気につとめる。灰色かび病は，高温で湿度を低く保てばほとんど発生しない。露地栽培で発生が少ないのは，このためである。日中高温のときにはつとめて換気を行なったり，株元にマルチを行なったり，地下給水を行なったりして湿度を下げる。また，朝夕の冷えこみを防ぐために，暖房につとめる。

▷日頃から気象情報，トマトの生育状況などに注意し，発病が予想されたら薬剤散布を開始する。地際部にも充分薬液がかかるように散布する。

▷灰色かび病は薬剤耐性菌が発生しやすいので同一系統の薬剤を連用しない。

▷軟弱になったり，繁茂しすぎたりすると発病しやすくなるので，栽植密度，施肥，灌水などに注意する。

▷老化し黄化した下葉は発病しやすいので，早期に摘除して発病を防ぐとともに通風を図る。

▷伝染源となる被害果，茎，葉は早期に取り除き，施設外へ搬出して土

トマト　＜灰色かび病＞

中に深く埋める。

 ＜効果の判定＞

▷薬剤散布を行なっても，灰色かび病の発生が止まらない場合は，換気・保温などについても充分検討してみる。

(執筆：阿部善三郎，改訂：竹内妙子)

しり腐病

初期：花落部を中心として暗緑色
に変色し、水浸状となる。

トマト〈しり腐病〉

中期：果実の肥大につれ病斑部がへこむため、果実は扁平となる。

後期：病斑部に二次的にカビが繁殖し、黒変することが多い。

しり腐病

病　因　生理的（カルシウム欠乏）
別　名　黒腐病，尖腐病，果頂腐敗病，先端腐敗病
英　名　Blossom-end rot, Black rot, Point rot

〔診断の部〕

＜被害のようす＞

▷しり腐病は，果実だけに発生する。果実が指頭大になったころから発生しはじめるが，はじめ，花落ち部を中心にして暗色のややくぼんだ斑点ができる。果実の肥大につれて，円形のくぼんだ大型病斑となり黒変する。一般に果実は扁平になる。その他の茎葉などには何の異常も認められない。

▷しり腐病にかかった病斑の上に，ビロード状のカビがはえることがあるが，これは病原菌ではなく，あとから二次的についた雑菌である。

＜診断のポイント＞

▷果実の花落ち部を中心にして円形に凹陥し，黒変している。

〔防除の部〕

＜病気の原因＞

▷しり腐病は，カルシウムの欠乏によって起こる生理病である。カルシウムは，細胞膜の構成成分であり，トマトの生育にとってほとんど全期間を通じて必要な成分である。しかし，カルシウムは植物に吸収されてから

トマト ＜しり腐病＞

いったん葉におちつくと，ほとんど他の部位には移動しない。したがって，肥培管理を誤ったり，環境がわるくなったばあい，根からのカルシウムの吸収が一時的にわずかでも減ると，果実への移動がいちじるしく少なくなり，果実にカルシウムが欠乏し，しり腐病を起こす。

▷しり腐病は，開花後15日ころまでに，カルシウムの吸収量が不足すると発生が多くなる。

▷しり腐病は，開花期ころ，土壌の急激な乾湿の変化があると発生する。土壌水分が急激に変化すると，根の働きが不良になり，カルシウムの吸収量が減少する。また土壌水分が不足すると，水溶性のカルシウムが減少し，カルシウムの吸収量が減少して欠乏症となる。耕土の浅いところや海岸地帯の砂地などでは，土壌の急激な乾湿の変化が起こりやすいので発生しやすい。

▷わが国の土壌は，酸性土壌が多いので，土壌に施用したカルシウムが不溶性になり，カルシウム欠乏症におちいりやすく，しり腐病が多発する。また，窒素質肥料とくに硫安などを多用しすぎると，土壌が酸性になりやすいので，カルシウム欠乏症におちいりやすく，しり腐病が多発する。

＜発生しやすい条件＞

▷開花期にカルシウムが不足すると多発しやすい。

▷高温で，土壌が過湿になったり乾きすぎたりすると発生しやすい。

▷極端な粘土質，砂土，または耕土の浅い畑で発生しやすい。

▷窒素質肥料やカリ肥料を過剰に偏用したり，堆厩肥を多肥したり，硫酸苦土を施用したりすると発生しやすい。

▷酸性土壌で発生しやすい。

▷温室，ハウス，トンネル内の気温が急激に上昇すると発生しやすい。また，抑制栽培では干ばつをうけると発生しやすい。

▷ホルモン処理を行なった果実に発生しやすいこともある。

トマト ＜しり腐病＞

＜対策のポイント＞

▷ 土壌の急激な乾燥を防ぐために，マルチ栽培を行なう。
▷ 保水力の高い畑で栽培する。
▷ 窒素質肥料，とくに硫安，堆厩肥などを過用しない。
▷ 土壌の酸性化を防ぎ，酸性の高い土壌は矯正する（pH5.5～6.5）。
▷ 発生をみたら開花花房を中心にカルシウム溶液を葉面散布する。

＜防除の実際＞

トマト　しり腐病　防除適期と葉面散布剤

防除時期	商品名	希釈倍数	使用量	使用時期	使用回数
開花期	塩化カルシウム	200倍		花房4，5番花開花時より7日おきに葉面散布	
	硝酸カルシウム	40倍			

＜防除上の注意＞

▷ 葉面散布は，散布時期がおくれると効果がない。開花後15日くらいまでに行なわないと効果がない。1花房の4，5番花が開花したら散布を開始し，開花期間中7日おきに薬剤散布をつづける。

▷ 葉面散布に使用するカルシウム化合物は，よく水にとけ潮解性の高いものほど有効である。塩化カルシウム（$CaCl_2$）は潮解性が高い。

▷ 葉面散布のときは，開花中の花房に近い上下2～3葉の若い大きい葉をめがけて散布すると効果的である。老葉，先端部や花房に散布しても効果がない。

▷ 多発地以外では，葉面散布はとくに行なう必要がない。

▷ 石灰肥料を根に施用しても，移動がおそいので，効果が少ない。

トマト ＜しり腐病＞

＜その他の注意＞

▷しり腐病の多発地では，炭酸苦土や燐安などを施用すると発生が少なくなる。逆に硫酸苦土，硫安などを施用すると，土壌が酸性になり多発する。一般に炭酸苦土を施用すると，茎葉中の窒素含量を低下させ，カルシウム含量を高め，しり腐病を抑制するという。

▷保水力の低い土壌での栽培をさける。

▷土壌の急激な乾燥を防ぐために，敷わら，ビニールシートやポリエチレンシートなどでマルチを行ない，また適宜灌水を行なう。

▷暖地半促成栽培では，老熟苗を密植するが，初期生育を促進するため窒素質肥料を多用するので，根の生育を害し，カルシウム不足におちいり，しり腐病が発生しやすい。多発地では，一時的な多量の施肥をつつしむ。

▷温室，ハウス，トンネル内の温度を急激にあげないように管理する。

＜効果の判定＞

▷葉面散布の効果は，葉面散布後に着果した幼果の発病状況によって判定する。もし発生をみたならば，散布時期がおくれたことになる。

(執筆・改訂：阿部善三郎)

トマト〈かいよう病〉

かいよう病

初期の症状：葉が生気をなくして萎れる。
（漆原　寿彦）

中期の症状：病徴が進むと葉は乾燥して上に巻き上がり，黄化して枯れる。（漆原　寿彦）

トマト〈かいよう病〉

後期の症状：株全体が萎凋し，激しい場合は枯死する。
（漆原　寿彦）

維管束部の褐変：茎や葉柄の維管束部が褐変する。さらに病徴が進むと髄部も褐変して粉状となり崩壊する。（漆原　寿彦）

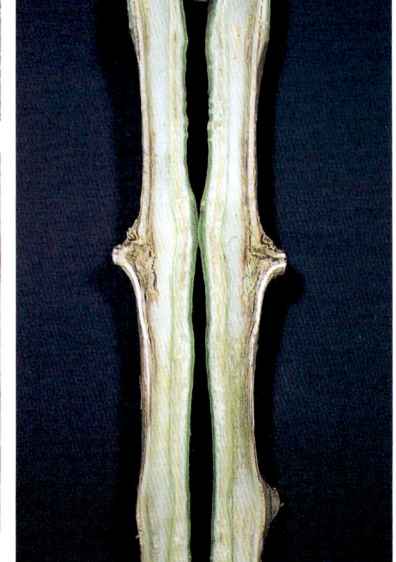

維管束内分に増殖した病原菌　　（漆原　寿彦）

かいよう病

病原菌学名　*Clavidacter michiganensis* shbsp. pv.
　　　　　　michiganensis (Smith 1910) Davis et. al. 1984
別　　名　潰瘍性萎凋病
英　　名　Bacterial canker

〔診断の部〕

＜被害のようす＞

▷かいよう病は，トマトの茎，葉柄，果実，葉などに発生する。

▷葉では，はじめ下葉の周辺部がしおれ，しだいに縁のほうから乾燥して上に巻きあがる。つづいて，葉脈の間が黄化し，しまいには小葉全体が褐変枯死する。

▷枯死した葉は，落葉しないで葉柄とともに垂れ下がる。発生の初期には，複葉の片側だけが垂れ下がるが，ひどくなると複葉の全小葉が垂れ下がることが多い。

▷病気がすすむと，茎や葉柄に現われ，茎が曲がったり倒れたりする。また，表面に褐色の潰瘍や縦に亀裂を生ずる。これは茎や葉柄の内部の崩壊が表面に現われたものである。

▷重症の株に着果した果実は小型で奇形のものが多い。

▷圃場で二次伝染のまん延期に入ると，葉，葉柄，若い茎，がく，花梗，果実などに小さな病斑ができる。果実には，はじめ小さな白色のもりあがった直径2～3mmの病斑を生じ，のちに褐変し，表面がざらざらになる。しまいには，病斑の中心部はひび割れてかたくなり，潰瘍状になる。

▷果実に生じた病斑のまわりに，白いクマを生じて鳥目状になることも

トマト ＜かいよう病＞

ある。その他の部位には，直径1～2mmくらいの小さな淡褐色でやや盛りあがったコルク状の斑点を生ずる。

▷かいよう病にかかっても一般には株の下部だけに現われるので，外観からは健全株のようにみえる。しかし，生育後期に入って病勢が激甚になると，頂芽まで萎凋し枯死することがある。

▷かいよう病にかかった株や葉柄を切ってみると，上部の若い茎や葉柄の髄部は淡黒褐色～淡黒色となり，多少軟化しているが，下方の髄部は黄変し，組織がぼろぼろにくずれ，粉状となって，木質部から分離している。ひどいときには髄部は消失して中空となる。

▷かいよう病にかかると，一般に早めに株が枯死するが，青枯病のように急性的に萎凋枯死することはまれで，収穫期まで残るものが多い。しかし，発病株に着果した果実は小形果や奇形果が多いため，いちじるしく減収する。

▷露地栽培では，葉や果実などに病斑が多く発生する。しかし，施設栽培や雨よけ栽培では葉や果実などに病斑は発生せず，摘芽・摘葉で生じた傷口からの感染で萎凋症状が多く発生する。

＜診断のポイント＞

▷促成，半促成長期どり栽培では4～6月，抑制栽培では9～10月，雨よけ栽培では6～7月に発生が多い。

▷下葉の周縁がしおれ，のちにまわりから乾燥して上に巻きあがる。

▷茎や葉柄の表面に褐色の潰瘍や縦に亀裂を生ずる。

▷茎を切ってみると，維管束の部分が褐変して多少軟化している。ひどいときには髄部は崩壊して消失し空洞となる。

＜発生動向その他＞

▷誤診されやすい病害については萎凋病を参照。

▷1958年に北海道に初めて発生が確認され，その後全国で発生が認め

られるようになった。発生当初は露地栽培での被害が大きく、施設栽培や雨よけ栽培では発生が少なかった。しかし、近年、施設栽培や雨よけ栽培では管理作業で生じた傷口からの二次伝染による被害が多発し、問題となっている。

〔防除の部〕

<病原菌の生態，生活史>

▷かいよう病は一種の細菌（バクテリア）によっておこされる。この病原細菌は、植物病原細菌の中でもごくまれなグラム陽性菌である。菌体は短桿状の細菌で鞭毛をもたず、運動性がない。トマトだけを侵す。

▷かいよう病菌は、病株上に生じた果実から採種した種子内外で長い期間生存し、有力な伝染源となる。接種後2年半以上も生存したという例もある。また、かいよう病菌は被害茎葉などとともに、土壌中に入って長期間生存し伝染源となる。土壌中では、3年以上トマトを栽培しなくても、生き残ることができる。

▷種皮の内外に生存しているかいよう病菌は、種子が発芽すると、種皮とともに地上部にもちあげられ、展開した子葉の気孔から侵入し、導管内に移行して繁殖し、発病をおこすといわれている。

▷土壌中に生存しているかいよう病菌は、農作業などのさいに生じた根の傷口から侵入し、発病をおこす。

▷本畑での二次的な伝染は、病株上のかいよう病菌が、風雨のさいにできた傷口や摘芽、摘葉、摘心、誘引などの農作業のさいにできた傷口などから侵入し、発病をおこす。

▷かいよう病菌は、トマトの導管部を侵す。侵入した菌は維管束の部分で増殖し、茎や葉柄の髄部を侵し、つぎつぎに崩壊させる。

▷かいよう病菌は25～28℃でもっともよく生育する。

トマト ＜かいよう病＞

＜発生しやすい条件＞

▷トマトの連作畑，輪作年限の短い畑，床土更新または消毒を怠った床土などで栽培すると，多発しやすい。

▷種子消毒の不完全なものを使用すると，多発しやすい。被害果から採種した種子で，30〜50％の種子伝染が行なわれたという例もある。

▷梅雨が長びき，降水量の多いときに多発しやすい。かいよう病菌は，トマトの生育適温より低い温度（25〜28℃）を好み，しかも風雨がはげしいときにまん延する。逆に空梅雨で，早く高温になるような年には発生が少ない。

＜対策のポイント＞

▷種子は無病の圃場から採種された健全なものを用いる。
▷輪作を計画的に行ない，種子消毒を励行する。
▷市販種子は必ず消毒済みのものを購入する。
▷床土を更新または消毒する。
▷薬剤散布を行なって，本畑での二次伝染を防止する。
▷発病株は見つけしだい抜き取り処分する。

＜防除の実際＞

▷別表〈防除適期と薬剤〉参照。
▷少なくとも4か年輪作する。
▷播種前に床土を蒸気消毒する。
▷播種前に温湯浸漬種子消毒を行ない，種子内病原菌を消毒する。

＜その他の注意＞

▷かいよう病菌は，土壌中で3年以上生き残ることができるので，少なくとも4年間はトマト以外の作物を栽培する。他の多犯性の土壌病害虫も

トマト　＜かいよう病＞

▷床土は，毎年新しい無病土を使うことがのぞましいが，やむをえず前年のものを使うときには，必ず床土消毒を行なう。床土消毒については萎凋病を参照。

▷かいよう病菌は，種子の内外に生存している。内部に生存している病原菌の消毒に温湯浸漬法がある。これは，55℃の温湯に25分間浸漬する方法であるが，種子の発芽不良をおこすことがあるので，水温は温度計を用いて正確にし，55℃以上には絶対に上がらないようにする。前もって一部の種子を用いて消毒し，発芽試験を行なってから実施すると安全である。また消毒する種子は，クレモナ寒冷紗でつくった袋に半分くらいつめてから消毒すると，作業がやりやすい。

▷タバコモザイクウイルスTMVによるモザイク病の防除に実施する種子の乾熱滅菌処理（70℃，3日間）は，かいよう病菌も消毒できると思われる。

▷常発地では薬剤を散布し，予防する。

▷本畑での早期発見につとめ，病株は見つけしだい抜き取って処分する。また，病株を堆肥にしたり，土中に埋めたりしないようにする。

▷農作業はできるだけ晴天の日に行なうようにする。芽かき，摘心は芽の先を持って行ない，傷口に汁液がつかないように心がける。また，発病のおそれのある株は最後に作業を行なうようにする。

▷摘芽・摘葉にハサミを使用する場合は，ハサミの刃を消毒液などでこまめに消毒する。

▷前年使用した支柱を用いると発生が多くなるので，かいよう病の発生したトマトに使用した支柱は消毒するか，用いないようにする。

＜効果の判定＞

▷かいよう病は，ふつう梅雨の後半，とくに降雨の多い年に発生するので，防除の効果の判定はそのころから行なう。もし発生を見たら，輪作，

トマト ＜かいよう病＞

床土の更新，床土消毒，種子消毒などが正確に行なわれなかったことになる。さらに防除について反省し，以後の対策をたてる。
　▷果実の表面に小さな白色の盛りあがった斑点を生じたり，茎，葉柄，若い茎などに小さな黄褐色の斑点を生じたりしたばあいは，二次伝染に対しての防除が行なわれなかったことになる。もし，このような病徴が現われたときには，さらに薬剤散布を励行する。

〔執筆：阿部善三郎，改訂：漆原寿彦〕

半身萎凋病

初期の病徴：葉が部分的にしおれて上側に巻く。

葉の黄変症状：発病部は黄変し、しだいに枯れ込んでくる。

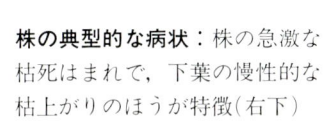

株の典型的な病状：株の急激な枯死はまれで、下葉の慢性的な枯上がりのほうが特徴（右下）

病原菌の分生子梗と分生子の塊（上）および被害株内に形成された菌核（下）

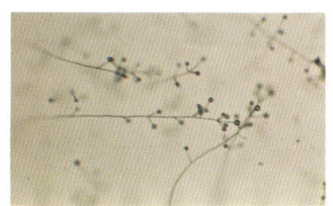

トマト〈褐色根腐病〉

褐 色 根 腐 病

被害根：根の多くが褐変し、コルク化したようになる。

初期被害株：しおれて小葉が変色し、葉のふちから脱水状態になる。

後期被害株：株全体が変色し、枯死する。

半身萎凋病

病原菌学名　*Verticillium dahliae* Klebahn
英　　　名　Verticillium wilt

〔診断の部〕

＜被害のようす＞

▷半身萎凋病は，露地栽培では定植1か月後ころから地上部に病斑が現われ始め，以後，収穫が終わるまで慢性的に発病しつづける。

▷初め下葉のところどころの小葉が部分的にしおれ，葉の縁は上側に巻く。このしおれはふつう2～3日でとまり，発病部は黄白色から黄色に変色してくる。変色部は葉脈の間に生じることもあるが，多くのばあいは葉の縁であり，変色部の形は小葉脈を中心として健全部との境のぼやけたクサビ形のことが多い。その後変色部は何日もかかって徐々に拡大し，小葉全体が黄変して，最初に発病した部分からゆっくりと褐変枯死する。

▷病勢がすすむと，順次上位の葉も同様に発病枯死し，慢性的な下葉の枯上がりをきたす。このため発病株は，草丈が低くなり，果実の着果や肥大もいちじるしく悪くなる。

▷発病株の葉柄や茎を切ってみると，導管の部分が黄褐色に変色しているが，萎凋病のばあいと比較すると細く不鮮明である。

＜診断のポイント＞

▷本病のばあいは，株の片側の葉が急激に発病したり，株全体が短期間に枯死したりすることは少なく，むしろ下葉からの慢性的な枯上がりが特徴である。

トマト　＜半身萎凋病＞

▷被害が慢性的であるため発見は遅れがちであり，本病の被害と気づいた時点ではすでに畑全面の株が発病している例が多い。

▷下位葉からの枯上がりにより収量低下が認められる畑では，本病の発生している疑いがある。小葉のしおれや発病部の変色状況を観察し，導管変色の有無とその状況とを調べてみる。なお，本病による下葉の枯上がりは，着色果房付近の葉位までに生じることが多い。

＜発生動向その他＞

▷トマトにしおれを起こす病害としては，本病のほかに萎凋病，根腐萎凋病，褐色根腐病，黒点根腐病，青枯病，かいよう病，TMV（タバコモザイクウイルス）によるモザイク病などが知られているが，導管褐変を生ずる点で，褐色根腐病やTMVによるしおれとは区別できる。

▷発病株の根を調べると，本病では外観上ほとんど異常がなく，褐色根腐病や根腐萎凋病，黒点根腐病のばあいのような激しい変色はみられない。

▷地上部のしおれ方は，本病では下葉から順次しおれ，しかもこのしおれは一時的であって，青枯病やTMVによるモザイク病のばあいとは異なる。

▷葉の病斑は，一見かいよう病の二次伝染による病斑に似ているが，発病する葉位や病斑拡大の速さがちがう。

▷発病葉の葉柄の状態を調べれば，本病のばあいは全部の小葉が枯れても葉柄はかなり長い間緑色を保ったまま残っているので，萎凋病とは区別できる。

▷昭和46年に東京都の露地栽培で発見された病気であり，発見後数年間は東京都の一部地域に限り多発生していたが，昭和51～52年に福島県，山梨県，長野県の夏秋トマト産地で大発生が確認され，被害が問題となった。

▷現在はほぼ全国の露地および施設栽培で発生し，とくに山間地の夏秋

トマト ＜半身萎凋病＞

トマト栽培で被害が大きい。

▷近年，レース1抵抗性品種を侵すレース2の発生が増加し，問題となっている。

〔防除の部〕

＜病原菌の生態，生活史＞

▷病原菌は不完全菌類に属する一種のカビで，きわめて多犯性であり，外国の報告によると，260種以上の草本および木本植物に寄生するという。国内でもトマトのほかにナス，トウガラシ，ジャガイモ，スイカ，メロン，キュウリ，イチゴ，オクラ，ハクサイ，ダイコン，カブ，フキ，ウド，タラノキ，エダマメ，キク，キンセンカ，コスモス，ホオズキ，フヨウ，アイスランドポピー，バラなどに本菌による病気が発生している。しかし，本菌にはトマトに対して病原性を異にする系統が存在し，上記作物の病原菌の大部分はトマトに病気を起こさず，一方，トマトの病原菌はこれら作物のほとんどを侵す。

▷この菌は，菌糸のほかに分生子と菌核とを形成する。

▷菌核は菌糸の芽胞分裂によって生じる耐久期間であり，被害株（とくに発病して枯死した葉上）に豊富に形成される。この菌核の形で土壌中で越年している。

▷苗が植えられると，菌核は発芽して菌糸を伸ばし，根の先端部や傷口から植物体に侵入する。侵入した菌は，主に導管内に繁殖し，水分の上昇を妨げたり，毒素を産生したりして，植物に萎凋を起こす。

▷病原菌の生育適温は22～25℃であり，20～28℃の範囲で良好に生育する。

▷周囲の畑へは，菌核が被害株のかけらとともに風雨で運ばれて伝染し，また，罹病苗によって無発生地帯に伝染することも多い。

トマト ＜半身萎凋病＞

＜発生しやすい条件＞

▷本病の発病適温は25℃付近であり，気温22～28℃の時期に発生しやすく，20℃以下の低温や30℃以上の高温では発病しにくい。したがって，山間地の夏秋トマト栽培や平坦地の露地栽培で多発しやすい。

▷土壌湿度がトマトの適湿よりもやや湿潤な状態で発病しやすく，日照不足は発病を助長する。

▷トマトの連作畑やナス，イチゴ，ウドなどの輪作の頻度の高い畑で発生しやすい。

▷床土消毒が不完全で，苗床で感染を受けたばあいには，とくに被害が激しい。

＜対策のポイント＞

▷トマトの連作あるいはナスなどとの輪作を避ける。
▷床土消毒を励行する。
▷発生の多い畑では，土壌消毒を行なう。
▷レース１発生圃場では，抵抗性品種を栽培する。

＜防除の実際＞

▷別表〈防除適期と薬剤〉参照。

▷本病はトマトを連作すると被害が激しくなるから，連作はできるだけ避ける。また，病原菌はトマトのほか，ナス，イチゴ，オクラ，ウドなどに寄生するから，これら宿主作物との輪作も避ける。

▷床土は毎年更新し，さらに土壌消毒剤で消毒する（萎凋病の項参照）。

▷常発地帯では，本圃を萎凋病のばあいと同様に土壌消毒剤で消毒する。

▷発病株は早期に抜き取って処分し，収穫後は株をていねいにかたづけ，処分する。

トマト ＜半身萎凋病＞

＜その他の注意＞

▷本病の病原菌は，苗床資材や支柱などにも付着して伝染するおそれがあり，また，外国では種子伝染するともいわれている。念のため資材や種子も消毒しておいたほうがよい。

▷抵抗性品種を栽培しても，生育後期に下葉の枯上がりなど軽度の発病を認めることがある。これは本病抵抗性が萎凋病の抵抗性品種のばあいのような侵入抵抗性ではなく，病原菌密度が高いばあいやトマトの生育が衰えたときなどに，病原菌が地上部茎葉内で増殖可能なためである。次年度は，過度の連作は避け，イネ科作物などとの輪作や田畑輪換などを行ない，病原菌密度を下げる努力をしておく。

＜効果の判定＞

▷土壌消毒した圃場で発病株が見られなければ効果があったと判断する。

▷レース1抵抗性品種を栽培しても発病が抑えられないばあいは，レース2が発生していると判断する。

(執筆：飯嶋　勉，改訂：漆原寿彦)

トマト ＜褐色根腐病＞

褐色根腐病

病原菌学名　*Pyrenochaeta lycopersici* Schneider et Gerlach
英　　名　Corky root

〔診断の部〕

＜被害のようす＞

▷半促成トマトに発生が多く，1月中旬ころから地上部に症状が現われる。初めは日中晴天の日に茎葉がしおれ，夕方には回復するが，やがて回復しなくなる。

▷しおれ始めた茎葉の小葉は変色し，葉の縁から脱水状態になる。

▷このような株の根は，小さな褐色の斑点を生じ，しだいに拡大していく。やがて褐変した根の表面に亀裂を生じ，根は太くなり表面はコルク化または黒褐色に腐敗する。腐敗は乾腐で，被害が進むと大部分の根は変色する。

▷発生が甚だしくなると株全体が変色し枯死する。

＜診断のポイント＞

▷日中晴天の日に茎葉はしおれ，夕方には回復するが，やがて回復しなくなる。下葉は黄化し，被害根の褐変したものの表面には小さな亀裂が見られる。根は太くなり表面はコルク化または黒褐色に腐敗する。

▷茎の導管部には褐変は見られない。

トマト ＜褐色根腐病＞

〔防除の部〕

＜病原菌の生態，生活史＞

▷病原菌は被害根とともに土壌中で生き残り，土壌伝染する。柄子殻を形成し，小さい柄胞子（分生子）を形成する。柄子殻には長い剛毛が形成される。病原菌の生育適温は 15 ～ 18℃で，比較的低温の時期に発生しやすく，発病の適地温は 15 ～ 18℃である。

＜対策のポイント＞

▷発生地では連作を避ける。発生地域では土壌くん煙剤または太陽熱，熱水などで土壌消毒を行なう。抵抗性台木に接ぎ木を行なう。被害根はできるだけ土壌中に残さないようにする。

＜防除の実際＞

▷別表〈防除適期と薬剤〉参照。

▷播種・育苗用の床土はクロピクテープなどによるくん煙により土壌消毒する。本圃とくに施設栽培では土壌殺菌・殺線虫剤で土壌消毒を行なう。くん煙剤による消毒は萎凋病の項参照。太陽熱利用による消毒は，作付け終了後の7月中旬ころに 10a 当たり稲わら 1000kg，石灰窒素 100 ～ 150kg を施用して耕耘し，60 ～ 80cm の小畦をつくる。次に地表をフィルムでマルチし，畝間に一時湛水する程度に水を注ぎ，施設を密封して約1か月放置する。

▷太陽熱利用による消毒効果はその年の気温により充分ではない場合があるので，できる限り抵抗性台木に接ぎ木することが望ましい（KNVF-R，耐病新交1号，スクラム2号，バルカン，ジョイント，KCFT-R2号など）。萎凋病の項参照。

▷発病株は見つけ次第抜き取り，焼却する。

（執筆：森田　僑，改訂：手塚信夫）

斑 点 細 菌 病

初期の被害状況
下葉から発生して上葉に及び,そうか状の小斑点をつくり黄化する。

後期の被害状況
下葉から黄化,落葉して茎だけが残る。

トマト〈斑点細菌病〉

葉の病徴(上左)：個々の病斑は数mmの大きさにとどまる。それらが癒合すると大型病斑になり枯死する。

葉柄の病徴(上右)：暗褐色の小斑点をつくり，多少隆起する。

果梗の病斑：葉柄と同様に病斑部が多少隆起する。

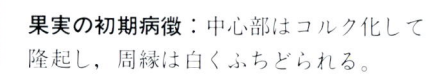

果実の初期病徴：中心部はコルク化して隆起し，周縁は白くふちどられる。

トマト ＜斑点細菌病＞

斑点細菌病

病原菌学名　*Xanthomonas campestris* pv. *vesicatoria*
　　　　　　(Doidge 1920) Dye 1978
別　　名　そうか病
英　　名　Bacterial spot

〔診断の部〕

＜被害のようす＞

▷育苗中の幼苗期から全生育期間を通して葉身，葉柄，茎，果梗，果実に発生する。

▷葉身では，初め1～2mmの暗褐色円形あるいは不整形の小斑点が葉脈に沿ってでて，周辺が黄化する。やがて病斑は周縁が淡黄色にふちどられた光沢のある黒褐色斑点となる。個々の病斑は数mmの大きさにとどまり，多数寄り集まると大型病斑となり枯死する。

▷葉柄，茎，果梗では葉身と同様な光沢のある暗褐色小斑点がでるが，のちに多少隆起した灰褐色病斑となる。

▷果実では初め水浸状褐色で周縁が白くふちどられた小斑点がでる。やがて病斑中央部は少し隆起し，コルク化してそうか状となる。発生の多いときには萼片にも同様の病斑がでる。

▷下葉から発生し，しだいに上葉に及び，発病が激しいときには黄化し枯れ上がる。無支柱加工用トマトでは，梅雨期に発病しやすく，葉は全部落ちて茎だけが残っているばあいが見られる。

▷かいよう病，軟腐病などの細菌性病害に多く見られる茎内部の異常である維管束や髄の褐変は，本病では見られない。茎葉の繁茂する梅雨期以

トマト ＜斑点細菌病＞

降,多湿条件が続くと急激に発生が多くなる。

＜診断のポイント＞

▷多湿条件が続いたときに,初め黒褐色の小斑点が急激に多数発生する。

▷1～2mmの小病斑は,葉身のほか葉柄,茎,果梗によく見られる。病斑が古くなると,灰褐色～灰白色になり隆起してそうか状となる。

▷類似病にかいよう病,斑点病,輪紋病がある。

▷かいよう病は,葉身,葉柄にそうか状病斑をつくるが,大型病斑をつくり枯れ上がる。茎の髄は褐変あるいは崩壊して空洞化することが多い。

▷斑点病は,葉身だけに類似小斑点が見られるが,病斑の中心部に穴があく。茎,果実に発生することはほとんどない。

▷輪紋病は,初期病斑は類似するが,のちに拡大して輪紋状病斑となる。

＜発生動向その他＞

▷無支柱加工用トマトや露地抑制栽培で被害が大きい。

〔防除の部〕

＜病原菌の生態,生活史＞

▷細菌によっておこる病害である。病原細菌は短桿状で1本の単極生鞭毛をもち,大きさ0.6～0.7μm×1.0～1.5μmである。5～40℃の範囲で発育し,発育適温は27～30℃である。

▷一次伝染は種子と土壌である。発病圃場から採種すると保菌率が高く,種子表面で1年以上生存する。発病地では被害茎葉とともに土中に残り,土壌伝染源となる。

▷二次伝染は,水滴や風によって分散し,茎葉では気孔や傷口から侵入

トマト ＜斑点細菌病＞

して行なわれる。果実では，毛茸痕，害虫による食痕から侵入する。
▷トマトのほかピーマン，トウガラシに発病する。

＜発生しやすい条件＞

▷露地栽培に多く，施設栽培では比較的少ない。露地栽培では梅雨期と秋雨期に発生が多い。施設栽培では4月以降に，換気不良で高温多湿の状態で発生しやすい。
▷無支柱加工用トマトは茎葉の繁茂が梅雨期から盛んになり，倒伏が始まり全体がマット状になる。したがって，枝分け作業を怠ると通風が悪く，多湿状態になってとくに発生が多い。
▷窒素過多で茎葉が繁茂し，徒長軟弱に生育したときにも発生が多い。
▷排水不良の圃場でも発病が多い。
▷連作すると，被害茎葉が土中に残るため発生が多い。

＜対策のポイント＞

▷本病は種子伝染率が高いので，採種栽培では無病株，無病圃場から採種する。
▷種子伝染を防ぐために種子消毒済みの種子を使用する。
▷土壌伝染しやすいので，被害茎葉は除去して焼却する。また，連作を避け，数年間単位の輪作体系をたてる。
▷生食用のトマトでは雨よけ栽培とする。
▷多湿状態は発生を助長するので，排水をよくし，施設栽培では換気や風通しをよくする。
▷ビニールマルチは土壌からの伝染を防ぐものと考えられる。
▷育苗期から薬剤を予防散布する。
▷無支柱加工用トマトでは，枝分け作業を徹底して行ない，株内の風通しをよくする。また，敷わらは梅雨入り前までに厚く敷き，泥はねを防ぐ。

トマト ＜斑点細菌病＞

＜防除の実際＞

▷別表〈防除適期と薬剤〉参照。

▷発病してからの散布では効果が劣るので予防散布に努め，下葉，葉裏にも薬液が充分にかかるよう注意する。

▷幼苗期からの予防散布は必要だが，トマトの生育を抑制するため育苗期には必要以上の散布を避ける。

▷露地栽培では収穫終了後茎葉を圃場外に持ち出すか，焼却処分する。

（執筆：田部　真，改訂：矢ノ口幸夫）

アルターナリア茎枯病

茎の病徴：芽かきあとを中心に生じた暗褐色～黒色の輪紋病斑。茎部にえそ症状が認められる。
　　　　　　　　　（田上　征夫）

葉の病斑：病状が進んで巻きあがった葉　　　　（田上　征夫）

初期症状（右下）：葉脈間に数mmほどの黒褐色～黒色の壊死斑点が多数生じる。
　　　　　　　　　（田上　征夫）
病原菌（左下）：嘴部は短い。（田上　征夫）

トマト〈根腐萎凋病〉

根 腐 萎 凋 病

初～中期(左)：全身がしおれ，下葉から黄化褐変する。
後期(右)：全身が黄褐変して枯死する。

根の腐敗：細根や支根が腐って根は極端に少なくなる(左端は健全株)。

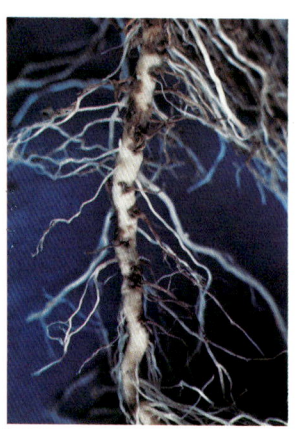

太根の病斑(左)：腐敗した細い根のつけねの部分に黒褐色の斑点ができる。
茎の維管束褐変(右)：褐変の長さは短く，地ぎわ部付近でとくに激しい。主根の一部も腐敗崩壊する。

トマト ＜アルターナリア茎枯病＞

アルターナリア茎枯病

病原菌学名　*Alternaria alternata* (Fr. Keissler)
英　　　名　Stem canker

〔診断の部〕

＜被害のようす＞

▷施設栽培では11月ごろから，露地栽培では3月以降育苗中から発生する。疫病のように急速に蔓延することはないが，一度発生すると終息することなく，最後まで発病がつづく。

▷本病の病徴は非常に特徴的で，病原菌感染による茎枯れ症状と病原菌の生成する毒素（AL-毒素）による壊死症状に大別される。

▷茎枯れ症状は主として芽かきあと，支柱や誘引ヒモとの接触部を中心に発生する。発生初期は黒褐色の小斑点で，のちに拡大して暗褐色～黒色の大型輪紋あるいは不整形病斑を生じ，発病後期には患部表面に黒色の病原菌（分生子）を形成する。また，地際部に発生することも多い。いずれにせよ，症状の進展に伴い，病患部より上の部分は萎凋し枯死する。

▷茎枯れ症状の発生した株では，病斑部から茎上部に向かって導管が褐変する。病状が進行すると茎表面からも暗緑褐色の条斑として認めることができる。葉では頂葉を中心として葉脈間に数mmほどの黒色壊死斑点を多数生じる。果実はすじ腐れ症状となる。果梗付近で発病した場合はとくに激しい症状を示すことが多い。このような症状はAL-毒素による毒素症状で，非常に特徴的であるが，この部分からは病原菌は検出されない。

▷苗では地際部に発病することが多い。苗に発病した場合は本圃に比べ，病勢の進展は急速で早期に落葉し枯死する。

トマト ＜アルターナリア茎枯病＞

＜診断のポイント＞

▷発病後，比較的早い時期から頂葉を中心に，葉脈間に数mmほどの黒褐色〜黒色の壊死斑点を多数生ずるので，発見は容易である。発病がすすんだ場合は枯れて巻きあがるか，あるいは萎凋する。葉の症状が認められた株の茎全体を観察して，茎の一部に黒変した病斑あるいは輪紋症状があれば，本病と診断してまちがいない。

＜発生動向その他＞

▷本病はとくに純系ファーストトマトで被害が多かったが，この品種の作付けが少なくなったこと，現在主要となる丸玉品種は本病に抵抗性であることから，被害は極めて少なくなった。露地トマトで多発する品種では，品種の変更により回避されている。

〔防除の部〕

＜病原菌の生態，生活史＞

▷病原菌はトマト輪紋病のなかまで不完全菌類に属する。トマトだけに病原性があり，他作物に対する寄生は確認されていない。

▷伝染源の詳細については明らかでないが，前作の発病残渣，古資材などが考えられる。また，トマト苗や移植後まもないトマト幼植物での地際部や土壌中の茎などがおかされることから，土壌伝染性病害とも考えられている。なお，本病原菌は13か月以上土壌中で生存できることが確認されている。

▷芽かき跡や支柱などとの接触部に生じた比較的大きな傷あるいは地際部から侵入する。侵入部には病原菌の分生子を多数形成し，これが飛散して第二次汚染を起こす。

▷病原菌の生育温度は28℃，最高は37℃，最低は10℃以下である。

20℃から30℃の間でよく生育する。

<発生しやすい条件>

▷感受性の品種を連作すると発生が増加する。
▷地下水の高い温室や，同じ施設内でも湿度の高い部分に発生が多い。
▷芽かき作業などの管理で茎部の傷口が多くなる時期から多発する。

<対策のポイント>

▷品種間の抵抗性に差が大きいので，一度被害をみた圃場や地域では抵抗性の品種を栽培することにより被害を回避することができる。
▷自然発生が確認されている純系ファースト，強力脚光，強力大型東光Kなどは感受性が高い品種である。現在わが国で栽培されている主要な丸玉品種およびミニトマト品種は抵抗性である。
▷一度発生すると防除は非常にむずかしいので，発病前からの防除対策が大切である。
▷施設内が加湿になることをさける。
▷病原菌はほとんど傷口から侵入するので，天候の悪い日の管理作業，とくに芽かき作業は行なわない。
▷発病株は二次伝染源となるので，早めに処分する。
▷土壌伝染の疑いもあるので，育苗土は健全土壌を用い，本圃の土壌消毒も考慮する。

<防除の実際>

▷本病に対する登録農薬はないが，灰色かび病や葉かび病の防除により本病に対する防除効果が期待できる。
▷発病した株は，茎内部に侵入した病原菌がすでに毒素を生産しており回復は見込めないので，速やかに処分する。

トマト ＜アルターナリア茎枯病＞

＜その他の注意＞

▷一度汚染された産地では，感受性品種の栽培は不可能であるので，抵抗性品種に置き換える。

＜効果の判定＞

▷抵抗性品種に置き換えた場合は発病は認められない。

（執筆：田上征夫，改訂：黒田克利）

トマト ＜根腐萎凋病＞

根腐萎凋病

病原菌学名　*Fusarium oxysporum* Schlechtendahl f. sp.
　　　　　　radicis-lycopersici Jarvis & Shoemaker
英　　　名　Crown (foot) and root rot

〔診断の部〕

＜被害のようす＞

▷本病原菌は，萎凋病菌レース1（J_1）およびレース2（J_2）に対する抵抗性品種を侵すことから，わが国では萎凋病菌の第3のレース（J_3）としてきた。しかし，本病の症状が萎凋病と大きく異なることから，本病原菌は萎凋病菌と異なる分化型による別の病気とした。その後萎凋病菌のレース3が出現したため，諸外国とわが国のレースが対応しなくなり，混乱を避けるため，本病の病名を根腐萎凋病とした。

▷根腐萎凋病は，1967年に高知県下の促成栽培のトマトに発生した。その後全国の施設栽培地帯に広がり，被害が大きくなった。

▷はじめ茎の先端の若い葉が晴天の日中だけしおれ，しだいに生気を失う。しおれは徐々に全身的になり，続いて下葉から黄化し，最後には株全体が黄褐変して枯死する。

▷発病した株は脱水状態になり，髄の部分が空洞化するために茎を押さえると簡単につぶれる。

▷病気の株では細根が腐ってちぎれ，太い根には黒褐色の小さな斑点ができ，ところどころが暗褐色に腐敗している。病気が進むとほとんどの根が腐り，ごく一部の太い根だけが残るので，株は簡単に引き抜ける。

▷病気の株の根や茎の維管束は黒褐変しているが，茎の維管束の褐変は

トマト ＜根腐萎凋病＞

ふつう地際から 10 〜 20cm ていどの高さまでで，あまり上の部位までは変色しない。

▷株の地際や主根の付け根などにも暗褐色の斑点をつくり，のちにはその部分が腐ってぼろぼろに崩れることもある。

▷主に施設栽培で発生し，とくに促成栽培と植付時期の遅い抑制栽培で発生しやすいが，半促成栽培では比較的少ない。促成栽培では 12 月中旬ごろから発病しはじめ，3 月ごろまで進行するが，気温の高くなる 4 月以降には軽症の株では新根が発生し，根の病斑は治癒して生育を続けることが多い。

＜診断のポイント＞

▷根の腐敗が激しく，末期にはほとんどの根が腐ってしまい，わずかに残った太い根には黒褐色の斑点がみられる。

▷根や茎の維管束が黒褐変するが，茎の維管束の変色は比較的株元に近い位置に限られる。

▷地上部のしおれや黄化は全身的に起こり，株の片方だけに現われることはない。

▷根が腐る点は，褐色根腐病や黒点根腐病に似ているが，これらの病気では維管束が褐変しないので区別できる。

▷維管束が褐変するので，ふつうの萎凋病，青枯病，半身萎凋病，かいよう病などと似ているが，これらの病気では初期から激しい根腐れを伴うことはないので見分けられる。

＜発生動向その他＞

▷全国の施設栽培トマトの連作圃場で問題となっている。

▷養液栽培でも本病は発生するが，特にロックウール栽培での被害が多い。

トマト ＜根腐萎凋病＞

〔防除の部〕

＜病原菌の生態，生活史＞

▷病原菌は不完全菌に属するカビで，トマトとその野生系統の植物を幅広く侵す。

▷わが国の根腐萎凋病菌とトマト萎凋病菌の三つのレース（レース1,2,3）は，それぞれトマトの品種の侵し方がちがっている。

▷根腐萎凋病の病原菌は，萎凋病菌（レース1,2,3）と同様に土壌および種子伝染する（萎凋病参照）。

▷発病圃場の周辺では，茎の地際などにできた病原菌の胞子が空気伝播して汚染が起こる。

▷病原菌は分生子や厚膜胞子をつくり，土壌中での生存期間は5～15年ときわめて長い（萎凋病参照）。

▷萎凋病菌に比べてトマトの導管を侵す力が弱く，多数の菌が根にとりつき，根を腐らせて発病させるために，土の中の菌密度が高まらなければ発病しにくい。

▷根腐萎凋病菌は，分生子の飛散により空気伝染し，果実の柱頭部から侵入して果実腐敗症をひき起こす。

トマト品種（判別品種）	トマト萎凋病菌			トマト根腐萎凋病菌
	レース1	レース2	レース3	
ポンテローザ	S	S	S	S
興津3号	R	S	S	S
ウォルター	R	R	S	S

トマト　＜根腐萎凋病＞

＜発生しやすい条件＞

▷連作は土の中の菌密度を高めて発病を多くする。

▷病原菌の発育適温は28℃であるが，発病の適温は10～20℃と低い。

▷初冬から早春の地温が低く日照量が不足し光合成が低下する環境下で多発しやすい。

▷窒素質肥料の多用や土壌の乾燥その他，根を傷めるような管理は発病を多くする。また，ネコブセンチュウの根の加害も発病を助長する。

＜対策のポイント＞

▷圃場へ病原菌を持ち込まないために，農薬や乾熱処理による種子消毒を徹底する。

▷育苗用土は，発病のおそれのない山砂や水田土壌か，充分に土壌消毒を行なった土を用いる。コンパルなど市販育苗培土の利用も有効である

▷病原菌は空気中を飛散し，育苗中の苗に感染することがあるので，育苗は病原菌に汚染されていない場所で行なう。

▷連作をさけ，計画的な輪作，作付時期の移動，栽培期間の短縮などによって発病を回避する。ただし，病原菌に汚染された圃場では，輪作だけで本病を回避するのは困難である。

▷施肥や水管理を適正にする。

▷発病地では本圃の土壌を土壌消毒剤で消毒する。萎凋病の項参照。

▷施設栽培の土壌は太陽熱利用による土壌消毒を行なう。褐色根腐病の項参照。

▷抵抗性台木を利用した接ぎ木栽培を行なう。

▷抵抗性品種を栽培する。

＜防除の実際＞

▷促成栽培を中心に，収穫期が低温期に向かう作型で発病しやすいの

で，発病地では栽培時期をずらして高温に向かう時期の作型（半促成栽培）に変えるか，短期栽培（3～4段摘心）を行なうかする。

▷発病はごく初期に強く摘心（2～4段摘心）すると枯死をまぬがれ，残った果実はふつうに収穫できることがある。

▷土壌消毒処理（萎凋病に準じて行なう）が不完全であったり，あとから病原菌に汚染されたりすると発病が多くなることがあるので注意を要する。

▷現在用いられている台木には，影武者，ドクターK，バルカン，マグネット，耐病新交1号，新メイト，ジョイントなどがある。台木の利用にあたっては，あらかじめ穂木と台木のTMV抵抗性を知り，親和性を確認しておく必要がある。

▷抵抗性品種は認められるが，市場性の高い品種を栽培することを考えると，抵抗性台木を利用するのが一般的である。

＜効果の判定＞

▷土壌消毒による殺菌効果は，試験場などでフザリウム菌を培養する以外は，事前に現地で判断する方法はない。

（執筆：山本　磐，改訂：黒田克利）

トマト〈黄化えそ病〉

黄 化 え そ 病

典型的な発病株：えそ斑点をともなった黄化症状　　　（小畠　博文）

茎，葉柄のえそ条斑症状　（小畠　博文）

上位葉のえそ斑点：輪紋症状　（小畠　博文）

中位葉のえそ輪紋症状（小畠　博文）

トマト〈黄化えそ病〉

典形的な発病果実：幼果がえそ斑点やえそ輪紋をともない、部分的にコブを生じた症状　（小畠　博文）

被害のひどい圃場：畦畔沿いのうねでほとんどの株が発病しており、枯死株もみられる。
（小畠　博文）

黄化えそ病

病原ウイルス　トマト黄化えそウイルス
　　　　　　　Tomato spotted wilt virus (TSWV)
英　　　名　Spotted wilt disease

〔診断の部〕

<被害のようす>

▷トマト黄化えそウイルス（TSWV）は，全国各地のトマト，ピーマン，ナスなどの野菜類やキク，ダリア，アスター，ガーベラなどの花卉類で発生がみられ，全身えそ症状を起こして大きな被害をもたらしている。

▷本ウイルス病は，局地的に発生するのが特徴であり，トマトにおいて，育苗期には一般に半促成栽培以外の作型で発生し，本圃では全作型で発生する。

▷露地栽培（4月下旬定植）では5月中旬ごろから周辺の畦に発病株がみられ，初発病株を中心に蔓延して7月ごろから急に被害が多くなる。

▷はじめに上位葉が生気を失い，急に褐色えそ斑点やえそ輪紋が現われて葉は下側に巻くが，変形はしない。のちに葉柄や茎にも褐色えそ条斑を生じる。生育初期に感染した場合にはえそ症状が激しく，株全体が枯死することが多い。生育後期に感染した場合には，えそ症状が比較的軽く，上・中位葉が黄化する。

▷果実は，褐色えそ斑点やえそ輪紋を生じ，部分的にコブを生じて奇形になる。とくにウイルス感染後に着果した幼果では，えそ症状が激しく，脱落しやすくなる。また，感染前にかなり肥大していた果実でも症状が軽いものの，果実の着色がまだらとなって商品価値がなくなる。

トマト ＜黄化えそ病＞

▷ハウス促成栽培（9月下旬定植）では，10月中旬ごろから発病株がみられることが多く，徐々にハウス内に広がる。症状は露地栽培と同様だが，えそ症状が露地栽培の場合より激しく，上位葉が急速に枯死することが多い。

＜診断のポイント＞

▷ダリア，キク，アスターなどは伝染源になるので，これらの圃場付近でのトマト圃場では発生がよくみられる。また，本病が発生したことのある地域では，ノゲシ，オニタビラコ，ヒメジョオン，メジロホオズキなどの雑草が伝染源になるので，これらの雑草が多い付近の圃場では発生がよくみられる。

▷露地栽培（4月下旬定植）での発生は，伝染源のある側の外畦の株に5月中旬ごろからみられ，その株を中心に広がり，7月ごろから急に被害が多くなる。

▷発病株は，えそ斑点をともなって黄化する。えそは株全体に生じ，とくに葉や果実のえそ輪紋をともなったコブ状隆起が特徴的である。

▷タバコモザイクウイルス（TMV）やキュウリモザイクウイルス（CMV）では，時に茎葉・果実にえそを生じることがあるが，TSWVのようなえそ輪紋にならないので，本病との区別はできる。

〔防除の部〕

＜病原ウイルスの生態，生活史＞

▷病原ウイルスは，70〜90nmの外膜構造をもつ球状粒子で，ナス科，マメ科，キク科，ヒユ科など多くの科の植物をおかす多犯性である。

▷人工的には汁液感染するが，自然界ではアザミウマによって伝搬するだけであり，種子伝染，土壌伝染はしない。ウイルスを伝搬するアザミウマとして，わが国ではネギアザミウマ，ダイズウスイロアザミウマ，ミカ

トマト ＜黄化えそ病＞

ンキイロアザミウマ，ヒラズハナアザミウマ，チャノキイロアザミウマなどが知られている。

▷アザミウマのウイルスの伝搬様式は特異的であり，保毒能力をもつのは1齢幼虫だけである。アザミウマの種類によって多少保毒能力に差はあるが，病葉を15分以上吸汁するとウイルスを保毒する。しかし，保毒しても伝搬するまでにウイルスの虫体内潜伏期間が約10日間であり，実際の伝搬は成虫時代に5分間以上の加害で行なわれている。一度保毒したアザミウマは，20日間以上伝搬するので終生その能力を失わないことが多いが，経卵伝染はしない。

▷病原ウイルスの伝染サイクルは，伝染源のノゲシ，オニタビラコなど畦畔越年性雑草⇄トマトの「定着型」と，キク，ダリアなどの栄養繁殖性作物→トマトの「導入型」とが考えられる。「定着型」の場合，病原ウイルスは，春にトマトが定植されると，暖かくなって行動が活発になったアザミウマによって周辺の伝染源（雑草など）から伝搬される。そして，罹病したトマトが逆に伝染源となって，再びアザミウマにより周辺の越年性植物に伝搬されて越冬するものと思われる。「導入型」の場合は，トマト圃場の付近につくられた罹病しているキクやダリアなどの栄養繁殖性作物が伝染源となってトマトへと伝搬される。

＜発生しやすい条件＞

▷本病は栄養繁殖性のキク，ダリアなどで発生が多くなっており，これらの圃場付近にトマトを栽培すると発生しやすくなる。また，常発地では，ノゲシ，オニタビラコなどの雑草が伝染源になっていることが多いので，これら雑草がトマト圃場やその周辺に多いと発生しやすい。

▷露地栽培（4月下旬定植）では，春暖かくなってアザミウマが活動しはじめると，トマト圃場周辺の伝染源で保毒したアザミウマによってウイルスが伝搬される。アザミウマは自力での飛翔力が弱いので，発病株（5月中旬ごろ）は伝染源側の外畦に多くみられる。

トマト　＜黄化えそ病＞

▷発病株がみられるころになると，アザミウマはしだいに活動的になり，着生した株を中心に繁殖し，発病株を二次感染源として圃場内でウイルス伝搬を行なう。6月上旬頃からアザミウマの生息密度，保毒虫率がしだいに高まり，圃場内の移動も活発になるので，7月にはいって急に本病の発生が多くなる。梅雨期には，アザミウマは降雨に弱いので一時生息密度，伝搬活動が低下するが，梅雨明けから再び急速に高まる。したがって，少雨年にはアザミウマの生息密度が高まり，本病が多発して被害が増大する。

▷促成栽培では，定植期（9月下旬）がアザミウマの活動期であり，周辺の伝染源で保毒したアザミウマがすぐにハウス内に侵入してウイルスを伝搬し，10月中旬ごろに発病株がみられる。その後，低温期にはいるが，ハウス内ではアザミウマが活動できる温度条件であり，降雨の影響もないので，発病株を二次伝染源として安定した伝搬活動を行なう。

＜対策のポイント＞

▷キク，ダリア，アスターなどが伝染源になるので，これらの圃場付近でのトマト栽培を避ける。今までに本病が発生した地域では，トマト圃場周辺の伝染源になるノゲシ，オニタビラコ，ヒメジョオン，メジロホオズキなどの雑草の除去に努める。

▷アザミウマの初期飛来防止に，トマト圃場周辺にムギ類などの障壁作物を植え付けたり，防虫網で障壁したりすると有効である。また，シルバーポリフィルムをマルチするとアザミウマに忌避効果がある。

▷トマト栽培にあたってはアザミウマの薬剤防除に努め，とくに常発地では育苗期からの防除が必要である。露地栽培（4月定植）では，5月ごろからみられる発病株が二次伝染源となるので，早期発見に努め，見つけしだい薬剤散布を行なってウイルスを保毒したアザミウマを駆除したのち，抜き取って処分することが大切である。

▷保毒虫率が高まってくる6月からの防除が大切であり，とくに7月か

トマト ＜黄化えそ病＞

らの徹底防除が重要である。

▷促成栽培（9月定植）では，換気部にできるだけ細かい目合い（1mm以下）の防虫網を張ると有効であり，紫外線除去フィルムで施設を覆うと，アザミウマの侵入，増殖抑制効果がある。ただし，マルハナバチを導入する場合は活動に影響があるので，影響が少ない近紫外線フィルムの使用がよい。また，ククメリスカブリダニやタイリクヒメハナカメムシなどの天敵は，発生初期に放飼することでミカンキイロアザミウマ，ヒラズハナアザミウマなどの密度を長期に抑制できる。しかし，発病株がみられた場合，直ちに周辺株も含めて，天敵に影響の少ない薬剤でアザミウマを駆除し，発病株を抜き取って処分する。露地栽培とちがって隔離されているので，薬剤による防除は効果的である。

＜防除の実際＞

▷別表〈防除適期と薬剤〉参照。

▷露地栽培（4月下旬定植）における薬剤での防除は，常発地では育苗期から行なう必要があるが，定植後にアザミウマに殺虫効果のある粒剤を作条処理すれば，TSWV対策として期待できる。

▷粒剤の薬効がなくなってくる5月中旬頃からは，残効性のあるアザミウマ防除剤を散布し，アザミウマの生息密度，保毒虫率が高まってくる6月中旬以降には，速効的で浸透移行性の薬剤が効果的である。しかし，有効成分が同じ薬剤を連用すると抵抗性虫が出現し防除効果が低下するおそれがあるので，連用をさけ，有効成分の異なる薬剤を交互に散布する。

＜その他の注意＞

▷ウイルス全般に共通することであるが，予防散布が大切である。

▷アザミウマの成虫や幼虫は通常，葉裏や果実のがくの下など物陰に生息するので，浸透性の殺虫剤が効果的であるが，浸透性でない場合は葉裏や果実のガクの下などに充分散布する。

トマト ＜黄化えそ病＞

▷ TSWVはアザミウマで伝搬され，CMVはアブラムシで，トマト黄化萎縮ウイルス（タバコリーフカールウイルス：TLCV）はタバココナジラミで伝搬されるが，これら媒介虫の防除薬剤は共通しているものが多く，同時防除も期待できる。しかし，CMVはアブラムシの短時間（1分程度）の加害で伝搬されるので，殺虫剤での効果がかなり劣る。

＜効果の判定＞

▷ 発病株の周辺でアザミウマの生息がほとんどみられず，新たな発病株もみられなくなれば，防除効果があったと判断してよい。

（執筆・改訂：小畠博文）

トマト〈環紋葉枯病〉

環　紋　葉　枯　病

葉の同心輪紋病斑　　（小畠　博文）

病斑の裏面に多数形成された分生子柄　　（小玉）

病状が進行して葉全体が褐変枯死　　（小畠　博文）

病斑部に生じた長さ1mm程度の細長いピラミッド状の繁殖体　　（小玉）

トマト〈白絹病〉

白　絹　病

初期病徴：地ぎわ部の茎が褐色して水浸状となり，白色の菌糸がみえはじめる。(石井　正義)

果実の発病：地面についた発病果実。周辺の土上に菌糸と菌核がみえる。(石井　正義)

中〜後期病徴：地ぎわ部の茎上にできた白（未熟）〜茶褐色（完熟）の菌核
(石井　正義)

発病株の地上部の症状：株全体が黄化，萎凋している。やがて枯死する。　(石井　正義)

残渣上の菌核：夏作物の残渣を放置すると，菌核をつくり，翌年の伝染源となる。
(石井　正義)

環紋葉枯病

病原菌学名　*Cristulariella moricola* (Hino) Redhead
英　　　名　Zonate leaf spot desease

〔診断の部〕

＜被害のようす＞

▷山間部の夏秋露地栽培トマトで発生がみられ，葉にはじめ直径1～2mmの淡灰褐色で円形の小斑点を生ずる。のちに拡大して1～2cmとなり，病斑の表面に同心輪紋を生じて病斑部と健全部との境界が明瞭になる。病状が進行すると病斑は融合して5cm程度になり，多湿条件で葉が軟腐状になるが，乾燥条件では葉全体が褐変枯死する。病斑の裏面には長さ1mm程度の細長いピラミッド状の繁殖体が多数みられる。

▷その他の作物ではブドウ，ウメ，スモモ，チャ，クワなどに発生して同様な症状を示す。

▷奈良県の山間部の夏秋露地栽培トマト（6月定植）では，梅雨期に日照不足の圃場で発生することがあるが，通常は8月下旬ごろからみられ始め，9月上旬ごろから発病が目立ちだし，10月下旬（栽培終了）まで病勢の進展がみられる。特に山ぎわの日照不足の圃場では上位葉まで枯れ上がって被害が大きくなる。

＜診断のポイント＞

▷葉に淡褐色の同心輪紋の円形病斑を生じ，降雨が多くなると，葉裏のやや古くなった病斑部には小昆虫が付着しているような乳白色～淡褐色の長さ1mm程度の細長いピラミッド状のものが多数みられるのが特徴的で

トマト　＜環紋葉枯病＞

あり，同心輪紋を生じる輪紋病や病斑に霜状のカビを生じる疫病との区別が容易にできる。

▷ピラミッド状のものは分生子柄で，触れると容易に離脱するので風雨で飛散して蔓延する。

〔防除の部〕

＜病原菌の生態，生活史＞

▷病原菌は糸状菌の一種で，不完全菌類に属し，病斑上に細長いピラミッド状の分生子柄が多数形成され，その全高は690〜980μm，ピラミッド部の高さは320〜570μmで，その最大幅は100〜200μm，中軸の幅が15〜23μmである。

▷多犯性の菌であり，ブドウ，ウメ，チャ，クワ，ヘクソカズラ，ノブドウ，ツルアジサイなどの発生が知られている。

▷病原菌は山野に自生しているヘクソカズラ，ノブドウ，クズなどの罹病した落ち葉で菌糸やまれに菌核の状態で越冬する。春になると生育を始め病斑部に分生子柄を形成し，風雨でそれら植物の新葉に伝染して再び分生子柄を形成する。それが伝染源となって近くのトマトに飛散して感染する。さらに発病したトマトを二次感染源として周辺の株に蔓延する。

＜発生しやすい条件＞

▷ヘクソカズラ，ノブドウ，クズなどが病原菌の越冬場所になるので，それらの自生している山ぎわの圃場では発生しやすい。

▷病原菌は生育温度が15〜25℃とやや低温性であり，夏期の冷涼，多湿条件で発生しやすいので，低温多雨の年には多発生する。特に山ぎわの日照不足の圃場では被害が多くなる。

トマト ＜環紋葉枯病＞

＜対策のポイント＞

▷山ぎわの日照不足圃場でのトマト栽培を避け，ヘクソカズラ，ノブドウ，クズなどが伝染源になるので，周辺のこれら雑草を刈り取って土中深く埋没するか，焼却処分する。また圃場の排水をよくし，多湿にならないようにする。

▷本病の発生が多い地域では雨よけハウスを設置して雨を防ぐと，本病だけでなく，疫病や斑点細菌病などにも有効である。

▷常発地では，梅雨期に病原菌の胞子が風雨で伝染源から飛び込んでくるので，圃場周辺の伝染源となる植物の発病状況をよく観察して本病の発生を予測し，畦畔沿いの畦を重点的に予防散布すればよい。しかし高温乾燥となる夏期には一時病勢が病斑部に停滞するので，本格的防除は8月下旬ごろから始める。秋雨期には病斑部にピラミッド状の分生子柄を多数形成して発生が多くなるので，発病の激しい葉を摘除して防除を徹底する。

＜防除の実際＞

▷別表〈防除適期と薬剤〉参照。

▷本病に対する登録薬剤はないが，本病原菌は薬剤に比較的弱いので，夏秋露地栽培トマト（6月定植）では，疫病，輪紋病，灰色かび病を対象に薬剤散布していれば本病にも有効である。

＜その他の注意＞

▷常発地の夏秋露地栽培トマト（6月定植）では，梅雨期に発生がみられ始めるが，疫病を対象に薬剤を散布していれば効果が期待できる。梅雨明け後は高温乾燥で一時停滞するが，8月下旬ごろから再び病斑部に分生子柄を形成し始めて秋雨期には病勢が強まるので，輪紋病，灰色かび病，疫病の防除薬剤を散布すればよい。

▷有効成分が同じ薬剤を連用すると耐性菌が発生し，防除効果が低下す

トマト ＜環紋葉枯病＞

るおそれがあるので，連用をさけ，有効成分の異なる薬剤を交互に散布する。

＜効果の判定＞

▷病斑部に多数生じていたピラミッド状の分生子柄がなくなり，病斑部が乾燥したようになって拡大しなければ，防除効果があったと判断してよい。

(執筆・改訂：小畠博文)

トマト <白絹病>

白　絹　病

病原菌学名　*Sclerotium rolfsii* Saccardo
英　　　名　Southern blight

〔診断の部〕

＜被害のようす＞

▷早熟栽培と露地栽培で，夏期高温の時期に発生しやすい。

▷支柱栽培した場合には，地ぎわ部付近の茎や地表面に近い根が，無支柱栽培では，土や敷わら（草）に接触した茎葉や果実も侵される。

▷茎や果実の病患部は褐変して水浸状となり，表面には肉眼でも充分に見分けられるほどの太い白色絹糸状の菌糸がまといつき，やがて白色球状の小さな菌核をつくり始める。白色菌核は，数日後には完熟して茶褐色になる。大きさは，ナタネの種子くらいである。菌核はつぎつぎとつくられるので，病患部の上には白色～茶褐色の菌核がみられるようになる。発病茎や果実の周辺の土の表面にも菌糸や菌核がみられることが多い。

▷被害部よりも上部の茎葉は，盛夏期以外には徐々に衰弱するが，盛夏期には急速に衰弱して，黄化萎凋し枯死する。被害果はのちに腐敗する。

＜診断のポイント＞

▷早熟・露地栽培では，ともに高温の時期に発生する。関東以西では梅雨期後半から10月にかけて，降雨がつづいた後発生しやすい。

▷地上部の萎凋する病害は多いが，本病では茎の維管束部は褐変せず，病患部や周辺の土の表面に，白色絹糸状の太い菌糸や白～茶褐色の球状菌核をつくるので，他の病害とは容易に区別できる。

トマト ＜白絹病＞

＜その他の注意＞

▷病患部や地表面にできた茶褐色に成熟した菌核は，降雨にあうと落下して土とまじり，診断しにくくなる。この場合土中に隠れた茎・根の表面も含めてよく観察する。抜き取ってよく水洗いし，乾かさないようにビニールまたはポリエチレン袋に入れておくと，白絹病であれば翌日には菌糸を，その後菌核を生じる。ただし，枯死後数日を経過したものでは，二次的に着生したことも考えられるので，速断は禁物である。

＜最近の発生動向＞

▷暖地では広く発生しているが，同一畑でも毎年多発生するとはかぎらない。しかし，定植直前に未熟有機物を多施用した畑などでは多発生して，大害をこうむることがある。

〔防除の部〕

＜病原菌の生態，生活史＞

▷病原菌は担子菌類の一種で，高温を好み，発育適温は25～35℃である。イネ科以外（イネ幼苗は侵す）の多くの作物を侵す。野菜ではトマト，ナス，ピーマンなどのナス科，カボチャなどのウリ科，タマネギ，ネギ，ニンニクなどのユリ科，ゴボウ，フキなどのキク科のほか，ニンジン，ウドなど多くの種類で被害がある。また，イモ類，マメ類，草花なども侵す多犯性の菌である。

▷本菌は主に菌核の形で越年する。菌核は高温と高湿度条件下で白色絹糸状の太い菌糸をだして生育し，主に茎の地ぎわ部を侵し，病患部や周辺の土の表面に白～茶褐色で径0.8～2.3mmの球状菌核を多数形成する。その大きさ，形はナタネの種子くらいである。菌核の内部には白色の菌糸がつまっている。

トマト ＜白絹病＞

▷成熟した菌核は雨水などで地表面に落ち，風，水流，農作業などで分散し，これから伸長した菌糸が直接あるいは未熟の有機物で繁殖した後に，トマトにたどりつき発病させる。また，発病株の周辺で増殖した菌糸は，地表面を伸長して，他の健全株を発病させる。

▷菌核は，一般に畑土の表面に近い部分に分布し，土壌の種類によって差はあるが，地表面から10cmまでの比較的浅い部分に多い。土壌中で5〜6年間生存可能とされている。

▷本菌は，腐生性の強い好気性菌で，地表面に近いところに生息し，未熟の有機物を栄養源として利用しながら繁殖する。しかし，酸素の少ない地中の深いところや湛水下では生息することができない。

＜発生しやすい条件＞

▷本菌の生育適温とトマトの発病適温は，ともに25〜35℃であり，早熟栽培，露地栽培で夏期の高温時に発生しやすい。しかし，低温期の栽培である半促成，促成，抑制栽培での発生は少ない。

▷梅雨期後半から10月にかけて，高温・乾燥と2〜3日間の降雨とが交互につづくような降雨の回数の多い年に発生が多く，乾燥年には少ない。

▷定植直前に土壌の比較的浅い部分に多量の未熟の有機物を施したり，夏期に敷わら（草）で株もとまでおおうと，土の表面の湿度を高め，またそれらは本菌の栄養源ともなり，菌の繁殖を助けるので，発生が多くなる。

▷土壌の通気性がよい畑で多発生する傾向があり，砂質土や火山灰土，酸性土壌で発生しやすく，被害をこうむりやすい。

▷密植や窒素質肥料の多施用で過繁茂になると，地表面付近の空気湿度を高め，発生しやすくなる。

▷前作物で多発生あるいは作物の残渣で本菌の繁殖した畑に，防除対策を講じないまま定植した場合，発病被害の危険性が高い。

トマト ＜白絹病＞

＜対策のポイント＞

▷本病は土壌伝染性病害で，発病後の対策だけでは防除効果があがらない。また，発病が認められた後に施用できる登録農薬はない。したがって，育苗前および定植前の土壌処理と定植後の適正な栽培管理とが基本となる。

▷育苗には市販の育苗資材，消毒した土壌（熱消毒など）を用いる。水田・山土などで無病の下層土を用いてもよい。

▷本菌は多犯性なので，前年，他の発病植物や地表に放置した植物の残渣上で菌糸や菌核が多数みられた畑では，定植前に以下に述べるような防除対策をとるのがよい。

▷休閑期に天地返し（深耕）を行なって菌核を地中深く埋め込む。湛水できるところでは，湛水処理する。地中深く埋まったり，湛水されて空気を遮断された菌核は数か月もすると死滅する。

▷本病は酸性土壌で発生しやすく，被害が大きいので，あらかじめ石灰を充分に施し，pHを6.5～7.0にするとよい。なお，トマトの生育もpH6.0以上で良好になる。

▷定植直前，地表近くの浅い部分に多量の未熟な有機物を施用すると多発生するおそれがあるので，充分に熟成した堆肥を施用する。

▷いろいろな作物で毎年白絹病が多発生している畑では，定植前に土壌くん蒸剤による土壌消毒を行なう。

▷定植時あるいは定植後には，以下に述べるような栽培管理を行なうことによって，ある程度，発生被害を軽減することができる。

▷密植をさけ，畦の土面よりもやや高めに苗を植え付ける。また，トマトが繁茂しすぎないように適正な施肥を行ない，株もとが乾燥するように保つ。

▷夏期，高温と乾燥を防ぐため，敷わら（草）をする場合には，株もとからやや離して敷き，株もとは乾きやすくする。

トマト ＜白絹病＞

▷発病した株はできるだけ菌核が地面に落ちる前に，周辺の汚染土とともに取り除く。

▷栽培後の残渣では，他のいろいろな病害も生き残り，翌年の伝染源となるので，できるだけ早く焼却する。

＜防除の実際＞

▷別表〈防除適期と薬剤〉参照。

▷多発生の恐れのある畑は，定植前に土壌くん蒸剤で土壌消毒する。処理に当たっては，注意事項を守り，充分な効果を発揮し，また薬害を発生させないように留意する。

▷毎年本病や他の土壌病害の発生の少ない畑では，定植前の薬剤による土壌消毒の必要はない。定植前に石灰を施用してpHを7くらいにする。そのほか直前に未熟の有機物の施用をさけ，敷わらは株もとから離すなど，定植時や定植後に取りえる対策をできるだけ多く組み合わせて防除する。

▷毎年いろいろな作物で白絹病が多発生する畑では，薬剤を使用しない場合は天地返し（深耕を行ない，上下層土をひっくり返す）を行なう。防除効果を高めるためには，土壌くん蒸剤による土壌消毒とともに，「対策のポイント」の項で述べた栽培管理による被害回避の方法もできるだけ多く組み合わせて併用するのがよい。

＜その他の注意＞

▷土壌くん蒸剤によって土壌消毒を行なった畑を他の無消毒畑の土のついたままの農具・はきものなどで管理したり，病原菌の混入した苗を定植すると，無消毒土で栽培した場合よりも多発生する場合がある。消毒畑では一時的に病原菌を抑える力（静菌作用という）が弱くなっているためで，ほかからは病原菌を入れないよう，細心の注意が必要である。

▷土壌くん蒸剤による本病の防除効果は一作限りと考えたほうがよい。

トマト ＜白絹病＞

▷本菌は腐生性が強く，夏期いろいろな作物や雑草を抜き取ったり，刈り取ったまま畑に放置すると，それらが地表面に接した部分で菌糸が繁殖し，多数の菌核を形成する。多犯性の菌であるから，翌夏多くの作物が被害を受けることになる。したがって，このような残渣は早く乾燥させて焼却するか，地中深く埋め込み，伝染源を少なくするように心がける。

＜効果の判定＞

▷前年他の作物で白絹病が多発生した畑に翌年トマトを栽培しても，天候次第では必ずしもトマトで多発生するとは限らない。したがって厳密な判定はなかなかむずかしい。調査は夏期発病株率，枯死株率，トマトの生育に対する影響などについて，時期をかえて行なっておく。

▷夏の降水日数・回数が多く，多発生する環境条件でありながら，処理した場合の発病株率が，例年に比べて著しく少なく，トマトの生育に対する悪影響もなければ，一応有効であったと評価でき，次年度以降の防除対策の参考となろう。

（執筆・改訂：石井正義）

苗立枯病

リゾクトニア属菌による苗立枯病：いずれも子苗の茎部が侵され褐色に変色し、くびれて細くなっている。　　　　　　（草刈　眞一）

ピシウム属菌による苗立枯病：育苗時に根および茎部が侵され萎凋枯死する（左，水耕苗）。枯死折れ症状となっているが，ピシウム属菌による苗立枯病は病患部の褐色の変色は少ないのが特徴
　　　　　　　　　　　　　　　　　　　　　　　　　　　（草刈　眞一）

トマト〈茎えそ細菌病〉

茎えそ細菌病

茎の症状：黒色のえそ斑と亀裂
　　　　　（瀧川　雄一）

発病株：上葉の黄化としおれが生じ，茎には多数の側根が形成される。
　　　　　（瀧川　雄一）

葉柄のえそと亀裂
　　（瀧川　雄一）

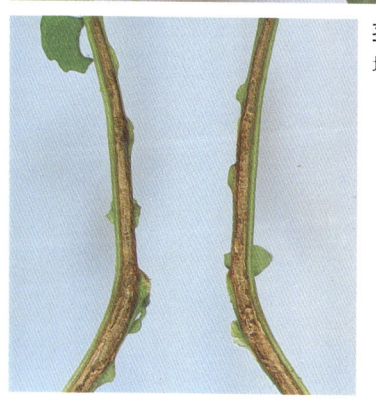

茎の断面：髄部が壊死している。
　　　　（瀧川　雄一）

茎の断面：髄部が壊死し，所によっては中空状になるが，根部までは病変は進行しない。
　　　　（瀧川　雄一）

苗立枯病

病原菌学名　*Pythium vexans* de Bary [*Pythium aphanidermatum* (Edosn) Fitzpatrick による苗立枯病も認められる]
　　　　　　Rhizoctonia solani Kühn
別　　名　立枯病
英　　名　Damping-off

〔診断の部〕

＜被害のようす＞

▷発芽直後から苗の段階で茎または地ぎわ部の根が侵され，腰折れまたは地上部の萎凋枯死がみられる病害を苗立枯病としている。

▷播種後から育苗期に多く発生し，本圃への定植後にも発生することがある。

▷播種床で発芽直後に感染した場合，発芽不良となることがある。

▷発芽後に発生する立枯病では，茎地ぎわ部が侵され，腰折れ状になって地上部が萎凋，枯死する。

▷病原菌の種類によって多少病徴が異なる。*Rhizoctonia* 属菌による立枯れでは，病患部周辺にアントシアンが生じ紫色になり，中心部が暗褐色となる。

▷*Pythium* 属菌では，病患部に水浸状の病斑ができ，やがて病患部が淡褐色になり腰折れ状となる。

▷両病原菌による被害は，高温多湿条件下での育苗で発生が多い。冬期でも温床線などを使って加温育苗する場合，トンネル内の湿度が高いと発生しやすい。

トマト ＜苗立枯病＞

▷過湿条件下で発生すると，気中菌糸が生じ，葉，葉柄を侵して急速に伝染し，円形状に被害が広がる。

＜診断のポイント＞

▷育苗時期に発生することが多い。特に，加温したり，多重被覆状態で過湿になると多発する。

▷発芽後，苗が腰折れ状になって倒れる場合は，立枯病のことが多い。

▷病原菌の種類によって症状が異なるが，腰折れ状になり病患部が乾いた状態の場合は $Rhizoctonia$ 属菌に，病患部が軟らかく軟腐状の場合は $Pythium$ 属菌に起因することが多い。

＜その他の注意＞

▷萎凋病菌（$Fusarium$ 属菌）による苗の萎凋と混同されることがある。萎凋病では苗を本圃へ定植後，黄化萎凋症状を呈して枯死することがある。萎凋病では，葉の黄化と維管束の褐変が特徴的で，本病と異なる。

▷水耕栽培では，$Rhizoctonia$ 属菌による苗立枯病よりも $Pythium$ 属菌によるものが多く認められる。$Pythium$ 属菌のなかでも $P.aphanidermatum$（根腐病菌）による立枯病がしばしば認められる。

＜最近の発生動向＞

▷6～9月に育苗する作型で発生の多い傾向がある。2～4月の育苗では，高温多湿の管理下で発生する。

〔防除の部〕

＜病原菌の生態，生活史＞

▷発病は，担子菌類に属する $Rhizoctonia$ 属菌と藻菌類に属する $Pythium$ 属菌に起因することが知られる。

トマト ＜苗立枯病＞

▷ *Rhizoctonia* 属菌は，トマトのほか，キュウリ，メロン，ナス，ピーマン，タマネギ，ホウレンソウなどの立枯病の原因となることが知られている。

▷ *Rhizoctonia* 属菌は，罹病植物体内部に蔓延した菌糸または病患部に形成された菌核で越冬し，次期の感染源となる。前年度発病した圃場で栽培すると，罹病残渣中の菌糸，菌核から感染が起こり被害が発生する。

▷ *Pythium* 属菌は，罹病植物体中に卵胞子を形成し，これが次作の一次感染源となる。卵胞子は土壌中に残存し，作物の根，茎周辺で発芽感染する。

▷ *Rhizoctonia* 属菌は 23～28℃，*Pythium* 属菌では種によって生育適温が異なり，20～33℃の範囲で発生が認められる。

＜対策のポイント＞

▷野菜の育苗用土として使用した土を連用しない。再度使用する場合はくん蒸剤などで土壌消毒する。

▷多湿条件下，特に高温下で発生が多い。育苗期間中は，過湿にならないように育苗施設の換気を充分行なうことが大切である。

▷育苗用土は排水の良好なものを使用する。粘土質土壌に多量の灌水を行なうと発生を助長する。

▷育苗床で密植となると発病しやすい。また，密植では，発病すると伝染がすみやかで被害が大きくなるので，できるだけ播種量を少なくし，密植にならないようにする。

▷育苗用土の連用をさける。圃場の用土を使用したり，育苗用土を繰り返し使う場合は土壌消毒する。

▷育苗用土には，排水の良好な用土を用いる。

＜防除の実際＞

▷別表〈防除適期と薬剤〉参照。

トマト ＜苗立枯病＞

＜その他の注意＞

▷育苗床では用土が重要であるが，用土に未分解有機物を多量に施用すると苗立枯病の発生を助長する。

＜効果の判定＞

▷土壌消毒剤による床土消毒では，処理法が充分であれば発病はほとんどない。発病の認められる場合，土壌消毒後に病原菌が外部から侵入した可能性が強い。

(執筆・改訂：草刈眞一)

トマト ＜茎えそ細菌病＞

茎えそ細菌病

病原菌学名　*Pseudomonas corrugata*
　　　　　　Roberts & Scarlett 1981
英　　　名　Pith necrosis

［診断の部］

＜被害のようす＞

▷本病は1980年に初めてその発生が確認された。
▷本病の発病は，生育後期の収穫期前後に多く認められる。
▷外部病徴としてはまず，上位葉の軽度の黄化と萎凋が認められる。やがて，茎，葉柄，花梗の表面に黒色の壊死条斑が生じ，上下に長く伸長する。
▷茎では50cm以上に伸長した病斑も認められることがある。罹病植物の茎には不定根の形成が随所にみられる。
▷外部に壊死斑がみられない場合でも，内部を切断してみると，維管束沿いに褐変が生じており，特に髄の部分が著しく褐変する。髄の部分はやがて腐敗し，空洞化する。時にはその空洞がいくつかの膜で区切られたようになり，小室を多く形成していることもある。不定根の形成はこのような髄部の腐敗消失したところに著しい。
▷発病が著しい場合には植物個体全体が枯死に至ることもあるが，軽度に進展し罹病していることに気づかぬままなんとなく全体的に衰弱した個体として残る場合も多い。

トマト　＜茎えそ細菌病＞

＜診断のポイント＞

▷本病は幼苗期の発生は知られていない。また，茎，葉柄，花梗のみにえそ斑が認められ，根部，葉身，果実などにはえそは認められない。

▷発病は生食用トマトでは冬期から春期の施設栽培で，あるいは春期の雨よけ栽培で多く，加工用トマトでは梅雨期に多く認められ，いずれも，比較的低温で多湿条件下の発生が著しい。

▷初期症状においては外見的なえそは認められず，上位葉の軽度なしおれと黄化であるため，萎凋病や青枯病，かいよう病などの初期症状と混同しやすい。

▷本病は上位葉から黄化が始まるが，掘り取ってみると根部にはえそ症状がないことから萎凋病などの菌類病とは区別される。

▷また，この段階で茎を切断してみると，すでにかなり上部まで維管束沿いに褐変が進行しており，この部分を顕微鏡で観察すると細菌のみが認められ，菌類の菌糸体や胞子は認められない。

▷青枯病やかいよう病などの細菌病とは類似点が多いが，青枯病のしおれは全身が急速に萎凋し，葉の黄化なども認められない点で区別される。

▷かいよう病とは病徴の類似点が多く，発病後期になって表面にえそが生じる点でも一致しているが，かいよう病では葉が葉縁に沿って葉枯れ状に白色の病斑を生じ，果実にも特有の鳥眼状の病斑を形成するのに対し，茎えそ細菌病では葉は黄化と萎凋のみであり，果実に病斑を生じることはない点で区別される。

▷茎を切断し，水に挿すとわずかに細菌菌泥の噴出がみられることもあるが，青枯病の場合ほど顕著ではない。

＜その他の注意＞

▷本病は比較的低温条件下で発生することが多く，青枯病やかいよう病のように夏期の高温時に発生することは少ないので，これらと同時発病す

トマト　＜茎えそ細菌病＞

ることは少ない。しかし，初夏などには判断がむずかしい場合もあるので病徴発現の経過を注意深く観察する必要がある。

＜発生動向その他＞

▷本病は，わが国では1980年に千葉県で初めてその発生が確認された。その後，静岡県や栃木県でも発生し，福島県や青森県，北海道，大分県，愛知県でもその発病が認められている。

▷品種は桃太郎や瑞光などの生食用品種で，冬期から春期の施設栽培や雨よけ栽培に多く，まれに露地栽培においても発生が認められる。加工用品種の露地栽培においても発生が認められ，この場合には初夏の低温期に発生する場合が多い。

［防除の部］

＜病原菌の生態，生活史＞

▷病原菌は細菌の一種で $Pseudomonas$ 属に属する。培地上に分離すると，最初は白色だが数日中に赤橙色の特有の色調をもった集落を形成し，蛍光色素は産出しないなど同定は比較的容易である。

▷本菌の宿主範囲はほぼトマトに限られている。ナスおよびアルファルファから分離された例が知られているが，経済的被害はトマト以外にはほとんどないと思われる。

▷本菌は本来土壌生息菌と考えられるが，土壌から明らかに伝染したと思われる実例は知られておらず，また土壌接種による発病も今のところ認められないので，第一次伝染源は不明である。

▷いったん発病した個体からの第二次伝染は，腋芽を摘み取った痕からの発病が顕著なこと，および発病個体が畦に沿って一列に継続してみられる例があることなどから，芽かき作業において使用した器具や手指に付着して行なわれるものと考えられる。

トマト　＜茎えそ細菌病＞

▷加工用トマトの場合，丈が高くならないように茎を割ることがあるが，このように茎に傷を付けることが本病の発生に重要であると思われる。

▷本菌の種子伝染は知られていない。

＜発生しやすい条件＞

▷冬期の施設栽培では12月から2月ごろまで温度維持のために換気をおこたりがちになり，きわめて多湿となりやすいので病気を助長する。

▷雨よけ栽培や露地栽培では，6月ごろに長雨が続くと低温多湿の条件が満たされ，発病が多い。特に夜間の気温の低下は発病に好適である。

▷肥料，特に窒素過多によって軟弱徒長ぎみの個体は発病しやすい。

＜対策のポイント＞

▷施設栽培では換気をよくするなど湿度の低下をはかることが第一である。

▷灌水にも注意し，また圃場の排水をよくするなど水がたまりやすい状況を回避する。

▷肥料のやりすぎに注意し，軟弱な個体をつくらないようにする。

▷芽かき作業などに使用した道具はそのつど消毒し，二次感染を防止する。

▷被害植物は集めて乾燥後，焼却する。

＜防除の実際＞

▷本病に登録のある薬剤は知られていない。また，薬剤防除の試験例もない。したがって，本病の防除は耕種的なものが主体となる。

▷今後，しいて薬剤防除を考えるとすれば，本病と類似するかいよう病の防除法が参考となろう。

▷また，土壌消毒を行なうことも，ある程度効果をあげるものと想像さ

トマト　＜茎えそ細菌病＞

れる。

 ＜その他の注意＞

　▷本病は，一度発生してもその後，高温低湿条件下に保てば，実害は最小限にとどまることが多い。二次伝染に注意しつつ環境条件の改善に努めることが重要である。
　▷ハウスや支柱などの資材が伝染源になることも考えられるので，次期作にあたってはこれらの資材を消毒しておくことも大事である。

(執筆・改訂：瀧川雄一)

うどんこ病

発病初期：葉の表面にうどん粉を振りかけたような白いかびが生える。
　　　　　（長浜　恵）

葉の発病：施設栽培でしばしば多発する。
　　　　　（長浜　恵）

発病後期：被害部分の葉の表面は黄化し，裏面は褐色になり，後に褐変壊死・落葉する。　（長浜　恵）

白かび病

果実の被害：裂果した果実や熟果で発生が多いが，未熟果でも発生することがある。
（長浜　恵）

果梗部分での発病：白いビロード状のカビが生える。
（長浜　恵）

被害の症状(下左)：果実に傷をつけて接種したもの。白いカビが生え，果実内部がどろどろに溶けたようになり，裂果部から果汁や液状になった内部が流出する。（長浜　恵）

菌そう(下右)：平滑，白色で気中菌糸がない。（長浜　恵）

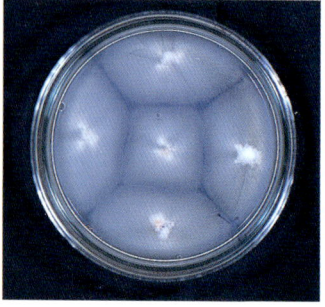

うどんこ病

病原菌学名　*Oidium* sp. [*Erysiphe cichoracearum* de Candolle]
英　　　名　Powdery mildew
病原菌学名　*Oidiopsis sicula* Scalia
英　　　名　Powdery mildew

［診断の部］

＜被害のようす＞

▷ 主に葉に発生するが，多発すると，葉柄・へた・果梗にも発生する。
▷ *Oidium* 菌は，葉の表面にうどん粉のような白いカビを密生するが，*Oidiopsis* 菌と違って葉の組織内部には入らない。葉の被害部分は黄変する。本病原菌によって落葉・枯死することは少ない。
▷ *Oidiopsis* 菌は葉の裏側にわずかに白いカビを生じるが，主に葉の組織の内部に寄生，蔓延する。被害部分の葉の表面は黄化し，裏面は褐色になり，後に褐変壊死・落葉する。

＜診断のポイント＞

▷ *Oidium* 菌は，葉の表面にうどん粉のような白いカビを密生し，被害部分は黄変するが，落葉はほとんどしない。
▷ *Oidiopsis* 菌は，葉の裏側に白いカビをわずかに生ずる。
▷ *Oidiopsis* 菌によるうどんこ病は，発生初期の葉の裏の病徴は葉かび病に似るが，葉かび病は病斑が古くなると茶褐色のビロード状のカビが生えるため区別できる。また，葉表の黄化は苦土欠乏にも似ているが，葉の裏を顕微鏡観察することによって分生子の有無で確認できる。

トマト ＜うどんこ病＞

＜発生動向その他＞

▷露地栽培では発生が少ないが，施設栽培ではしばしば多発し問題となる。

▷*Oidiopsis*菌は1974年に高知県で報告された病原菌で，ピーマンのうどんこ病と同じ菌である。従来の*Oidium*菌によるうどんこ病とは病徴が異なり，葉の内部の組織に寄生するため，葉の表面にはわずかにカビが生えるのみである。

［防除の部］

＜病原菌の生態，生活史＞

▷両病原菌とも絶対寄生菌で，生きている植物にしか寄生できず，枯死した残渣では生存できない。

▷両病原菌とも伝染環や発生条件は同じであると考えられる。

▷子のう殻，子のう胞子による越冬のほかに，近年はトマトが周年栽培されているので，分生子のみでも伝染が繰り返されていると考えられる。

＜発生しやすい条件＞

▷施設栽培で問題となることが多い。

▷乾燥条件で多発し，20〜25℃が適温である。

▷窒素質肥料が多いときや生育後期で作物体が老化してきたときに発生しやすい。

▷昼夜の温度差が大きいとき，密植で通風・日当たりが悪いとき，ガラスやビニールが汚れていて透光が悪いときに発生しやすい。

＜対策のポイント＞

▷病勢が進行すると防除が困難となるので，多発する前に早期防除に努

める。
▷上記の発生しやすい条件にならないように，栽培管理に注意する。
▷被害残渣の処分を徹底し，圃場に伝染源を残さない。
▷ *Oidiopsis* 菌によるうどんこ病は，薬剤の効果が現われにくい。

<防除の実際>

▷別表〈防除適期と薬剤〉参照。

<その他の注意>

▷いずれの薬剤も予防効果が主で，残効は短い。発病前～初期から，7～10日間隔を目安に定期散布を心がける。
▷いずれの薬剤も浸透移行性はないので，充分量をていねいに散布する。
▷多発時には効果が劣る。
▷内部寄生性の *Oidiopsis* 菌に対しては薬剤の効果は低い。

<効果の判定>

▷薬剤散布後，新しい病斑が増えていないか注意して観察する。

(執筆・改訂：長濱　恵)

白かび病

病原菌学名　*Geotrichum candidum* Link
英　　　名　Watery-rot (sour-rot)

〔診断の部〕

＜被害のようす＞

▷果実に発生する。特に裂果やしり腐れなど，傷口に伴って発生する場合が多い。

▷未熟果よりも半熟果・成熟果に発病しやすく，成熟果ほど発病の進展が早い。

▷白いビロード状のカビを生じ，病勢が進むと果実が水浸状に軟化腐敗し，裂果部から果汁や液状になった内部が流出，酸っぱい臭いを伴う。

＜診断のポイント＞

▷果実のみに発生し，白いビロード状のカビを生ずる。果実に白いカビを生ずる他の病害としては疫病があげられるが，疫病は白かび病と異なり，葉のほかに，発病が激しい場合や低温下では茎にも発生し，また酸っぱい臭いを伴わないので区別ができる。

▷果実が水浸状に軟化腐敗する他の病害には軟腐病などがあるが，白いカビが生えていることと，臭いで区別が可能である。

＜発生動向その他＞

▷欧米では市場病害として知られている。わが国では1984年に富山県の露地栽培で初めて報告された。

トマト ＜白かび病＞

〔防除の部〕

＜病原菌の生態，生活史＞

▷病原菌は土壌中に存在し，普段は作物体の残渣などで腐生生活をしている。
▷多湿条件を好み，2～38℃まで生育し，適温は30℃前後である。
▷腐敗果実からの汁液が，雨滴，芽かき作業や機械などで伝染する。
▷腐生菌で病原性は強くないため，健全な果実や未熟で硬い果実に侵入しづらく，熟果や傷口から発病する。

＜発生しやすい条件＞

▷比較的高温で発生しやすく，適温は30℃前後である。
▷病原力は弱く，傷口から侵入するため，裂果部や果梗付近から発病することが多い。

＜対策のポイント＞

▷被害果を放置すると雨滴や腐敗果実からの汁液などで伝染するので，ただちに取り除く。
▷裂果やしり腐れ，その他の病害や生理障害が発生しないように適正な肥培管理を行なう。
▷できるだけ露地は避け，雨よけ栽培を行ない，気温，地温，灌水量を適切に調節する。

＜防除の実際＞

▷登録農薬はないので，上記の対策を徹底する。

トマト ＜白かび病＞

＜その他の注意＞

▷裂果などが生じないように適切な栽培管理を行ない，被害果は伝染源になるのでただちに取り除く。

（執筆・改訂：長濱　恵）

腐敗細菌病

発病果外部の病徴：果実の肩の部分に内部の腐敗が果皮を通して暗色に見える。　（唐津　達彦）

発病果内部の病徴：果梗直下の果肉が特に激しく腐敗する。　（唐津　達彦）

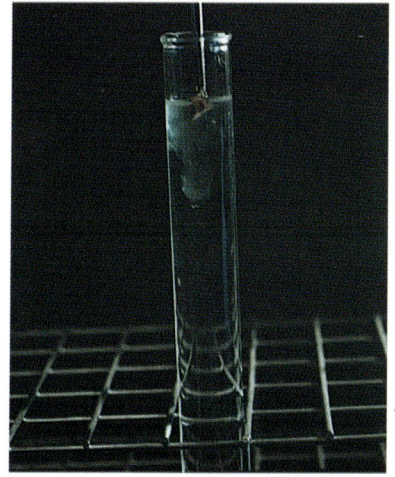

腐敗した果肉組織を水につけて噴出した菌泥
（唐津　達彦）

トマト〈褐色輪紋病〉

褐 色 輪 紋 病

初発時の症状：葉にハローを伴う小斑点が形成される。　　　（谷名　光治）

典型的な葉の病徴：淡褐色〜褐色のハローを伴う斑点を多数生じる。　　　（谷名　光治）

発生圃場での被害：下葉から枯れ上がり，その後，病勢の進展とともに上位まで枯れ上がる。（谷名　光治）

激発時の葉の病徴：葉の黄化を伴う極めて多数の小褐点〜黒褐点が生じる。
（谷名　光治）

激発圃場：葉は枯れ上がり，茎には淡褐色・不整形の病斑が多数形成される。　　　（谷名　光治）

腐敗細菌病

病原菌学名　*Pseudomonas marginalis* pv. *marginalis*
　　　　　　(Brown 1918) Stevens 1925
別　　　名　腐敗病（旧名）
英　　　名　Bacterial rot

〔診断の部〕

＜被害のようす＞

▷被害は果実のみに発生する。
▷果肉が激しく腐敗するが，腐敗臭はない。果梗直下の果肉が特に激しく腐敗して黒褐色を呈し，その周囲の組織も淡褐色～褐色を呈する。また，果実内部が組織の腐敗と崩壊により部分的に空洞化することもある。
▷腐敗は果肉の表面にまで及ぶ場合があるが，果皮が腐敗することはない。
▷果実の肩の部分に内部の腐敗が果皮を通して暗色に観察されるものが主であるが，被害果の中には外観からは症状がほとんど観察されないものがある。
▷茎，葉などでは，症状は発生しない。

＜診断のポイント＞

▷激しく腐敗した果肉組織を水に浸けると，白濁した菌泥が噴出するのがみられる。

トマト　＜腐敗細菌病＞

＜発生動向その他＞

▷ 1993年8～9月に，山口県の雨よけハウス栽培トマト'桃太郎'で発生した。その後の発生については未確認である。

〔防除の部〕

＜病原菌の生態，生活史＞

▷病原菌は細菌の一種で，1～4本の単極毛をもつ好気性，グラム陰性の桿菌である。

▷培地上における病原細菌の生育適温は約30℃である。

▷病原細菌をトマト茎葉に接種したところ，茎葉に病原性を示し，茎えそ病に類似した症状を発現した。茎えそ症状から本病原細菌が分離されたという報告がある。

▷接種試験では病原細菌はラナンキュラス，タマネギ，ナス，キュウリにも病原性を示した。

▷伝染経路は明らかではないが，トマト腐敗細菌病と同一種の病原細菌によるラナンキュラス腐敗病では，病原細菌は罹病植物残渣とともに土壌中に腐生的に生存することが知られているので，そこから風雨により病原細菌が伝染すると考えられる。

＜発生しやすい条件＞

▷台風によりハウスビニールが破損し，トマト果実が激しい風雨にさらされた圃場に，本病の発生が多かった。

＜対策のポイント＞

▷ハウス内への風雨の吹き込みを防ぐことが重要である。

トマト　＜腐敗細菌病＞

＜防除の実際＞

▷本病害に対する登録農薬はない。

＜その他の注意＞

▷被害果の摘果など伝染源の除去を徹底する。

＜効果の判定＞

▷登録薬剤がないので特にない。

(執筆・改訂：唐津達彦)

褐色輪紋病

病原菌学名　*Corynespora cassiicola* (Berkeley & Curtis) Wei
英　　　名　Corynespora leaf spot

〔診断の部〕

＜被害のようす＞

▷主として葉（葉柄を含む）に発生するが，茎にも発生する。

▷葉では，はじめ黄色の小斑点ができ，しだいに拡大して，径5〜10mm程度の周りが黄色ハローの褐色病斑になり，その裏面には黒っぽいカビが生える。発病が激しいときは葉の全面に多数の病斑ができて，下葉から急激に枯れあがり，枯れた下葉に黒っぽいカビが形成される。

▷茎では，はじめ褐色の小斑点ができ，しだいに褐色楕円形の病斑になる。

＜診断のポイント＞

▷岡山県の中北部では7月上旬頃から発生が認められ，発病すると，下位葉から上位葉へ進展する。

▷葉の病斑は初期には斑点細菌病に似ており，病斑が大きくなると輪紋病や輪状斑点病と類似した症状になる。しかし，本病に比べて，斑点細菌病は病斑が大きくならず，病斑の周りに水浸状のハローができる。また，輪状斑点病は病斑に分生子殻を生じるので区別できる。一方，本病は輪紋病に比べて，病勢の進展が速く，下位葉に大型の病斑が生じる頃には，上位葉に小斑点が生じる（ただし，斑点細菌病が併発していることもあるの

トマト ＜褐色輪紋病＞

で注意する）ことや，病斑の大きさがやや小さく一枚の葉に多数の病斑が生じること，さらには葉裏に毛足の長い褐色ないし黒色のカビが生えることで区別できる。

＜発生動向その他＞

▷岡山県では県中北部で問題化している病害で，特に傘形のトンネルハウスで多く，通常の雨よけハウス栽培では軽微であるが，岐阜県では雨よけハウスでも激しく発生する例が確認されている。

〔防除の部〕

＜病原菌の生態，生活史＞

▷本菌による他作物への被害は確認していないが，接種試験によると，本病菌はキュウリ，ナスおよびシソへの病原性は非常に弱く，キュウリ褐斑病菌もトマトに対する病原性は非常に弱い。一方，本菌と同一とされているレンコン（ハス），アジサイおよびキュウリの褐斑病菌はトマトに病原性があると報告されている。

▷伝染源は，特に被害茎葉など残渣上の分生子と考えられるが，キュウリ褐斑病のように，灌水チューブ，支柱，被覆用ビニールおよびパイプなど発生圃場で使用した農業用資材からの伝染については確認されていない。

▷第二次伝染は，罹病葉病斑上に形成された分生子の飛散（空気伝染）である。分生子の形成量は葉裏のほうが葉表より多い。

▷本病原菌の菌糸生育は培地上において5～35℃で，30℃が最適生育温度である。一方，発病適温は，30℃よりもやや低い。

＜発生しやすい条件＞

▷25～30℃下で，終日降雨の日が連続するような気象条件下では，病

トマト ＜褐色輪紋病＞

勢は急速に進展する。
　▷岡山県では県中北部の傘形（トンネル）栽培で多発しているだけで，通常の雨よけハウス栽培では初発，病勢の進展ともに緩慢で，軽微である。これは，傘形栽培では傘間に雨が降り込み多湿条件になることや，伝染源と考えられる残渣を含む土壌の跳ね上がりによるものと考えられる。また，窒素過多や，肥料切れと成り疲れによる草勢の衰えは本病の発生を助長する。

＜対策のポイント＞

　▷雨よけハウス栽培は傘形のトンネル栽培に比べて，発生が少ないので，ハウス栽培を行なう。なお，ハウス栽培では，換気を充分に行ない，ハウス内が高温多湿になるのを防ぐ。
　▷窒素過多を防ぐとともに，肥料切れと成り疲れによる草勢の衰えを防ぐため，適正な肥培管理に努める。
　▷被害残渣は，圃場外に持ち出して土中に埋めるなど処分するとともに，下葉の被害葉は早めに除去し，圃場内の菌密度を下げる。
　▷初発後，本病の好適発病条件が続くと急激に病勢が進展する。

＜防除の実際＞

　▷現在のところトマト褐色輪紋病に対する登録薬剤はない。トマト灰色かび病，葉かび病を予防的に抑えている圃場では，トマト褐色輪紋病の発生も少ない事例がある。

＜その他の注意＞

　▷初発生時期は岡山県の中北部で７月上旬頃からで，本病の発生に適した環境下では下位葉から上位葉へ容易に進展する。激しくなると発病の抑制ができないので，６月下旬頃からの予防散布が重要である。
　▷傘形のトンネル栽培で発生が多いので，ハウス栽培を行なう。

トマト ＜褐色輪紋病＞

＜効果の判定＞

▷登録薬剤がないので，特にないが，発病がかなり進展した状態からでは，薬剤による防除効果はほとんど期待できないので，発生圃場で傘形雨よけ栽培を行なう場合は初発前からの予防が最も重要である。

（執筆・改訂：谷名光治）

トマト〈黄化葉巻病〉

黄化葉巻病

初期病徴：葉の葉縁から黄化し葉巻きする。
（加藤　公彦）

大玉トマトの典型的な症状：シルバーリーフコナジラミとタバコココナジラミにより伝搬される。
（加藤　公彦）

ミニトマトの症状（加藤　公彦）

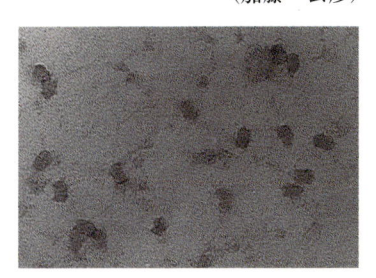

ウイルス粒子：径15〜20nmの粒子が2個つながっている。
（加藤　公彦）

激発時のようす（加藤　公彦）

トマト〈へた腐病〉

へた腐病

果実の症状：へたが赤褐色に変色し、めくれあがる。果実は離層部から落下する。(小板橋 基夫)

被害果のへた：コルク化して乾腐状態になる。(小板橋 基夫)

被害果の断面：腐敗が内部まですすみ、果肉にも変色が見られる。(小板橋 基夫)

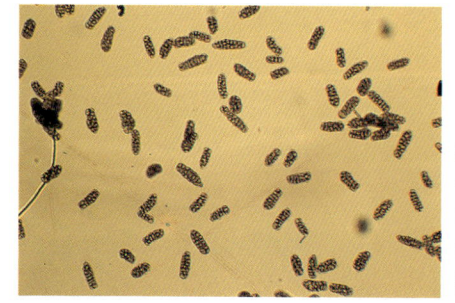

病原菌の分生子：不完全菌類に属すステンフィリウム リコペルシ。石垣状の隔壁があり、先端に乳頭状突起がある。3〜4か所でくびれ、表面に細刺がある。(小板橋 基夫)

黄化葉巻病

病原ウイルス　トマト黄化葉巻ウイルス
　　　　　　　Tomato yellow leaf curl virus-Israel (TYLCV-Is)
英　　　名　Yellow leaf curl

〔診断の部〕

＜被害のようす＞

▷本病はシルバーリーフコナジラミとタバココナジラミにより伝搬される。ウイルスを保毒したこれらのタバココナジラミ類が，施設栽培トマトでは側窓などの施設開口部から侵入してトマトに本病を伝染するため，施設開口部付近の株から発病が始まる。

▷タバココナジラミ類は強風にのり数十 km の距離を移動でき，本病の発生を拡大させうることが静岡県での被害実態調査から明らかになっている。タバココナジラミ類は本病を永続伝搬するため，施設外から侵入した1頭の保毒虫によりかなりの株に本病が伝染する。

▷感染したトマトは夏期には2週間以内に発病する。このとき施設内にタバココナジラミ類が発生していると，発病株でウイルスを保毒した保毒虫が多数発生し，急激に本病が施設内に蔓延する。

▷このように本病の発生はタバココナジラミ類に依存しているため，タバココナジラミ類の増殖が活発な夏期に，本病は特に発生しやすくなる。そのうえ，本病の病徴は高温時に激しく現われ，ウイルスの感染から発病に至る期間も高温時に短くなるため，夏期に本病が激発しやすい。雨よけ栽培などで夏期に露地栽培する作型では，本病の発生には充分に注意する必要がある。

トマト　＜黄化葉巻病＞

▷本病に対する完全な抵抗成品種は市販の品種にはないが，ミニトマトやファースト系トマトは発病程度が軽い。

＜診断のポイント＞

▷発病株は，初め新葉の葉縁から退緑しながら葉巻し，後に葉脈間が黄化し，縮葉となる。発病部位より上は節間が短縮し，葉が黄化縮葉するため，黄化萎縮症状を呈する。

▷この黄化萎縮症状は本病を含むジェミニウイルスによる病害の特徴であるため，このような病徴を示す株は本病が原因である可能性が高い。しかし，本病と同様にジェミニウイルス（TLCV）が原因で起きるトマト黄化萎縮病の病徴とは酷似していて，区別することはできない。本病と黄化萎縮病を区別するためには，ウイルスの遺伝子に基づくPCR法などによる診断を行なわなければならない。

〔防除の部〕

＜病原ウイルスの生態＞

▷本病の病原ウイルスはトマト黄化葉巻ウイルス（TYLCV-Is）で，Geminiviridae科に属するジェミニウイルスである。TYLCV-Isは1939〜40年にイスラエルのトマトに発生したのが最初の報告である。

▷TYLCV-Isの日本での発生は，1996年8月に静岡県清水市の施設トマトで確認されたのが最初である。さらに同年夏から秋にかけて，愛知県と長崎県でも本病の発生がトマトで確認され，その後被害発生が拡大している。本ウイルスは中近東から日本に侵入したものと推測される。

▷TYLCV-Isはシルバーリーフコナジラミとタバココナジラミにより永続伝搬（循環型）される。これらのタバココナジラミ類は幼虫，成虫いずれでも本ウイルスを獲得でき，約1日の潜伏期間を経たのちに伝搬能力をもち，かなり長期間ウイルスを伝搬できる。本ウイルスはタバココナジラ

トマト ＜黄化葉巻病＞

ミ類により経卵伝染される。種子伝染，土壌伝染，汁液伝染，アブラムシ伝搬はしない。したがって，本ウイルスはタバココナジラミ類によってのみ伝搬する。

▷本ウイルスは宿主範囲が狭く，日本ではトマト以外の被害発生作物はトルコギキョウのみである。静岡県では露地栽培トマトを除き野外宿主は確認されていない。しかし，ヒャクニチソウ，チョウセンアサガオやタバコには感染できるので注意する。

▷静岡県の最も温暖な地域では本ウイルスに感染したトマトが野外越冬し，翌年の伝染源になることが確認されているが，このことは一般的ではない。本ウイルスの越冬源として重要なものは，冬期に施設内で栽培されるトマトであると思われる。本病が発病しても果実が継続して収穫可能な品種が施設栽培され，翌年の伝染源になる。

＜発生しやすい条件＞

▷本病はタバココナジラミ類によってのみ伝搬されるため，タバココナジラミ類が発生しやすい温暖な地域で，特に夏期に発生しやすくなる。育苗期間中に本病に感染すると特に被害が著しいため，夏～初秋に育苗する作型は注意する。

▷本病が発生した地域でトマトが周年栽培されていると，本病の伝染環が切れにくいため，特に本病が多発しやすい。

＜対策のポイント＞

▷本病はタバココナジラミ類によってのみ伝搬されるため，タバココナジラミ類の防除を完全に行なえば被害は発生しない。しかし，本病の発生が確認されてからタバココナジラミ類の防除を行なっても，本病の被害拡大を防ぐのは容易でない。

▷したがって，本病が発生する前から，タバココナジラミ類の防除を行なう。防除効果が劣るため，本病の発生地域では，天敵利用などタバココ

トマト ＜黄化葉巻病＞

ナジラミ類の生物的防除は行なわない。

▷現在日本で市販されているトマト品種は，ミニトマトも含め，本病に対して罹病性であるので，抵抗性品種を栽培することにより本病の被害を回避することはできない。タバココナジラミ類の薬剤防除以外では，以下の耕種的防除対策を実施する。

▷本病の発生には常に注意し，発病株は見つけしだい抜き取り，土中に埋めるか焼却する。植物残渣も同様な方法で処分する。トマトが根付いたり，種子がこぼれてトマトが生えて伝染源となるので，温室周辺に捨てることは絶対に行なわない。

▷温室の開口部には防虫網を張り，タバココナジラミ類の侵入を防ぐ。温室内には粘着トラップを設置し，常にタバココナジラミ類の発生状況を調査する。

▷温室周辺の除草は徹底して行ない，タバココナジラミ類の発生源を絶つとともに，本ウイルスの伝染源を除去する。

＜防除の実際＞

▷本病はウイルス病で，有効な農薬はないため，農薬による防除は行なえない。

▷本病の防除には，本病を媒介するタバココナジラミ類を防除することが唯一有効な方法である。育苗期から体系的にタバココナジラミ類を薬剤防除する。トマトの生育初期に感染すると病徴が著しくなるので，発芽後からタバココナジラミ類の防除を徹底して行なう。また，上述した耕種的防除対策も実施する。

＜防除上の注意＞

▷本病の初発に注意し，発生が確認されたらただちに発病株を除去し，タバココナジラミ類の防除を徹底し，それ以上の被害発生を防ぐ。本病の発生地域ではタバココナジラミ類の生物的防除は行なわない。

トマト　＜黄化葉巻病＞

＜効果の判定＞

▷発病株を除去し，タバココナジラミ類の防除を徹底して行ない，その2週間後に本病の発生拡大が認められなければ，本病に対して有効な防除が行なえたと判断される。

▷本病が発生した地域では本ウイルスの伝染源（本ウイルスの感染トマト）を翌年に持ち越さないため，地域全体で対策を行なうことが重要である。

（執筆・改訂：加藤公彦）

へた腐症

病原菌学名 *Stemphylium lycopersici* (Enjoji) Yamamoto
英　　名 Stemphylium leaf spot, Gray leaf spot, Calyx rot

〔診断の部〕

＜被害のようす＞

▷本症は1997年に熊本県下のビニールハウス栽培トマトに初発生した。
▷果実のへたとがくの部位が赤褐色に変色して乾腐する。
▷症状が進展すると腐敗がへたから果実内部にまで至り，離層部から果実が落下する。
▷本症が発生すると比較的軽度の被害であっても果実の外観が悪く出荷不能となる。
▷一度発生すると施設全体に比較的早く蔓延し，早期に施設全体の収穫を断念しなければならないなどの問題が発生する。
▷本症の病原菌はトマト斑点病の病原菌と同一であるが，斑点病が果実には発生せず，主に葉の部分を侵し，灰褐色の円形の斑点を形成するのに対して，本症の病原菌は茎葉には病徴は示さない。
▷従来の斑点病とは発病の様相が異なっているが，病原菌が同一であるため斑点病の一症状であると考えられる。
▷果実のへた部に果実肥大にともなう亀裂などの傷が発生すると本症の発生が助長される。

＜診断のポイント＞

▷はじめ，果実のへたの部分が黄化し，その後赤褐色に変色して反り返

トマト ＜へた腐症＞

る。

▷変色したへたを果実からはずすとへたと果実の両方にコルク状に乾燥した壊死症状が認められるため比較的容易に診断できる。

▷茎葉には被害が認められないが，品種によっては斑点性病害の発生も考えられる。

〔防除の部〕

＜病原菌の生態，生活史＞

▷へた腐症は不完全菌類に属する $Stemphylium$ という一種のカビによって起こされる。

▷トマトに病原性の報告のある $Stemphylium$ 属菌には $lycopersici$ と $solani$ が知られているが，本症の病原菌は，胞子の大きさ，縦と横の比率および胞子の中央部が1～4個くびれて先端に乳頭状突起があり，胞子表面に細刺が認められる形態などから $Stemphylium\ lycopersici$ と同定されている。

▷本菌はV-8培地上暗黒下での培養で胞子の形成が良好である。本菌の胞子の形態は培養温度により変化することが知られており，15～20℃で培養すると乳頭状の突起やくびれなどの形態的特徴が顕著となり同定しやすい。

▷病原菌は腐生生活を行なうことができるため，温室，ハウス，トンネルなどのガラス，ビニール，骨組み，支柱などの表面に付着して生き残るほかに，施設内に残された作物体上でも生存することができる。

＜発生しやすい条件＞

▷施設トマトでの発生が多く，露地栽培での発生は確認されていない。

▷外気が低温で，換気が充分できないような晩秋から早春の時期に発生しやすく，高温期での発症は現在のところ認められていない。

トマト ＜へた腐症＞

▷腰窓の換気だけでは不充分の場合があるので，天井換気を行なうと本障害の発生を抑えることができる。

▷一般に葉かび病が多発するような条件下での発生が多いので，葉かび病の発生を防除の参考にすると防除適期を逃しにくい。

▷罹病部に形成された胞子が飛散して，周囲の果実に被害が蔓延すると考えられる。

▷発生が初確認されたトマト品種はハウス桃太郎であるが，本品種には斑点病の抵抗性が導入されている。これが茎葉には病徴が生じなかった要因の一つとも考えられる。

▷現在，トマトへた腐症は西日本の比較的狭い地域での発生にとどまっているが，今後被害の拡大も考えられるため，充分な注意が必要である。

＜対策のポイント＞

▷圃場の管理としては，20～25℃程度で多湿条件が重なると発病しやすいので，排水と換気をよくして湿度を下げるようにする。

▷病原菌は被害植物上などで菌糸や胞子の形で生存し，伝染源となると考えられるため被害作物は施設内からなるべく撤去するように努める。

＜防除の実際＞

▷別表〈防除適期と薬剤〉参照。

＜防除上の注意＞

▷トマト斑点病と病原菌が同一であるため，同病に農薬登録のある薬剤が有効である。

▷発病前防除剤は予防散布が効果的であるので，発病前の散布を心がける。耐性菌発生の懸念は少ない。

▷初発後防除剤は耐性菌が発生しやすいので過度の連用は避ける必要がある。初発後防除剤は治療効果が高いので，発病初期に散布すると防除効

トマト ＜へた腐症＞

果が高い。
　▷本症は収穫期に発生するため，経済的に被害が大きい障害であり，一度発生して果実に被害が出ると防除が難しいので予防的散布を重点に防除を行なう。

　＜その他の注意＞

　▷密植を避け，適正な整枝をする。
　▷窒素過多を避け，果実肥大期に肥料切れしないよう施肥を適正に行なう。
　▷適正な水管理を行ない，過湿を避ける。
　▷以上のような斑点病に対する耕種的防除法を行なうことで発病予防効果がある。
　▷斑点病の抵抗性遺伝子が導入されている品種であっても，本障害の発生することが充分考えられるので注意する必要がある。

（執筆・改訂：小板橋基夫）

根腐疫病

末期病徴：ハウス全体にまん延枯死症状を呈する。　　　　　　　　（神納　淨）

初期病徴：果実肥大・着色期に先端からしおれる。病勢進展はうねに沿ってしおれ症状が広がる。
　　　　　　　　　　　　（神納　淨）

根の病徴(左)：
(左)：太根は褐変し、細根は腐敗脱落する。
　　　　　　　　（神納　淨）
(右)：太根の中心柱が赤褐変する。　（神納　淨）

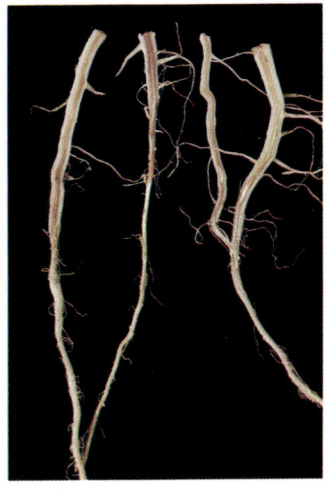

トマト〈根腐病〉

根腐病

激発症状：しおれをくり返し，下葉から黄化し枯死（礫耕栽培）。根はアメ色に褐変。

(草刈　眞一)

初期症状：日中，茎頂部が萎凋し夕方に回復する。維管束は変色しない。

(草刈　眞一)

病原菌：*Pythium dissotocum*
（走査電子顕微鏡）

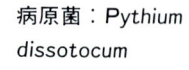

(草刈　眞一)

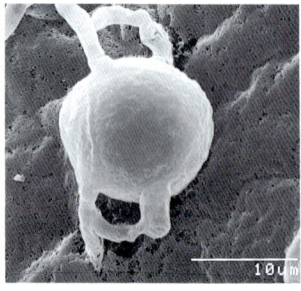

病原菌：*Pythium aphanidermatum*
（光学顕微鏡写真）

(草刈　眞一)

根腐疫病

病原菌学名　*Phytophthora cryptogea* Pethybridge et Lafferty
英　　　名　Phytophthora root rot

〔診断の部〕

＜被害のようす＞

▷促成・半促成・抑制および露地トマトの全作型に発生する。

▷典型的な発生は，各作型とも第1果房が肥大・着色を始めるころから，株の頂葉付近がしおれる。一見して青枯病の兆候に類似する。しばらくは日中にしおれ，朝夕回復するが，のちに株全体がしおれてしまう。

▷促成・半促成トマトでは3～5月ごろに，抑制は10～12月，露地では6～9月ごろに，それぞれ最多発生期となる。

▷本病の感染は育苗期から始まるが，定植時の発病はなく移植用苗での見分けはむずかしい。本圃定植後の感染が多く，果実の肥大・着色始期ごろから病徴が現われる。灌水の回数が多くなると病勢の進展はいっそう助長され，畦に沿って蔓延することが多い。

▷茎には気根の発生が多い。維管束の褐変は地際から数cmあるいは50～60cmにも達することもあるが，まったく褐変を認めない場合もある。灰色疫病には地際部のくびれ・軟化症状が見られるが，本病にはこれらの症状がないので区別できる。

▷根は細根が腐敗脱落している場合が多く，太根だけが残る状態となる。一見して根腐萎凋病と酷似しているが，根腐疫病の罹病根は太根の中心柱が赤褐色～褐色に変色するので区別できる。

▷病勢の進展はやや急性的である。株全体のしおれ，朝夕の回復ののち

トマト ＜根腐疫病＞

に株全体がしおれて枯死してしまう。青枯れ症状から末期的な症状になると，全葉が黄褐変し枯れ上がってしまう。第1～2果房の肥大は見られるが，上位果房は肥大せず，しだいに下位果房も脱水症状を呈する。

▷ハウストマトでは，ときに収穫皆無の惨状となる。促成・半促成ではハウス内の地温が比較的高い中央部や，南面の畦から発生し，被害は拡大する。

▷露地トマトは，水口付近の畦から発生し始めるが，畦間灌水によって被害が広がる。

＜診断のポイント＞

▷育苗期の感染は7～8％に達するが，移植用苗での判別はむずかしい。

▷いずれの作型においても第1果房の肥大・着色始期ごろから発生を始め，病勢の進展はやや急性的である。

▷灌水量が多くなると蔓延はいちだんと早まり，畦に沿って広がる。

▷初期病徴は青枯病に，根の症状は根腐萎凋病に似ているが，維管束の褐変，乳白汁の溢出の有無，また発生時期の違い，さらに太根の中心柱が赤褐変するなどの点で区別できる。

＜その他の注意＞

▷品種間差は認められない。栽培品種のほとんどに発生する。
▷接ぎ木による回避効果は認められない。

＜最近の発生動向＞

▷兵庫県において初めて発生，被害を認めたが，近年は全国各地の連作地に発生している。

トマト　＜根腐疫病＞

〔防除の部〕

＜病原菌の生態，生活史＞

▷病原菌は疫病菌の一種で，トマトのほかスイカ，ホウレンソウやガーベラなどをおかす。

▷本菌は罹病根に乳頭突起のない遊走子のう（分生子）を数多くつくる。被害根など作物残渣や土中に卵胞子や菌糸で生存し，トマトが作付けられると，卵胞子は発芽して遊走子のうをつくり，好適な土壌水分があると遊走子が遊泳して感染・発病する。

▷本病は主として土壌伝染と水媒伝染により発生し，蔓延する。過度の灌水や多雨が発生を助長する。土壌水分が高まると遊走子のうの形成，また遊走子の遊泳に好適な条件となり，急性的な蔓延をひき起こす。

▷病原菌の発育温度範囲は5～30℃，その適温は20～25℃であり，35℃ではまったく発育しない。

＜発生しやすい条件＞

▷連作または短期輪作すると発生の時期も早まり，被害が多い。

▷排水不良土や地下水位の高い圃場に作付けると多発する。

▷灌水回数・量が過度の場合や，畦間灌水によって発生は増長する。とくに露地では梅雨期以降の大雨によって浸冠水があれば多発する。

▷ハウスでは地温の比較的高い中央付近や南面の畦から発生し広がる。

▷前作トマトに多発した場合，その跡地を中心に発生し広がることが多い。

＜対策のポイント＞

▷激発ハウス・圃場では，トマトの作付けを中止して他作物への転作を行なう。

トマト ＜根腐疫病＞

▷少発生ハウスでは土壌消毒を励行する。

▷健苗育成のため，育苗床土は更新するか，土壌消毒を行ない，育苗はポット育苗とする。

▷土壌消毒は，夏期に太陽熱を利用した消毒をする。

▷伝染源となる罹病株は早期に発見し，根や周辺土壌とともに除去する。

▷ハウス・圃場土は排水をよくし，できるだけ高畦栽培を行なう。

▷灌水は過度にならないよう適正に行なう。用水は汚染していないものを使う。

＜防除の実際＞

トマトの根腐疫病防除対策

時期	対策	具体的方法	備考
播種前	育苗用土の選定と消毒 育苗法の工夫	床土の更新 床土の消毒 ポット育苗	
定植前	ハウスの土壌消毒	太陽熱利用（夏期）	ハウス密閉・消毒後の不耕起は効果大
定植後～収穫期	灌水法の工夫 伝染源の除去	チューブ灌水 発病株の抜取り除去 作物残渣の処分	畦間灌水など過度の水やりを避ける 早めに行なう ハウス・圃場からの搬出，焼却処分の徹底を図る
基幹対策	土壌水分の制御 適正施肥管理 病原菌密度抑制 輪作体系導入	排水，高畦，マルチング 有機質資材の施用 施肥，灌水管理 伝染源の除去 品種・作型の検討	排水対策に重点をおく 土つくりの励行 肥料の分施

トマト　＜根腐疫病＞

＜防除上の注意＞

▷育苗期感染を防ぐため，床土は更新を原則とする。

▷太陽熱消毒は夏期高温期に行なう。できれば梅雨明け後から8月中旬までの期間が有効である。

▷太陽熱消毒の効果は，2～3年連続して行なうと80％以上になる。効果を高めるために残渣処分の徹底，消毒前の有機物，石灰窒素施用，フィルムマルチ，ハウス密閉作業の順守が有効化のための留意点である。

（執筆・改訂：神納　淨）

トマト ＜根腐病＞

根 腐 病

病原菌学名　*Pythium aphanidermatum*
　　　　　　Pythium myriotylum Drechsler
　　　　　　Pythium dissotocum Drechsler
英　　名　　Root rot

〔診断の部〕

＜被害のようす＞

▷養液栽培で発生する。

▷育苗時期から収穫期まで発生するが，果実の収穫時期から発生することが多い。

▷発生時期は夏期高温時から，冬期の低温時まで認められる。夏期高温時に発生する根腐病は，罹病株が短期間で枯死するが，低温期に発生するものは，長期間にわたって萎凋症状を呈し，枯死まで時間を要する。

▷生育期のトマトでは，初期症状として日中，茎頂部の萎凋が観察されるようになり，やがて萎凋症状は恒常化し枯死する。

▷発病すると根の一部に褐変症状が認められる。この段階では地上部の萎凋は認められないが，やがて根の褐変は全体に広がり，地上部に萎凋が認められるようになる。

▷根の褐変は進行し，やがて根全体があめ色になる。この状態になると地上部は萎凋する。

▷根はしだいに褐変し，軟腐状になる。地上部の萎凋は恒常化し，下葉から黄化が始まり枯死する。

▷感染後，病原菌は罹病植物体に蔓延し，根表面に遊走子のうを形成す

トマト　＜根腐病＞

る。遊走子のうからは遊走子が形成され，培養液を介して伝染していく。本病の伝染は急激で，適温条件下では発病後7～10日で作物が全滅することもある。

＜診断のポイント＞

▷養液栽培で発生するのが特徴で，土耕栽培で発生することもあるが，養液栽培に比較すると伝染も範囲がせまく，被害は軽微である。
▷トマト成熟株を萎凋枯死させる病害として，萎凋病，半身萎凋病，青枯病が知られるが，これらの病害ではいずれも維管束の変色を伴うのが特徴であるが，根腐病では維管束の変色を認めないことから類別される。
▷養液栽培では，高温時に青枯病がしばしば発生し，本病と混同されることがある。青枯病では，水道水に切り取った茎をつけると，維管束からの白い菌泥が糸を引いて出てくるのが観察され，根腐病とは類別される。

＜その他の注意＞

▷病原菌としては$Pythium\ myriotylum$, $P.\ dissotocum$が知られているが，夏期高温時ではしばしば$P.\ aphanidermatum$の感染による根腐病も認められる。病原菌はいずれも同じ属に属し，症状も類似し，症状から病原菌を特定するのはむずかしい。
▷苗の時期にも発生する。この場合，根が侵され，地上部が萎凋し，立枯れ症状となる。

＜最近の発生動向＞

▷養液栽培で発生が多く認められる。特に，夏期高温時の育苗を必要とする作型（抑制栽培）で発生が多い。
▷養液栽培では，湛水式のシステムで発生の多い傾向があり，ロックウール栽培など固形式栽培を用いる方式で少ない傾向がある。

トマト ＜根腐病＞

〔防除の部〕

＜病原菌の生態，生活史＞

▷病原菌はいずれも藻菌類に属し，キュウリなどウリ科の子苗にも感染し，一般的に多犯性である。

▷病原菌は罹病植物体上において卵胞子を形成して越冬し，翌年この卵胞子が一次感染源となる。

▷ $P.\ myriotylum$ は感染すると罹病植物体上に遊走子を形成し，培養液を介して二次伝染し被害が急速に拡大する。

▷ $P.\ dissotocum$ は遊走子の形成が認められないが，菌糸や被害植物の根が培養液流によって移動し，二次伝染が生じると考えられる。

▷上記２種の病原菌以外に $P.\ aphanidermatum$ による根腐病も認められる。本菌も $P.\ miriotylum$ 同様，高温条件下で養液中に多量の遊走子を形成し，養液を介して急速に二次伝染する。

＜発生しやすい条件＞

▷ $P.\ myriotylum$ は高温条件下で生育良好で，主に６～９月の夏期高温時に感染し被害を与える。

▷ $P.\ dissotocum$ は比較的低温で生育良好な病原菌で，10～５月に発生する根腐病からよく分離される。

▷このほか，夏期高温時には $P.\ aphanidermatum$ による根腐病が認められることがある。

＜対策のポイント＞

▷発病は，栽培槽，養液タンクなどへ病原菌が侵入することによって起こる。養液栽培では栽培系内への病原菌の侵入を許さないよう圃場衛生に注意することが大切である。

トマト　＜根腐病＞

▷病原菌は土壌中に生息しており，施設の雨もり，土壌のはね上げなどが原因で栽培槽内へ侵入する。土壌が入らないように栽培槽を高く設置するなど注意が必要である。

▷特に，罹病苗定植による発病が多く認められるので，育苗期間中の感染防止に努める。育苗時の栽培槽は，30～50cmくらい高くするなど病原菌の侵入に対処する必要がある。また，定植時には苗の根をよく観察し，根が褐変している苗は定植苗として用いないようにする。

▷発病すると栽培槽，養液タンク，定植用のパネルなど栽培系全体の消毒が必要となる。消毒が不充分なときには発病をくり返すことが多い。

＜防除の実際＞

▷別表〈防除適期と薬剤〉参照。

＜防除上の注意＞

▷発病すると被害が大きい。圃場衛生に注意し，病原菌が栽培系内に入らないように管理することが重要である。

▷発病すると，根が侵されつぎつぎと被害が広がる。病原菌は，酸性条件下で遊走子の形成が抑制されるので，できるだけ培養液のpHを低くする。

▷培養液を交換するなどして病原菌密度を下げることによって一時的に発病が低くなることもあるが，効果は持続しない。

▷病原菌は水中において遊走子を形成し，培養液流によって運ばれ伝染する。培養液の滞留する場所，たとえば培養液槽の排水口付近などから発生することが多い。この部分の根の状態を観察し，根に変色が観察されたら培養液を酸性にするなど早めに対策をたてる。

＜その他の注意＞

▷育苗期間中の管理が重要である。育苗中に感染した苗を定植すること

トマト　＜根腐病＞

により発病することが多いので注意する。

＜効果の判定＞

▷病原菌が栽培系内に侵入しないかぎり発生しないので，圃場衛生に注意する。

▷栽培槽を地面より高くした装置では発生は少ない。また，苗床での管理が悪いと発生しやすい。

（執筆・改訂：草刈眞一）

灰色疫病

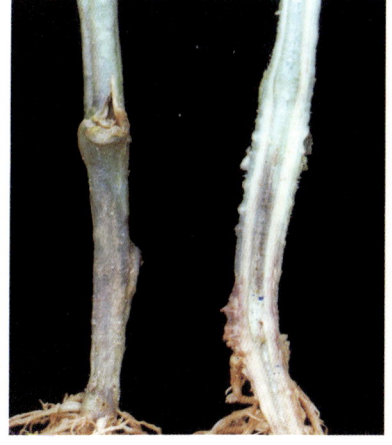

茎の症状：暗緑色水浸状の病斑ができ細くなる。　　　（神納　淨）

土耕栽培での地上部の萎凋枯死症状　　　　　　　　（神納　淨）

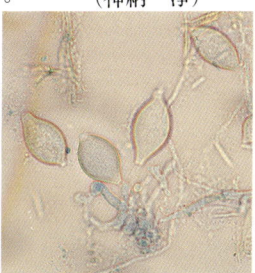

病原菌：病原菌の遊走子のう
　　　　　　（草刈　眞一）

ナス果実への感染
（右）：灰白色ビロード状のカビが生じる。(草刈　眞一)

養液栽培での根腐症状
（左）：褐色に変色
　　　　　　（草刈　眞一）
ピーマン苗への感染 
（右）：葉に暗緑色水侵状病斑が生じる。
　　　　　　（草刈　眞一）

トマト〈黒点根腐病〉

黒 点 根 腐 病

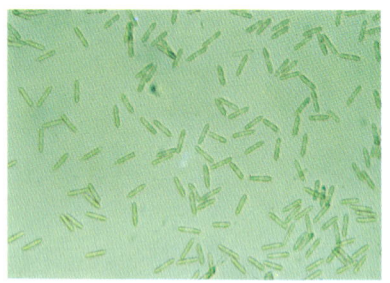

黒点根腐病菌の分生子(上)

地上部の病徴(左)：下葉から黄化して落葉する。

根の病徴
下左：根は褐変腐敗している。左側は健全株
下右：褐変腐敗した根には多数の小黒点（病原菌の分生子堆）を生じる。

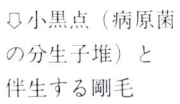

◁小黒点（病原菌の分生子堆）と伴生する剛毛

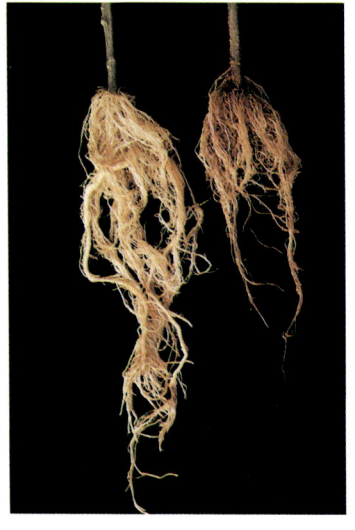

灰色疫病

病原菌学名　*Phytophthora capsici* Leonian

〔診断の部〕

＜被害のようす＞

▷トマトの疫病と病徴は類似するが，主に地ぎわ部の茎および根が被害を受ける。

▷葉では円形〜不整形の暗緑色水浸状病斑を生じる。病患部は軟腐状で，乾燥すると褐色となり砕けやすくなる。

▷茎でははじめ紡錘形〜楕円形の暗緑色の水浸状病斑が形成され，急速に茎をとり巻くようになり，茎が細くなって萎凋枯死する。

▷果実では円形で暗緑色で水浸状の病斑を形成し，多湿条件下では灰白色ビロード状のカビを生じる。

▷養液栽培においてしばしば発生が認められる。養液栽培では，主に根がおかされ，地上部は萎凋枯死する。

▷養液栽培では，初期症状として茎頂部が日中萎凋し夜間回復する症状が認められる。萎凋はしだいに激しくなり，夜間でも回復しなくなりやがて枯死する。

▷養液栽培では根がおかされ，地上部より根に症状が出る。感染初期では，根のところどころに褐色部位ができる。このころでは萎凋は認められないが，やがて褐色変色部分が広がるにつれて地上部の萎凋が認められるようになる。

▷根の大部分が淡褐色に変色したころから地上部の萎凋は恒常的となり，やがて枯死する。

トマト ＜灰色疫病＞

＜診断のポイント＞

▷トマト疫病の発生時期よりやや遅い6月下旬～7月上中旬ごろの，やや高温の多湿条件下で発生し急速に伝染する。

▷多湿条件下では病患部にカビを生じる。カビ状の部分に遊走子のうが多数形成される。特に，果実での病徴は表面にやや灰色のビロード状のカビを生じるなど疫病とは異なる。

▷萎凋性の病害に $Pythium$ 属菌による根腐病があるが，高温条件下では根腐病の方が被害が大きい。

▷養液栽培でしばしば発生し，被害が大きい。病原菌 $Phytophthora\ capsici$ は，ナス，ピーマンなどナス科のほか，キュウリなどウリ科作物に対しても病原性があり，キュウリの灰色疫病発生後の圃場にトマトを作付けすると発生することがある。

▷養液栽培では，$Pythium$ 属菌による根腐病と混同されやすい。夏期高温時に発生する萎凋性の病害は $P.\ aphanidermatum$ など高温性の $Pythium$ 属菌に起因したものが多く，5～7月，9～11月のやや気温の低くなった時期に発生する萎凋性の病害に本病が多く認められる。

＜その他の注意＞

▷果実の腐敗も本病の特徴で，圃場での果実に被害も出るが，出荷輸送中に腐敗し問題となることがある。

＜最近の発生動向＞

▷多湿な圃場，ナス科，ウリ科作物の連作圃場で発生が多い。

▷養液栽培では重要病害で，しばしば全滅することがある。特に，キュウリの萎凋性病害発生後にトマトを作付けし急速に萎凋枯死を認めた場合，青枯病，根腐病とともに本病を疑う必要がある。

トマト　<灰色疫病>

〔防除の部〕

<病原菌の生態，生活史>

▷病原菌は藻菌類に属し，トマトのほか，ピーマン，ナスなどナス科，キュウリなどウリ科に対しても感染がある。疫病菌（*P. infestans*：ナス科をおかす）や根腐疫病菌（*P. drechsleri*：トマト，ホウレンソウをおかす）とは異なり多犯性が特徴である。

▷病原菌は感染後寄主体内に卵胞子を形成する。卵胞子は，罹病残渣とともに土壌中に残存し，翌年の感染源となる。

▷土壌中の卵胞子は，作物周辺部で適当な水分があると発芽し感染する。土がはね上げられると，葉，果実など作物体地上部へ感染する。

▷感染すると罹病植物上に多数の遊走子のうを形成し，水滴の存在下で多量の遊走子を形成し二次伝染をくり返す。特に，降雨のあとでは雨水によって遊走子が運ばれ被害が拡散することがある。

▷養液栽培では，培養液によって遊走子が運ばれ，施設の作物が全滅することがある。

▷本菌の生育適温は28～30℃，菌糸の生育適温は24℃付近，遊走子のう発芽適温は23℃前後とされ，気温が23～26℃前後のころ発病が多い。

<対策のポイント>

土耕栽培

▷病原菌はキュウリ疫病菌と同属であり，防除対策はキュウリ疫病およびトマト疫病に準じるとよい。

▷キュウリなどウリ科作付け時に疫病など萎凋性病害の発生した圃場では土壌消毒を行なう。

▷本病では罹病残渣に多数の卵胞子，遊走子のうが形成され，これが感

トマト ＜灰色疫病＞

染源になることが多い。発病圃場では，罹病残渣の処理を徹底する。
　▷苗床ではできるだけ新しい土を用いる。作物の育苗に用いた土壌を利用するときには土壌消毒を行なう。
　▷発病は，排水の悪い圃場に多い。水田跡など排水の悪い圃場では，高うねにするなどの対策が必要である。
　▷マルチにより土壌のはね上げを防止する。
　▷施設栽培では雨もりしている部分から被害が広がることが多い。漏水防止対策を行なうことが重要である。
　▷多発圃場では水田など病原菌の寄主にならない作物との輪作を行なう。
　▷酸性土壌で発生が多いので，土壌酸度の調整を行なうことが重要である。

養液栽培
　▷病原菌を栽培槽，養液タンクなどへ持ち込むことによって起こると考えられる。養液栽培では圃場衛生に注意することが大切である。
　▷病原菌は土壌中に生息しており，施設の雨もり，土壌のはね上げなどが原因で栽培槽内へ侵入する。雨もり防止や土壌がはね上がらないように栽培槽を高く設置するなど注意が必要である。
　▷育苗期間中に感染した苗を定植することによって発病することが多く認められる。育苗用の栽培槽は，30〜50cmくらい高くするなど病原菌の侵入に備え，育苗期間中は根の状態に注意し，根が変色したり萎凋するような株が多く認められたら育苗をやり直す。
　▷発病すると栽培槽，養液タンク，定植用のパネルなど栽培系全体の消毒が必要となる。消毒が不充分なときには発病をくり返すことが多い。
　▷栽培系など施設の消毒は，タンク，栽培槽に水を満たし，ケミクロンGなど塩素系の薬剤を所定量溶解し，8時間以上処理する。日中処理するときは太陽光線により薬剤が分解するので，栽培槽上面など太陽光線の当たる部分を黒ビニールで覆う。
　▷養液栽培では圃場衛生が重要で，外部からの人の出入りで発病するこ

トマト ＜灰色疫病＞

ともある。入口などに消毒槽を設けたり，室内と外部と履き物をとりかえるなどの配慮も必要である。

＜防除の実際＞

▷トマト灰色疫病としての登録薬剤はない。土耕栽培で地上部に発生した場合の薬剤防除は，トマト疫病菌（同属の病原菌の感染により発病する）と同様の防除対策で対応できる（トマト疫病の項を参照）。養液栽培で発生した場合には，培養液中に侵入した病原菌で根侵されることから，トマト根腐病と同様の発症となり，防除対策も根腐病の対策で対応できる。

＜防除上の注意＞

▷疫病と同様，初期防除が重要である。発病後防除が遅れると大きな被害となる。多発地区では，疫病の防除を兼ね薬剤の予防散布を行なう。

▷くん蒸剤による土壌消毒では，耕土を30cm程度積み上げ，灌注器を用いて薬液の灌注を行なう。灌注後はポリエチレンフィルムなどで7日程度被覆する。

▷低温期のくん蒸ではガス抜きを充分行なう。

＜その他の注意＞

▷養液栽培では育苗期間中の管理が重要である。育苗中に感染した苗を定植することにより発病することが多いので注意する。

＜効果の判定＞

▷薬剤防除では，疫病同様散布後2～3日で病徴進展が抑制される。効果のない場合，持続的に病徴が進展する。

▷養液栽培では，栽培槽の殺菌が完全であれば発病を認めない。不完全な場合，定植後1～2週間以内に根に褐変が生じ，再発することがある。

（執筆・改訂：草刈眞一）

トマト ＜黒点根腐病＞

黒点根腐病

病原菌学名　*Colletotrichum coccodes* (Wallroth) Hughs
英　　　名　Black-dot root-rot

［診断の部］

＜被害のようす＞

▷下葉から黄化し落葉する。葉の黄化は顕著で，葉柄から葉身に至るまでムラなく明るい黄色となる。葉の黄化は発病の進展に伴い順次上位葉にまで及び，下葉から落葉する。

▷発病株は生育が遅れ，発病が進むと生育量は著しく劣るようになる。

▷場合によっては，日中に地上部が萎凋することもあるが，夜間は回復する。

▷発病が著しくなると着果が妨げられる。

▷被害株の根は褐変腐敗してくる。細根は淡褐色に腐敗して脱落するようになり，支根や直根には褐色の細長い病斑を生ずる。発病株の根は全体的に細根数が少なく赤褐色によごれて見える。茎基部の地表面下にかくれている部分にも表皮の褐変が見られることがあり，ときには茎基部または主根の表皮が腐敗してひび割れることがある。

▷罹病根や茎基部の褐変部の表面に多数の小黒点を生ずる。これは肉眼で容易に観察される。この小黒点は病原菌の分生子堆であり，この中に分生子を多数形成する。小黒点の部分を虫めがねで観察すると長い黒色の剛毛が多数伴生しているのが見える。このように褐色に腐敗した根に小黒点が多数観察されるところから，本病は黒点根腐病と名づけられた。

▷本病は昭和47年，褐色根腐病の発生分布を調査する過程で千葉県の

トマト ＜黒点根腐病＞

半促成トマトに最初に見出された。その後，栃木県，茨城県，長崎県，愛知県をはじめ，ほぼ全国の施設栽培などで発生が認められている。

＜診断のポイント＞

▷地上部の症状は他の根腐れ性の病害と類似しており，地上部だけでは診断できない。本病の診断には根部の症状について検討する必要がある。

▷トマトに根腐れ症状を示す病害には，本病のほかに褐色根腐病，根腐萎凋病などがある。これらはいずれも根部に褐色腐敗を生ずるが，本病以外では褐変部に明瞭な小黒点を形成することはほとんどなく，この点で他の病害と区別できる。ただし，褐色根腐病のばあいにも，まれに小黒点が形成されることがあるので，注意を要する。褐色根腐病のばあいには被害根に著しい亀裂やコルク化を伴っており，小黒点も本病ほど目立たないのがふつうである。

▷本病のばあいは根腐萎凋病のような茎部導管の褐変は認められない。

▷本病は他の根腐れ性病害と重複して発病することがあり，このばあいにも小黒点を形成する。診断にあたっては，他の病害との併発の可能性も考えて比較検討する必要がある。

[防除の部]

＜病原菌の生態，生活史＞

▷病原菌は一種のカビで，トマトのほかにナス，ピーマン，トウガラシ，ジャガイモなどにも寄生する。

▷病原菌は土壌伝染し，寄主作物を作付けると根に侵入して発病させる。

▷土壌では主として罹病組織中で生存しているが，わらなどの有機質上で増殖することもある。

▷寄主作物上で形成された分生子堆は，土壌中にあって少なくとも１年

トマト　＜黒点根腐病＞

以上生存する。分生子堆には多数の分生子が形成され、これが、雨水によって飛散して周囲にある幼苗や堆肥などに付着し伝播される。
　▷寄主作物を連続して栽培すると土壌中の病原菌密度は高まり、発病被害が増大する。
　▷病原菌は15～30℃で生育し、最適生育温度は26～28℃である。

＜発生しやすい条件＞

　▷本病の発生を助長する環境条件は明らかにされていない。発生地は連作地が多く、連作（トマト以外の寄主作物も含む）により本病の発生は増加する。また、本病は地温が低い時期に栽培する作型で発生が認められている。これは低地温によりトマトの根が弱くなったためで、このような根の活性を弱める条件は本病の発生を助長すると考えられている。

＜対策のポイント＞

　▷発病地では連作を避ける。寄主作物を連作すると土壌中の病原菌密度が高まり被害が増加するので、連作を避け、イネ科作物などの非感染性作物と輪作する。
　▷土壌消毒を行なう。
　▷被害根は伝染源となるので土中に残らないよう除去する。

＜防除の実際＞

　▷別表＜防除適期と薬剤＞参照。
　▷トマト、ナス、ピーマン、トウガラシ、ジャガイモなど本病菌の寄主となりうる作物の連作をやめ、他作物との輪作に努める。
　▷常発地では蒸気や薬剤によって床土と本圃の土壌消毒を行なう。土壌消毒にあたっては注意事項や薬剤の使用方法を守り、薬害などがでないように注意する。
　▷適切な肥培管理を行なう。

トマト ＜黒点根腐病＞

▷発病株はていねいに抜きとって焼却する。収穫後は残渣を除去する。
▷施設栽培のばあいは，夏期の湛水，施設密閉による，いわゆる太陽熱消毒法を用いると，土壌中の病原菌密度が低下するので被害を軽減することができる。

（執筆・改訂：萩原　廣）

斑 点 病

典型的な葉の病徴：褐色〜黒褐色の斑点を多数生じる。　　（吉松　英明）

発生圃場での被害：枯死した葉が目立つ。　（吉松　英明）

激発時の症状：斑点が融合し，葉が枯死する。　（吉松　英明）

茎・葉柄での古い病斑　　（吉松　英明）

茎・葉柄の斑点症状　　（吉松　英明）

生理障害

＜マグネシウム欠乏症＞

古い葉の脈間から黄化がはじまり，しだいに上位葉にひろがる。
（清水　武）

＜カルシウム欠乏症＞

生長点付近の生育が停止し，欠乏がひどいときは枯死する。症状はしだいに下位葉におよぶ（水耕）。（清水　武）

＜鉄欠乏症＞

上位葉の葉脈間が淡緑化し，やがて葉全体が黄白化する。
（清水　武）

トマト ＜斑点病＞

斑　点　病

病原菌学名　*Stemphylium lycopersici* (Enjôji) Yamamoto
　　　　　　Stemphylium solani Weber
別　　　名　褐斑病，灰色斑点病
英　　　名　Leaf spot

〔診断の部〕

＜被害のようす＞

▷斑点病は，一般に葉に発生するが，葉柄，茎にも発生する。果実のヘタに発生することもある。

▷葉では下葉から発生する。はじめ小さな褐色～黒褐色の斑点を生じ，その後，拡大してまわりが黒褐色，中心部が灰褐色の円形～不整形の病斑となる。病斑のまわりは黄変していることが多い。

▷病勢が激しいときは，葉に多数の病斑を生じ，融合して大型病斑となり，枯死する。また，葉柄や茎にも斑点を生じる。

▷果実のヘタの部位が赤褐色に変色して乾腐し，症状が進展すると腐敗は内部にまでいたり，離層部から果実が落下する。

▷苗で発生することもある。発病した苗を植えつけると，初期から多発する。

＜診断のポイント＞

▷はじめ下葉に小さな褐色～黒褐色の斑点を生じ，のちに拡大して5mmくらいの円形～不整形で周囲が黒褐色，中心部が灰褐色の病斑となる。その後，病斑が融合して拡大すると，葉が枯れこむ。

トマト ＜斑点病＞

▷輪紋病など他の斑点性病害と区別しにくいが，斑点病の病斑は小さく，大型病斑に拡大することはまれである。ただし，品種によっては拡大することもあるので，注意が必要である。

▷初期病斑は斑点細菌病と混同しやすい。

▷斑点病に対し抵抗性を有する品種ではほとんど発病しないため，病徴と抵抗性の有無により診断する。

＜発生動向その他＞

▷品種の変遷により，ときに多発することがある。近年栽培が増加しているミニトマト'千果'は本病に対し抵抗性を有していないため発生しやすい。また，新たなミニトマト品種にも抵抗性を有していないものがある。

〔防除の部〕

＜病原菌の生態，生活史＞

▷斑点病菌は，不完全菌類に属する一種のカビである。病原菌は輪紋病菌とごく近縁のものである。わが国ではトマトのほか，トルコギキョウでの報告があるが，外国ではときにピーマンでも発病するという。

▷斑点病菌は分生子をつくる。病斑上にできた分生子は風によって運ばれ，葉に達する。輪紋病菌と同様，分生子は適当な水分を得て発芽し，発芽管によって表皮を貫通して侵入すると考えられる。

▷斑点病菌は圃場に残された被害葉とともに，菌糸や分生子の形で生き残って伝染源となる。

▷斑点病菌は，24℃でもっともよく生育する。また，発病は20〜25℃のやや冷涼な気温と，多湿のときに多い。

トマト ＜斑点病＞

＜発生しやすい条件＞

▷斑点病はハウス栽培で発生しやすいが，本病に抵抗性を有していない品種の場合，夏秋栽培，雨よけ栽培でも発生する。

▷ハウス栽培では，曇雨天が続きハウス内湿度が高まると発生しやすい。

▷夏秋，雨よけ栽培では，梅雨期，秋雨期など多湿条件が続くときに発生しやすい。

＜対策のポイント＞

▷抵抗性品種を栽培する。

▷現在市販されている品種の多くは斑点病に対し抵抗性を有しているが，抵抗性のない品種を作付けする場合は，発病前から定期的に予防散布を行なう。

▷新しい品種を導入する際には，斑点病に対し抵抗性を有するか否かを確認する。

＜防除の実際＞

▷別表〈防除適期と薬剤〉参照。

▷斑点病菌は潜伏期間が短いので，発生したら散布間隔を短縮する。

＜その他の注意＞

▷抵抗性品種には，斑点病だけでなく，他の病害に対しても抵抗を示す多くの複合抵抗性品種が市販されている。品種選定にあたっては，各種病害に対し抵抗性を有する品種を選ぶ。

▷被害茎葉は伝染源となるので，ハウス内に残さないようにする。

▷トマトとミニトマトでは登録農薬が異なるので注意し，農薬使用基準を遵守する。

（執筆：阿部善三郎・善林六朗，改訂：吉松英明）

生理障害

カルシウム欠乏症

〔診断の部〕

＜被害のようす＞

▷生長の旺盛な生長点近くから発生する。

▷カルシウム欠乏症状は，生育のさかんな新葉や生長点から発生する。このため，生長の止まった古い組織には，欠乏症状はみられない。欠乏症状の第一段階では，新葉の先端が萎凋し黄化する。さらに症状がすすむと，葉の先端や新芽は枯死する。

▷また，果実には尻腐れ果が発生しやすくなる。

▷病虫害と異なり，症状は規則的にひろがる。

▷生長点や新葉の黄化，萎凋は，比較的正しい規則性をもってひろがるが，細菌や糸状菌の二次寄生により，軟腐状となることは少ない。

〔対策の部〕

＜発生しやすい条件＞

▷作物の生育に必要な，土の中の交換性カルシウムが足りなくなると，欠乏症が発生しやすい。

▷窒素質肥料の過多；アンモニアが吸収されるとカルシウムの吸収が悪くなる。また，窒素質肥料の多くはアンモニアの形態であるが，窒素を過剰に施用すると土壌の微生物の活動が抑えられ，アンモニア形態のまま根

トマト ＜カルシウム欠乏症＞

に吸収されるので，カルシウムの吸収が抑えられ，カルシウム欠乏を助長する。したがって窒素質肥料のやりすぎに注意しなければならない。

▷カルシウムは，ほかの成分と比較し，植物体内で移動しにくい性質がある。このため，欠乏土壌では，生育の旺盛な部分へのカルシウムの供給がまにあわず，欠乏症が多発することがある。

▷このほか，土や植物体の水分が不足すると，植物体内でのカルシウムの移動がさまたげられるため，欠乏症が発生しやすくなる。ビニールハウスなどでは，土の塩類濃度が高まりやすいが，このようなときにも，カルシウム欠乏が発生する。ビニールハウスのトマト栽培で尻腐れ果が多発するのは，これらに起因することが多い。

▷カリやマグネシウム肥料を使いすぎたときにも，カルシウム欠乏が発生しやすい。このためカルシウムの含量が少ない土壌では，これらの施用に十分注意をはらう必要がある。

＜対策のポイント＞

▷酸性土壌の改良。

▷土の中の，交換性カルシウムが不足すると，この症状がでやすい。一般に，酸性土壌でカルシウム欠乏症が多く発生するのはこのためである。

▷つねに土の酸度を検定し，必要なカルシウム量を補給し，土壌の酸性を改良しておく必要がある。

▷窒素やカリおよび苦土肥料などのやり過ぎや乾燥によって，カルシウム欠乏症が発生することがあるので，これらの肥料のやり過ぎに注意するとともに土壌の乾燥を防止する工夫が必要である。

▷乾燥しやすい畑では，敷わらなどによるマルチも効果がある。

▷生育中に急に欠乏症が発生したら，応急的には，塩化カルシウムを葉面散布する。10a当たりの液の調整は，塩化カルシウム（$CaCl_2$）200〜300gを水100〜200lに溶かし，これに少量の展着剤を加える。

（執筆・改訂：清水　武）

生理障害

マグネシウム欠乏症

〔診断の部〕

<被害のようす>

▷下葉から症状が発生する。

▷土の中の，交換性マグネシウムの含量が少なくなると発生しやすい。生育の初期から発生することは少なく，着果がはじまるころから，急に障害がおこることが多い。

▷カルシウム欠乏やホウ素欠乏は，新葉や新しい芽など，生育の旺盛な生長点またはそれに近い部分から欠乏症が現われるが，マグネシウム欠乏は下葉（古い葉）から発生する。

▷葉脈間が黄化する。はじめは日光に向けてすかして見ると，葉脈間がややすけて淡黄色に見えるていどであるが，欠乏症状がすすむにつれて，葉脈間の緑色の部分はあざやかな黄白色となり，場合によっては褐色の斑点が生ずる。

▷まぎらわしい症状としては，赤ダニの被害とカビの発生があるが，いずれも注意すれば判別できる。

〔対策の部〕

<発生しやすい条件>

▷土の中の交換性マグネシウムが不足すると発生する。一般に，マグ

トマト ＜マグネシウム欠乏症＞

ネシウム欠乏は，酸性土壌に多く見受けられる。

▷カリや石灰質肥料のやり過ぎ。比較的マグネシウム含量が高い土壌でも，マグネシウム欠乏が発生することがある。これは土の中のマグネシウム含量に比べて，カリやカルシウム含量が非常に高い場合には，これらの成分と均衡がとれなくなり，マグネシウムの吸収が抑制されるためである。

▷野菜栽培では，土の中のマグネシウムが少ない場合にカリや石灰質肥料を多量に施用すると，欠乏症が発現しやすくなる。

＜対策のポイント＞

▷マグネシウムを充分に施す。

▷土の中の，マグネシウム含量を豊富にするとともに，多量のカリや石灰質肥料を施用してはならない。

▷一般に，わが国の土壌は，マグネシウム含量が少ないといわれている。とくに野菜畑ではこの成分が不足しがちである。

▷おもなマグネシウム資材と施用法は以下のとおりである。

▷マグネシウム資材としては，硫酸マグネシウム，苦土石灰，熔成燐肥などがある。

▷苦土石灰はアルカリ性の強い土壌では使わないほうがよい。このような場合は，硫酸マグネシウムのほうが効果がある。

▷また，酸性土壌の場合には酸性土壌の改良も含め，苦土石灰を施用するが，硫酸マグネシウムを併用するのもよい。

▷これは，苦土石灰は溶解性が低いため，ややおそ効きする欠点があるため，速効性の硫酸マグネシウムを混合することにより，いっそうマグネシウムの効果を高めることができる。

▷塩基バランスが悪く，カリや石灰が多量にある場合は，塩基バランスが良好に保たれるように施肥の改善を行なう必要がある。

▷その他，マグネシウム欠乏の出やすい畑には，苦土入りの化成肥料を

トマト ＜マグネシウム欠乏症＞

用いたり，リン酸肥料としては，熔成燐肥を施用するのがよい。
　▷生育中に欠乏症が発生したら，硫酸マグネシウムの0.5〜1.0％液に展着剤を混合し，散布すると効果がある。

(執筆・改訂：清水　武)

生理障害

鉄欠乏症

〔診断の部〕

＜被害のようす＞

▷鉄は，植物体内を移動しにくい要素である。そのため，欠乏症状は上葉から発生する。一般に黄白色となるが，欠乏のひどいときは，黄白色からむしろ白色に近くなる。マンガン欠乏とよく似た症状を示すが，鉄欠乏とマンガン欠乏の違いは，鉄欠乏は葉脈の緑色を残して葉脈間が黄白化しやすいのに対し，マンガン欠乏では葉脈に沿って緑色が残っている場合が多い。

〔対策の部〕

＜発生しやすい条件＞

▷植物の鉄欠乏は，土の中の，有効態の鉄が欠乏して発生する場合は少ない。しかし，土壌がアルカリ性に傾くと有効態の鉄が少なくなり，鉄欠乏を発現しやすくなる。これは，ほかの要素の欠乏症といちじるしく異なるところである。

▷このほか鉄欠乏をおこさせる原因は，鉄が植物体内で移動しにくいこと，またリン酸が多いと，植物体内でリン酸と鉄が結合し，鉄が効かなくなることなどによる。

トマト ＜鉄欠乏症＞

＜対策のポイント＞

▷まず土の反応（pH）を適正にする。とくに，鉄欠乏をおこしやすい畑は一般に土壌のpHが高いので，むやみに石灰資材を施用してはならない。このような土壌に対しては，土に施すと酸性になりやすい化学肥料（生理的酸性肥料）を施用し，土の酸性化を促す工夫が必要である。

▷もし，生育中に，鉄欠乏が発生したら，塩化第二鉄の0.1～0.2％液に展着剤を加えて散布すると効果がある。

▷鉄剤を土壌施用する場合は10a当たり，硫酸第一鉄を5kgぐらい施用するとよい。最近では，Fe-キレート化合物も市販されているので，これを10a当たり2kg程度施用するのもよい。

（執筆・改訂：清水　武）

トマト

害虫

トマト〈吸蛾類〉

吸　蛾　類

被害果：収穫期近くにやられる。果害はくさって落果する。

被害の特色：はじめは針でつついたような穴。そこを中心にしてくさりはじめる。

成虫の加害：夜間くちばしをさしこんで加害する。

アケビコノハ（上、体長約40mm、開張約100mm）とアカエグリバ（下、体長約25mm、開張約50mm）

トマト〈モモアカアブラムシ〉

モモアカアブラムシ

発生状況：葉に群がっているようす

無翅モモアカアブラムシ：体長約2mm。体色には淡赤褐色，淡黄色，淡黄緑などの変異がある。

有翅モモアカアブラムシ
体長5mm。頭と胸が黒色。腹部の色は変異にとむ。背面に黒い斑紋がある。

トマト ＜吸蛾類＞

吸蛾類（アカエグリバなど数種の蛾の総称）

学　名　アカエグリバ：*Oraesia excavata* (Butler)
　　　　アケビコノハ：*Adris tyrannus* (Guenèe)
英　名　fruits piercing moth

〔診断の部〕

＜被害のようす＞

▷成虫が夜間飛来して，果実にくちばし（口吻）をさしこみ，果汁を吸う。

▷くちばしをさしこんだ跡は，はじめは針でついたくらいの小穴であるが，2～3日もすると，ここを中心として腐りはじめる。果実は最後には腐って落果する。

▷被害を受ける果実は，あるていど熟したもの，または収穫期に入ったものである。

▷吸蛾類というのは，アカエグリバやアケビコノハなど数種の蛾の総称である。これらはモモ，ブドウ，ミカンなど，各種果実の吸汁性害虫として知られるものであるが，トマトの果実も被害を受ける。これらの蛾は，ふつうの蛾と異なり，くちばしがするどく，みずからの力で果皮に穴をあけることができる。

▷山間地帯に発生が多い。また，夏から秋にかけての被害が多い。

▷蛾の大きさや斑紋は，種類によってそれぞれ違うが，アケビコノハ以外は小型で褐色がかった蛾である。アケビコノハは体長約40mm，翅の開張約100mmある大型のもので，後翅は橙黄色でともえ状の黒紋がある。アカエグリバは体長約25mm，翅の開張50mm内外の赤褐色の蛾で，前翅

215

トマト ＜吸蛾類＞

の内縁がえぐられたような形をしている。

＜診断のポイント＞

▷吸蛾類による被害であることを確かめるには，夜間畑で蛾を確認するのが最も確実である。日没後，懐中電灯をつけて，畑を見回り調査すれば容易に判断できる。このばあい，果実の腐った部分や傷口にたかっている他の蛾類（二次加害種）と，真の吸蛾類とを混同しないこと。

▷被害部の穴は，小さくて見にくいが，その部分の皮をむいてみると，果肉が空洞になっている。また，その程度がひどいときには，被害部がへこんだようになっている。こうした特徴が見られるなら吸蛾類による被害とみなしてまちがいない。

▷なお，念のために付近の果樹園の被害状況を調べ，吸蛾類の発生状況を見当つけるのもよい。また，吸蛾類の発生源は山林原野で，蛾はそこから飛来するから，山林に近い畑ほど被害が大きいのがふつうである。

〔防除の部〕

＜虫の生態，生活史＞

▷蛾の種類によって生活史は一様でないが，だいたい年2～4回の発生である。各種に共通していることは，幼虫はおおむね雑草の類または山野に自生する灌木を食草とするため（たとえば，アカエグリバ幼虫はアオツヅラフジ，アケビコノハ幼虫はアケビなどを食草とする），主要発生源は山林原野ということになる。山間部に被害が多いのはこのためである。

▷吸蛾類は，いずれも夜間活動性で，日没後に果樹園またはトマト畑に飛来する。それは嗅覚によるものといわれているが，未熟果には飛来しないことからみても，この推察は妥当なものといえよう。

▷飛来距離はまだよくわかっていないが，200mぐらいは自由に飛しょうするようである。

トマト　＜吸蛾類＞

▷一般に夏から初秋にかけて発生飛来が多い。この時期は，各種果実の収穫期に当たり，飛来の多いのは，その関係もあると思われる。

＜対策のポイント＞

▷幼虫の発生源は，被害の起こるトマト畑（または果樹園）の外にあり，しかも，実際には，かなり離れた広大な地域であることが多いので，幼虫の防除は一般に困難である。したがって，成虫対策が重要なポイントになる。

▷成虫の防除は，現在のところ捕殺以外に良い方法がない。

＜防除の実際＞

▷トマト，ミニトマトでは吸蛾類に対する登録薬剤はない。

▷トマト畑を電灯照明する。黄色蛍光灯 20～40W を 10a 当たり 7 灯つける。光源の高さは地上 2m とする。電灯照明の主目的は誘殺ではなく，飛来防止および吸害活動の抑制であるから，水盤をつけなくてもよい。日没直後より点灯し，毎日終夜点灯を行なう。

▷蛾の捕殺も行なう。しかし，毎晩行なわないと効果は少ない。

▷その他，施設栽培でのネット被覆や圃場付近の雑草処理もある。

＜その他の注意＞

▷吸蛾類の発生量は，年によってかなり変動がある。また発生時期も年によって遅速があるから，上記の対策も，それに応じて実施計画をたてるとよい。

▷吸蛾類の発生状況を知るには，モモなどの果実 20 個ぐらいをトマト畑の周辺にぶら下げ，それへの蛾の飛来状況を調べるとよい。

（執筆：野村健一，改訂：木村　裕）

モモアカアブラムシ

学　名　*Myzus persicae* (Sulzer)
英　名　green peach aphid, peach-potato aphid

〔診断の部〕

＜被害のようす＞

▷本書「トマトモザイク病」を参照。
▷モモアカアブラムシは汁液を吸って直接被害を与えることに加え，キュウリモザイクウイルスを伝染させるので，注意しなければならない。
▷翅のはえたアブラムシが苗床や畑に飛んできて新芽に近い葉裏で繁殖するので，葉の色が緑黄色になり，葉が萎縮する。
▷モザイク病は，感染してから5〜12日で葉に現われ，新芽の伸びがとまって，しだいに萎縮してくる。
▷葉が湾曲したり，部分的に黄褐色になっているときは，葉裏にアブラムシが繁殖して加害している。

＜診断のポイント＞

▷モザイク病は苗床で感染することも多いので，促成，半促成，普通栽培とも，苗床のトマトに翅のはえたアブラムシがいるかどうかを注意してみる。
▷アブラムシの種類を見分けることは非常に困難である。翅のはえたアブラムシは頭と胸が黒色で，腹の背面には黒い斑紋がある。触角はからだよりも短く，脚は淡黄色で先端だけが黒い。
▷翅のないアブラムシは，成虫が2mmぐらいで卵形をしており，体色

トマト ＜モモアカアブラムシ＞

は淡緑〜淡黄緑色のものと淡紅色のものとがある。
　▷生長点に近い葉の色が黄化したり，巻いている症状が現れたりしたら，すぐにアブラムシの有無を調べる。
　▷定植後の畑では，下葉に近い葉裏で繁殖することがあるので，注意する。

〔防除の部〕

＜虫の生態，生活史＞

　▷寄主転換を行なう。秋から早春にかけては，モモ，ウメ，スモモ，リンゴなどバラ科の果樹や庭木などの芽や若葉の裏で繁殖しているが，冬期は卵の状態で越冬し，翌春孵化した幼虫が基となって繁殖し，そのうち翅のはえたアブラムシが出現して，トマト，ハクサイ，ダイコンなどに好んで飛んでくる。
　▷東京以南の暖かいところでは畑にとり残されたハクサイ，キャベツ，カブなどで胎生繁殖をつづけながら冬を越し，春に有翅のアブラムシがふえてトマトの苗床や畑に飛んでくる。したがって，畑のアブラナ科野菜がキュウリモザイクウイルスにおかされていると，そこで繁殖したアブラムシは，ウイルスを保毒して広い範囲に伝染させることになる。
　▷アブラムシは，ふつうは無翅の胎生で繁殖をするが，密度が高くなったり，寄生している作物の栄養状態によって翅のはえたアブラムシが繁殖する。

＜発生しやすい条件＞

　▷一般に，暖冬であったり，春から夏にかけて乾燥，高温がつづいたりすると発生が多く，繁殖も旺盛になる。
　▷促成や半促成栽培の苗床やハウスでは保温がゆきとどくので，アブラムシの繁殖によい環境となる。

トマト ＜モモアカアブラムシ＞

▷バラ科の果樹，庭木や畑でとり残されたアブラナ科の作物が防除されなかったり，片づけられないまま近くに放置されていると，アブラムシの寄主転換がたやすく，繁殖の原因となる。

＜対策のポイント＞

▷モザイクウイルスの伝染がおそろしいので，苗床，畑に翅のはえたアブラムシの飛来を防ぐ。
▷近くにモモアカアブラムシの繁殖しやすいアブラナ科の作物を植えない。植えても定期的に薬剤散布を行なって発生源にならないようにする。
▷4〜5月には，翅のはえたアブラムシがとくに多く飛んでくるので，注意する。
▷露地ではシルバーポリフィルムによるマルチをして飛来を回避する。
▷ハウス，温室で抑制栽培を行なうときは，窓や天窓に目合い1mm以下のネットを張ってアブラムシの侵入を防ぐ。
▷ハダカムギ，コムギとの間作によって，アブラムシの飛来を防ぐことができる。
▷モザイク病の多発するところでは，ネットを用いてトンネル栽培を行なう。
▷苗床はネットで完全に被覆してアブラムシの飛来を防止する。
▷モザイク病にかかった苗は，抜き取って焼却する。

＜防除の実際＞

▷別表〈防除適期と薬剤〉参照。
▷定植時または生育期に登録のある粒剤を施用する。
▷発生初期に登録のある散布剤を散布する。
▷施設栽培では登録のあるくん煙剤が使用できる。
▷施設栽培では寄生性天敵のコレマンアブラバチ，捕食性天敵のショクガタマバエ，ナミテントウ，ヤマトクサカゲロウが使用できる。アブラ

トマト ＜モモアカアブラムシ＞

シ類が多発してからの放飼では効果が劣るので，発生初期に放飼する。

▷施設栽培では天敵糸状菌のバーティシリウム菌が使用できる。散布はアブラムシ類の発生初期に開始し，充分量の薬液が葉裏によく付着するよう，7日間隔で3～4回散布する。夕方など湿度を充分に確保できる条件で散布する。

＜防除上の注意＞

▷トマトとミニトマトで登録が異なる薬剤があるので注意する。

▷有効成分がアブラムシ類の虫体を被覆し，気門を物理的に封鎖して窒息死させる薬剤では，薬液が直接付着しないと効果がないため，充分量をていねいに散布する。

▷施設栽培で天敵糸状菌を散布するときは，その前後しばらくの間は殺菌剤の散布を行なわない。

▷土壌施用剤（粒剤）を定植時に土壌施用すると30～50日間，アブラムシの寄生を防止する。

▷ハウスなどの施設栽培で，天敵昆虫を放飼するときは，その前後しばらくの間は，殺虫剤の散布を行なわない。

▷最近，薬剤抵抗性のあるアブラムシがふえているので，施設栽培では薬剤散布後の効果判定に注意し，効果が充分でないときには他の薬剤を散布する。

＜効果の判定＞

▷散布1～2日後に寄生虫数を調べ，ほぼ発生が見られなければ効果があったものと判定する。密度は散布前に比べると減少はしているが，全体的に残っている虫が多いときは，抵抗性害虫の疑いがある。しかし，虫がごく一部の葉に集中しているときは散布ムラと考える。

（執筆：野村健一，改訂：木村　裕）

トマト〈テントウムシダマシ類〉

テントウムシダマシ類

幼虫（オオニジュウヤホシテントウ）：葉の裏側を
さざなみ状に食害するのが特色

葉の被害：ニジュウヤホシテントウによるもの

成虫（ニジュウヤホシテントウ）

トマト〈ミナミアオカメムシ〉

ミナミアオカメムシ

卵：1卵塊平均50〜60粒

加害：雑食性で、イネ、ダイズ、ミカンなど多くの作物を害する。この写真は黄帯型のもの

緑色型のもの

テントウムシダマシ類

ニジュウヤホシテントウ
 学 名 *Epilachna vigintioctopunctata* (Fabricius)
 英 名 twenty-eight-spotted ladybird
オオニジュウヤホシテントウ
 学 名 *Epilachna vigintioctomaculata* Motschulsky

〔診断の部〕

＜被害のようす＞

▷葉の表皮を残して食害するので，葉が上から透けて見える。
▷葉の裏を，脈だけを残してサザナミ状に食害する。
▷食害された葉は，のちに褐色に枯れる。
▷葉を食いつくすと，茎や実までもサザナミ状になめたようにかじる。

＜診断のポイント＞

▷春暖かくなると，成虫は苗床や促成のハウスやトンネルに飛来して食害する。
▷葉裏にサザナミ状の食痕があるかどうか，葉が透いているかどうかを確かめ，被害を早期に知る。
▷黄褐色をした黒点の多いテントウムシがいるかどうか，灰色をした枝状のトゲを持った幼虫，または長楕円形をした黄褐色の卵がまとめて産みつけられているかどうかを確かめる。

トマト ＜テントウムシダマシ類＞

〔防除の部〕

＜虫の生態，生活史＞

▷年平均気温14℃の地帯を境にして関東以北ではオオニジュウヤホシテントウが分布し，関東以西ではニジュウヤホシテントウが分布する。

▷北海道を除いて，年2～3回発生する。成虫のまま枯れ草の中や木の割れ目，石垣などで越冬する。春5月ごろ越冬した成虫が苗床やハウスのトマト，ナスに飛来して，卵を産みつける。

▷成虫はさわるとからだから黄色の液をだし，葉から落ちる。

▷卵は砲弾型をしており，葉裏にかためて産みつけられる。

▷幼虫は灰白色で枝状のトゲを持っており，葉を食べながら20日ぐらいで成虫になる。

＜発生しやすい条件＞

▷山間地やそれに近いところの地域で発生が多い。

▷6～7月にむし暑い日がつづくと7，8月に多発して被害が多い。

▷畑の付近にナス科作物が無防除のまま放置してあったり，ホオズキがあるとそこで繁殖し，6～8月にトマトに多く飛来する。

＜防除の実際＞

▷別表〈防除適期と薬剤〉参照。

▷発生初期に登録のある薬剤を散布する。なお，ミニトマトではテントウムシダマシ類に対して登録のある剤がないので注意する。

＜防除上の注意＞

▷成虫は，夏の曇天や夕方に活発に食害するから，露のきれたころをねらって薬剤を散布する。

トマト ＜テントウムシダマシ類＞

▷成虫は葉や枝を動かすと死んだふりをして落下したり，飛び去ったりするので，静かに散布しないと直接虫体にかからない。

▷成幼虫は葉の裏を食害しているので，葉の裏面にも薬液が充分かかるようにする。

＜その他の注意＞

▷雑草化したホオズキなど，ナス科の作物を放置しないこと。

▷ジャガイモ畑の近くでは，成虫が移動してくるので注意すること。

＜効果の判定＞

▷薬剤散布で死んだ虫は，ほとんど落下する。成虫は，翅が割れて下からうすい翅をだしているので，死亡しているのがわかる。

▷薬剤散布2～3日後に幼虫がついているかどうかを確かめ，卵は1週間ぐらいで幼虫になるので，そのころの効果についても注意する。

（執筆：野村健一，改訂：木村　裕）

ミナミアオカメムシ

学　名　*Nezara viridula* (Linnè)
英　名　southern green stink bug, green vegetable bug

〔診断の部〕

＜被害のようす＞

▷若齢幼虫期には葉上にいて集合性が強いが，齢が進むにつれ，分散して加害する。葉では葉脈の部分に吸収口を挿入して加害するため，被害はあまり目立たない。ただし，多数加害したばあい，葉は黄変して，のちに落葉することがある。

▷果実では熟したものより，むしろ未熟な青いものが多く加害される。加害痕は初期にはあまり目立たないが，そのうちに汚黒色にかわり，そこから腐敗したり，早熟して赤く着色してくる。アケビコノハやアカエグリバなどの果実吸蛾類の被害では，加害部の被害孔が大きいが，カメムシのばあい，小さく針でさしたような跡がある。

＜診断のポイント＞

▷卵はツボ状，径1.5mmほどで，50～60粒を数列に規則正しく配列して産みつける。トマトでは主に葉裏に産みつけられるが，時には葉の表面に産卵されることもある。

▷産卵直後は黄白色であるが，のち卵の上面に三角形の赤色斑紋が現われ，孵化前には朱赤色となる。アオクサカメムシの卵は緑色であるので，すぐ見分けられる。

▷1齢幼虫は赤色を帯び，胸部の中央の大型円形斑は橙黄色である。ア

トマト ＜ミナミアオカメムシ＞

オクサカメムシでは，緑褐色で中央部の大型斑紋は淡褐色なので，すぐ見分けがつく。

▷2～3齢では，アオクサカメムシの幼虫に似るが，腹部背面中央にある2列の斑点は橙黄色～黄白色で，アオクサカメムシの斑点が白色であるのに比べ赤味を帯びている。

▷終齢幼虫は，円形で緑色から黒色を帯びたもので，いろいろの型があるが，腹部背面の白色の斑点は5～6列でアオクサカメムシより多い。

▷成虫もアオクサカメムシによく似ているが，触角の3，4，5節の前半は褐色，頭部は緑色，翅の下面すなわち腹部の背面も緑色で，アオクサカメムシがいずれも暗褐色なのに対し明るい色をしている。また，体はやや細長い。

▷発生の多いときには，株をゆすると地面に落下する。

＜その他の注意＞

▷本種は，国内では，本州南部（和歌山），小笠原諸島，八丈島，三宅島，新島，四国南部（徳島，高知），九州南部（宮崎，鹿児島），屋久島，トカラ諸島，奄美大島などの暖地にのみ分布する。

▷早期栽培の水稲のある地帯や早晩期の水稲が混在している地帯では，本種の密度は急増し，被害が多くなるので注意する。

〔防除の部〕

＜虫の生態，生活史＞

▷スギ，イブキなどの針葉樹，ツバキ，ミカン，ユッカなどの常緑樹の葉の間やシュロの毛の中に入って成虫で越冬するが，なかには，稲わらや屋根裏などで越冬するものもある。

▷越冬成虫は，4月になると越冬場所を出て，ムギやアブラナ科野菜に移動するが，通常4月20日ころには移動を終了する。第1回の産卵植物

トマト ＜ミナミアオカメムシ＞

は主としてジャガイモである。
　▷年間の発生は3回であるが，食餌植物の状態や温度が良好なときには幼虫の生育も早く，年4回発生のものも発現する。
　▷孵化した幼虫は，1齢のときは卵殻の上に集合して，ほとんど摂食せず，2齢になって加害をはじめるが，まだ集合性が強く，群がって加害するので，発見しやすい。
　▷本種は雑食性で，トマトのほか，イネ，トウモロコシ，ワタ，ダイズ，インゲンマメ，タバコ，ミカン，モモなど32科145種の植物を加害する。
　▷地域によって嗜好性が異なる。アメリカのフロリダ地方ではミカン，ニュージーランドではトマトの主要害虫である。
　▷1卵塊平均50〜60粒，1雌当たり200粒内外を1〜5卵塊に分けて産みつける。
　▷羽化成虫は，約2週間後には最初の交尾をするが，産卵開始は3〜4週間目からはじまる。成虫の寿命は，越冬成虫を除くと50日前後で，雄，雌とも何回も交尾する。産卵期間が長いので世代と世代は重なってくる。
　▷越冬場所への移動は，9月下旬ごろからはじまる。第4世代の羽化が長びくため，時には翌年の1月にまで及ぶ。
　▷イネは，もっとも好適な寄主植物で2世代以上も継続して繁殖しつづけることができるため，ミナミアオカメムシの生息密度は急激に増加し，付近で栽培されるトマトの被害も急増している。
　▷5〜6月ごろでは，1齢期間4〜6日，2齢期間7〜10日，3齢期間6〜10日，4齢期間4〜6日，5齢期間6〜20日で，幼虫期間は早いもので1か月内外で羽化する。

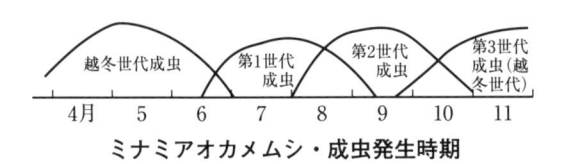

ミナミアオカメムシ・成虫発生時期

トマト ＜ミナミアオカメムシ＞

＜対策のポイント＞

▷薬剤に対して弱いので問題ないが，雑食性で他植物から飛来するので，散布時期が問題となる。

▷現在，トマトの栽培はハウス栽培から露地の早熟栽培，晩熟栽培，抑制栽培など多様であり，ミナミアオカメムシの発生期を通じて栽培出荷されている。早植えのトマトでは，越冬成虫の産卵植物となる可能性が高いが，和歌山などでは摂食植物と産卵植物は異なり，雌成虫は，トマトなどに産卵し，終了するとともにすぐ圃場外に去り，摂食植物のムギ，ナタネに帰るので，成虫の姿を見ないうちに産卵が行なわれる。しかし，いずれにしてもトマトのばあい，集合していて見つけやすい1～2齢幼虫に注意し，発生を見たら薬剤散布を行なうとよい。

▷ミナミアオカメムシの多発地帯では，結実期に数回防除を行なったほうがよい。とくに早期水稲の多い地帯でのトマト栽培は充分に注意する必要がある。

▷施設栽培では開口部をネットで被覆し，成虫の侵入を防止する。

＜防除の実際＞

▷別表〈防除適期と薬剤〉参照。

▷発生初期に登録のある薬剤を散布する。なお，ミニトマトではカメムシ類に対して登録のある薬剤がないので注意する。

▷薬剤に対して弱いので，アブラムシ類やハスモンヨトウなどの防除が行なわれていれば，多発することはない。

（執筆：野村健一，改訂：木村　裕）

オンシツコナジラミ

被害果(上)：果面はススで汚れる。被害がひどい果実はさらに黒くなる。
成虫：体長は約1.2mm。写真右上のように葉裏に群がって寄生する。写真右は，吸汁中の成虫　　　　　　　　（中沢　啓一）

卵(右)：葉裏に産みつけられ，卵柄が葉に押しこまれて立っている。長さ約0.2mm　（中沢　啓一）
1齢幼虫(下)　（中沢　啓一）
蛹(右下)：長さ約0.8mm　（中沢　啓一）

ネコブセンチュウ類

トマトの被害株：地上部がしおれ，葉が黄変して枯上がりが早い。　　　　　　　　　　（近岡　一郎）

被害根：根コブ（ゴール）が，いたるところにできている。写真は，上がサツマイモネコブセンチュウ，下がキタネコブセンチュウの寄生虫　（近岡　一郎）

第2幼虫：体長約 0.4 mm。土壌中に移行し，根に侵入する。（近岡　一郎）

組織内に寄生した雌成虫：ふ化した幼虫は根の先端付近から侵入し3回の脱皮を経て雌は洋ナシ型，雄はウナギ型になって土壌中へ脱出する。（近岡　一郎）

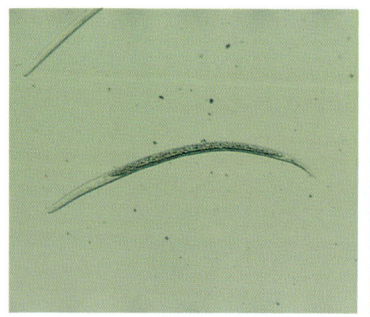

トマト ＜オンシツコナジラミ＞

オンシツコナジラミ

学　名　*Trialeurodes vaporariorum* (Westwood)
英　名　greenhouse whitefly

〔診断の部〕

＜被害のようす＞

▷コナジラミが排泄する"甘露"の小滴が葉や果実の表面にたまり，手で触れると粘りつく。

▷やがて，甘露の堆積の表面に点々と黒褐色のすす病菌のコロニーができる。すす病は急速に広がり，葉や果実が黒ずんで見えるようになる。すすの発生は，最初はそり返った葉の裏面先端部に現われることが多い。

▷すすが葉を覆うようになると，葉の同化作用や呼吸作用が妨げられてトマトの生育に悪い影響を及ぼす。また果実につくと，収穫物の商品価値が著しく低下するのでそのまま出荷することができない。すすは，通常，果実を布で拭き取ったり水洗いしたりするときれいになるが，場合によっては果皮が部分的に侵されている。すす汚染果が生じると，出荷調製作業に大変な労力を要する。

＜診断のポイント＞

▷コナジラミの発生を発見する最良の方法は，先端部の葉群を手で払ってみることである。寄生していれば，若い葉の裏側から小さな白い成虫が舞いたつ。

▷黄色粘着トラップを吊しておくと，コナジラミ成虫の初期発生が確認できる。

トマト ＜オンシツコナジラミ＞

▷現在どのような寄生状態になっているかを的確に判断することが，防除するうえで大切である。コナジラミは葉裏に寄生しているから，葉を裏返して若い葉から古い葉まで観察する。上方の葉には成虫や卵が寄生し，少し下の葉には若齢幼虫が，さらに下方には老齢幼虫や蛹が寄生している。

▷発生初期には，寄生株が場所的に偏っていて発生に気づきにくいから，圃場のいろいろな場所で検査する必要がある。一般に，温室の入り口付近や温風吹出し口付近の株に多く寄生している。

▷温室周辺の露地野菜，草花，雑草などに寄生して，発生源となっていることが多い。また，温室内の雑草やベンチ下の廃棄作物などが思わぬ発生源となっていることが多いから，これらも検査の対象とする。

＜その他の注意＞

▷1990年ごろからオンシツコナジラミに似た種で，シルバーリーフコナジラミ（*Bemisia argentifolii* Bellows and Perring, 旧名タバココナジラミ）が急激に増加しており，果実の着色不良など被害が大きい。両者の区別はむずかしいが，従来の防除では効果が低下したと感じたときは，シルバーリーフコナジラミの疑いがある。また，オンシツコナジラミの蛹は四方に糸状の突起を持っているのに対し，シルバーリーフコナジラミは単に楕円形で黄色がかった蛹である。

＜最近の発生動向＞

▷全世界的に分布している施設園芸の重要害虫で，1974年に福島県と広島県であいついで発生が確認された。1970年代のはじめに，北アメリカなどから輸入された観賞植物とともに日本に侵入したものと考えられている。1978年までにすべての都府県に分布するようになった。近年は侵入当初のような猛威をふるうことは少なくなったが，防除を怠ると多発する。

トマト ＜オンシツコナジラミ＞

▷露地栽培のトマトでは，実質的な被害は生じていない。

〔防除の部〕

＜虫の生態，生活史＞

▷このコナジラミは，非常に多くの植物に寄生する。野菜，工芸作物，観賞植物，雑草，樹木など200種以上の植物に寄生することが知られている。被害の多い主な作物は，トマト，ナス，キュウリ，インゲンマメ，ホクシャ，ランタナ，ハイビスカス，ペラルゴニウム，サルビア，ガーベラなどである。経済的に被害のない作物や雑草であっても，発生源の役割を果たしているので防除上は無視できない。

▷加温施設内では，冬期も発育と増殖をつづける。野外では，雑草上で休眠せずに越冬する。越冬寄主として，オオアレチノギクのロゼット葉などが好まれる。卵から成虫まで全ステージが越冬可能であるが，主な越冬態は，卵と老熟幼虫，蛹である。

▷露地における発生は，6〜7月と9〜10月に多い傾向がある。

▷成虫は若い葉の裏に群がり，吸汁，産卵する。雌雄は交尾するが，交尾しなくても増殖可能である。雌の成虫寿命は3〜5週間，1雌当たり産卵数は30〜500粒である。

▷孵化成虫はしばらく歩きまわって，吸汁に適当な場所をさがす。2齢，3齢幼虫と蛹は固着的な生活をして移動することはない。幼虫，蛹，成虫は口針を植物組織に刺して維管束から吸汁し，大量の甘露を排泄する。

▷卵が産下されてから成虫が羽化するまでの期間は，24℃恒温下で約3週間である。春から秋の間，温室内では約1か月で世代が入れ替わるとみておけばよい。

▷成虫寿命が比較的長く，長期間産卵するので，多発するとつねに卵，幼虫，蛹，成虫が混在している状態になる。

トマト ＜オンシツコナジラミ＞

＜発生しやすい条件＞

▷暖冬年は，野外越冬のコナジラミの死亡率が低く，春先の発生が多くなる。コナジラミの発育には23～28℃の温度範囲が最も適し，40℃以上ではかなり発生が抑えられる。

▷風雨から保護された環境では発生が多い。

▷作物が連続して栽培されるような条件下では多発しやすい。

＜対策のポイント＞

▷耕種的な措置を徹底するか否かで，後の発生量に大きな差がでる。①新しく作物を植え付ける前に施設内を空にして，コナジラミの発生を中断させる，②コナジラミの寄生を許さないよう育苗管理を徹底して，きれいな苗を植え付ける，③摘み取った茎葉や栽培終了作物の処理を完全にする，④施設周辺に発生源をつくらない，などが大切な点である。

▷施設の出入口，換気口に寒冷紗を張ったり紫外線除去フィルムを被覆したりすると，コナジラミ成虫の侵入防止効果が高い。

▷育苗床では，黄色粘着トラップを10a当たり200枚ていど吊すとコナジラミ成虫を大量誘殺できる。

▷茎葉がまだ繁茂せず，コナジラミの発生も比較的少ない作物生育初期に防除をすると，少ない労力で高い防除効果をあげやすい。防除効果と農薬安全使用の面から，収穫期に入るまでに発生密度を低下させておくことが大切である。

▷園芸施設内だけでなく，その周辺の発生源をも防除対象とする。多発地では，申し合わせて一斉に広域防除を実施すると効果が大きい。

＜防除の実際＞

▷別表〈防除適期と薬剤〉参照。

トマト ＜オンシツコナジラミ＞

＜防除上の注意＞

▷薬液が葉の裏側によくかかるように散布する。

▷ふつう7～10日間隔で3回の防除が必要である。

▷どの薬剤も虫の発育ステージによって防除効果が低い時期があるので，薬剤の特性をよく知って使用することが必要である。大きな幼虫や蛹にはほとんど効かないので，このような態のものが多くならないうちに，発生初期の重点防除を心がける。

▷天敵製剤を使用する前に，黄色粘着トラップでコナジラミの発生をモニタリングする。原則として，天敵利用の前後の農薬散布はしない。

▷定植時に粒剤を使用するとコナジラミ以外の害虫も防除できる。

▷ハウス栽培の夏秋どりトマトでは，株当たり400頭の成虫が寄生するようになるとすす病が発生し始める。定植時，株当たり1頭の雌が寄生していれば1か月後には約21頭，2か月後には430頭にふえるので，かなり低い発生密度で防除しなければならない。

▷同じ薬剤を連用すると，薬剤抵抗性の発達をもたらすので，異なった薬剤を輪用することが望ましい。

＜効果の判定＞

▷成虫の数の変化で防除効果を判定するのが最も容易である。しかし，発生が多くなってから防除を行なったばあいは蛹からすぐ新しい成虫が羽化してくるので，見かけ上，全く殺虫効果がなかったようにみえる。発生初期に防除すれば，このようなことはない。

▷幼虫の殺虫効果を判定するには，薬剤散布7～10日後にルーペなどで検査する。生きたコナジラミは透明で，淡黄青色をしているが，斃死虫は褐変している。

(執筆：中沢啓一，改訂：林　英明)

ネコブセンチュウ類

サツマイモネコブセンチュウ
　　学　　名　*Meloidogyne incognita* Kofoid et White
　　英　　名　southern root-knot nematode
キタネコブセンチュウ
　　学　　名　*Meloidogyne hapla* Chitwood
　　英　　名　northern root-knot nematode
ジャワネコブセンチュウ
　　学　　名　*Meloidogyne javanica* Treub
　　英　　名　Javanese root-knot nematode
アレナリアネコブセンチュウ
　　学　　名　*Meloidogyne arenaria* Neal
　　英　　名　peanut root-knot nematode

〔診断の部〕

＜被害のようす＞

▷根にこぶ（ゴール）ができる。
ネコブセンチュウが根に寄生すると，根の組織がふくれてこぶ状になる。

▷根元近くの根を掘って調べると細かい根がふくらみこぶができている。収穫末期には無数のこぶができ，根系全体がこぶ状となっている。

▷株全体の生育は悪く，乾燥すると早くしおれ，葉が黄変して枯上がりが早い。しかし，センチュウの発生が少ないときや生育の後半に寄生をうけたときは，こぶの数も少なく被害は少ない。

トマト ＜ネコブセンチュウ類＞

＜診断のポイント＞

▷土壌にいるセンチュウの密度を調べる。土壌中からベルマン法で幼虫を分離，検鏡して生息の有無を判定する。しかし，これには専門的な知識と経験が必要なので研究機関，防除所などに頼むのがよい。

▷前作の根にこぶがあるかどうかをよく観察する。しかし，作物によりこぶがはっきりしないものもあるので注意する。たとえば，オカボ，ムギ，ネギ，イチゴではこぶが小さい。また，キタネコブセンチュウのこぶは小さい。

▷植付け予定畑の数か所から採取した土壌を鉢に入れ，キュウリ，ホウセンカを播種して，20～30日後に根を抜いて調べる。こぶの有無，多少からセンチュウ密度が診断できる。

▷定植のとき苗の根をよく観察し，こぶがあるかどうかを調べる。センチュウ寄生苗は本畑に持ちこまない。

▷雌の成虫は白色の洋ナシ型をしており，こぶをていねいに分解すると，中の雌成虫が肉眼でもみえる。

▷ネコブセンチュウの種類によりこぶの形は異なっており，それぞれ特徴がある。サツマイモネコブセンチュウ，ジャワネコブセンチュウはじゅず状に連なってこぶは大きい。キタネコブセンチュウは小さく，連なることは少ない。

＜その他の注意＞

▷土壌病害（青枯病，萎凋病など）による地上部のしおれ，黄化などの病勢の進展はがいして早いが，ネコブセンチュウでは緩慢であり，また，根にこぶのあることで土壌病害とは区別できる。

▷ネコブセンチュウの寄生で萎凋病が多くなるので注意したい。

トマト　＜ネコブセンチュウ類＞

＜最近の発生動向＞

▷露地栽培より施設栽培で問題が大きい。施設の固定化，専作化，連作などでセンチュウ密度が高まっている。また，施設では地温も高いので増殖が早く，問題が大きい。

〔防除の部〕

＜虫の生態，生活史＞

▷1年に数世代をくり返す。
　卵から孵化した幼虫は根の先端付近から組織中に侵入する。侵入後3回の脱皮を経て，雌虫は洋ナシ型となり，雄虫はウナギ型となって土壌中に脱出する。
　▷冬期は野外では卵や幼虫が多い。しかし，植物があるばあいは寄生した成虫や幼虫でも越冬する。春，地温が10～15℃以上になると活動を始め，夏から秋にかけて増殖する。
　▷センチュウの種類より増殖適温は異なる。サツマイモネコブセンチュウ，ジャワネコブセンチュウでは発育適温は25～30℃，キタネコブセンチュウは20～25℃である。1世代は適温下で約30日である。
　▷雌成虫はゼラチン状の卵のうの中に産卵する。1頭の雌の産卵数は数百個である。
　▷ネコブセンチュウの寄主植物は多数にのぼる。しかし，種類により寄生しない植物もあり，サツマイモネコブセンチュウはイチゴ，ラッカセイには寄生しない。一方，キタネコブセンチュウはサツマイモ，スイカ，トウモロコシ，ムギには寄生しない。
　▷サツマイモネンブセンチュウ，ジャワネコブセンチュウは暖地種で関東以南の地域に多い。キタネコブセンチュウは東北，北海道に広く分布している寒地種で低温にも強い。

トマト ＜ネコブセンチュウ類＞

＜発生しやすい条件＞

▷砂地や火山灰土など排水の良好な土壌で発生しやすい。
▷施設栽培では地温も高く増殖も大きいため，被害が多発しやすい。

＜対策のポイント＞

▷センチュウのいない畑の選定。＜診断のポイント＞で述べたような方法で，植付け前にセンチュウの生息の有無や密度を調べておく。
▷薬剤による土壌消毒。センチュウが発生しているばあい，あるいは発生のおそれのある畑では，作付け前に殺線虫剤で土壌消毒する。
▷抵抗性品種などの利用。抵抗性品種や抵抗性台木を利用する。また，ギニアグラスやコブトリソウを5〜6月頃に播種，3か月栽培すると有効である。
▷パストリア菌の利用。線虫寄生性の天敵出芽細菌（パストリア菌）は，ネコブセンチュウ密度を低減させる効果がある。
▷夏期のハウス密閉法。盛夏にハウスを密閉し，湛水処理とビニールマルチングなどで地温を高め，殺センチュウと殺菌が可能な方法が開発されている。

＜防除の実際＞

▷別表〈防除適期と薬剤〉参照。

＜防除上の注意＞

▷耕起後土塊があると効果が劣るので，よく整地してから注入する。
▷夏期の処理はガスが逃げやすいので，水封するか，古いビニールで被覆する。
▷薬剤処理後7〜10日ぐらいおき，その後ガス抜きを行なう。
▷粒剤型の薬剤は植付け直前に使用できるが，乾燥した土壌では効果が

おちるので注意する。土壌中に均一に混和する。

＜その他の注意＞

▷薬剤による土壌消毒が中心になるが，抵抗性品種の導入や前作物の根の除去などにも留意する。

▷抵抗性品種の極端な連作は，これに寄生する新しいレースの発生を促すおそれがあるので充分に注意する。

▷堆厩肥の施用は天敵微生物の定着と増殖を促すので，積極的に増施したい。

＜効果の判定＞

▷薬剤処理後10日ぐらいして土壌中のセンチュウ密度を調べる。

▷確実な判定は収穫末期に調査しないとわからないが，作物の生育が旺盛であれば効果があったとみてよい。

(執筆・改訂：近岡一郎)

ヒラズハナアザミウマ

白ぶくれの初期症状：まだ花弁のついている幼果で，肉眼でも症状がよく見える。
(村井　保)

白ぶくれの典型的症状：果実が大きくなるとともに白ぶくれの斑紋も大きく明瞭になる。
(村井　保)

被害果の切断面：産卵痕は陥没し，その周辺部は地ばれ状にふくれている。
(村井　保)

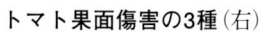

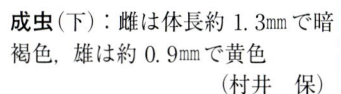

トマト果面傷害の3種(右)
右上：白ぶくれ症状果，右下：灰色カビ病菌による ghost spot 症状果，左：カメムシ吸汁加害果。白い小点がたくさんみられる。
(村井　保)

成虫(下)：雌は体長約 1.3mm で暗褐色，雄は約 0.9mm で黄色
(村井　保)

トマト〈オオタバコガ〉

オオタバコガ

花蕾を加害中の若齢幼虫
(虫糞に注意)
(中島　三夫)

花蕾から茎に移った中齢幼虫
(中島　三夫)

見つけにくい葉上の中齢幼虫
(中島　三夫)

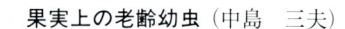

果実上の老齢幼虫（中島　三夫）

トマト ＜ヒラズハナアザミウマ＞

ヒラズハナアザミウマ

学　名　*Frankliniella intonsa* Trybom
英　名　flower thrips

〔診断の部〕

＜被害のようす＞

▷トマト白ぶくれ症の症状部は白く，やや長楕円形のなだらかな起伏で盛り上がり，そのほぼ中心部にえくぼ状の陥没がある。この症状は青い果実でとくに目立ち，完熟するといくぶん目立たなくなるが，症状のひどいばあいにはその部分は着色不良となる。収穫・出荷時には果実にまだ青みがあるため，本症状果は商品価値をはなはだしく低下させ，栽培上大きな問題となっている。

▷トマトの花に成虫が飛来し，子房，雄ずい，雌ずい，花弁などの花の各所に産卵するが，これを拡大鏡でみると，子房での産卵部周辺は孵化直後すでに白斑状となっており，幼虫が孵化・脱出した後の産卵痕は陥没する。子房（果実）が肥大しはじめると，その白斑部はふくれ上がり，白ぶくれ症となる。

▷このような初期症状は落花後まもない幼果で肉眼でも観察されるが，果実が肥大すると白ぶくれの斑紋はさらに大きく明瞭になる。被害の著しいものではいくつもの白ぶくれが重なり，数個の陥没が認められる。症状は果頂部または果腹部に多くみられる。

▷島根県での本症状果の発生は，5月中下旬定植の露地栽培および雨よけハウス栽培の夏秋トマトで多くみられ，平均被害果率が30％以上となる圃場もある。しかし密閉したハウス栽培トマトでは発生が少ない。夏秋

トマト ＜ヒラズハナアザミウマ＞

トマトでは6月中旬以降に発生し，6月下旬〜7月中旬に最も多く，その後一時減少するが，9月には再び多くなる傾向がある。成虫は花に集まる習性があるので，トマトの開花が上位花房へ移ると被害果（白ぶくれ症果）の発生も上位果房へと進展する。

＜診断のポイント＞

▷トマトの白ぶくれ症状は成虫の訪花産卵が原因となるので，トマトの花でのこの虫の有無，多少を知る必要がある。

▷成虫は，雌の体長は約1.3mm，体色は褐色ないし暗褐色。雄の体長は約0.9mmで黄色。卵は長さ約0.4mmで乳白色をしているが，花の各所の組織内に産み込まれるので肉眼ではみえない。幼虫や蛹はいずれも花の中でみられ，体色は黄色である。

▷白ぶくれの斑紋部はなだらかな起伏をともなってふくれており，他の病害虫による被害ではこのような現象はみられない。

＜その他の注意＞

▷トマトの果面傷害には，白ぶくれ症状のほかに灰色かび病菌によるghost spot症状，カメムシ類の吸汁加害痕によるものがある。

▷灰色かび病菌によるghost spot症状果は，その斑紋部になだらかな起伏をともなった盛り上がりはなく，中心部にえくぼ状の陥没もみられない。

▷カメムシ類の吸汁加害のばあいは，その斑紋部になだらかな起伏をともなった盛り上がりがなく，その加害部を切断すると唾液鞘がみられ，また吸汁によってその周辺部の果肉がスポンジ状になっている。

＜最近の発生動向＞

▷本症状果は1971年に北九州市ではじめて発生が認められ，つづいて1976年に島根県でも発生を認めた。その後1981年に全国調査が行なわれ，

トマト　＜ヒラズハナアザミウマ＞

このとき80％の道府県で発生し，北海道から沖縄県まで広く発生分布していることが判明した。発生は近年とくに目だつようになり，50％以上の被害果率の圃場を認めている県もあり，意外に被害の大きいことがわかった。

〔防除の部〕

＜虫の生態，生活史＞

▷生態や生活史はまだ充分には判明していないが，島根県でこれまでに明らかにした内容を次に記述する。

▷落ち葉の下などで成虫で休眠越冬する。3月～4月上旬には活動を開始した成虫がウメ，サクラ，ボケなどの花でみられはじめ，その後はこれまでに知られている48種もの多くの寄主植物間を開花とともに順次移動・寄生する。一方，クローバのように春から秋まで連続して花の咲く植物では，その植物だけで世代を繰り返すものもある。

▷シロクローバの調査では5月6日から12月1日まで花で成虫を認め，6月下旬～7月初めに発生のピークがみられた。

▷トマトでは定植直後の第1段花から成虫がみられはじめ，その後上位花房の開花とともに上位へ寄生が及ぶ。雌成虫は花の各所に産卵するが，子房の組織内に産まれたものだけが白ぶくれ症の原因となる。

▷時期によって温度が異なるので発育期間にもちがいがあるが，25℃では卵期間3日，第1～2齢幼虫期はそれぞれ2日，第1齢蛹1日，第2齢蛹2日，産卵前期間1日と発育は速い。雌成虫の生存期間は52日と長く，平均産卵数は約500個（最多900個以上）と多い。また年間十数世代が可能とみられている。以上のようにこの虫の繁殖力はきわめて旺盛である。

▷成虫は午前中とくに8～9時ころ風に向かって飛ぶことが多い。このばあい地上1.5mくらいの高さを飛ぶことが多いが，寄主植物のないとこ

トマト ＜ヒラズハナアザミウマ＞

ろでは8.5mの高さを飛んでいるのが観察されている。成虫は黄色または青色系の色に強く誘引される。

▷10月第4半旬以後の雌成虫には蔵卵しているものはないので，この時期から現われる成虫は休眠越冬虫とみられる。

▷捕食性天敵としてヒメハナカメムシの一種（*Orius* sp.）が知られており，幼虫期に約38頭捕食した観察例がある。

＜発生しやすい条件＞

▷露地栽培やサイドのすそ上げをした雨よけハウス栽培のようなトマト圃場には，成虫が容易に飛来侵入できるので，白ぶくれ症の発生が多い。

▷品種の違いによって寄生虫数に差はみられないが，成虫の発生が多い時期に開花の多い品種では寄生虫数，被害（白ぶくれ症）果数ともに多い傾向がみられる。

▷周辺にクローバなどの高密度発生源があるばあいには，トマト圃場への成虫の飛来侵入が多い。

＜対策のポイント＞

▷圃場周辺に高密度の寄主植物があるばあいには，これを除去するか，クローバなどは開花前に刈取りを行なうなど，トマト圃場への飛来源を少なくするよう努める。

＜防除の実際＞

▷別表〈防除適期と薬剤〉参照。

▷施設資材を利用した防除法：雨よけハウス栽培を行なうばあいには，ふつうビニールの代わりにUVC（近紫外線除去）フィルムを用いて被覆すると，ヒラズハナアザミウマ成虫の飛び込みを抑制できるので白ぶくれ症果の発生は少ない。

▷薬剤による防除法：トマトにおける本種への適用がある薬剤はまだ少

トマト　＜ヒラズハナアザミウマ＞

ない。

▷ミカンキイロアザミウマに適用がある剤の多くも有効である。

▷定植時の粒剤には適用はないが，アブラムシなどの他害虫の防除を目的にした土壌処理で密度抑制が可能である。

＜防除上の注意＞

▷トマトの白ぶくれ症の原因がヒラズハナアザミウマの花（子房）への産卵によることから，開花期防除が適期と考えられる。しかしトマトは，第1段果の収穫が始まるとその後は連続して収穫するため，農薬の安全使用上，使用可能な薬剤は制限されるので注意する。

▷受粉昆虫としてマルハナバチを導入する場合，近紫外線除去フィルム展張条件ではその活動が抑制されることがある。そのリスクを避けるため，近紫外線除去フィルム施設ではマルハナバチを使用しないほうが好ましい。

（執筆：石井卓爾，改訂：藤沢　巧）

トマト ＜オオタバコガ＞

オオタバコガ

学　名　*Helicoverpa armigera* (Hübner)
英　名　tomato fruitworm, bollworm, corn earworm, cotton bollworm, false bud-worm, tabaco false bud-worm, cottonworm, vetchworm

〔診断の部〕

＜被害のようす＞

▷若齢幼虫による被害は，花蕾の食痕，しおれ，枯死，花梗の切断など，樹の先端部分からではじめる。

▷2～3齢までは植物体の上部にとどまり，葉に円形または楕円形の食痕を残す。また，茎にも小穴をあけ，時には腋芽を切断する。

▷中・老齢幼虫の加害は果実中心となり，果実内に食入する。被害果にはふつう侵入口と脱出口とがあり，脱出口は侵入口よりも大きく，食痕が新しい。

▷穴が一つの被害果は，果実の内部で幼虫がなお食害中と考えてよい。

▷侵入口と脱出口は幼虫の胴周りに合わせて丸くあけられるのが特徴であり，ハスモンヨトウの食痕が不整形にあけられるのと対照的である。

▷加害された果実は，熟期がまだこないのに被害部分から不自然に色づく。

＜診断のポイント＞

▷卵は樹の先端部分の茎葉や花蕾に産みつけられ，被害もここからではじめる。孵化直後の幼虫はただちにまだ展開していない幼い葉のすきまや

トマト　＜オオタバコガ＞

花蕾の中に侵入して食害する。

▷若齢幼虫によって丸くあけられた食痕，しおれた花蕾や茎葉，切断された花梗，および微細な虫糞などにも注意する。

▷若齢幼虫は植物体内に食入することなく，植物体上で加害するので，虫体を確認する。

▷3齢をすぎると活動範囲が急に広くなり，摂取量も大きくなって下部の果実に食入する。しかし，新しい食痕のある葉の近くには，葉色と同じ保護色を呈した幼虫がみられる。

▷1個の果実への加害は3～5日間であり，脱出口が新鮮なばあいは新しい果実への加害が考えられるので注意する。

▷色づいた被害果が目につく状態は，防除のうえから手遅れの状況である。

〔防除の部〕

＜虫の生態，生活史＞

▷自然状態では年2～3回の発生と思われる。5～7月の第1世代はほとんど問題とならないが，8月中旬以降の発生は重要であり，とくに8月中下旬の第2世代幼虫の発生に注意し，早期防除に努める。

▷第2世代幼虫の初期防除が充分でないと，その後の防除効果はあがりにくく，大きな被害をまねく。

▷越冬は蛹で行なわれ，地表から数cmのところに形ばかりの土窩をつくって蛹化する。

▷越冬した蛹は5～6月に羽化するが，大分県下では8月上中旬に羽化する第2回成虫の発生の多少が第2世代幼虫の発生後，すなわち夏秋トマトでの被害の多少に関係する。

▷成虫は体長15mm，開張35mm内外，前翅は灰黄褐色を示し，横線や紋はあまりはっきりしない。後翅の外縁部は黒い。

トマト ＜オオタバコガ＞

▷成虫の色調は発育時の温度や寄主植物の種類などでかなり変化する。
▷触角は鞭状で，前翅と同じ灰黄褐色を呈する。
▷成虫の寿命は，雌雄の別や産卵経験の有無にかかわらず 10 〜 12 日間である。
▷交尾した成虫は，羽化 2 日目から産卵をはじめ，4 日目をピークとし 6 〜 8 日目に完了する。
▷ 1 雌の産卵数は個体差が大きく，ふつう 400 〜 600 個とされている。
▷卵は 1 個 1 個離して産みつけられる。これは幼虫が激しい共食いをすることと関係があるように思われる。
▷卵は直径 0.4mm 内外，まんじゅう型で，卵殻には縦横に放射線状の細刻が見られる。
▷産卵当初は淡黄色であるが，孵化が近づくと黄褐色となる。
▷卵寄生蜂であるキイロタマゴバチ（*Trichogramma dendrolim* Matsumura）の寄生をうけた卵は，孵化前に白色または乳白色から黒色に変化する。
▷卵寄生蜂の発生は変動があるが，60 ％以上の高い寄生率を示すことが知られている。
▷天敵としては，卵寄生蜂のほかにヒメバチの一種とトビコバチの一種が確認されている。
▷孵化直後の幼虫の体は淡褐色ないし淡緑色で，頭部は黒褐色を示す。
▷ 2 齢幼虫になると，体色は一般に黄褐色となり，胸部の各環節には数本の刺毛をもつ。刺毛の基部はこぶ状に隆起（刺毛基板）し，特徴的な黒点となる。
▷この黒点はタバコガにも見られるが，オオタバコガでは隆起がやや小さく，気門線より下部の刺毛基部は，老齢幼虫で

日本産オオタバコガ，タバコガ終齢幼虫の識別

（吉松，1995）

	第 7 腹節	第 8 腹節	供試個体数
オオタバコガ	0.97 〜 1.19	0.63 〜 0.76	7
タバコガ	1.40 〜 2.00	0.86 〜 1.10	10

注）第 7，第 8 腹節の気門長に対する SD1（気門直上刺毛基板）縦直径の比率。

トマト ＜オオタバコガ＞

はほとんど黒色を示さない。

▷日本産オオタバコガとタバコガの識別は難しいが，両種の第7，第8腹節の気門長に対する気門直上のSD_1刺毛基板の縦直径の比率で判別できる。

▷中齢幼虫は保護色を示し，茎葉や未熟な果実を食害するときは緑色を示す。このばあい刺毛基部の黒色はほとんど消える。着色した果実を加害するときは赤褐色を示し，黒点がはっきり現われることもある。

▷幼虫は5齢を経て蛹となり，孵化後の日数は25℃で29日，30℃では17日を要する。

▷蛹の前には，蛹化場所をさがす潜土期と前蛹期があり，その期間は25℃で6日，30℃では5日間である。したがって，実際に摂食，加害する期間は25℃で23日，30℃で12日である。

▷蛹は，はじめ緑黄色を示し，日を経るにしたがって褐色を増す。

▷蛹期間は25℃で11日，30℃では9日である。20℃以下の低温では長くなり，32℃以上の高温では蛹で夏眠する個体が増加する。

＜その他の注意＞

▷本邦に生息するタバコガ亜科（*Heliothidinoe*）には，タバコガ，オオタバコガ，キタバコガなどのあることが知られている。

▷大分県では，ピーマンや抑制トマトの栽培面積の増加につれて，昭和35年ごろからタバコガ類の発生が目だってきた。

▷タバコガはこれまで県下のピーマンにしばしば発生したが，トマトに発生するものはすべてオオタバコガであり，タバコガを確認していない。

▷九州でのオオタバコガの発生は，露地抑制栽培，ハウス抑制栽培で多いが，わが国では次表のような寄主植物が報告されている。

＜防除のポイント＞

▷畑を見回り，新しい食痕や虫糞をみつけたら，その付近に必ず幼虫が

トマト ＜オオタバコガ＞

オオタバコガの寄主植物

科	寄主植物
ナス科	*◎トマト，◎ナス，タバコ，*シシトウ
キク科	*◎キク，シュンギク，◎ガーベラ属の一種◎ヒマワリ，*◎レタス，サワギク属
ウリ科	カボチャ，セイヨウカボチャ
アブラナ科	*キャベツ
マメ科	◎ラッカセイ，ダイズ，アズキ，フジマメ，インゲンマメ，*エンドウ，ササゲ属，シャジクソウ属，キタマメ，タヌキマメ，ウマゴヤシ，アルファルファ
キツネノマゴ科	キツネノマゴ属
ツルナ科	スベリヒユモドキ
キョウチクトウ科	セイヨウフウチョウソウ属
イネ科	トウモロコシ，ハトムギ，キビ，◎ソルガム，シコクビエ，チカラシバ属
フウロウソウ科	テンジクアオイ属
アヤメ科	トウショウブ属
シソ科	Calamintha 属
アマ科	アマ
アオイ科	*オクラ，◎ワタ属，フヨウ
バショウ科	マライヤバショウ
フトモモ科	ユーカリの一種
モクセイソウ科	Reseda 属
バラ科	オランダイチゴ，リンゴ，サクラ属，アンズ，モモ，ナシ属の一種，*バラ属
アカネ科	アラビアコーヒー
ミカン科	Cttrus 属，ヘソミカン
ゴマノハグサ科	キンギョソウ属
ブドウ科	ブドウ
ハマビシ科	ハマビシ
ナデシコ科	*◎カーネーション
ウコギ科	*ニンジン
ユリ科	*アスパラガス
リンドウ科	*トルコギキョウ

注）これまでわが国で報告されたオオタバコガの寄主植物。
　　*印は1994年吉松によって確実にオオタバコガの寄主植物として確認されたもの。
　　◎印は農業環境技術研究所所蔵のオオタバコガ成虫標本に基づく加害植物。
　　1994年に西日本で多発生したときの加害作物。

（吉松慎一：植物防疫　第49巻　第12号　1995年による）

トマト　＜オオタバコガ＞

いるので注意ぶかく調べて捕殺する。

▷摘心，摘花した腋芽や花蕾などには卵や若齢幼虫がついているので，畑に捨てないように注意する。

▷とくに，発生の早期発見に努め，若齢幼虫期に防除対策を講ずる。

▷ハウス栽培や雨よけ栽培では幼虫の発育が速いので，初期発生を見逃さないことが重要である。

▷この虫は発生の幅が広く，だらだらと発生するので，幼虫の果実への食入防止をねらった計画的な薬剤散布が望ましい。

▷被害果の早期摘果と処分は，その後の発生を抑えるうえから重要である。

＜防除の実際＞

▷別表〈防除適期と薬剤〉参照。

▷アブラムシ類との同時防除効果をねらう。

＜効果の判定＞

▷圃場では虫が死亡しても，確認できないので，殺虫効果の判定はできない。

▷長期的にみて，新芽，果実の被害の発生が止まれば，効果があったものと判定する。

（執筆・改訂：中島三夫）

マメハモグリバエ

成虫による摂食・産卵痕：成虫は葉に小さな穴を開けて汁液をなめたり，産卵したりする。　　（西東　力）

幼虫：葉にもぐり，線状に食害する。　　（西東　力）

交尾中の成虫：雌成虫（下）は腹部末端に黒い産卵管を有す。　　（西東　力）

蛹：幼虫は老熟すると地下に落下し，やがて蛹となる。　　（西東　力）

幼虫による葉の被害　　（西東　力）

激発圃場：下葉から枯れ上り，収量も激減する。　　（西東　力）

トマト 〈シルバーリーフコナジラミ〉

シルバーリーフコナジラミ

成虫と脱皮殻，幼虫：成虫は体長0.8mm，翅は白く，体色は淡黄色。4齢幼虫は黄色，脱皮殻は白色
（松井　正春）

成虫と葉裏に産み付けられた卵（薄茶色）　　　（松井　正春）

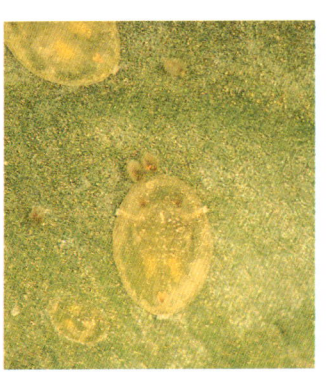

シルバーリーフコナジラミの4齢幼虫：体色は黄色で突起物はほとんどない。胸部両端と尾角付近に白色のワックス様分泌物が付着する。タバココナジラミよりも，胸部両端の白色ワックス層の幅が狭い。　（松井　正春）

タバココナジラミの4齢幼虫：胸部両端の白色ワックス層の幅がやや広い。　（松井　正春）

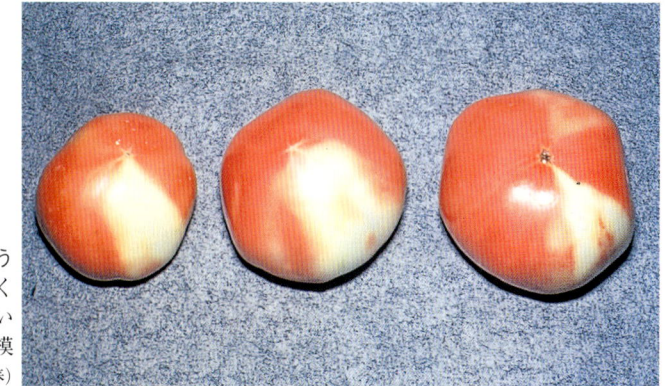

トマト 〈シルバーリーフコナジラミ〉

着色異常果（外観のようす）：外見上，全体が赤くならずに薄橙色，黄色ないし黄緑色の縦縞やまだら模様になる。　　（松井　正春）

着色異常果（内部）：着色異常部分の果実の内部も白いままで硬く，完熟した香りと味がしない（右側が健全果）。　（松井　正春）

果実表面に発生したすす病：シルバーリーフコナジラミの排泄物に生えるすす病菌により，果実表面にうすい黒点状の汚染が生じる。　　　　（松井　正春）

トマト〈ハスモンヨトウ〉

ハスモンヨトウ

幼虫による葉の被害：表面をなめるように不定形に食害する。　　（古家　忠）

中齢幼虫：黒地に数本の黄色の帯状の斑紋が前から後ろへとつづく。（木村　裕）

果実にまで及んだ被害：発生が多いときには，果実も食害される。　（木村　裕）

マメハモグリバエ

学　名　*Liriomyza trifolii* (Burgess)
英　名　legume leafminer, serpentine leafminer, american leafminer

〔診断の部〕

＜被害のようす＞

▷幼虫が葉にもぐって食害するため，くねくねとした線状の食害痕が葉面に現われる。発生量が少なければ実質的な被害はないが，多発生すると，植物体が衰弱し，収量が減ってしまう。果実には寄生しない。

▷産卵は，充実した葉にのみ行なわれ，展開まもない未熟葉には産卵しない。したがって，幼虫による被害は，下葉から上葉へと進展する。

▷冬期，静岡県の野外では，成虫がみられなくなる。一方，施設栽培では一年中発生を繰り返す。

▷寄主範囲はきわめて広く，ナス科をはじめ，キク科，マメ科，アブラナ科，セリ科，ウリ科などの植物に寄生する。トマトのほか，セルリー，チンゲンサイ，インゲンマメ，キク，ガーベラなどでも被害が大きい。

＜診断のポイント＞

▷成虫は体長2mmほどの小さなハエで，胸部および腹部の背面は黒，その他の大部分は黄色を呈する。雌成虫は腹部末端によく発達した産卵管を有し，これで葉面に穴をあけ，にじみでる汁液をなめたり，産卵したりする。こうした摂食・産卵痕は，葉面に白っぽい小斑点となって残る。肉眼では摂食痕と産卵痕を識別できない。

トマト ＜マメハモグリバエ＞

▷卵は，乳白色，ゼリー状で，大きさは0.2mm×0.1mmと小さい。表皮の直下に1粒ずつ産下され，3〜4日で孵化する。

▷幼虫は無脚のウジで，濃い黄色を呈する。葉を透かしてみると，黒い鎌状の口器で葉肉をかきとるようにして食害するようすを観察できる。糞粒は，細い線状となって連なり，孔道内に交互に2列に並ぶ特徴がある。幼虫は3齢を経過し，体長3mmほどに発育した老熟幼虫は，葉から脱出し，地上に落下してから蛹となる。

▷蛹は，褐色，俵状で，長さ2mm程度。10日前後で羽化する。

＜発生動向その他＞

▷マメハモグリバエは，1970年代以降，フロリダから輸出された花や野菜の苗などとともに世界各地に運ばれたとされている。侵入国ではいずれも大問題になっている。わが国では，1990年，東海地方で確認されたのが最初である。その後，本種の発生は国内各地でつぎつぎと確認され，野菜と花に甚大な被害を与えたが，現在は以前のような大発生はみられない。発生が急速に減少している原因については不明である。

▷諸外国では殺虫剤抵抗性の害虫として有名で，新規の殺虫剤に対しても数年のうちに抵抗性を獲得してしまうとされている。わが国でも有効な殺虫剤は限られている。

▷本種には近似種が多い。トマトに寄生するものの中では，トマトハモグリバエやナスハモグリバエと見分けにくい。成虫の胸部背面の黒斑部に光沢のないのがマメハモグリバエ，光沢のあるのがトマトハモグリバエとナスハモグリバエである。ただし，これは現場的な簡便法であり，厳密には雄の交尾器を取り出し，形態的な違いによって見分けなくてはならない。幼虫あるいは蛹の後気門の形にも違いがある。マメハモグリバエとトマトハモグリバエの後気門瘤は3個であるが，ナスハモグリバエのそれは7〜12個と多い。また，幼虫の体色は，マメハモグリバエとトマトハモグリバエが濃い黄色なのに対し，ナスハモグリバエは淡黄色ないし乳白色

トマト ＜マメハモグリバエ＞

である。マメハモグリバエはキクやガーベラを好むが，ナスハモグリバエはこれらにほとんど寄生しない。

〔防除の部〕

＜虫の生態，生活史＞

▷マメハモグリバエの寄主範囲はきわめて広く，外国では21科120種以上の植物に寄生するとされている。静岡県では12科50種以上の植物に寄生が確認されている。

▷静岡県の場合，野外における成虫の発生は，7月下旬から8月上旬にかけて最も多く，12月から翌年2月ごろまでは，成虫がほとんどみられなくなる。野外における越冬は，蛹が主体と考えられる。

▷一方，施設栽培では一年中発生を繰り返し，卵，幼虫，蛹，成虫の各態が混在する。

▷1世代の所要日数は，15℃で約50日，20℃で約25日，25℃で約16日，30℃で約13日である。施設栽培における年間の発生回数は，10回程度と推定される。

▷卵，幼虫，蛹の発育零点は，いずれも約10℃で，発育上限温度は35℃付近にある。

▷1雌当たりの総産卵数は，インゲンマメ，チンゲンサイ，キクなどでは200〜400個であるが，トマトでは約50個と少ない。

▷成虫は，地上30〜50cm付近を最もよく飛翔する。成虫には趨光性があり，南側や通路に面した箇所の寄生が多い。夜間は活動しない。数時間のうちに100mほど飛翔するといわれている。

▷成虫は黄色に誘引される習性があるため，黄色の粘着リボンや粘着板を設置しておくと，多数の成虫を誘殺することができる。しかし，誘殺されるのは雄が多く，こうした方法を防除に利用するのには無理がある。黄色の粘着リボンや粘着板は，あくまで発生量を把握するモニタリング用の

トマト ＜マメハモグリバエ＞

資材と考えたほうがよい。
　▷雑草ではキク科やアブラナ科の植物によく寄生する。
　▷休眠しないため，施設内では一年中発生する。

＜発生しやすい条件＞

　▷畑作地帯と水田地帯とをくらべると，前者のほうが発生が多く，防除もより難しくなる傾向がある。これは，畑作地帯では圃場周辺に寄主となる植物が多いことが一因と思われる。
　▷マメハモグリバエに寄生する土着寄生蜂は約30種が知られ，自然条件ではこうした天敵によってマメハモグリバエの密度が抑えられている。しかし，殺虫剤を散布すると，寄生蜂が排除されることから，マメハモグリバエは野放し状態となって大発生に至る。この現象はリサージェンスと呼ばれている。

＜対策のポイント＞

　▷マメハモグリバエの寄生が疑われる苗は本圃に持ち込まないようにする。
　▷多発生してからの防除は困難をきわめるため，発生の有無の監視を怠らず，もし発生してしまったら初期防除に努める。

＜防除の実際＞

　▷別表〈防除適期と薬剤〉参照。
　▷購入した苗を使う場合は，幼虫の食害痕や成虫の摂食・産卵痕の有無をよく観察し，寄生が疑われる苗は，定植してはならない。発生地域内で自家育苗する場合は，寒冷紗（できれば，0.7mm目以下）を張った専用の育苗室で行なう。
　▷施設栽培では，側窓，天窓，出入口などに寒冷紗を張り，成虫の侵入を防ぐ。

トマト　＜マメハモグリバエ＞

▷キク科やマメ科の雑草は発生源となるため除草する。

▷いったん発生してしまった圃場では改植時に土壌消毒を行なって蛹を死滅させるか，なにも植えずに20日以上放置し，蛹をすべて羽化させてから定植するようにする。

▷植物残渣には卵や幼虫が寄生しているため，そのまま放置すると重要な発生源となる。このため，残渣は土中に埋めるか，ビニールなどで20日間以上密封する。

＜その他の注意＞

▷殺虫剤の散布にあたっては，下葉を中心に行なう。葉が繁茂すると，散布ムラができやすいので注意する。

▷蛹に対して有効な殺虫剤はない。このため，殺虫剤を散布してもしばらくすると，下に落ちている蛹から次々と成虫が羽化してくる。殺虫剤は，1週間間隔で数回，連続散布する必要がある。

＜効果の判定＞

▷発生の有無を監視したり，防除効果を判定する目的には，黄色の粘着リボンや粘着板が便利である。作業のじゃまにならないところに設置し，成虫の誘殺状況を調べる。

（執筆・改訂：西東　力）

シルバーリーフコナジラミ

学　名　*Bemisia argentifolii* Bellows & Perring
別　名　タバココナジラミ新系統，タバココナジラミ
　　　　B系統
英　名　silverleaf whitefly

〔診断の部〕

＜被害のようす＞

▷シルバーリーフコナジラミの幼虫がトマトの葉に多数寄生することによって生じるトマト果実の着色異常症は，収穫時に果実全体が赤くならずに，薄橙色，黄色ないし黄緑色の縦縞やまだら模様が残り，収穫後もこの部分は赤く着色しない。果実内部も果肉が白いままで硬く，完熟した味と香りがしない。このため着色異常果は，商品価値が著しく損なわれ，症状の著しいものは出荷できず，栽培上大きな問題となっている。

▷また，成虫，幼虫が多数寄生した場合に，その下の果実や葉に排泄物が落下し，すす病菌が繁殖して黒く汚染する。汚染された果実は商品価値が著しく低下する。

▷シルバーリーフコナジラミが媒介するウイルス病として，トマト黄化葉巻病がある。病徴は名前のように葉が黄化し，葉が巻き，感染時期が早いと株が萎縮する。九州地方や東海地方で発生が目立っている。

＜診断のポイント＞

▷施設栽培トマトでは，通常，シルバーリーフコナジラミはオンシツコナジラミと混じって生息している。しかし，夏～秋期の施設栽培トマトで

トマト　＜シルバーリーフコナジラミ＞

は，シルバーリーフコナジラミの発生が多くなる傾向がある。

▷シルバーリーフコナジラミ幼虫は，1齢から4齢までであり，4齢幼虫は中期以降になると，扁平な体の背面がわずかに盛り上がり黄化する。不完全変態昆虫であるが，羽化前の発育段階のものを蛹ということもある。

▷トマトの下位葉には4齢幼虫（蛹）や脱皮殻が多く見られ，上の葉にいくほど発育段階の若い幼虫が多く見られ，展開後まもない若い葉では卵ないし若齢幼虫しかみられない。

▷シルバーリーフコナジラミ成虫の体長は約0.8mmで，翅は白く，体色は淡黄色である。オンシツコナジラミ成虫は体長が約1.2mmである。静止時に観察すると，シルバーリーフコナジラミ成虫のほうが体形がやや小さく細く見えるので，見慣れれば成虫によっても両種をおおよそ判別することができる。

▷シルバーリーフコナジラミとオンシツコナジラミとの判別は，成虫よりも4齢幼虫（蛹）で見たほうが容易である。シルバーリーフコナジラミの4齢幼虫（蛹）は，後部がやや細い楕円形で，長さ1.0〜0.7mm，幅0.8〜0.5mm，体色は黄色で突起がほとんどみられない。オンシツコナジラミの4齢幼虫（蛹）は，楕円形で体色が白く，突起が多いのが特徴である。なお，脱皮殻は，両種とも白く見えるが，オンシツコナジラミの場合は突起がある。

▷シルバーリーフコナジラミ幼虫の寄生により，すす病が出るような状況では，トマト果実に着色異常症が発生しやすい。また，1複葉当たり3,4齢幼虫（蛹）が約80匹以上見られるとトマト果実に着色異常症が生ずるおそれがあるので，幼虫の寄生密度がこの程度に高まる前に防除を行なうことが肝要である。

▷また，シルバーリーフコナジラミ成虫が多発し幼果を吸汁すると，成熟期になって吸汁された部分が果実表面の小さな白斑として残る場合がある。

トマト ＜シルバーリーフコナジラミ＞

＜発生動向その他＞

▷シルバーリーフコナジラミの吸汁による果実の着色異常症以外にも，病気などの他の原因によって，果実の着色不良が生ずる場合がある。したがって，的確な診断のためには，着色異常果の直下の1〜2複葉にシルバーリーフコナジラミ幼虫が多寄生しているかどうかを確認する必要がある。

▷施設栽培の果菜類や花卉で多発し，トマトに着色異常を起こすシルバーリーフコナジラミが，1989年ころから発生し始め，ポインセチアなどの移動に伴って全国的に広がった。トマト果実の着色異常症は，わが国では1990年に初めて発生が確認された。

▷本害虫の発生当初は，有効薬剤などの防除対策が不明であったので，各地でトマト果実の着色異常症が多発し大きな問題となった。最近では防除対策の徹底により，トマト果実の着色異常症の発生は減少している。しかし，シルバーリーフコナジラミは多くの薬剤に対して抵抗性があり，その繁殖力が旺盛であること，トマト黄化葉巻ウイルス（TYLCV）を媒介すること，着色異常果を発生させることなどから，トマトにおける最も重要な難防除害虫となっている。

〔防除の部〕

＜虫の生態，生活史＞

▷シルバーリーフコナジラミは，以前にはタバココナジラミと呼ばれていた。現在でも野菜・花卉類などの防除薬剤の対象害虫名としてタバココナジラミの名称が使われている例があるが，これらはシルバーリーフコナジラミと読み替えて差し支えない。

▷1989年にわが国への侵入が確認されたシルバーリーフコナジラミは，従来から生息していたタバココナジラミと形態的に極めて類似していたた

トマト ＜シルバーリーフコナジラミ＞

めに，同一種として扱われていた。しかし，両者は交雑しない，寄主植物の範囲に差がある，前者はトマト果実に着色異常を起こさせる，アイソザイムに差がある，形態的に僅かな差が認められることなどから，別種として扱われるようになった。従来からわが国に生息しているタバコキナジラミは，ダイズやサツマイモの畑に生息し露地越冬するが，トマトでは繁殖しにくく，トマト黄化萎縮病を媒介することが知られている。

▷シルバーリーフコナジラミの発育適温は，オンシツコナジラミのそれよりもやや高く，30℃で最も発育が速い。高温下での発育限界温度は32～36℃程度，低温下での発育限界温度は約10℃である。シルバーリーフコナジラミの卵から成虫までの発育期間は，27℃で20日程度である。シルバーリーフコナジラミは，施設内では夏から秋にかけて発生が多い傾向がある。

▷成虫は植物がなければ，25℃下では3日後までにすべて死滅する。

▷冬期間にも，加温施設内の野菜や花卉などで増殖を繰り返し，春先に施設から野外に分散し，これが野外での主要な発生源となっている。ハウス周辺のセイタカアワダチソウ，イヌタデなどの雑草，サツマイモ，ダイズ，キャベツなどで増殖し，これが逆にハウス内への重要な飛来源ともなっている。冬期間に氷点下となる野外では，越冬できない。

▷シルバーリーフコナジラミの天敵としては，オンシツツヤコバチやサバクツヤコバチなどの寄生蜂，バーティシリウム・レカニ，ボーベリア・バシアーナ，ペキロマイセス・フモソロセウスなどの寄生菌，テントウムシやクサカゲロウなどの捕食性天敵が知られている。欧米の施設栽培トマトでは，天敵利用による防除が実用化されている。現在，わが国では，上記の前から5種がコナジラミ用の生物農薬として登録されている。

＜発生しやすい条件＞

▷シルバーリーフコナジラミは，気温が上昇してくると増殖が盛んになるので，施設栽培トマトでは，冬春期では4～6月，夏秋期では8～10

トマト　＜シルバーリーフコナジラミ＞

月ころに発生が多くなり，このころに着色異常果やすす病が発生しやすい。

▷特に，8〜10月のトマトでは，周辺に他作物，たとえばメロン，キュウリ，ナスなどが栽培されている場合が多く，それら作物からトマトへの成虫の飛来により，寄生密度が上がりやすい。

▷トマトの苗を自家生産，あるいは購入する場合にも，苗の段階で幼虫寄生が多ければ，その後の発生も多くなる。

＜対策のポイント＞

▷クリーン苗を確保する。
▷成虫の施設内への侵入を防止する。
▷有効薬剤を葉裏にも充分にかけ，散布ムラのないようにする。

＜防除の実際＞

▷別表〈防除適期と薬剤〉参照。
▷クリーン苗の育苗
　1）他の植物が栽培されているハウスでは育苗しない。また，育苗ハウスには他の植物を持ち込まない。
　2）ハウス内外の雑草を除去する。
　3）育苗期に成虫が侵入しないように，育苗ハウスに網目1mm以下の防虫網を張る。
　4）育苗期の薬剤防除を徹底する。
▷侵入防止
　1）定植前に，施設内から植物を完全に除去し，夏期には1週間程度密閉して高温にしシルバーリーフコナジラミを死滅させる。
　2）シルバーリーフコナジラミの寄生していない苗を定植する。
　3）施設栽培の場合は，換気窓，出入口などに防虫網を張って，外部からの成虫の侵入を防止する。トマト黄化葉巻ウイルスが蔓延している地域

トマト ＜シルバーリーフコナジラミ＞

では，網目 0.4～0.6mm の防虫網を張れば侵入を抑えられる。この場合，材質がプラスチックの方が風が通りやすい。

4) メロン，キュウリ，ナスなどに近接してトマトを栽培する場合には，これら他作物からトマトへの成虫の飛来を減少させるために，他作物でのシルバーリーフコナジラミ防除を充分に行なう。

▷薬剤防除

1) 夏から秋にかけて，シルバーリーフコナジラミの発生が多く，着色異常果が発生しやすい地域では，適用粒剤を定植時植穴土壌混和処理すれば，この時期の増殖と被害を抑えられる。さらに，粒剤によっては育苗期後半株元処理なども行える。なお，セイヨウオオマルハナバチを受粉に使用する場合には，ハチに影響の強い粒剤があるので，ハチの利用は薬剤の残効が切れた後にするよう注意を要する。一方，粒剤によっては，はじめから影響がないことが知られているものもあるので，薬剤の特性に従って使用する。

2) 最近，大型のトマトハウスでは，セイヨウオオマルハナバチを使って受粉をする農家が多いので，ハチへの影響を充分に考慮して防除を行なう。この場合に，他種の害虫も含めて，ハチに影響の少ない防除体系を作る。このためには，シルバーリーフコナジラミ用でハチに影響の少ない薬剤を中心に用い，これにハチへの残効期間の短い薬剤を組み合わせる。薬剤を塗布した黄色テープはハチに影響がない。局所的にコナジラミなどの害虫が多い場合には，残効性のごく短い薬剤の部分散布も有効である。

3) トマト黄化葉巻病が発生している地域では，シルバーリーフコナジラミの発生密度が低くても，本病が発生する恐れがあるので，ハウス周辺の感染可能な雑草の除去，ハウスへのシルバーリーフコナジラミの侵入防止措置とともに，育苗期から体系的な薬剤防除を行なう。育苗期には散布剤ないし育苗期にも施用できる粒剤により防除する。定植時には残効期間の長い適用粒剤の植穴処理を行ない，残効の切れる時期から，即効性ないし吸汁阻害効果のある散布剤の定期的散布を行なうとともに，発病株を発

トマト ＜シルバーリーフコナジラミ＞

見したら直ちに除去する。地域的に一斉にトマトを作付けしない期間を一か月程度設けると，ウイルス病の減少に極めて有効である。

4) 産下卵の孵化阻害作用をもつ薬剤が塗布された黄色テープを株の上位に畦ごとに横に張り渡し，株の生育に伴って高さを一，二度上げていくと，シルバーリーフコナジラミの発生を長期間にわたり抑制できる。しかし，一部地域ではこれに対して抵抗性が出ているので注意する。

5) 効果の高い薬剤でも，連用していると薬剤抵抗性のコナジラミが出てくるので，系統の異なる薬剤を組み合わせてローテーション散布を行なう。

6) オンシツツヤコバチ剤，サバクツヤコバチ剤などの天敵昆虫を使用している場合には，定植時植穴処理で寄生蜂に影響のほとんど生じない粒剤を用い，あるいはネオニコチノイド系粒剤などの残効の切れた時期（薬剤により異なり3週間から1か月半）以降に，シルバーリーフコナジラミ成虫の密度が株当たり1匹以内の発生初期にマミーカードを吊す。その後，シルバーリーフコナジラミの密度がさらに高まっていくような場合には，キチン合成阻害剤やその他の天敵に比較的影響の少ない薬剤によってシルバーリーフコナジラミ密度を低下させ，天敵によるシルバーリーフコナジラミ密度抑制力をバックアップする。

7) シルバーリーフコナジラミ類に登録のある微生物剤を使用する場合には，夕方近くに散布し，その日の夕方から朝まで施設を閉じて湿度を80％以上に高める必要がある。微生物剤によって異なるが，施設の夜間閉鎖を1〜3日続けるとより効果が上がる。

＜その他の注意＞

▷シルバーリーフコナジラミの幼虫はほとんど葉裏に寄生しているので，薬剤を散布する場合には，葉裏に充分にかかるようにし，散布ムラが生じないようにする。

▷シルバーリーフコナジラミ幼虫の吸汁による着色異常果は，果実の下

トマト ＜シルバーリーフコナジラミ＞

位葉における幼虫寄生密度と密接な関係がある。ハウス栽培の夏秋トマトの場合には，1段目ないし2段目の果実で着色異常が発生する場合が多いので，下位葉への薬剤散布も充分に行なうようにする。

▷定植用のトマト苗が，周辺のメロン，キュウリなどから飛来してきたシルバーリーフコナジラミ成虫の産んだ卵や幼虫によってすでに寄生されている場合が多く，これが定植後のシルバーリーフコナジラミの多発，および1～2段目の果実の着色異常の主要な原因となっている。したがって，上記のようにクリーン苗の生産・確保に努める。

（執筆・改訂：松井正春）

トマト ＜ハスモンヨトウ＞

ハスモンヨトウ

学　名　*Spodoptera litura* Fabricius
英　名　common cutworm, cluster caterpillar

〔診断の部〕

＜被害のようす＞

▷本種は葉裏に卵塊で産卵し，孵化幼虫は集団で葉を食害するため，被害発生初期にはスカシ状の複葉が発生する。

▷齢期が進むと摂食量が多くなり，葉だけでなく果実も食害し被害が大きくなる。

＜診断のポイント＞

▷卵は葉裏に卵塊で産みつけられ，黄土色の鱗毛で覆われている。

▷孵化幼虫は葉裏にかたまり，表皮を残して食害する。そのため，幼虫の発生初期にはスカシ状の複葉が見られる。

▷幼虫は，齢期が進むと分散するが，若齢幼虫はスカシ状の複葉付近の葉や株で見つかることが多い。

▷同じ時期にオオタバコガも発生するが，オオタバコガの幼虫は表面の粗い毛が肉眼で観察されることで区別できる。

▷老齢幼虫になると茎や果実も食害する。オオタバコガ幼虫は，丸い穴をあけて茎や果実に食入するのに対して，本種は表面をなめるように不定形に食害することが多いので，被害のようすから区別することができる。

トマト　＜ハスモンヨトウ＞

＜発生動向その他＞

▷発生量は，年次による変動が大きい。春季には密度は低いが，世代を重ねるごとに増加し，秋期に多発する。

〔防除の部〕

＜虫の生態，生活史＞

▷成虫は夜間に活動し，作物の葉裏に黄土色の鱗毛で覆われた卵塊で産卵する。孵化した幼虫は集団で葉を食害したのちに分散し，6齢を経て，土中で蛹化する。

▷フェロモントラップでは，主に3～11月に成虫が捕獲され，8～10月に最も多くなる。

▷1世代に要する期間は，20℃で約54日，25℃で約36日，30℃で約27日である。西南暖地では発生量が多く，野外で年4世代以上を経過すると考えられる。

▷休眠性がなく野外での越冬は困難であるが，加温しているハウス内では容易に越冬し，翌年の発生源になっていると考えられている。

▷雑食性の害虫で，多くの野菜類，花卉類，畑作物などを加害する。

▷天敵として，寄生蜂，クモ類，アシナガバチ，アマガエルなどが密度抑制に有効に働くことがある。また，多発生時には寄生菌やウイルスによる死亡幼虫も見られる。

＜発生しやすい条件＞

▷秋期に密度が高まるので，トマトでは，抑制および促成栽培での発生が多く，主に9～11月に被害が見られる。

トマト ＜ハスモンヨトウ＞

＜対策のポイント＞

▷本種は卵塊で産卵し，また，孵化幼虫は集団で葉を食害するため，発生初期にこれらを除去することは防除効果が高い。また，老齢幼虫は薬剤が効きにくいため，薬剤散布後でも見つかりしだい処分する。

▷スカシ状の被害葉が見られたら幼虫とともに直ちに処分し，殺虫剤を散布する。この場合，若齢幼虫が中心で被害葉の周辺に幼虫がいるので，被害株を中心とした部分散布でもよい。初発の防除後にも被害葉が見つかる場合は，成虫の飛来侵入が多いことを示している。被害葉の除去とともに殺虫剤を7～10日間隔で2～3回散布し，若齢幼虫を防除する。

▷フェロモントラップへの成虫の捕獲時期や量は，防除時期を判断する目安となる。

▷予防的な薬剤散布は必要ない。被害が見られたら直ちに防除する。

▷ハウス開口部の防虫ネット被覆や黄色蛍光灯を利用し，成虫のハウス内への侵入抑制，行動抑制を図る。

▷大量捕殺用の性フェロモン剤は，広範囲での設置により地域内の密度低下を期待するものである。個々の圃場に設置し，直接的な防除効果を期待するものではない。

▷交信攪乱用の性フェロモン剤は，交尾阻害により産卵を防止するものである。交尾後の雌成虫が侵入すると効果はないので，侵入防止対策もあわせて行なう。

▷圃場周辺の雑草から幼虫がハウス内へ侵入することもある。雑草を除去する。

＜防除の実際＞

▷別表〈防除適期と薬剤〉参照。

▷ハウス開口部を5mm目以下の防虫ネットで被覆すると，成虫の侵入を防止できる。この方法は，オオタバコガの侵入防止にも効果が高い。な

お，目合いの小さなネットで被覆した場合，ハスモンヨトウは防虫ネット上に産卵し，孵化幼虫がネットの目をくぐり抜け侵入してくることがあるので，定期的に観察し防虫ネット上の卵塊を除去する。

▷圃場内の照度が1lx以上を確保できるように黄色蛍光灯を設置し，終夜点灯すると被害を軽減できる。この方法はオオタバコガに対しても有効である。なお，夜間にハウスを閉め切るようになれば点灯は必要ない。

＜効果の判定＞

▷薬剤散布後に被害株付近に幼虫が見られず，新たな食害も見られない場合は，効果があったと考える。

▷薬剤がかかった葉で生存幼虫が見つかる場合は抵抗性の発達が疑われるので，異なる系統の薬剤を散布する。なお，薬剤がかかりにくい葉で幼虫が見つかる場合は散布ムラが考えられるので，多めの量をていねいに散布する。

(執筆・改訂：古家　忠)

トマト 〈トマトサビダニ〉

トマトサビダニ

果実の被害症状：灰褐色になり表面が硬化して多数の細かい亀裂が生じ，ナシ（長十郎）の果実のようになる。　（田中　寛）

花茎での発生：黄褐色ないし赤褐色の体長0.2mmのダニが多発すると，先端部やわん曲部に群がる性質がある。
（田中　寛）

葉の被害症状：葉の周縁部が黄褐色になり，葉裏側へややそり返る。葉裏は光沢をもち，褐色をおびる。（田中　寛）

トマト〈ダイズウスイロアザミウマ〉

ダイズウスイロアザミウマ

被害葉の症状：カスリ状の白斑を生じ、光沢をおびて銀色に光る。（木村　裕）

激しい加害による被害葉：黄褐色の斑紋ができる。（木村　裕）

被害果の症状：果面にソバカス状の傷を生じる。（木村　裕）

トマトサビダニ

学　　名　*Aculops lycopersici* (Massee)
英　　名　tomato russet mite

〔診断の部〕

＜被害のようす＞

▷葉の周縁部が黄褐色になるとともに葉裏側へややそり返る。葉裏は光沢をもち，褐色を帯びる。症状がすすむと葉の褐変が斑紋状に広がり，枯死に至る。

▷発生初期には中下位葉に多くみられ，多発すると上位葉へ徐々に枯れ上がってゆく。また，茎にも多数の虫が寄生し，被害部は褐色になる。

▷果実は灰褐色になり，果実表面が硬化して多数の細かい亀裂が生じる。被害果を一見すると，ナシ（長十郎）の果実のような印象を受ける。

▷主に施設内で発生し，露地では少ない。圃場内での分布は不均一で，初期には1〜2か所に発生のツボがみられ，ツボを中心に徐々に被害が広がるとともに，ツボがあちこちに飛び火してゆく。

＜診断のポイント＞

▷虫の体長は約0.2mm，体色は黄褐色ないし赤褐色で，クサビ形をしている。虫は非常に小さいので肉眼では見えないが，葉裏や茎に多く，ルーペや実体顕微鏡で注意して調べると見つかる。なお，多発すると植物体の上端部（茎の折れ曲がった部分やがくの先端部など）に群がる性質がある。

トマト ＜トマトサビダニ＞

＜最近の発生動向＞

▷日本での初発生は沖縄県（1986年5月，沖縄本島）で記録された。本土では大阪府（1989年9月）で初めて認められ，現在は全国的に分布する。

〔防除の部〕

＜虫の生態，生活史＞

▷日本への侵入経路は不明である。本種はオーストラリア，アメリカ合衆国，スペイン，スリランカなどで発生しており，現在も分布を拡大中であると思われる。

▷休眠はなく，氷点下の温度では数時間～数日で死滅するため，越冬は施設内，または冬期温暖な地方に限られる。

▷トマトのほか，ジャガイモ，ナス，タバコ，ペチュニアなどナス科作物に寄生する。また，イヌホオズキなどのナス科雑草や一部のヒルガオ科雑草にも寄生する。

▷発育ステージの推移は，成虫―卵―1齢若虫―2齢若虫―成虫，の順である。1世代の経過時間は25℃では6～7日，20℃では10～14日と非常に短い。乾燥を好み，低湿度のほうが1世代時間が短く，産卵数も多い。雌は葉裏に産卵し，実験条件下での最大産卵数は53個である。

▷圃場内では主に作業者の衣服や搬出中の被害茎葉を介して分散する。風や昆虫による分散もある。

▷有力な天敵としてトマトツメナシコハリダニなどのコハリダニ類が知られている。

＜発生しやすい条件＞

▷施設内に多く，露地には少ない。また，低湿度で栽培する施設，薬剤

トマト ＜トマトサビダニ＞

散布の少ない施設で発生しやすい。

＜対策のポイント＞

▷薬剤には弱いので，症状に早く気づいて早期に防除を行なう。

▷定植時の虫の持込みを避けることがポイントである。発生地では施設内および施設周辺の残渣処理，除草を徹底するとともに，薬剤の散布ムラが少ない育苗期や定植直後に防除を行なう。

＜防除の実際＞

▷別表〈防除適期と薬剤〉参照。

＜防除上の注意＞

▷1世代に要する時間が非常に短く，短期間に急激に増殖するため，薬剤の散布ムラがあると発病しやすい。

（執筆・改訂：田中　寛（ひろし））

トマト ＜ダイズウスイロアザミウマ＞

ダイズウスイロアザミウマ

学　　名　*Thrips setosus* Moulton

〔診断の部〕

＜被害のようす＞

▷成幼虫が葉裏に寄生して吸汁するため，吸汁された部分がカスリ状の小白斑となり，しだいに光沢をおびて銀色に光る（シルバーリング）。加害が激しい場合は葉に黄褐色の斑紋ができて枯死落葉する。

▷幼果に多発すると，果実の表面にソバカス状の褐色の傷を生じ，商品価値が著しく低下する。

＜診断のポイント＞

▷成幼虫は非常に小さくて見つけにくいので，葉のカスリ状の白斑やシルバーリングに注目する。果実に被害がでてからでは手遅れである。

▷成幼虫は上位の展開葉に生息することが多いので，ルーペで観察して発生を確認する。

▷トマトではダイズウスイロアザミウマ以外にミカンキイロアザミウマやヒラズハナアザミウマが発生するが，ミカンキイロアザミウマやヒラズハナアザミウマの被害は果実表面に白ぶくれ斑紋が生じることから区別できる。

▷雌成虫の体長は1.2～1.4mm，体色は褐色ないし暗褐色，雄成虫の体長は0.9～1.0mm，体色は黄白色である。幼虫は黄白色である。非常に小さいため，肉眼またはルーペで種類を区別するのは困難である。アザミウマ類成虫の区別にはプレパラート標本を作製し，200倍程度の顕微鏡下で

トマト　＜ダイズウスイロアザミウマ＞

観察する必要がある。なお，幼虫の区別はプレパラート標本を作製しても困難である。

▷葉ではトマトサビダニの被害と混同しやすい。トマトサビダニが多発すると葉が黄褐色に変色するとともに，展開葉の奇形や芯止まり症状が生じる。トマトサビダニはアザミウマよりもさらに小さく，新芽をルーペで観察してもほとんど見つからない。

＜発生動向その他＞

▷近年，大阪府では発生が非常に少ない傾向が続いている。

〔防除の部〕

＜虫の生態，生活史＞

▷ナス，キュウリ，トマト，メロン，ダイズ，インゲンマメなど，春から秋までさまざまな作物や雑草などの広範な植物に寄生して繁殖を繰り返す。越冬は圃場周辺の雑草で成虫態で行なわれる。

▷越冬成虫は4月下旬頃，越冬場所から離脱して各種作物，雑草に移動する。トマトでは定植直後から飛来し，梅雨明け後に増加する。8～9月に密度が最も高くなり，秋期には減少する。

▷発育ステージの推移は成虫―卵―1齢幼虫―2齢幼虫―1齢蛹―2齢蛹―成虫の順である。卵は葉の組織内に1粒ずつ産みつけられるため，肉眼では見えない。幼虫は植物の地際などで蛹化する。

▷各ステージの発育期間は温度によって左右されるが，高温ほど早くなる。25℃では卵5日，1齢幼虫2日，2齢幼虫3日，1齢蛹1日，2齢蛹3日で，卵から成虫まで約13日である。発育零点は卵が10.0℃，幼虫は8.1℃である。

▷25℃での雌成虫の生存期間は約20日で，平均産卵数は約80個である。

トマト　＜ダイズウスイロアザミウマ＞

▷短日条件下では雌成虫の産卵前期間が長くなり，産卵休眠する。
▷繁殖は両性生殖と単為生殖の両方で行なわれ，両性生殖では雌を生じるが，単為生殖ではすべて雄を生じる。
▷成幼虫とも果実より葉裏に多く寄生し，幼果ではしばしばがくの下に生息する。
▷トマト黄化えそ病の原因となるトマト黄化えそウイルス（TSWV）を永続伝搬する。アザミウマ類は幼虫時の吸汁でトマト黄化えそウイルスを獲得し，成虫では獲得できない。幼虫体内にとりこまれたウイルスは10日前後の潜伏期間をへた後，吸汁によって他の作物に伝搬される。トマト黄化えそウイルスの保毒虫率は6月中旬頃から高まる。

＜発生しやすい条件＞

▷高温・乾燥条件下で多発する傾向があるため，7～8月に降雨の直接植物体にあたらないような栽培では発生が多い。
▷圃場の隣接地にキュウリやナスなど発生の多い作物が栽培されていると発生が多くなる。
▷圃場内または圃場周辺に雑草が多いと，そこが発生源になる。
▷暖冬年は越冬量が増加するため，春期の発生が多くなる。

＜対策のポイント＞

▷成虫は青色または白色の粘着トラップに誘引されるので，多発地域では5～6月頃から成虫の誘殺状況を調査し，誘殺成虫数が多くなったら被害の発生に注意する。
▷圃場内や圃場周辺の除草は定植前に行ない，発生源を除去する。
▷施設栽培では定植前に開口部を目合い1mm以下のネットで被覆し，成虫の侵入を防止する。なお，銀色ネットを用いると侵入防止効果が高まる。
▷シルバーポリフィルムなどの銀白色資材を用いて畦面をマルチし，成

トマト　＜ダイズウスイロアザミウマ＞

虫の飛来侵入と蛹化を防止する。

▷施設栽培では収穫終了後に残渣を持ち出して処分した後，施設を閉めきって蒸し込みを行なう。

▷露地栽培では収穫終了後に残渣を持ち出して処分した後，4〜5日間圃場に水を張り，湛水状態にして地中の蛹を殺虫する。

▷捕食性天敵としてヒメハナカメムシ類（タイリクヒメハナカメムシ，ナミヒメハナカメムシなど）やカブリダニ類（ククメリスカブリダニ，デジェネランスカブリダニなど）があり，アザミウマ類の成幼虫を捕食する。

＜防除の実際＞

▷別表〈防除適期と薬剤〉参照。

▷発生初期にアザミウマ類に対して登録のある散布剤を散布する。成幼虫は葉裏に生息することが多いので，充分量の薬液を葉裏によく付着するように散布する。

▷施設栽培では捕食性天敵が使用できる。タイリクおよびオリスターAはタイリクヒメハナカメムシ，ククメリスおよびメリトップはククメリスカブリダニを製剤化したものである。アザミウマ類が多発してからの放飼では防除効果が劣るので，発生初期に放飼する。

＜その他の注意＞

▷発生が多い場合には，葉内に産み込まれた卵から孵化した幼虫や土壌中の蛹から羽化した成虫がつぎつぎに発生するので，7日間隔で2〜3回の薬剤を散布する。

▷魚毒性や蚕毒性のある薬剤は取扱いに注意する。

▷捕食性天敵を放飼した施設では悪影響を及ぼす殺虫剤の散布を控える。

トマト ＜ダイズウスイロアザミウマ＞

＜効果の判定＞

▷ルーペを用いて葉裏の成幼虫数を調査した葉をマークしておき，薬剤散布3～5日後に発生が見られないか，成幼虫数が大きく減少していれば効果があったと判断できる。

（執筆・改訂：柴尾　学）

トマト〈ミカンキイロアザミウマ〉

ミカンキイロアザミウマ

夏型雌成虫（左，黄色）と冬型雌成虫（右，黒褐色）　夏と冬とでは成虫の体色が異なる。
（片山　晴喜）

成・幼虫の加害による葉表のシルバリング症状　　　　（小澤　朗人）

成・幼虫の加害による葉裏のシルバリング症状　　　　（小澤　朗人）

トマト 〈ミカンキイロアザミウマ〉

加害が進み,葉が老化してくると加害された部分が不定形にえ死する。　　　　　　　　（小澤　朗人）

成熟果における果実表面の症状。幼果時には白膨れ症状を示すが,着色後も小さな斑点として残り,商品価値を損なう。（小澤　朗人）

ミカンキイロアザミウマが媒介するTSWV（トマト黄化えそウィルス）の発病株。生長点から黄化・萎凋しはじめ株全体が枯死する激しい病徴を示す。　（小澤　朗人）

ミカンキイロアザミウマ

学　名　*Frankliniella occidentalis* (Pergande)
英　名　western flower thrips

〔診断の部〕

＜被害のようす＞

▷葉表または葉裏の表面が食害される。

　幼虫と成虫は，葉表や葉裏の表面組織を食害する。食害された表面は，光が当たるとてらてらと銀色にみえる「シルバリング」症状を示す。虫は，窪んだ場所を好むため，初期は葉脈に沿って食害痕が集中する。虫の密度が高く被害がすすむと，組織が壊死してシルバリング症状から不定形の白斑に変化する。さらに被害がすすみ，葉の老化も伴うと葉脈間が壊死して葉全体が枯死することもある。枯死を伴う著しい被害は老化した下葉に発生しやすく，展開したばかりの若い葉や生長点では発生しない。

▷果実の表面に白い斑点ができ，商品価値が損なわれる。

　成虫は，花の子房に産卵するため，この産卵痕が果実の成熟後まで残り，いわゆる「白ぶくれ症状」になる。産卵痕は，幼果の段階では小さな斑点を中心にその周囲が円形に腫れたような症状となり，果実が赤く着色した後もその部分は白または黄色に変色したまま残る。また，著しく虫の密度が高い場合には，成・幼虫が幼果の表面，特にがくの周囲を食害して果実の表面にリング状の食害痕が残ることもある。

▷トマト黄化えそウイルス（TSWV）を媒介する。

　本虫は，近年，世界的におそれられているトマト黄化えそウイルス（TSWV）を媒介する。本ウイルスに感染すると，トマトでは生長点から

トマト ＜ミカンキイロアザミウマ＞

えそが始まり，株全体が枯死する激しい病徴を示す。トマトでは，本虫による直接的な被害より，媒介されるウイルス病による被害のほうが実害が大きい。

＜診断のポイント＞

▷葉の表面にスリップス類特有の「シルバリング」がみられ，葉上にスリップスの成・幼虫が寄生している。

成虫や幼虫は葉の表面組織を食害するため，スリップス類特有のシルバリング症状となる。特に，葉脈の周囲や葉と葉が重なった部分などに集中してみられる。

▷葉脈間に不定形の白い斑点ができる。

葉の表面の食害がすすみ，葉が老化してくると食害された部分の組織が壊死して白い不定形の斑点となる。このような被害は，若い葉ではあまりみられず，比較的古い下葉に多い。なお，この症状は，トマトを加害する他の害虫にはみられないミカンキイロアザミウマ特有の被害症状である。

▷幼果の表面に白く変色した円形に膨れた部分がみられる。

子房に産卵された産卵痕が，果実が肥大した後も，「白ぶくれ症状」として残る。これは，果実着色後も残るため，商品価値を損なう。なお，「白ぶくれ症状」は，同属の近縁種であるヒラズハナアザミウマによっても起こる。

▷成虫の体色は，夏期は淡い黄色，冬期は茶～褐色のやや大型のスリップスである。

葉の表面上（葉表が多い）に寄生している成虫の体色は，夏期は淡い黄色で気温が低くなると茶～褐色に変化する。雌成虫の大きさは，ミナミキイロアザミウマ（トマトには未寄生）よりひとまわり大きく，ヒラズハナアザミウマ（トマトにも寄生）とほぼ同じ大きさである。なお，葉上の虫の密度はそれほど高くないので，葉上で虫が確認できない場合には，白色の紙や板などを被害葉の下において軽く葉をたたくと虫が落下してくる。

トマト ＜ミカンキイロアザミウマ＞

▷冬期はヒラズハナアザミウマとの区別が難しい。

　形態はヒラズハナアザミウマと類似し，特に冬期は体色もヒラズハナアザミウマと同様に黒褐色になるため識別が難しい。識別は，実体顕微鏡の最高倍率かプレパラート標本による顕微鏡観察によって行なう。最も識別しやすい点は，複眼下部に長い刺毛があることであり，ヒラズハナアザミウマにはこの刺毛はみられない。

▷殺虫剤の効果が低い。

　本虫は，さまざまな薬剤に対する強度の薬剤抵抗性をもっているため，現在のところ防除効果の優れる薬剤は少ない。一方，トマトに寄生する同属の近縁種であるヒラズハナアザミウマは，有機リン剤などの一般的な薬剤に対する感受性は高く，慣行の殺虫剤防除によって簡単に防除できる。したがって，いろいろな殺虫剤を散布したにもかかわらず虫の密度があまり低下しない場合は，ヒラズハナアザミウマではなくミカンキイロアザミウマである可能性が高い。

＜その他の注意＞

▷本虫に関して最もおそろしい点は，前述のように，トマト黄色えそウイルス（TSWV）を媒介することである。本ウイルスに感染すると，初期は生長点が黄化して萎凋する。その後，黄化部分が壊死し始め，株全体が枯死する。ウイルス病の発生圃場では，ミカンキイロアザミウマがつぎつぎとウイルスを媒介していくので，壊滅的な被害が発生することがある。本ウイルスは，キク，ガーベラなどでも発生するが，トマトではいっそう激しい病徴を示す。平成8年現在，ミカンキイロアザミウマの密度が高い静岡県では，キク，ガーベラなどに続いて，トマトでも本ウイルス病の発生が確認されはじめており，今後，十分な警戒が必要である。

トマト　＜ミカンキイロアザミウマ＞

〔防除の部〕

＜虫の生態，生活史＞

▷春から夏にかけて多くなる。

野外では，5月から7月にかけて密度が高まり，8月以降は減少する。したがって，夏期から栽培が始まる抑制栽培より，春から夏にかけて栽培される促成栽培のトマトでの発生が多い。施設内へは，主に野外で増殖したものが侵入してくると思われる。

▷西南暖地では野外でも越冬する。

幼虫の発育零点は，約9℃と他の施設害虫よりやや低い。そのため，ミナミキイロアザミウマが野外越冬できないのに対して本虫は野外でも越冬できる。静岡県西部地区における調査では，主な越冬場所は露地キクの残り花の中やセイタカアワダチソウなどの雑草上で，成虫と幼虫が混在して越冬していた。また，越冬成虫には雌が多い傾向がある。

なお，本虫は，休眠しないと考えられている。

▷約2週間で卵から成虫になる。

25℃条件では卵から成虫まで約12日であり，1匹の雌成虫は1か月半にわたって約250個の卵を産む。成虫の寿命が比較的長いので，発生消長パターンには世代を示す山と谷がはっきりしないことが多い。

▷幼虫は地表面に落下して蛹になる。

他のスリップス類と同様，植物体上から地表面に落下して蛹になる習性がある。

▷花粉を好み，花に集まる習性がある。

本虫は，花粉を好んで食べるので，花に集まる習性がある。また，花の子房や花びらにも産卵する。

▷寄生範囲がきわめて広い。

ナス科，キク科，マメ科，バラ科などいろいろな作物に寄生し，ノボロ

トマト　＜ミカンキイロアザミウマ＞

キク，ホトケノザ，セイタカアワダチソウなど，さまざまな雑草にも寄生する。

＜発生しやすい条件＞

▷野外の雑草地が越冬場所となっているので，ノボロギクやホトケノザなど越年生の雑草が多い場所では越冬虫も多い可能性が高い。また，春以降はセイヨウタンポポやシロツメクサの花で増殖しているので，圃場周辺にこうした雑草が多い場合は注意する必要がある。また，キクやガーベラなど本虫が発生しやすい圃場が隣接している場合には，隣接圃場でふえた個体が侵入してくる可能性がある。

＜対策のポイント＞

▷成虫の侵入状況を調べる。

成虫は，野外からハウス内へ飛来侵入してくる。本虫は，青色の粘着トラップ（数社から市販されている）に誘引されるので，こうしたトラップを栽培初期から圃場内に設置して，虫の飛来状況を調べて防除計画に役立てる。

▷周辺の作物の寄生状況に注意する。

キクやガーベラ，バラなど花卉類では餌となる花粉が多いため増殖しやすく，こうした作物を栽培している圃場では虫が高密度になっていることがある。したがって，圃場周辺にこうした作物の栽培地がある場合，これらの作物の収穫終了時や改植時などに発生圃場から大量に飛来・侵入してくることがあるので，周辺圃場の発生状況にも注意する必要がある。

▷圃場周辺の雑草を除草する。

本虫は野外では雑草で越冬しているので，越冬源となる雑草を完全に除草するとともに，花卉類など本虫に好適な寄生作物を圃場の周りに植えない。また，寄主となりうる観葉植物などもハウスの中に持ち込まない。

▷初期防除に徹する。

トマト ＜ミカンキイロアザミウマ＞

現在のところ，本虫に効果の高い薬剤は少ないので，密度が高くなる前の発生初期に徹底防除する。

▷施設の開口部に目の細かい寒冷紗を張る。

ハウスの出入口や側窓，天窓などの開口部に寒冷紗（1mm目合い）を張って成虫の飛来・侵入を防ぐ。また，本虫は他のスリップス類同様，反射光を嫌う（行動が攪乱される）ので光反射資材を織り込んだ寒冷紗を使用するといっそう効果が高い。

＜防除の実際＞

▷別表〈防除適期と薬剤〉参照。

＜防除上の注意＞

▷葉裏にもよくかかるようにていねいに散布する。

成・幼虫は葉表に生息していることが多いが，葉裏や葉と葉が重なった部分の隙間に集まっていることがあるので，葉裏にもかかるようていねいに散布する。

▷発生が多いときは，連続散布する。

本虫は植物体上から落下して地表面で蛹になる習性があるため，発生が多いときは薬剤淘汰を受けなかった蛹が地表面にたくさん残っている可能性が高く，1回の薬剤散布では散布後すぐに密度が回復することがある。したがって，発生が多いときは，1週間間隔で2～3回連続散布する。

▷異なる薬剤をローテーション散布する。

本虫はすでに合成ピレスロイド剤などの各種薬剤に薬剤抵抗性が発達しており，現在防除効果が高い薬剤でも今後抵抗性が発達する可能性がある。したがって，薬剤抵抗性の発達を回避するために異なる系統の薬剤を組み合わせたローテーション散布を行なう。

トマト ＜ミカンキイロアザミウマ＞

＜効果の判定＞

▷薬剤散布2～3日後に葉上をよく観察し，成・幼虫がほとんどみられなくなっていれば，薬剤の防除効果はあったと判断する。しかし，明らかに薬液がかかったにもかかわらず密度の低下が認められなかった場合は，散布薬剤に対して薬剤抵抗性が発達していると考え，他の薬剤に切り替える。

（執筆・改訂：小澤朗人）

トマト 〈カメムシ類〉

カメムシ類

〈タバコカスミカメの被害〉

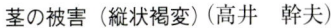

茎の被害（縦状褐変）（高井　幹夫）

茎の被害（リング状褐変）（高井　幹夫）

葉の被害
（高井　幹夫）

ミナミアオカメムシの卵塊（高井）
（高井　幹夫）

アオクサカメムシ
の5齢幼虫（高井　幹夫）

アオクサカメムシ
成虫（高井　幹夫）

ブチヒゲカメムシ成虫（高井　幹夫）

ミナミアオカメム
シ成虫（高井　幹夫）

タバコカスミカメ
成虫（高井　幹夫）

トマト〈トマトハモグリバエ〉

トマトハモグリバエ

成虫による被害：産舐痕が小さな白い斑点となり葉上に残る。　（徳丸　晋）

幼虫による被害：幼虫が前方へ進みながら食害して潜孔を形成し，潜孔は白い筋のように見える。(徳丸　晋)

成虫：体長約2mm（徳丸　晋）

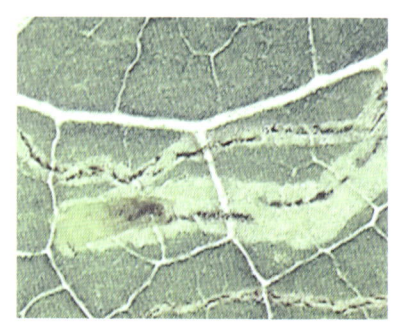

終齢幼虫：体長約3mm（徳丸　晋）

多発時の被害
　　　（徳丸　晋）

トマト　＜カメムシ類＞

カメムシ類

ミナミアオカメムシ
　　学　　名　*Nezara viridula* (Linnaeus)
　　英　　名　southern green stink bug, green vegetable bug
アオクサカメムシ
　　学　　名　*Nezara antennata* Scott
　　英　　名　green stink bug
ブチヒゲカメムシ
　　学　　名　*Dolycoris baccarum* (Linnaeus)
　　英　　名　sloe bug
タバコカスミカメ（新名）
　　学　　名　*Cyrtopeltis tennuis* (Reuter)
　　別　　名　タバコメクラガメ（旧名）
　　英　　名　tobacco leaf bug, tomato mirid

〔診断の部〕

＜被害のようす＞

▷ミナミアオカメムシやアオクサカメムシのような大型のカメムシに茎や葉が加害されると加害部から先がしおれることがある。また，1～3齢幼虫は集合性があり，群がって茎を加害するため，やはり加害された部分から先がしおれる。

▷果実が加害されると，未熟果では口器を刺した部分を中心に円状に白く退色し，その部分の着色が遅れる。また，加害された果肉部はスポンジ状になり，腐敗しやすくなる。

▷これらのカメムシはトマトで繁殖するというよりも周辺の雑草やマメ

科・イネ科作物などで繁殖し，そこからトマト圃場に移動してくる。発生は野外での密度が高くなる夏から秋にかけて多い。

▷被害がよく見られる作型は，露地栽培や雨よけ栽培のトマトである。

▷ミナミアオカメムシは紀伊半島以南の太平洋岸の平野部で発生が多く，アオクサカメムシはどちらかというと中山間部で発生が多い。高知県を例にとると，海岸近くの平野部ではほとんどミナミアオカメムシであり，中山間部ではほとんどアオクサカメムシであるが，平野部と山間部の境界部では両種が混在する。

▷ブチヒゲカメムシは地域を問わず発生するが，発生頻度は前2種に比べると低い。

▷タバコカスミカメは生長点近くの茎や葉柄を加害するが，虫体が小さく吸汁によるダメージが少ないため，萎凋や枯死するような被害症状は現われない。しかし，加害された部分が時間の経過とともに褐変してくる。なお，葉柄部への加害が激しい場合には，葉が黄化することがある。

▷タバコカスミカメによる典型的な被害症状は，茎にリング状の褐変が生じることであるが，縦状に褐変することもある。そのため，整枝，誘引作業中に被害部が折れやすくなる。果実が加害されることはない。

▷タバコカスミカメはコナジラミ類の重要な天敵でもあり，コナジラミ類の発生している圃場でよく見られる。しかし，餌となるコナジラミ類の密度が低くなってくるとトマトを加害し始める。

▷タバコカスミカメによる被害がよく見られるのは，マルハナバチや天敵を導入し，薬剤の使用が少ないハウス栽培であり，このようなハウスでは，春先から秋期にかけて本種が発生しやすい。薬剤防除を頻繁に行なうハウスでは，本種の発生はきわめて少ない。

▷タバコカスミカメの分布は本州以南であり，これらの地域ではどこでも発生する可能性がある。

トマト　＜カメムシ類＞

＜診断のポイント＞

▷ミナミアオカメムシとアオクサカメムシは成・幼虫とも非常によく似ており，また，両種成虫の体色の変異も同じであるため，両種が混在する地域では慣れないと見分けにくい。

▷外観で見分けるポイントは成虫の場合，側角と触角各節および腹部背面の色である。ミナミアオカメムシの側角は，ほとんど体側から外側に出ないのに対し，アオクサカメムシの側角は体側から外側に少し突き出る。触角の各節上部の色はミナミアオカメムシでは褐色であるのに対し，アオクサカメムシでは黒色である。なお，翅を広げてみて，腹部背面部が緑色ならミナミアオカメムシ，腹部背面部が黒色ならアオクサカメムシである。

▷老齢幼虫では背面の白紋が5，6対であればミナミアオカメムシ，3，4対であればアオクサカメムシである。

▷ブチヒゲカメムシ成虫は赤褐色または黄褐色であり，成・幼虫ともに体全体が白い毛で覆われており，近似種はいないので，見分けは簡単である。

▷タバコカスミカメの成虫は体長3～4mmと小さく，淡黄緑色で細長く，楔上部に暗色斑がある。幼虫は全体的に緑色で，取り立てて特徴はないが，トマトを加害するカスミカメムシは本種以外に知られていない。

＜発生動向その他＞

▷ミナミアオカメムシは温暖な地域の海岸線近くの平野部，アオクサカメムシは中山間部や冷涼な地域で発生が多いが，毎年多発することは少ない。

▷トマト圃場周辺で繁殖した個体が移動してくることが多く，発生は周辺環境に左右される。

▷最近，施設栽培のトマトでタバコカスミカメによる被害が頻発し始め

トマト　＜カメムシ類＞

た。本種は食植性と食肉性の両面を有し，最初の発生はトマト圃場に発生したオンシツコナジラミやタバココナジラミを追って侵入し，これらを捕食するが，餌となるコナジラミ類が減少するとトマトを加害し始める。

〔防除の部〕

＜虫の生態，生活史＞

▷ミナミアオカメムシは成虫で越冬し，四国や九州では4月上中旬ころから活動し始め，ムギ，ナタネで第1世代を経過する。その後は主にイネやダイズなどで増殖し，年間3～4世代を経過する。特に，世代が重なる8～10月に密度が高くなり，この時期にトマト圃場への侵入も多くなる。1雌当たりの産卵数は200個前後で，数十個の卵を六角形の形に産みつける。卵から成虫になるまでの期間は，夏期で約1か月である。幼虫は1，2齢ころまでは集団を形成するが，3，4齢ころから分散し始める。

▷アオクサカメムシは成虫で越冬し，四国では3月下旬～4月上旬ころから活動を始める。寄主植物はダイズなどマメ科，ナス科，イネ科など広範囲に及ぶ。四国，九州では年間2～3世代を経過する。8，9月に現われる2，3世代成虫がトマト圃場に侵入してくることが多い。産卵数や発育期間はほぼミナミアオカメムシと同じである。

▷ブチヒゲカメムシは成虫で越冬し，四国では3月下旬～4月上旬ころから活動を始め，年2世代を経過する。マメ科，ゴマ科，イネ科など多くの植物に寄生するが，トマトでの発生はミナミアオカメムシやアオクサカメムシに比べると少ない。

▷タバコカスミカメの生態については，わが国ではほとんど調べられておらず，不明である。食肉性と食植性の両面を有し，特にコナジラミ類を好んで捕食する傾向があり，トマト圃場への侵入はコナジラミ類の発生がきっかけとなっていると考えられる。

トマト ＜カメムシ類＞

＜発生しやすい条件＞

▷ミナミアオカメムシ，アオクサカメムシ，ブチヒゲカメムシともにトマトが好適な寄主植物というわけではなく，トマト圃場周辺のマメ科，イネ科の作物や雑草で繁殖した個体が侵入し，トマトを加害する場合が多い。したがって，トマトの被害もこれらの寄主植物でカメムシ密度が高くなる8，9月に多くなる。特に，トマト圃場の周辺で栽培されているダイズやイネで発生が多い場合には，これらの作物が収穫されるとトマトが集中的に加害されることがある。

▷タバコカスミカメの場合には，コナジラミ類が発生しているトマト圃場で発生に気をつける必要がある。ただし，本カスミカメはコナジラミ類の有力な天敵であるので，コナジラミ類の密度が高いときには天敵として利用し，コナジラミ類の密度が下がった時点で防除するとよい。

▷タバコカスミカメの発生は春先から秋にかけて多く，施設栽培や雨よけ栽培で目立つ。ただし，殺虫剤を頻繁に使用する圃場では発生が少なく，マルハナバチや天敵を利用し，殺虫剤の使用が少ない圃場でよく発生する。

＜対策のポイント＞

▷ミナミアオカメムシやアオクサカメムシは，主に葉裏に卵塊で産みつけ，孵化幼虫から3齢幼虫ころまでは集団で加害するため，この時期には比較的目につきやすい。管理や収穫作業中に卵塊や集団の幼虫を見つけしだい，葉ごと取り除くか捕殺するとよい。薬剤防除する場合でも，この時期であれば効果的に防除できる。

▷トマト圃場周辺にイネやダイズなど繁殖に適した寄主作物が栽培されている場合には，それらの作物から移動してくる可能性が高いので，圃場周辺での発生状況に注意し，侵入が見られ始めたら防除対策を講じる。周辺圃場が多発状態になっている場合には，侵入が始まる前に周辺作物での

防除を行なうとよい。特に，多発状態のままでイネやダイズが収穫されると，一斉に侵入してくるので注意する。

▷雨よけ栽培や施設栽培の場合，サイドに防虫ネットや防風ネットを張ることで大型のミナミアオカメムシやアオクサカメムシの侵入を防止できる。同時にヤガ類やヨトウ類などの侵入防止にもなる。

▷タバコカスミカメはコナジラミ類の発生が多い圃場で多発する傾向があるので，コナジラミ発生圃場では本カスミカメの発生に注意する。

＜防除の実際＞

▷別表〈防除適期と薬剤〉参照。

▷アブラムシ類やコナジラミ類などの防除に，カメムシ類にも効果のある薬剤を使用することで，カメムシ類の発生を抑えることができる。

＜その他の注意＞

▷ミナミアオカメムシ，アオクサカメムシおよびブチヒゲカメムシは周辺のイネやダイズなどで繁殖し，そこから次々と成虫が移動してくることが多いので，防除はトマト圃場だけでなく，周辺の発生源も含めて行なう。

▷タバコカスミカメはコナジラミ類の有望な天敵であり，餌となるコナジラミ類が減少するまではトマトに被害を及ぼすことは少ない。したがって，コナジラミ類が発生している場合には，まず天敵として利用し，コナジラミ類の密度が低下した時点で防除するとよい。

＜効果の判定＞

▷有機リン剤や合成ピレスロイド剤は速効性なので，散布翌日に生存虫の有無を確認することで効果の判定ができる。

（執筆・改訂：高井幹夫）

トマトハモグリバエ

学　名　*Liriomyza sativae* Blanchard
英　名　vegetable leafminer
英名別名　tomato leafminer

〔診断の部〕

＜被害のようす＞

▷雌成虫が産卵管で葉の表皮に小さな穴をあけて葉肉内に産卵する。

▷孵化した幼虫は，葉肉を食べながら前方に進むので潜孔が形成され，潜孔は白いスジのように見える。幼虫は潜孔内に黒色の糞を線状に残す。加害が著しい場合は，葉が白化する。

▷本種の潜孔は，マメハモグリバエおよびナスハモグリバエの潜孔とは異なり，発生初期の段階から上位葉にも見られる。

▷トマトなどの果菜類では，収穫対象である果実は加害されないので，加害が少ない場合には生産物の収量と品質に影響はない。しかし，加害が多い場合には，光合成が阻害されるため収量が減少する。

▷京都府内の施設では，本種は5月から発生を始め，8月以降発生量が多くなり，12月まで発生する。

＜診断のポイント＞

▷成虫の体長は1.5～2mmである。胸部の背面は黒色で，光沢がある。頭部の外頭頂剛毛の着生部は黒色である。雌成虫は産卵管で葉の表皮に小さな穴をあけて，そこからにじみ出る葉液をなめたり産卵したりする。その舐痕および産卵痕は小さな白い斑点となって葉上に残る。

トマト ＜トマトハモグリバエ＞

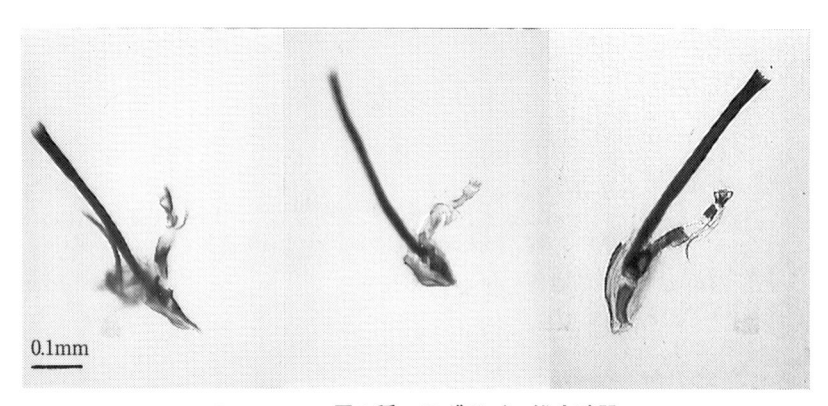

***Liriomyza* 属3種ハモグリバエ雄生殖器**
左からトマトハモグリバエ，マメハモグリバエ，ナスハモグリバエ。

▷卵は，楕円形，半透明，ゼリー状である。卵の長径は0.2～0.3mm，短径は0.1～0.15mmである。

▷孵化した幼虫は，葉肉を摂食し，潜孔内に黒色の糞を線状に残す。幼虫は淡黄色のウジであり，後気門には3個の気門瘤がある。終齢幼虫は体長が約3mmである。

▷終齢幼虫は，葉から脱出して地上もしくは葉の表面で蛹化する。囲蛹は黄褐色の俵状であり，長径は1.3～2.3mm程度である。

▷トマトハモグリバエは，同属のマメハモグリバエおよびナスハモグリバエと形態および加害様式が酷似しており，識別がきわめて困難である。3種の正確な同定は，雄成虫の交尾器先端部の陰茎端節（distiphallus）および陰茎端節基部（mesophallus）を腹面および側面から観察し，形状の違いによりおこなう。本種の陰茎端節は腹面から見るとチューリップ型で，陰茎端節基部は陰茎端節よりも短い。

＜発生動向その他＞

▷本種は，アメリカ合衆国南部からアルゼンチン，チリに至る南北アメリカ大陸に広く分布していたが，アジアでは1990年代にインド，タイ，

トマト ＜トマトハモグリバエ＞

中国で発生が確認された。アメリカ合衆国では，本種の殺虫剤抵抗性の発達が認められ難防除害虫とされている。

▷ わが国では，1999年に京都府，山口県，沖縄県のトマトで本種の発生が初めて確認された。2004年8月現在では西日本を中心に1都2府35県で発生が確認されている。

▷ 1999年に発生を確認して以降，2000年には京都府内のほぼ全域で本種の発生が確認された。

▷ 本種は，ウリ科，マメ科，ナス科など広範なグループにわたる農作物を加害するが，特にキュウリ，カボチャなどのウリ科作物で発生することが多い。

▷ わが国では，本種が，同属のマメハモグリバエおよびナスハモグリバエと同時に発生することがある。

〔防除の部〕

＜虫の生態，生活史＞

▷ 産卵から羽化までの発育所要日数は，15℃で約59日，20℃で約30日，25℃で約17日，30℃で約13日である。25℃条件下で，卵期間と幼虫期間はそれぞれ約3日で蛹期間は約11日である。発育零点は約10℃であり，35℃では発育できない。

▷ 15℃および18℃短日条件下において休眠はしない。

▷ インゲンマメを寄主にしたときの，25℃における本種の雌成虫の平均寿命は28.1日（最長41日），平均総産卵数は639.6個（最大値989.9個）である。

▷ トマトハモグリバエの発生量は，京都府の場合8月以降に多くなり，施設では12月まで発生が継続する。

▷ トマトハモグリバエの寄主範囲は広く，中国では14科69種の植物が寄主として報告されている。わが国では，これまでにウリ科，マメ科，ナ

トマト　＜トマトハモグリバエ＞

ス科，アブラナ科，キク科，アオイ科の合計6科39種の作物で発生が確認されている。特にキュウリ，カボチャなどのウリ科作物での発生が目立つ。

▷雑草では，イヌホウズキ，スカシタゴボウ，ヨモギに寄生する。

＜発生しやすい条件＞

▷キュウリ，カボチャなどのウリ科作物の圃場。

▷キュウリ，カボチャ，インゲンマメ，ナスなどの好適寄主作物が周辺に作付けされている圃場。

＜対策のポイント＞

▷多発後の防除は困難であるため，発生初期の防除を徹底する。

▷購入苗を使用するときは，葉上の食害痕の有無を充分に調べる。

＜防除の実際＞

▷別表〈防除適期と薬剤〉参照。

▷摘葉や収穫後の残渣は発生源となるので，圃場外へ持ち出して処分する。

▷圃場および圃場周辺の除草をおこない，圃場衛生に努める。

▷購入苗を使用する場合は，寄生が認められる苗は植え付けない。

▷自家育苗をおこなう場合は，1mm目合い以下の防虫ネットで苗を覆い，成虫の侵入を防ぐ。

▷すでに発生した施設では，栽培終了後に土壌消毒をおこない，施設内の蛹および成虫の死滅を図る。

＜効果の判定＞

▷施設栽培の場合，黄色粘着板や黄色リボンを施設内に設置して，成虫の発生状況を把握する。幼虫の発生状況は，苗をよく観察して把握する。

（執筆：徳丸　晋・阿部芳久，改訂：徳丸　晋）

ナス

病気

青枯病

維管束部から噴出する青枯病菌の顕微鏡写真　　（矢野　和孝）

初期の病徴：茎葉の一部が水分を失って急にしおれる。
（中曽根　渡）

発病末期の症状：葉が黄褐変して激しくしおれるが，落葉は少ない。　　（橋本　光司）

典型的な症状：病勢の進展は早く，4～5日で枯れてしまう。　　（中曽根　渡）

ナス〈半枯病〉

半　枯　病

典型的な半枯れ症状：下葉から発病し，ひどくなると落葉する。　　（岸　国平）

発症株：下葉から発病し，生育が劣る。
（岸　国平）

初～中期の症状：半葉の脈間部が黄化する。（岸　国平）

ナス ＜青枯病＞

青　枯　病

病原菌学名　*Ralstonia solanacearum* Smith 1896
　　　　　　Yabuuchi, Kosaka, Yano, Hotta and Nishiuchi 1996
英　　名　Bacterial wilt

〔診断の部〕

＜被害のようす＞

▷発病初期には日中に株の一部の茎葉がしおれるが，夜間や曇雨天の日には回復する。しかし，数日後にはしおれ症状は回復することなく持続する。

▷その後，株全体のしおれ症状が強くなり，最後は枯死する。

▷発病株の地際部の茎を切断すると導管が褐色に変色している。数分後には茎の切断面に乳白色の菌泥がにじみでる。

▷感染株の剪定や果実収穫の際にハサミが汚染され，この汚染ハサミを使用したために感染が起こる地上部からの感染の場合には，株全体のしおれ症状ではなく，一部の枝がしおれることが多い。

＜診断のポイント＞

▷ナスでは最も被害の大きな病害で，高温時に発生する。

▷病勢の進展は非常に速く，発病後数日で株全体が青枯症状となり，その後1週間程度で枯れる。

▷発病株が二次伝染源となることが多いため，隣接する株も発病する場合が多い。

ナ　ス　＜青枯病＞

▷地際部の茎を切り出し，少量の水の中に茎を入れると乳白色の菌泥が水中に溶出する。しかし，発病初期の場合では青枯病菌が充分増殖していないため，菌泥を確認することができない場合もある。

▷施設栽培では，初発が露地栽培と比較して低温時に発生するため，茎からの菌泥が認められない場合もあり，半身萎凋病との識別が困難な場合もある。そのような時には，切り出した茎をビニール袋などに入れ，1日程度室内に放置し，加温状態にすると，青枯病菌が茎内で増殖し，菌泥を容易に確認することができる。

＜発生動向その他＞

▷本病は高温性の病害であることから，暖地の露地栽培を中心として発生していた。しかし，水田跡地などの地下水位の高い圃場や，施設栽培の増加により連作障害として多発傾向にある。大阪府では水ナスの栽培が増加しているが，本品種は特に青枯病に弱く，多発しやすい。

▷ナスの細菌性の土壌伝染性病害（導管が侵される病害）で青枯病と混同されやすい病害として茎腐細菌病が知られているが，本病は茎の基部が褐変する場合が多く，その点で区別される。

▷また，類似症状を示す病害として半枯病，半身萎凋病がある。半枯病では，主脈を境として葉の半分が黄変し，下葉から落葉する。しかし，アカナス，トルバム・ビガー，アシスト，耐病VFなどは抵抗性台木であるため，その発生は少ない。半身萎凋病はその初期症状が青枯病と類似するが，青枯病よりも低温時期に発病し，高温になると病気の進展は止まり，青枯病のように枯死することはない。

〔防除の部〕

＜病原菌の生態，生活史＞

▷病原菌は感染株の根などとともに土壌中に長期間にわたり生息し伝染

ナス ＜青枯病＞

源となり，土壌伝染性の細菌性病害である。また，病原菌は導管内で増殖することから，地上部への農薬散布による防除効果を期待することはほとんどできないため，難防除病害のなかでも最も防除が困難な病害である。

▷わが国では，トマト，ピーマンなどナス科作物などで多くの被害が認められており，28科100種以上の植物を侵す多犯性の病原菌である。

▷病原菌は水の移動とともに拡散・拡大する。

▷土壌中の菌密度が10^4cfu/g乾土以上になると発病する。

▷病原菌は乾燥に弱いため，土壌が乾燥すると早期に死滅する。そのため，地表面の青枯病菌の菌密度の変動は大きいが，土壌深部では土壌湿度の変動が少ないため，長期に生息することができる。

▷本病原細菌は千両2号，ツノナス，ヒラナス（アカナス）およびトルバム・ビガーに対する病原性の有無により五つの菌群に類別され，病原性の分化（レース）が認められている。

▷抵抗性台木を利用した防除に際しては，発生圃場の菌群を知ることが必要であるが，発生圃場は一つの菌群だけではなく，複数の菌群に汚染されていることがある。

▷病原細菌はナスが栽培されると根の周辺で増殖し，根の傷口から，あるいは側根が発生するときに生じる細胞の隙間などからも侵入，感染する。その後，導管内で増殖するため，水分の移行が阻害され，青枯症状を示すようになる。

▷青枯病菌には非感受性の植物であっても植物組織内に青枯病菌が侵入すると増殖することがあり，輪作体系としての非寄主栽培により土壌中の菌量低下は期待できないことが認められる。

＜発生しやすい条件＞

▷青枯病菌は水で移動するため，地下水位の高い圃場では土壌深部の青枯病菌が浮上する。また，水はけの悪い圃場でも発生しやすい。

▷青枯病は高温性の病害であるため，気温が20℃以上になると発病し

ナス　＜青枯病＞

やすくなる。露地栽培では梅雨明け頃，施設栽培では5月以降から発生する。

▷施設栽培では連作することが多いため，多発しやすい。また，ハウス内と外界との境界付近に青枯病菌が生息し，特にハウス外の青枯病菌は土壌消毒の影響を受けないため，外部からの青枯病菌の侵入により発生する場合が多い。

▷土壌の乾湿度差が大きい場合，線虫の生息密度が高い圃場など根を傷めるような栽培環境は発病を助長する。

▷窒素質肥料が過多となると発病しやすくなる。

▷ナス果実の品質低下を防止する目的で高温時に畦間を湛水状態にすると多発しやすい。

＜対策のポイント＞

▷育苗は青枯病が発生したことのない圃場で実施する。

▷多発の原因は連作と土壌消毒の効果不足が主な原因であることから，連作を避けることが最も有効である。

▷常発圃場では抵抗性台木品種を利用することが有効であるが，Ⅳ群菌に高度に汚染された圃場では，防除効果は低いため，土壌消毒を入念に実施する。

▷現在使用されている抵抗性台木のなかで，Ⅳ群菌に抵抗性を示す台木はあるが，それらは潜在感染し，根から地上部に移行する。そのため，穂木が青枯病菌に感受性であることから防除効果を期待することはできない。防除に際しては，発生圃場におけるⅣ群菌の生息の有無とその汚染程度を把握することが重要である。

▷剪定，収穫作業時のハサミにより地上部から伝染することがあるので，発病が疑わしい株の作業は最後に実施する。

▷発病株は圃場外に持ち出すことが必要であるが，根を引き抜き，除去すると隣接株の根を傷め，感染する確率が高くなるため，地際部の茎を切

ナス ＜青枯病＞

断し，地上部を圃場外に持ち出す。
　▷高温性の病害なので，畦に敷わらなどをすることにより地温の上昇を防ぐ。
　▷排水不良の圃場では発生しやすいので，高畦にして排水の改善を図る。
　▷土壌が過度に乾燥しないように水管理に注意する。
　▷傾斜地の圃場で栽培する場合には一番低い圃場から栽培を始め，順次高い圃場で栽培する。

＜防除の実際＞

　▷別表〈防除適期と薬剤〉参照。
　▷育苗は青枯病が発生したことのない圃場内で行なう。
　▷常発圃場では抵抗性台木を利用する。しかし，Ⅳ群菌の汚染程度の高い圃場では防除効果を期待できない。
　▷露地栽培では，前年度青枯病が発生した圃場での栽培は行なわない。
　▷近年，土壌消毒法として熱水消毒が普及しつつあり，高い防除効果が認められている。しかし，粘土質の高い圃場では熱水が土壌深層部まで到達することができないため，防除効果が期待できない場合もある。

＜その他の注意＞

　▷ナスの青枯病菌は千両2号，ツノナス，ヒラナスおよびトルバム・ビガーに対する病原性の有無により五つの菌群に類別されており，病原性の分化が知られている。その中でもトルバム・ビガーを侵すⅣ群菌は現在市販・利用されている台木品種では防除効果を期待することはできない。
　▷トルバム・ビガーはⅣ群菌には感受性であるが，その他の菌群には抵抗性を示す。しかし，高温条件下では，抵抗性が打破され，感受性となることが知られている。
　▷カボチャ台のキュウリの萎凋症の原因が台木のカボチャが青枯病菌に

ナ ス ＜青枯病＞

侵され，キュウリが萎凋することが報告されており，汚染圃場におけるカボチャ台キュウリの栽培には注意が必要である。

＜効果の判定＞

▷青枯病の発生が前作と比較して低下した場合には効果があったと判断される。しかし，土壌中の菌量よりも生息の有無，つまり青枯病菌が生存しているかいないかで判断するほうが適当である。

（執筆：飯嶋　勉，改訂：中曾根渡）

ナ ス ＜半枯病＞

半 枯 病

病原菌学名　*Fusarium oxysporum* Schlechtendahl
　　　　　　f.sp.*melongenae* Matsuo et Ishigami
英　　　名　Fusarium wilt

〔診断の部〕

＜被害のようす＞

▷下葉から発生し，最初は葉柄の近くの一部の葉脈が黄変する。

▷葉脈の黄変は，しだいに葉の先端にすすみ，まわりの組織も黄色くなり枯死する。この場合，主脈を境として葉の半分が枯れることが多いので，半枯病と命名された。

▷若い葉では，葉の片側が黄変するため主脈が曲がり，葉は奇形となる。

▷発病葉は，病勢がすすむにつれて下葉から落葉する。病勢が激しい場合には，葉は全部落ち，株は枯死するが，軽い場合は株の一部が発病し，数本の枝が枯れる。

＜診断のポイント＞

▷苗床では本葉4～5枚のころから発生し，本畑では定植後2週間ぐらいたってから発生する。ふつう，被害が目立ってくるのは5月に入ってからで，6月中下旬に発生が増加する。

▷発病株の茎を切ってみると，導管が黄褐色に変色している。

▷青枯病や半身萎凋病のように葉がしおれることは少なく，下葉から黄変し，のちに落葉する。

ナス ＜半枯病＞

＜発生動向その他＞

▷昭和25年に愛知県ではじめて発生した病害で，その後，高知県，徳島県，大阪府，愛知県，東京都，埼玉県などで発生している。最近は接ぎ木栽培の普及に伴って被害は減少している。

〔防除の部〕

＜病原菌の生態，生活史＞

▷病原菌は，不完全菌類に属する一種のカビで，ナスだけを侵す。

▷本菌は，厚膜胞子という抵抗力の強い胞子の形で，被害茎葉とともに土の中に生き残っている。また，種子に付着して伝染することもある。

▷ナスが植えられると，厚膜胞子は発芽し，菌糸を伸ばして根から侵入する。この場合根に傷があると，侵入はいっそう容易である。侵入の門戸となる根の傷は，移植や定植のときの傷がふつうで，その他の土壌センチュウや害虫による場合もある。

▷植物体に侵入した病原菌は，導管の中で繁殖する。このため水分の上昇が妨げられ，また病原菌の産生する毒素によって葉は枯れる。

▷病原菌は，8～36℃で生育し，最適温度は28℃前後である。発病も土壌温度27～28℃でもっとも激しく，22～24℃では潜伏期間が長くなり，発病程度も軽くなる。地温が20℃以下では，発病までに3～4週間かかる。

＜発生しやすい条件＞

▷連作すると発生が多くなる。
▷苗床で感染すると被害が大きい。
▷土壌が酸性になると発生しやすくなる。

ナス ＜半枯病＞

＜対策のポイント＞

▷種子消毒を励行する。
▷床土は毎年更新し，消毒する。
▷連作をさける。ハウスなどで輪作年限が短い場合には，土壌消毒する。
▷発生がとくに多い場合には，抵抗性台木に接ぎ木する。

＜防除の実際＞

▷播種前に床土を消毒する（半身萎凋病の項参照）。
▷抵抗性台木に接ぎ木する。
▷定植前にくん蒸剤により土壌消毒する（半身萎凋病の項参照）。

＜その他の注意＞

▷連作はできるだけさける。
▷市販の品種には抵抗性の品種はないが，千両，千両二号，万両などは比較的耐病性がある。
▷苗床で感染した場合には，被害が大きくなるから，床土消毒を励行する。
▷定植前に消石灰を施用し，土壌pHを7.0以上にすれば発生が少なくなる。ただし，石灰施用後ただちに土壌くん蒸剤で処理すると，強い薬害が長期にわたって発生することがある。石灰を施用した場合には，10日以上たってから土壌くん蒸剤を注入する。
▷発生の多い畑やハウスでは，抵抗性台木に接ぎ木する。アカナス，アオナス（*Solanum gilo*），くろがね1号，興津1号，耐病VF茄，トルバム・ビガー，台太郎，アシスト，サポート1号は，本病に抵抗性がきわめて高く，穂の部分から発根しないかぎり発病しない。
▷接ぎ木時には，接ぎ木部分が土壌に埋没しないようにする。

ナス　＜半枯病＞

▷本病は青枯病などとちがって病勢の進展がおそく，発病しても枯死しない場合が多い。施肥管理を充分に行ない，草勢を強健に育てれば，被害を軽減できる。

▷病原菌は，根の傷口から侵入するから，移植や定植はていねいに行ない，中耕などのときにも，できるだけ根を切らないようにする。

▷発病株は抜き取り処分する。栽培終了後は罹病株残渣を集め，圃場外に出し，焼却する。

(執筆：飯嶋　勉，改訂：久下一彦)

半身萎凋病

典型的な葉の症状：初め葉脈間が部分的に黄化し，のちに褐変する。　　　（橋本　光司）

発病初期の症状：下葉のところどころに褐色斑が生じ，葉がしおれる。　　　（中曽根　渡）

発病中～末期の症状：発生初期の葉の発病は枝の片側だけだが，のちに全体に広がり，落葉する。　　　（橋本　光司）

ナス〈黒枯病〉

黒 枯 病

葉の病徴：黒褐色の病斑を生じる。
（高橋　尚之）

病斑を生じた葉裏　　　　（高橋　尚之）

果実の症状：多発すると果実に水疱状の
隆起した小点を生じる。　（高橋　尚之）

半身萎凋病

病原菌学名　*Verticillium dahliae* Klebahn
英　　　名　Verticillium wilt

〔診断の部〕

＜被害のようす＞

▷はじめ下葉のところどころの葉脈間に周縁不鮮明の退色斑が生じ，葉はしおれ，葉の縁は上面に軽く巻き上がる。退色部は1～2日後には黄白色となり，しだいに病斑の中央部から枯死する。

▷発病は徐々に上の葉にすすみ，発病葉はしおれて垂れ下がり，最後には落葉する。

▷初期の症状は，枝の片側の葉だけにかぎられ，1枚の葉では，主脈を中心として片側だけがしおれることが多い。

▷病勢がすすむと反対側の葉も発病し，さらに健全であった枝も発病して株全体が枯死する。

▷茎を切断してみると，導管が褐変している。

▷発病株は生育が非常に悪く，着果と果実の肥大も不良となる。

＜診断のポイント＞

▷関東以西の暖地では，ハウス栽培やトンネル栽培で発生し，4～7月上旬に発生が多く，夏になると発病は休止するが，秋口から再び多発する。長野県，山形県，岩手県，青森県などの冷涼地では露地栽培で発生し，7月上旬ころから発生が多くなる。

▷発病は，数本の枝の下葉からはじまり，片側だけがしおれて垂れ下が

ナス　＜半身萎凋病＞

り，のちに落葉する。

▷発病葉の葉柄や発病枝を切断してみると，導管が褐変している。

▷ナスに本病と類似の立枯れと導管変色を起こす病気としては半枯病と青枯病があるが，発病初期の病徴によりそれぞれを区別する。

▷半枯病とは葉の病徴で区別できる。半枯病の場合には葉脈に沿って網目状に黄化し，発病葉はしおれないのに対し，本病では葉脈の間あるいは葉の縁にまだらに黄白斑が生じ，発病葉は激しくしおれる。

▷青枯病とは病気のすすむ速さと葉の症状が異なる。青枯病の場合には下葉の片側から黄化が始まることはなく，株の一部または全体が急に水分を失って青いまましおれる。

＜発生動向その他＞

▷昭和15年ころに長野県で発見され，その後山形県など北日本の冷涼地で発生の多い病気であったが，最近は施設栽培など作期の前進に伴って関東以西の平坦地でも多発するようになった。現在，難防除病害のひとつに扱われ，北海道～九州の露地および施設栽培で発生し，被害が大きい。

〔防除の部〕

＜病原菌の生態，生活史＞

▷病原菌は不完全菌類に属する一種のカビで，ナスのほかトマト，ピーマン，トウガラシ，ジャガイモ，メロン，イチゴ，ホウレンソウ，オクラ，ハクサイ，ダイコン，キャベツ，カブ，フキ，キク，ホオズキなどかなり多くの植物を侵す。

▷本菌は菌糸のほかに分生子と菌核を形成する。

▷菌核は地上に落ちた枯死病葉上に豊富に形成され，菌核の形で土壌中で越年している。

▷苗が植えられると，菌核は発芽して菌糸を伸ばし，根の先端部や傷口

ナス　＜半身萎凋病＞

から植物体に侵入する。侵入した菌は導管内に多量に分生子をつくり，この分生子が導管流によって地上部に運ばれ，分枝部や葉柄基部，葉身基部など導管が密に分布する部分に定着する。この菌が導管内で増殖し，水分の上昇を妨げ，あるいは毒素を産生し，植物にしおれを起こす。

▷培地上における本菌の生育適温は22〜25℃であり，30℃以上になるときわめて生育不良となる。

▷周囲の畑へは，菌核が被害残渣とともに風雨によって伝染し，また，未発生地への病原菌持込みは苗による場合が多い。

＜発生しやすい条件＞

▷本病は地温22〜26℃の時期に発生しやすく，18℃以下の低温や30℃以上の高温では発病しにくい。したがって，施設の前進型栽培や冷涼地の露地栽培で多発する。平坦地の露地栽培の場合に，夏の高温期に発病が一時休止し，秋口から再発病するのも温度の影響である。

▷土壌湿度は乾燥よりも湿潤状態で発病しやすく，日照不足は発病を助長する。

▷ナスの連作畑やトマト，イチゴ，ウドなどとの輪作頻度の高い畑で発生しやすい。

▷床土消毒が不完全で，苗床で感染を受けた場合には，とくに被害が激しい。

▷市販品種はすべて本病に感受性である。

▷老熟苗は発病しやすいので，本圃への定植には用いない。

＜対策のポイント＞

▷ナスの連作あるいはトマトなどとの輪作を避ける。
▷床土消毒を励行する。
▷発生の多いハウスや畑では，土壌を消毒するか，抵抗性台木に接ぎ木する。

ナ　ス　＜半身萎凋病＞

▷7～8月の湛水処理や施設における太陽熱利用による土壌消毒および熱水土壌消毒も有効である。

＜防除の実際＞

▷別表〈防除適期と薬剤〉参照。
▷ナス，トマト，イチゴなど病原菌の宿主との輪作を避ける。
▷播種前に夏期の湛水処理や太陽熱利用による土壌消毒を行なう。
▷トルバム・ビガーなど抵抗性台木に接ぎ木する。
▷発病株は見つけしだい抜き取り処分する。

＜その他の注意＞

▷トルバム・ビガー台の接木栽培も効果は完全ではない。病原菌宿主植物の連・輪作を避け，また夏期の湛水処理などを行ない，土壌中の病原菌密度を下げる努力が必要である。

▷発病株は，見つけしだい早く抜き取り，焼き捨てる。病勢の進展がおそく，回復する場合もあるが，畑に病原菌をふやさないために残念でも処分する。収穫が終わったら株は根ごと抜き取り，畑を清掃する。

▷病原菌は根の傷口から侵入するから，移植や定植はできるだけていねいに行ない，根を傷めないようにする。

（執筆：飯嶋　勉，改訂：久下一彦）

黒 枯 病

病原菌学名　*Corynespora melongenae* Takimoto
英　　　名　Black rot

〔診断の部〕

＜被害のようす＞

▷主として葉に発生し，最初は紫がかった褐色の点状または丸い病斑ができる。病斑はしだいに拡大して直径0.5～1cmの円斑となり，まれには4cmに達する。葉脈の上にできた病斑は細長くなる。古い病斑は，周辺が紫黒色で，中央は色あせて灰褐色となり，輪紋をつくることもある。
▷1枚の葉に多数の病斑ができると，落葉してしまい，生育が著しく抑制される。
▷葉の基部に発生すると，葉全体が枯れるだけでなく，茎に達して病斑をつくる。果梗に発生すると，同様に茎が侵されて枝枯れとなる。果梗の発病は，果実を切り取った切口からはじまることが多い。
▷果実の発病は比較的少ないが，ヘタの部分や果頂に赤褐色の病斑ができ，へこむか亀裂を生ずる。また，幼果の表面に水泡状の隆起した小点を生じ，果実は湾曲することが多く，商品価値を著しく損なう。

＜診断のポイント＞

▷ハウス栽培に特有の病害で，露地栽培では発生がまれである。
▷苗床やハウス内が高温にすぎ，湿度が高いと発生しやすい。
▷主として葉に発生し，黒褐色の病斑ができ，落葉する。
▷葉のほか茎や果実も発病する。

ナス ＜黒枯病＞

▷病斑は褐紋病とやや類似するが，本病は施設栽培で発生し，病斑の上に黒い粒ができることもない。

＜発生動向その他＞

▷昭和38年ごろから高知県，徳島県，大阪府，愛知県などのハウス栽培で発生し，その後西日本各地に発生するようになった。最近は関東地方でも多発傾向にあり，また梅雨期に密植，排水不良な露地栽培でも認められている。

〔防除の部〕

＜病原菌の生態，生活史＞

▷病原菌は不完全菌類に属する一種のカビで，自然状態ではナスだけを侵す。人工的に接触すると，トマトやジャガイモなど他のナス科植物も発病する。

▷病原菌は菌糸や分生子の形で，被害茎葉，ハウスなどの資材，種子について残存し，伝染源となる。

▷生き残った病原菌は，湿度が高く，気温が15～25℃になると分生子を形成し，これが周囲に飛散する。

▷植物上に到達した分生子は，気温20～28℃で多湿のとき良好に発芽し，植物体に侵入する。葉や茎に傷があると，病原菌の侵入はいっそう容易になる。果実をとった切り口から発病しやすいのは，このためである。

▷侵入後4～5日たつと病斑が現われ，病斑が古くなると，その上に分生子が形成されてふたたび周囲の株に伝染する。

＜発生しやすい条件＞

▷平均気温が20～25℃で湿度の高いときに発生しやすい。

▷苗床や定植初期の施設では，温度管理が不適当で高温にすぎると多発

する。

▷5〜6月ごろ晴天が続き，施設内の気温が著しく上がるようなときにも発生しやすい。

＜対策のポイント＞

▷苗床や施設内の気温，湿度が高くなりすぎないようハウスの開閉，灌水水量を適切に管理する。

▷早期発見につとめ，発生初期のうちに薬剤を散布して蔓延を防止する。

▷多発時は下位の罹病葉をできるだけ取り除き，株元の落葉も除去してから薬剤をたっぷり散布する。

＜防除の実際＞

▷別表〈防除適期と薬剤〉参照。

＜その他の注意＞

▷着果後は薬液によって果実がよごれるため，とかく薬剤散布が敬遠されがちであるが，本病は蔓延させてしまうと被害が非常に大きいから，予防散布を重点に防除する。なお，発病の多い下葉や落葉は処分してから薬剤を散布する。

▷苗床やハウス内の高温多湿が発病を助長するので，ハウス内環境を適切に管理することが大切である。

▷本病に対する抵抗性品種はないが，黒光極早生，万両，埼交2号などは比較的強い。

▷栽培終了後，ハウスを密閉し太陽熱を利用した高熱で内部の病原菌を死滅させると，翌年の伝染源をなくすことができる。

（執筆：飯嶋　勉，改訂：久下一彦）

ナス〈褐紋病〉

褐　紋　病

葉の病斑：同心円状の輪紋があり、小さな黒い粒ができている。

蔓延期の葉の病斑：こうなる前に薬剤を散布しておく。

葉脈部にできた病斑：葉脈に沿って、流れるように拡大する。

ナス 〈褐紋病〉

茎の病徴：蔓延期には茎や果実にも発病する。

地ぎわ部の病徴

萎凋症状
病斑が茎をとりまくと、そこから上の茎葉は萎凋し、やがて枯死する。

果実の病徴
同心円状の輪紋があらわれる。落果するか、乾燥してミイラ状になる。

ナス ＜褐紋病＞

褐　紋　病

病原菌学名　*Phomopsis vexans* (Saccardo et Sydow) Harter
英　　　名　Brown spot, Phomopsis blight

〔診断の部〕

＜被害のようす＞

▷苗床から本畑までひきつづいて発生する。

▷苗床では地ぎわの少し上が暗褐色になり，苗は立枯れとなる。

▷トンネルや本畑初期には，主として葉に発生する。はじめ下葉に蒼白色で周辺がぼやけた病斑ができ，しだいに拡大して直径1cmぐらいの褐色で丸い病斑となる。病斑の境は明瞭で，同心円状の輪紋があり，その上に小さな黒い粒（柄子殻）が輪状にできる。

▷本畑後期の蔓延期には，若い葉にも多数の病斑ができ，枝や果実にも発病する。若い葉では最初周辺のぼやけた紫褐色の病斑で，ときには病斑の周囲を紫色の色素がとりまくこともある。病斑が拡大すると，他の病斑と融合して大型になる。病斑が古くなると破れやすくなり，裂けたり穴があいたりする。長雨のときや晩秋には病斑の境は不明瞭で，輪紋もはっきりせず，柄子殻の形成も少ない。

▷葉脈の付近が侵されると病斑は葉脈にそって流れるように拡大する。葉の裏側をみると葉脈の上に小さな亀裂のような病斑があり，葉脈は褐色または黄色に枯れる。

▷枝にはややへこんだ褐色の細長い病斑ができ，多数の病斑ができたり病斑が拡大して茎をとりまくと，枝は枯れる。新芽の近くの茎が侵されると，細長いくびれた病斑ができ，新芽は病斑の側に垂れ下がる。

ナス　＜褐紋病＞

▷果実には，最初やけどのような丸みをおびた病斑ができ，のちにへこんで同心円状の輪紋が現われ，小さな黒い粒が生じてくる。発病した果実はヘタの部分から落ちるか，あるいはそのまま乾燥してミイラ状となる。果梗が侵されて幼果が枯死し，ミイラ状になることもある。

＜診断のポイント＞

▷ナスではもっともふつうに発生する病害である。寒冷地でも発生するが，暖地で被害が大きい。発生はハウス栽培よりも露地栽培で多く，梅雨明けのころから多発し，被害は盛夏をすぎたころに大きい。

▷最初は葉に病斑が現われるが，後には茎や果実も発病する。

▷いずれの場合にも病斑上に同心円状の輪紋があり，その上に小さな黒い粒ができている。

▷ナスの葉に発生する病害の特徴は以下のとおりである。

▷褐紋病は葉に直径1cmぐらいで，褐色，輪紋のある病斑ができる。病斑上には，小さな黒い粒が同心円状に並ぶ。茎や果実も侵される。

▷褐色円星病は秋口に葉だけに発生し，褐色で直径0.3〜0.5mmの病斑ができる。病斑には輪紋がなく，病斑の表側に暗灰色のカビがはえている。病斑が古くなると，破れて穴があく。

▷黒枯病は施設栽培で高温時に発生し，葉に0.5〜1cm大の紫褐色の病斑が多数生じ，発病葉は激しく落葉する。茎や果実も侵される。

▷すす斑病は施設栽培で3〜6月に葉だけに発生し，直径0.5〜1cmの淡褐色の病斑を生じる。灰褐色すす状のカビが病斑の裏側に密生し，表側にはほとんどはえない。

▷すすかび病は施設栽培で2〜5月に葉だけに発生し，直径0.5〜1cmの淡褐色の病斑を生じる。葉脈付近の病斑は不整形。病斑の裏側にすす斑病と同様のカビが密生するが，初期のカビは白色〜灰白色である。

▷うどんこ病は葉の表面に，小麦粉をふりかけたように，白いカビがはえる。

ナ　ス　＜褐紋病＞

＜発生動向その他＞

▷採種栽培で被害が大きい。

〔防除の部〕

＜病原菌の生態，生活史＞

▷病原菌は，不完全菌類に属する一種のカビで，ナスだけを侵す。
▷本菌は胞子や菌糸の形で種子に付着し，また病斑上の柄子殻（小さな黒い粒）が畑で越冬して，翌年の伝染減となる。柄子殻は土中で2年くらい残存する。
▷種子に付着していた病原菌は，苗に立枯れを起こし，土中で越冬していた柄子殻からは胞子が飛散して，茎や下葉を侵す。
▷苗床やトンネル内で一度発生すると，病斑上に柄子殻ができ，その中に無数の胞子が形成され，これが周囲に飛散する。
▷ナスの上に到達した胞子は，発芽して気孔や傷口から侵入し，6日から12日たつと病斑ができる。
▷柄子殻の中には伝染力のある胞子と，伝染力のない胞子の2種類ができる。気温28℃以上では伝染力のある胞子だけができ，26℃では2種類の胞子が混生し，24℃以下では伝染力のない胞子ができるか，あるいは胞子ができない。したがって，28℃以上で蔓延が激しく，24℃以下ではほとんど発生しない。

＜発生しやすい条件＞

▷トンネル栽培では，トンネル内が高温多湿のときに一時多発するが，本格的に発生するのは梅雨明けのころからである。
▷平均気温が，24〜26℃になると発生し，28℃以上で蔓延が激しい。
▷連作すると，伝染源が多いため発生しやすい。

ナ　ス　＜褐紋病＞

▷苗床では過密になると通風不良，多湿によって発病が助長され多発する。
▷排水不良，密植，窒素過多は発生を助長する。
▷採種栽培では，果実をおそくまでつけておくので，発生しやすい。
▷播種期がおくれると被害をうけやすい。

＜対策のポイント＞

▷被害枝や被害果をできるだけ早く処分する。

＜その他の注意＞

▷排水不良の畑では発生しやすいから，高畦にして排水をはかる。
▷密植をさけ，窒素質肥料をやりすぎないようにする。
▷発病した枝や果実をそのまま放置し，あるいは切り取って畑に放置すると，病斑上に多数の柄子殻ができ，さかんに胞子を飛散する。被害枝や被害果を見つけしだい切り取り，確実に処分する。
▷本病は果実の輸送中に発病することがあるから，注意を要する。

（執筆：飯嶋　勉，改訂：石井貴明）

褐色円星病

褐色円形の病徴を多数生じた病葉
(岸　国平)

激発した病葉の典型的な症状：病斑の縁がはっきりしてきて，次第に中心部が破れて穴があく。
(岸　国平)

激しく発病した株　(岸　国平)

ナス〈菌核病〉

菌核病

茎での発病：一部の茎葉が萎れる。（高橋　尚之）

主に茎が侵されて生じた水浸状の病斑
（高橋　尚之）

果実での発病：茶褐色の水浸状の病斑を生じ，菌核を形成する。（古谷　眞二）

茎での発病：枝枯れとなり，病斑上の菌糸は集合して白いかたまりをつくり，後に黒い菌核となる。（橋本　光司）

褐色円星病

病原菌学名　*Cercospora solani-melongenae* Chupp
英　　　名　Leaf spot

〔診断の部〕

＜被害のようす＞

▷8月ごろから秋にかけて，葉に発生する。
▷はじめ輪郭のはっきりしない，小さな褐色の斑点ができる。
▷病斑はしだいに拡大して，3～5mmぐらいの円形または楕円形となる。このころになると，病斑の縁がはっきりしている。
▷病斑の色は，周縁が褐色～紫褐色で，中心部は灰色～灰褐色である。病斑上には，暗灰色のカビがはえている。
▷病斑は古くなると，中心部が破れて穴があく。
▷蔓延期には，1枚の葉に多数の病斑ができる。病斑はしばしば融合する。ひどく侵されると落葉する。

＜診断のポイント＞

▷ナスではもっともふつうに発生する病害である。発生は秋口になってから，急に増加する。
▷葉だけに発生し，周縁部が褐色～紫褐色，中心部は灰色～灰褐色の病斑ができる。
▷褐紋病の病斑とやや似ているが，病斑は小さく，同心輪紋も小さな黒い粒もない。
▷すす斑病，すすかび病とは病斑裏面にビロード状のカビが密生しない

点と古い病斑は破れる点で見分ける。

＜発生動向その他＞

▷古くから全国各地で発生しているが，実害は少ないと思われる。

〔防除の部〕

＜病原菌の生態，生活史＞

▷病原菌は，不完全菌に属する一種のカビで，ナスだけを侵す。
▷本菌は被害葉とともに，菌糸塊または分生子の形で，畑で越年している。
▷翌年の夏になると，菌糸塊から分生子が生じ，周囲に飛散して，葉を侵す。
▷その後は，病斑上に生じた分生子で蔓延する。
▷病原菌の性質については，試験例が少なく，はっきりしない。比較的低温を好むと考えられている。

＜発生しやすい条件＞

▷秋口に，降雨が続くころに発生しやすい。
▷肥切れすると，発生が多くなる。

＜対策のポイント＞

▷発生期に，薬剤散布を励行する。

＜防除の実際＞

▷本病防除用の登録薬剤はないが，黒枯病や灰色かび病，褐紋病の防除を行なっていれば，同時に防除できる。
▷秋口に雨が降り続くと多発するから，あらかじめ薬剤を散布して予防

する。
▷発生をみたら，7日おきに3〜4回薬剤を散布する。

＜その他の注意＞

▷リン酸とカリ肥料を充分に施用し，肥切れしないようにする。
▷収穫が終わったら，茎葉を集めて焼きすてる。翌年の伝染源をできるだけ少なくするためである。

(執筆：飯嶋　勉，改訂：久下一彦)

ナス ＜菌核病＞

菌 核 病

病原菌学名　*Sclerotinia sclerotiorum* (Libert) de Bary
英　　　名　Stem rot

〔診断の部〕

＜被害のようす＞

▷はじめ一部の茎葉がしおれる。茎は，調べてみると，分枝部などに水浸状の病斑ができている。
▷病斑は上下に拡大し，病斑の上には白い綿のようなカビがはえる。
▷病斑が茎をとりまくと，そこから上の茎葉は枯れてしまう。
▷このころになると，病斑上の菌糸は集合して白い塊をつくり，2～3日もすると，黒い菌核となる。
▷果実の発病は比較的少ないが，萼や肩の部分に茶褐色水浸状の病斑が生じる。

＜診断のポイント＞

▷おもに施設栽培で発生する。
▷茎の一部が侵されて，枝枯れとなる。
▷病斑上には，白い綿のような菌糸が密生し，やがて本病独特の黒い菌核ができるので，誤診の心配はない。

＜発生動向その他＞

▷加温栽培の増加および有効薬剤の開発により，被害は減少傾向のよう

ナス ＜菌核病＞

である。

〔防除の部〕

＜病原菌の生態，生活史＞

▷病原菌は，子のう菌類に属する一種のカビで，キュウリやレタスの菌核病の病原菌と同じである。この菌は，ほとんどすべての野菜を侵す。

▷本菌は，菌糸―子のう盤―子のう胞子―菌糸―菌核の生活を繰り返す。

▷菌核は，菌糸が緻密に集合した一種の組織で，不良環境に耐える働きをする。菌核の生存期間は地表面で2年くらい，湿地または地下10cm以下では1年以内といわれている。乾燥状態では20年以上も生存したという報告がある。

▷被害部に形成された菌核は，離脱して土中に混入する。土中の菌核は気温が20℃ぐらいになると発芽して，子のう盤という直形5mmぐらいの小さなキノコをつくる。子のう盤の発生する時期は暖地の施設内では10～3月ごろである。

▷子のう盤の上には無数の子のうが形成され，その中に子のう胞子ができる。子のう胞子が成熟すると，子のうの先端が破れて，中の胞子はいきおいよく飛びだす。飛びだした胞子は，風にのって周囲に飛散する。

▷ナスの上に落下した胞子は，発芽して菌糸を伸ばし，茎の傷口などから植物体に侵入する。侵入した菌糸は，茎を腐らせ，最後には緻密に集合して，ふたたび菌核をつくる。

▷菌糸は0～30℃で生育し，適温は15～24℃である。子のう胞子は16～28℃，湿度100％のとき，良好に発芽する。

＜発生しやすい条件＞

▷室温20℃前後の比較的低温のときに発生しやすい。したがって，加

ナ　ス　＜菌核病＞

温栽培よりも無加温栽培で被害が大きい。
　▷ナスに限らず，キュウリ，トマト，ピーマンなどに前年本病が発生して施設は多発する。
　▷促成栽培は低温期であり，ハウスを密閉するので多湿となるため，軟弱な生育となり発生が多くなる。

＜対策のポイント＞

　▷天地返しや夏期湛水，田畑輪換により，土中の菌核の死滅を早める。
　▷マルチを行ない，子のう盤発生と子のう胞子の飛散を抑える。
　▷薬剤散布は予防を重点に行ない，発生後は罹病部位を切除してから防除する。
　▷圃場の排水をよくし，晴天日はできるだけ換気を行ない，畦上にはポリマルチをする。

＜防除の実際＞

　▷別表〈防除適期と薬剤〉参照。

＜その他の注意＞

　▷前年，菌核病が多発した施設では，天地返しを行ない，表層の土中に混入している菌核を地下深くに埋没する。埋没された菌核は，子のう盤をつくることができず，1年ぐらいの間に死滅する。夏期の湛水処理や田畑輪換は，菌核密度の低減にきわめて有効である。
　▷定植後は，ビニールかポリエチレンでマルチを行なう。マルチを行なうと，子のう胞子の噴射が防止できる。また，ハウス内の湿度が低くなるため，発病は非常に少なくなる。
　▷発病した枝は，見つけしだい切り取り，処分する。そのまま放置すると，菌糸が伸びて周囲の枝や葉に蔓延する。また，被害枝は，菌核が形成される前に処分する。

ナ　ス　＜菌核病＞

▷本病は，低温の時期に被害が大きい。夜間はコモかけや加温によってできるだけ保温につとめる。

(執筆：飯嶋　勉，改訂：久下一彦)

うどんこ病

葉の病徴：主に葉が侵され，はじめ表面に点々とした白色のカビが生じ，しだいに広がって円形の病斑を形成する。のちに葉全体がうどん粉をふりかけたような病斑となる。
（高橋　尚之）

果実の病斑：多発生状態になると果実の果梗や萼にもうどんこ病の病斑が現れる。
（岡田　清嗣）

葉柄の症状
（高橋　尚之）

ナス〈うどんこ病〉

多発時の症状：のちに黄褐色となって落葉する。
（高橋　尚之）

Leveillula tauricaによるうどんこ病：葉の表面が黄色に退色する。　（高橋　尚之）

Leveillula tauricaによるうどんこ病：葉の裏に分生子柄と分生子がみられる。　（高橋　尚之）

ナス ＜うどんこ病＞

うどんこ病

病原菌学名　*Sphaerotheca fuliginea* (Schlechtendahl) Pollacci
英　　名　Powdery mildew

〔診断の部〕

＜被害のようす＞

▷ふつうの病気とちがって，特定の病斑をつくらない。

▷はじめ葉の表面に点々と白いカビがかすかにはえる。

▷しだいにカビの量がふえ，色も濃くなる。激発時には葉全体が小麦粉をふりかけたように真白になる。このころには，葉の裏側にもカビがはえる。

▷カビは古くなると灰色になり，まれには小さな黒い粒ができる。

▷葉のカビがはえている部分は，多少黄色くなるが，組織が死ぬことはあまりない。

▷発生の多いときには，葉柄や果梗，ヘタなどにもカビがはえ下葉が黄変し落下する。

＜診断のポイント＞

▷施設栽培で，施設内が高温乾燥するころに多発する。露地栽培では夏から秋にかけて発生する。

▷特定の病斑をつくらず，葉の表面に小麦粉のような白いカビがはえる。

▷ほかの病害とは，性質が非常にちがうので，誤診の心配はない。

ナ　ス　＜うどんこ病＞

〔防除の部〕

＜病原菌の生態，生活史＞

▷子のう菌類に属する一種のカビで，キュウリのうどんこ病と同じ病原菌である。アズキやゴボウ，フキなど多くの植物を侵す。

▷病原菌は，活物寄生菌といって，生きた植物にしか寄生できない。

▷本菌は，菌糸―分生子―菌糸を繰り返すサイクルと，菌糸―子のう殻―子のう胞子―菌糸のサイクルとがある。

▷越冬は，被害植物上の子のう殻によると思われるが，ナスでは，子のう殻の形成がまれである。ほかの植物に子のう殻をつくり越冬しているのかもしれない。

▷暖地や施設栽培では，生きた植物上に分生子をつくり，越冬している。

▷分生子や子のう胞子は，風にのって周囲に飛散する。

▷植物体に落下した胞子は，発芽して，葉の表面に菌糸を伸ばす。

▷菌糸の一部は，表皮を貫通し，表皮細胞内に吸器を挿し込んで栄養をとる。この点がほかの病原菌と非常に違う点である。

＜発生しやすい条件＞

▷気温が25～28℃で，湿度が50～80％のときに発生しやすい。湿度が100％になると発生は少ない。

▷強い直射日光下よりも，ハウスなど弱い光線下で発生しやすい。

▷露地では株が繁茂する生育後期の下位葉から発生する。

＜対策のポイント＞

▷激発したら薬剤を散布する。

ナ　ス　＜うどんこ病＞

＜防除の実際＞

▷別表〈防除適期と薬剤〉参照。

＜その他の注意＞

▷高温・乾燥期に入り発病が多くなってきたら，うどんこ病専用剤を散布する。葉の全面にカビがはえてしまうと，なかなか防ぎきれない。そうなる前に薬剤を散布する。

▷付近にキュウリやゴボウなどの畑があり，うどんこ病が発生していると，胞子の飛散を受けて発病する。ナスに薬剤を散布するときには，同時にこれらの畑の防除も行なっておく。

＜効果の判定＞

▷うどんこ病専用剤を散布すると，カビは消えていく。散布後2～3日たってもカビがはえているようでは，散布は失敗である。

(執筆：飯嶋　勉，改訂：久下一彦)

灰色かび病

幼果の萼下部分から発病した症状：褐色の輪紋状の病徴を生じ、のちに灰褐色のカビを密生する。　　　　（岡田　清嗣）

果実の病斑：灰色かび病菌により果面に水疱症を生じる。　　　　（高橋　尚之）

葉に形成された輪紋状の病斑　　　（高橋　尚之）

ナ ス 〈灰色かび病〉

葉の病斑：葯が葉上に落下し，そこから灰色かび病が発生。淡褐色で輪紋状，不整形の大型病斑を生じる。
（岡田　清嗣）

茎の病斑：誘引ひものすれ傷や収穫後の果梗から病原菌が感染し灰褐色のカビを密生する。
（岡田　清嗣）

分生子柄と房状に形成された分生子(先端)　（岡田　清嗣）

ナス ＜灰色かび病＞

灰色かび病

病原菌学名　*Botrytis cinerea* Persoon
英　　　名　Gray mold

〔診断の部〕

＜被害のようす＞

▷咲き終わってしぼんだ花から発生し，花弁に灰色のカビがはえる。病勢が激しいと，ガクや果梗まで侵されてしまう。
▷幼果では，柱頭や果頂部，肩の部分に発生することが多く，淡褐色〜灰褐色のへこんだ病斑ができ，その上に灰色のカビが密生する。
▷葉には，かなり大型の茶色〜淡褐色の輪紋状の病斑をつくる。
▷葉柄や枝にも発生して大型の病斑ができ，まれには幼苗の地際部が侵されて立枯れとなることもある。

＜診断のポイント＞

▷主として施設栽培で発生し，曇雨天がつづき，換気の行なえない2〜3月ごろから発生し，株の繁茂する4月下旬〜5月下旬に最も発生が多い。
▷施設内の多湿になりやすい場所をえらび，咲き終わった花や葉の先端をマークして観察する。灰褐色のカビがホコリをかぶったようにはえていれば本病の被害である。
▷ナスの果実に発生する病害の特徴は以下のとおりである。
▷灰色かび病は施設栽培で，多湿のときに発生する。病斑上には灰色のカビが，ホコリのようにはえる。
▷褐紋病は夏から秋に円形または細長い病斑ができ，病斑上には小さな

ナス ＜灰色かび病＞

黒い粒が，同心円状に形成される。

▷綿疫病は7～8月ごろ，雨の多いときに発生し，褐色でへこんだ病斑ができる。湿度の高いときは，病斑上に綿のようなカビがはえる。

▷褐色腐敗病は綿疫病と同じころ，同じような病斑をつくる。綿疫病とはカビのはえかたがちがい，最初白いカビが粉のようにはえ，のちに灰色～灰褐色になる。

＜発生動向その他＞

▷以前は，おもに暖地の施設栽培で発生し問題になっていたが，最近は全国各地の施設栽培やトンネル栽培，夏秋栽培の露地でも発生し，被害が大きい。

〔防除の部〕

＜病原菌の生態，生活史＞

▷灰色かび病の病原菌は，不完全菌類に属する一種のカビで，ナスのほかトマト，キュウリ，イチゴ，レタスなど非常に多くの植物を侵す。腐生能力が強く，枯れ葉の上でも良好に繁殖する。

▷本菌は，菌糸や分生子の形で被害茎葉について残存し，また，抵抗力の強い菌核の形で地表に生存している。

▷気温が15～20℃になり，湿度が高いと盛んに分生子を形成し，これが周囲に飛散する。

▷植物体に到達した分生子は，発芽して菌糸を伸ばして，直接植物体に侵入する。病原菌の侵入は花弁を足場とすることが多く，また生活力の衰えた葉や傷口からも侵入する。

▷侵入後2～3日たつと病斑ができ，その上にはふたたび無数の分生子が形成されて，さらに周囲の株に伝染する。

▷環境が不適となると，菌糸が集合して黒色，2～3mmの菌核をつく

ナス ＜灰色かび病＞

って不良環境に耐える。

＜発生しやすい条件＞

▷発病の適温は20℃前後であるが，本病の発生は適温よりも湿度との関係が深い。降水が多く，日照の少ない年に多発する。
▷施設では，換気が不充分であると発生しやすい。
▷生育不良の苗や，軟弱に育った株は発病しやすく，密植や過繁茂は発生を助長する。また，朝夕の急激な冷込みは，発生を著しく助長する。

＜対策のポイント＞

▷換気などにより，施設内の湿度をできるだけ低く保つ。
▷受精を終わった花弁を摘みとる。
▷予防散布や発生初期の薬剤散布を励行する。
▷被害果，被害葉はできるだけ早く処分する。

＜防除の実際＞

▷別表〈防除適期と薬剤〉参照。

＜その他の注意＞

▷本病の防除は，薬剤散布よりも耕種的な防除に重点をおく。とくに施設内が多湿にならないように管理することがたいせつである。
▷換気だけでも，発生を半分以下に抑えることができる。換気は天窓だけでは不充分なので，腰窓の換気も必要である。
▷外張りフィルムに結露した水を，ハウスの外へ排水するシステム（商品名：ツユトール）と透水性のある内張り資材を組み合わせて，とくに夜間や早朝の施設内の湿度を低下させると発病は軽減される。
▷気温が低く換気が行なえないときには，加温や送風によって湿度を下げる。

ナス ＜灰色かび病＞

▷ビニールマルチ下のチューブ灌水や，地下給水法は，ハウス内の湿度を高めず，理想的である。

▷発生が多くなったら発病果や発病葉を取り除いて薬剤を散布する。

▷灰色かび病は同一作用性を示す薬剤を連用すると耐性菌を生ずるおそれがあるので，別表のように単剤であれば異なるグループ（A～F）の薬剤を交互に使用するか，混合剤を用いて防除する。

▷くん煙剤はハウス内の湿度を高めず，発病初期には有効である。しかし，発生が多い場合は散布剤を重点とし，くん煙剤は補助的に使用するのがよい。

▷開花の終わった花弁を摘み取り，被害果，被害葉はていねいに集め深い穴に埋める。

＜効果の判定＞

▷散布の1～2日後に，病斑部や花弁上のカビの有無を観察する。

（執筆：飯嶋　勉，改訂：岡田清嗣）

すす斑病

発病初期の症状：葉の表面に黄褐色，円形の小斑点ができる。　　（吉野　正義）

典型的な病斑：葉の表面は径5～10mm，黄褐色，円形の病斑に拡大する（下左）。裏面は，病斑上にすす状のカビが生じる（下右）。　　　　　　（吉野　正義）

（吉野　正義）

すすかび病

↑典型的な病斑：葉の表面に径5〜10mm，褐色，円形の病斑ができる（上左）。（吉野 正義）
裏面は病斑上にすす状のカビが密生する（上右）。

←発病初期の症状：葉裏に2〜3mmの円形の小斑点ができて，白っぽいカビが生じる。（吉野 正義）

末期の症状：病斑部分を中心に葉の表面は黄色〜茶褐色に変わり枯死する。（左・下とも，吉野 正義）

↓激発した病斑部：病斑は連合して葉裏面のカビは灰褐色〜茶褐色の菌そうでおおわれ，やがて落葉する。

ナス ＜すす斑病＞

すす斑病

病原菌学名　*Cercospora* sp.
英　　　名　Cercospora leaf spot

〔診断の部〕

＜被害のようす＞

▷ハウス半促成栽培では3〜6月に発生し，早いものでは着果直後から，ふつうは収穫期から株の下葉から発生し始める。

▷初めは葉に径2〜3mmの黄色い小さな円形の斑点ができる。症状が進むとこの斑点はしだいに大きくなり，径5〜10mmの円形病斑となる。

▷病斑の色は淡黄褐色ないし淡褐色で，その周縁部は黄色を呈する。病斑の裏側には灰褐色，すす状のカビが密生するが，表側にはほとんど形成されない。

▷ふつう1葉当たり数個の病斑をつくるが，多発すると10個以上に及び，被害葉は落葉しやすくなる。

＜診断のポイント＞

▷本病は収穫期の下葉から発生するから，収穫のときに葉に病斑があるかどうか注意する。

▷下葉に円形，黄褐色ないし褐色の病斑ができていた場合には，葉の裏側をみて，すす色，ビロード状のカビができていればすす斑病にほぼ間違いない。

▷褐色円星病との相違は，病斑の周縁部が褐色ないし紫褐色にならない，病斑が破れない点で区別できる。

ナス　＜すす斑病＞

▷本病はすすかび病と非常によく似ているため誤診しやすいが，すすかび病の初期症状は，病斑の裏側にできるカビが初めは白っぽいこと，葉脈付近の病斑は不整形になるものがあることに注意してよく見る。正確な診断を行なう場合，葉裏にできたカビを顕微鏡で調べれば，胞子の形態が違うので容易に区別できる。

＜発生動向その他＞

▷昭和46年に埼玉県で発見された病害である。その後の発生は同県で散発していたが，近年はほとんど見られなくなった。他県における発生の報告はなく，不明である。

〔防除の部〕

＜病原菌の生態，生活史＞

▷本菌は不完全菌類に属する *Cercospora* 属菌の一種で，ナスの葉だけを侵す。

▷本菌は被害葉に菌糸や胞子の形で付着して生存し，翌年の伝染源となる。

▷胞子の発芽適温は24〜28℃である。

＜発生しやすい条件＞

▷天候が不順で曇雨天が続くと発生が多くなる。

▷ハウス半促成栽培では，ハウス内の小トンネルやハウスの換気が不良なもの，灌水の多いもの，畦間灌水を行なっているものなど，ハウス内が高温多湿状態となっているときに多発する。

▷本病の発生，病勢の進行と温度，湿度の影響を見ると，24〜28℃で湿度が92％以上のときに最も発病が多く，この温度でも湿度が50〜60％の場合には発病程度は軽い。

ナス ＜すす斑病＞

▷土壌条件，栽培条件と発生の多少はとくに認められないが，フィルムマルチを行なわないハウスは，内部が多湿になりやすいため発生は多い傾向を示す。

▷ナスの品種間には発生程度に差異は認められない。

＜対策のポイント＞

▷ハウス内の高温多湿が多発要因になっているため，通風，換気などの温度管理のほか，灌水方法や灌水量などの水管理に注意し，またフィルムマルチを行なうことが最も重要である。

▷発生した際には落葉の処分，被害葉の早期摘除を行なって圃場衛生をよくし，伝染源の密度を低下させる。

▷発病前または発病ごく初期から随時に薬剤散布を行なって予防につとめる。

＜防除の実際＞

▷別表〈防除適期と薬剤〉参照。

▷本病には適用農薬はないが，灰色かび病，菌核病，黒枯病などの適用農薬を散布，またはくん煙すれば同時防除ができる。

＜その他の注意＞

▷ハウスを密閉するまでに薬液が乾くよう，日中に薬剤散布をする。

▷株の下葉や葉裏にも薬剤が充分付着するよう散布する。

▷天候の悪い日が続くときは，くん煙剤を使用する。

▷被害がかなり進行してから薬剤散布する場合には，落葉や被害葉を処分してから行なうのがよい。

▷ハウス内が高温多湿にならないよう，小トンネルの開閉，ハウスの換気に注意する。

▷フィルムマルチを行ない，灌水は灌水チューブを使用し，フィルムの

ナ　ス　＜すす斑病＞

下に設置する。

▷被害葉は集めてハウス外で処分する。

＜効果の判定＞

▷薬剤散布を2～3回行なったのち，下葉の発病の有無，あるいは被害葉が下葉から上葉に及んでいないかどうか観察する。

（執筆：吉野正義，改訂：橋本光司）

すすかび病

病原菌学名　*Mycovellosiella nattrassii* Deighton
英　　名　Leaf mold

〔診断の部〕

＜被害のようす＞

▷ハウス促成栽培では2～4月，半促成栽培では4～5月，いずれも収穫期以降の下葉から発生することが多い。

▷初め葉の裏側に，白っぽいカビが固まって密生する小さい斑点ができる。症状が進むと病斑上のカビは，しだいに灰褐色，すす状に変わる。

▷病斑は径5～10mmほどで，ふつうは円形だが，葉脈付近に生じた病斑は不整形に拡大しやすい。病斑部と健全部との境界はやや不鮮明で，葉の表側の病斑は淡黄褐色ないし褐色，円形の周縁部が不明瞭である。

▷多発すると，葉に数十個の病斑を生じてこれらが結合し，葉全体が退色黄化して落葉することが多い。

＜診断のポイント＞

▷ハウス栽培では2～4月にかけて，収穫のときに下葉に淡黄褐色の病斑があるかどうか注意する。

▷葉に円形の病斑ができていれば，葉の裏側の病斑を調べ，すす色，ビロード状のカビが密生しているかどうかを確認する。葉裏の病斑上にカビができていることを確かめたときは，さらに新しい病葉を探し，その病斑上の白色ないし灰白色のカビが生じているかどうかをよく見る。このようなカビが確認できればすすかび病と診断してよい。

ナス　＜すすかび病＞

▷ハウス栽培に多発する黒枯病との相違点は，本病は病斑が大きく色も淡いこと，病斑部と健全部との境界が不明瞭なこと，茎や果実には発病しないこと，などである。

▷本病はすす斑病の症状とよく似るが，両者の相違点は，すすかび病は多発すると葉に多数の病斑ができる，病斑の形が大小不揃いである，葉脈付近に生じた病斑は不整形である，新しい病斑上のカビは白っぽい，などの特徴があり，これらはすす斑病には認められない点である。また，一般的にみてすす斑病に比べて発生時期が早い傾向にある。

▷すすかび病とすす斑病の正確な診断は，顕微鏡で調べなければ区別できない。いずれも胞子は棍棒状であるが，前者はずんぐりした形，後者は細長い胞子であるから区別しやすい。

＜発生動向その他＞

▷昭和47年に高知県で初めて発生が確認された病害である。以後，福岡，徳島，大阪，奈良，愛知，埼玉各府県など，施設ナスの主産地に広がった。

▷ハウス栽培特有の病害で，発生条件がよいときには蔓延が早く，多発すると防除が困難である。また，一度被害のみられたハウスでは，発生が恒常化する傾向がある。

〔防除の部〕

＜病原菌の生態，生活史＞

▷不完全菌類に属するカビの一種で，ナスと台木用ヒラナスの葉だけを侵し，トマト，ピーマン，オクラなどには発病しない。

▷病原菌は被害葉上で菌糸や胞子の形で付着して生存するほか，ハウス内の骨組み，資材，ビニール膜などに胞子が付着して生き残り，これらが次作の伝染源となる。その後は病斑上に形成された胞子の飛散によって蔓

郵便はがき

１０７８６６８

（受取人）
東京都港区
赤坂郵便局
私書箱第十五号

農文協
http://www.ruralnet.or.jp/
読者カード係 行

おそれいりますが切手をはってお出し下さい

◎ このカードは当会の今後の刊行計画及び、新刊等の案内に役だたせていただきたいと思います。　　はじめての方は○印を（　　）

ご住所	（〒　　－　　） TEL： FAX：

お名前	男・女　　　　歳

E-mail	

ご職業	公務員・会社員・自営業・自由業・主婦・農漁業・教職員（大学・短大・高校・中学・小学・他）研究生・学生・団体職員・その他（　　　　　　　　）

お勤め先・学校名	ご購読の新聞・雑誌名

※この葉書にお書きいただいた個人情報は、新刊案内や見本誌送付、ご注文品の配送、確認等の連絡のために使用し、その目的以外での利用はいたしません。
● ご感想をインターネット等で紹介させていただく場合がございます。ご了承下さい。
● 送料無料・農文協以外の書籍も注文できる会員制通販書店「田舎の本屋さん」入会募集中！
　案内進呈します。　希望□

■ 毎月抽選で10名様に見本誌を１冊進呈 ■ （ご希望の雑誌名ひとつに○を）

①現代農業　　②季刊 地 域　　③うかたま　　④食農教育

お客様コード										

S10.07

書 名	
■ ご購入の書店（	書 店）

●本書についてご感想など

- -

●今後の出版物についてのご希望など

この本を お求めの 動機	広告を見て (紙・誌名)	書店で見て	書評を見て (紙・誌名)	出版ダイジェ ストを見て	知人・先生 のすすめで	図書館で 見て

◇ 新規注文書 ◇　　郵送ご希望の場合、送料をご負担いただきます。

購入希望の図書がありましたら、下記へご記入下さい。お支払いは郵便振替でお願いします。

(書名)	(定価) ¥	(部数) 部
(書名)	(定価) ¥	(部数) 部

ナス ＜すすかび病＞

延する。

▷菌糸の発育適温は20～28℃で，30℃以上では発育はきわめて不良である。胞子の発芽適温もこれと同様の傾向にある。

＜発生しやすい条件＞

▷本病の発生しやすい条件は黒枯病とよく似ており，ハウス内の温度が23～28℃の範囲で，しかも湿度が高い場合多発する。また，このような条件のときには病斑上の胞子形成もきわめて良好である。

▷したがって，通風がよく，とくに昼間の湿度が低い露地栽培では発生しないが，ハウス栽培では2～4月にかけて内部の湿度が高くなりやすいので，換気不充分なハウス，灌水量が多い場合，フィルムマルチを行なわない場合，下葉の摘除が不充分で通風の悪い場合，などには発生しやすい。露地では梅雨期に発生することがある。

▷土壌条件，ナス品種間には発病程度にも差異がみられないが，2～4月にかけて天候不順の日が続くと，とかく換気が行なわれないため発生は多くなりやすい。

＜対策のポイント＞

▷本病は乾燥条件のときはほとんど発病せず，ハウス内の多湿条件が多発要因として最も大きいので，充分に換気することが重要である。

▷同じくハウス内部の多湿化を防止するため，地表面のフィルムマルチを行ない，適切な水管理を行なう。

▷本病の早期発見につとめ，発生初期から薬剤散布をして蔓延を防止する。また，できるかぎり被害葉は摘み取ってハウス外で処分する。

▷発病したハウスは，収穫終了後に茎葉を集めて焼却し，さらに夏期にハウスを密閉，蒸込みをして発生源の根絶をはかる。

ナス　＜すすかび病＞

＜防除の実際＞

▷別表〈防除適期と薬剤〉参照。

＜その他の注意＞

▷散布薬剤には展着剤を加用し，下葉の葉裏にも薬剤が充分に付着するよう，ていねいに散布する。

▷散布した薬剤が夕方近くハウスを密閉するまでの間に乾くよう，日中に散布作業をしておく。

▷曇雨天がつづくときは液剤散布を見合わせ，くん煙剤を使用して防除すれば，ハウス内部の多湿化防止ともなる。

▷発見がおくれて被害が進行してから薬剤散布を行なうときは，落ちた被害葉や株についている病葉を取り除いてから散布したほうが防除効果は高い。

▷本病はごくまれに育苗末期に発生することがあるので，育苗中の換気や温度管理にも注意が必要で，薬剤散布もあわせて行なうことが大切である。苗床で発病したときには，被害苗は処分して無病苗を選抜してハウスに定植する。

▷ハウス内はフィルムマルチを行ない，その下に灌水チューブを設置し，また土壌内にチューブを埋設する地中灌水法を取り入れ，灌水過多にならないように水管理に注意し，しかも内部が多湿にならないよう換気を充分に行なう。

▷ハウス促成栽培では，悪天候が続いて換気ができないときは，温風暖房機のファンを日中に作動させてハウス内の多湿化を防止するとよい。

▷本病が発生したハウスは，収穫が終了した後，茎葉を集めて焼却する。また，夏の高温期にハウスを密閉して数日間蒸込みを行ない，内部に残存する病原菌の死滅をはかる。

＜効果の判定＞

▷薬剤散布を同時に行ない，換気も充分な場合にはほとんど発生しないが，薬剤散布を行なって換気不良のときは，充分な効果が得られないことが多い。したがって収穫のときに，株の中位から下の葉に本病の病斑が発生していないか，あるいは葉が黄褐色に変わり，すす状のカビで覆われていないか，よく観察する。

▷薬剤の散布量が少なかったり，葉裏によく薬剤がつかないような散布では効果が不充分なことが多いので，これらの点も含めて効果を判定してみよう。

(執筆：吉野正義，改訂：橋本光司)

えそ斑点病

発病初期の症状：新葉がちぢれ波打っている。葉が奇形となるものもある。　　　　　　　　（吉野　正義）

えそ斑点：紫褐色のえそ斑点が生じ、ねじれて奇形葉になり、萎縮する。（吉野　正義）

モザイク症状：ふつうはモザイク症状は現わさないが、ウイルスの増殖量が多いとモザイクにちかい症状を呈することがある。
　　　　　　　　　　　（吉野　正義）

ナス〈根腐疫病〉

根腐疫病

初期病徴：下葉から順次上葉へと萎凋がおこる。

中期病徴：病勢が進展すると，最初の萎凋葉から黄化して枯死する。

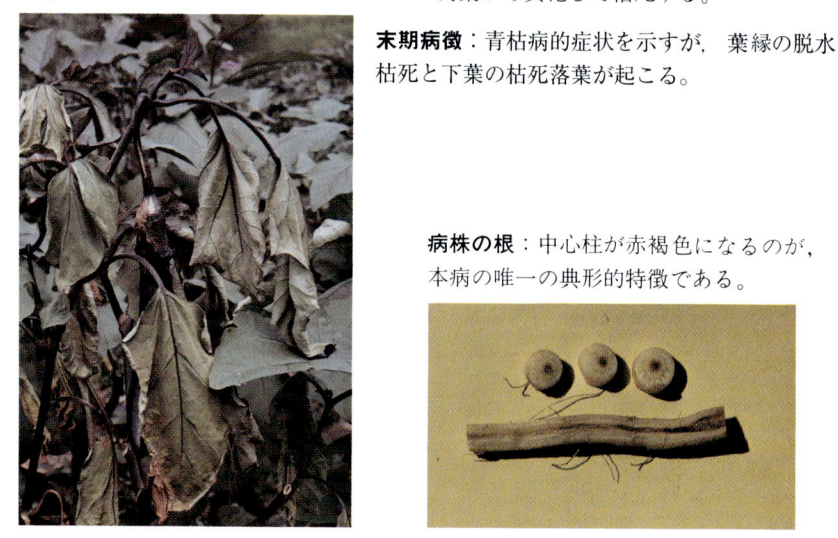

末期病徴：青枯病的症状を示すが，葉縁の脱水枯死と下葉の枯死落葉が起こる。

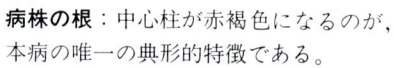

病株の根：中心柱が赤褐色になるのが，本病の唯一の典形的特徴である。

… ナス ＜えそ斑点病＞

えそ斑点病

病原ウイルス　ソラマメウイルトウイルス
　　　　　　　Broad bean wilt virus (BBWV)
英　　名　　Broad bean wilt virus

〔診断の部〕

＜被害のようす＞

▷苗床末期から定植後間もないころに発生し始め，以後発病は続く。

▷初め若い葉に径0.5～1mm程度の紫褐色の小さい斑点が多数できる。このえそ斑点は葉の片側とか，葉の一部分に集中して生じることが多い。えそ斑点を生じた葉は，その後ねじれて奇形葉になり，葉縁を上に巻きこみ萎縮する。

▷育苗期や定植直後の苗に発病したときは，生育が抑えられて株が萎縮して矮化するものが多い。

▷被害株は着果が悪く，果実の肥大も不良である。

＜診断のポイント＞

▷露地抑制栽培や露地早熟栽培の育苗末期から定植後にかけて発生する。また，トンネル栽培では収穫始めごろから発生がみられる。

▷苗や株の上葉が萎縮したり，ねじれて波状になったりしたものに注意。このような葉に紫褐色の小斑が多数認められるときはえそ斑点病に間違いない。

▷ナスに発生するウイルス病には本病のほか，キュウリモザイクウイルス（CMV）によるモザイク病がある。モザイク病は若い葉にモザイク症

ナス　＜えそ斑点病＞

状や黄色の斑紋ができるが，畑ではモザイク病とえそ斑点病が重複感染して発病する株もみられ，生長点近くの数葉に黄斑モザイク症状とえそ斑点が混発して認められる。

＜発生動向その他＞

▷本病は昭和48年，関東地方で発見された病害であるが，その後，愛知，大阪，福岡，長崎各府県のナスにも発生している。年による発生の多少は認められるが，露地栽培ではモザイク病に比べて発生が多く，被害も多いので，今後発生地域の拡大とともに重要病害となる可能性も考えられ注意が必要であろう。

〔防除の部〕

＜病原ウイルスの生態，生活史＞

▷病原のソラマメウイルトウイルス（BBWV）はナスのほか，ホウレンソウ，エンドウ，サブクローバ，タバコ，スイセン，ケイトウ，アカザ，イノコヅチ，センニチコウなど多数の作物，花類，雑草に発生する。

▷このウイルスは主にモモアカアブラムシやワタアブラムシによって媒介され，種子伝染，土壌伝染，接触伝染はしない。

▷本病の主な伝染源は，ナスの苗床や畑の周囲の雑草，ホウレンソウなどの被害株である。これらを吸汁した有翅アブラムシが苗床や定植後のナスに飛来して，本病を媒介する。有翅アブラムシの飛来が多い時期は，関東地方では5月中旬～6月上旬であるから，この時期に感染するものが多いものと考えられる。

＜発生しやすい条件＞

▷作型では露地の抑制，早熟栽培に発生が多く，次いでトンネル栽培に多い傾向がみられ，ハウス栽培には少ない。

ナス ＜えそ斑点病＞

▷暖冬で4～6月が高温に経過し，しかも降雨が少ない年は，有翅アブラムシの飛来が多いために発生しやすい傾向がみられる。

▷埼玉県では，ホウレンソウえそ萎縮病（病原はBBWV）が多発した年にはえそ斑点病の発生も多いようで，ホウレンソウがナスへの伝染源になっている可能性が高い。

＜対策のポイント＞

▷育苗ハウスの開放部や出入口は寒冷紗または防虫ネットを被覆する。また，露地の冷床で育苗するときも，育苗期間中は寒冷紗・防虫ネットを被覆する。

▷育苗期間中と定植後は殺虫剤を散布してアブラムシを防除する。

▷露地，トンネル栽培では，シルバーフィルムまたはシルバーストライプフィルムによるマルチを行ない，植え穴に浸透性殺虫剤を施用して有翅アブラムシの着生防止と防除につとめる。

▷育苗床，圃場周辺の野菜，花，雑草などの発病株が伝染源となるので，これらも含めた対策を講ずる必要がある。

▷被害苗は早めに抜き取って処分する。

＜防除の実際＞

▷別表〈防除適期と薬剤〉参照。

＜その他の注意＞

▷寒冷紗は白色300番，また，防虫ネットは1mm目程度の資材を使用する。苗を被覆する期間が長いと徒長・軟弱になりやすいから注意する。

▷植え穴に粒剤を施用するときは土壌とよく混合してから苗を植える。

▷アブラムシ防除には，できるだけ土着天敵に影響の少ない農薬を使用する。

▷苗床周辺の除草を行ない，また，ホウレンソウの取残しがある場合に

ナス　＜えそ斑点病＞

は早めに処分する。

▷被害苗は畑に植え込まないよう定植時に選別する。畑に植え付けて発生した株も早めに抜き取って処分する。

＜効果の判定＞

▷アブラムシ類が媒介するウイルス病の防除対策は，一つだけの手段や方法を講じてみても効果が認められないことが多い。いろいろな対策を組み合わせて実行することが，効果に結びつくことを考えて判定してみたい。

(執筆：吉野正義，改訂：橋本光司)

ナス ＜根腐疫病＞

根腐疫病

病原菌学名　*Phytophthora* sp.
英　　　名　Root rot

〔診断の部〕

＜被害のようす＞

▷半促成栽培（2月下旬～3月上旬定植），トンネル早熟栽培（4月上中旬定植），露地栽培（5月上旬定植）の各作型で発生し，促成栽培（8月下旬～9月中旬定植）では認められていない。

▷自根栽培で発生が多く，アカナス台木などを用いた接ぎ木栽培ではほとんど発生しないが，カレヘンで発生した事例がある。

▷定植後1か月くらいたってから発生し始める。半促成ナスでは4月ころから，露地ナスでは6月ころからみられ，梅雨期に急増する。

▷生育初期は発生が圃場のところどころで認められる程度であるが，病状が進展すると発病株に隣接した株が連続してつぎつぎと発病する。

＜診断のポイント＞

▷株に生気がなく晴天の日中に萎凋し，夜間や曇雨天には回復する症状がみられたら初発生である。

▷本病は葉，茎，果実には発生せず，茎の株元，根部に発生する。

▷茎の地際部は暗褐色～黒褐色，水浸状となり，ややくびれ軟化する。

▷根は全体が褐変し，根量が少なくなっている。株元に近い根の腐敗が激しく，細根はほとんど消失し，側根の表皮はさわると簡単にはがれ中心柱のみとなる。このような株を手でひっぱると容易に抜ける。

ナス　＜根腐疫病＞

▷株の萎凋は下位葉から徐々に上の中位葉に及び垂れ下がるが，あまり葉の黄化は伴わない。しおれが回復しなくなると，生育がしだいに悪くなり，茎が細く，草丈は低く，葉は小さくなり黄変する。しかし，黄化の程度は軽く顕著ではない。

▷地上部が萎凋するナスの病害は本病以外に青枯病，半枯病，半身萎凋病，褐色腐敗病などがある。前三者は導管性病害であり，導管部の褐変が顕著で本病とは異なる。褐色腐敗病の地際部侵害による立枯れ症状とは病徴が類似しており，病状からの診断による区別はむずかしい。

▷本病と同じ $Phytophthora$ 属菌である褐色腐敗病との見分け方は，少し時間はかかるが，ナス果実に病原菌を接種し，果面に現われる病徴で判断する。本病の病原菌は水浸状でややへこんだ褐色病斑を生じる。果面に灰白色ビロード状，霜状の菌叢を生じ，軟化腐敗すれば褐色腐敗病菌（$P.$ $capsici$）である。また，キュウリ果実に接種しても，発病の様相が異なるので区別が可能である。

〔防除の部〕

＜病原菌の生態，生活史＞

▷本菌は藻菌類に属する糸状菌である。病患部を一晩水に浸けておくと，その表面に無隔膜無色の菌糸が生育し，担子柄上に明瞭な乳頭突起をもつ卵形の遊走子のうを多数形成する。また，褐変した組織内には卵胞子が数多く観察される。

▷培地上で培養すると，やや盛り上がった雲状の白色菌叢を生じる。蔵精器は蔵卵器に定着し，菌糸の頂端や中間に厚膜胞子を形成する。

▷被害残渣上の病原菌は，根とともに土壌中に残り，越年して伝染源となる。定植すると土壌中の卵胞子や厚膜胞子が発芽して遊走子のうを形成し，水中に遊走子を泳がせて株元や根に接近する。ここで遊走子は被のう胞子となり，組織内に侵入し潜伏期間を経てナスを発病させる。

ナス　＜根腐疫病＞

▷本菌は10〜30℃の範囲で生育し，20〜25℃付近が適温で，生育限界は35℃である。

▷各種作物に対する病原性が，7科20種の作物を播種して調べられている。この結果によると，本菌はナスだけを発病させており，寄主範囲はきわめて狭いものと思われる。

＜発生しやすい条件＞

▷排水不良の多湿な圃場で発生が多く，特に水田転換畑での発生が目立っている。

▷台木を使わない自根ナスで栽培している圃場で多発する。

▷長期にわたってナスを連作している圃場で発生することが多い。

▷降雨の多い年に発生が多く，梅雨期のころに増加する。

＜対策のポイント＞

▷本菌は水分を伴うと活発に活動し，水媒伝染によって病気を蔓延させる。したがって，排水をよくし多湿になるのを防ぐことが重要な対策となる。水田から転換した当初の畑は水はけが悪く，そのため発生が多くなる傾向にある。このような圃場はできれば暗渠を用いて，積極的に排水対策を行なうとよい。

▷降雨後株元が乾くよう，畦立て時に排水溝を設け，高畦，浅植えとし灌水もひかえめにする。

▷アカナス，トルバム・ビガー，耐病VFなどを台木とした接ぎ木栽培を行ない，自根による栽培は避ける。

▷ナスの連作を避け，他の作物を導入し輪作を行なう。

▷酸性土壌で発生が多い傾向にあるので，石灰を施用し中性になるように矯正する。完熟堆肥などの良質有機物を積極的に投入するのがよい。

▷汚染されている圃場は，くん蒸剤によって定植前に土壌消毒する。定植時や生育初期に，水和剤を予防的に株元灌注するのも有効である。

ナ　ス　＜根腐疫病＞

＜防除の実際＞

▷別表〈防除適期と薬剤〉参照。

＜その他の注意＞

▷くん蒸剤で土壌消毒する場合，低温期を避け地温15℃以上の時期に行ない，土壌は適度な湿り気があること，薬剤処理中は被覆資材で密閉してくん蒸ガスを逸散させないこと，などの注意が必要である。

▷水和剤の灌注は罹病した株を治癒させるだけの効力はないので，発病前の株に予防的に処理する。

▷栽培中に発病を見つけたらただちに抜き取り，病患部での菌の増殖や隣接株への感染を未然に防止する。また，収穫後の残渣はすべて圃場外に運び出し，乾燥後焼却する。

▷現在普及している台木は本病に抵抗性であるが，青枯病抵抗性台木のカレヘンは，本病に弱いようである。このように接ぎ木栽培も完全ではないので，今後新しく出てくる台木については本病に対する抵抗性検定をしておく必要があろう。

＜効果の判定＞

▷薬剤処理した圃場において，株元の水浸状褐変，くびれ，軟化や，株全体のしおれ，生育不良などが未発生か低率であれば有効と判断できる。

（執筆：福西　務，改訂：久下一彦）

モザイク病

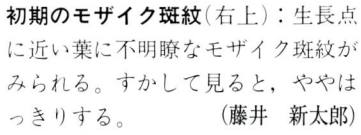

初期のモザイク斑紋(右上)：生長点に近い葉に不明瞭なモザイク斑紋がみられる。すかして見ると，ややはっきりする。　　　（藤井　新太郎）

後期のモザイク斑紋(上)：明瞭な黄斑となる。　　　　　　（藤井　新太郎）

果実内部のえそ(右下)：果実を縦断すると胎座部にえそがみられる。
　　　　　　　　　　（藤井　新太郎）

褐色腐敗病

果実の病徴：褐色のくぼんだ病斑を生じ，のち拡大して果実全体が黒褐色になり表面に灰色のカビを生じる。　　　（田中　寛）

ナス〈萎縮病〉

萎 縮 病

先端部の葉の症状：上向きに巻いて，大きくならない。葉脈がねじれたり部分的な黄化がみられたりする。
　　　　　　　　　　　　（藤井　新太郎）

葉や枝の萎縮：先端部近くの葉や腋芽が大きくならず，枝の伸長も悪く，全体として萎凋症状を呈する。
　　　　　　　　　　　　（藤井　新太郎）

果実の症状：肥大が悪く，わん曲した奇形果になる。
　　　　　　　　　　　　（藤井　新太郎）

モザイク病

病原ウイルス　キュウリモザイクウイルス
　　　　　　　Cucumber mosaic virus (CMV)
英　　名　Mosaic

〔診断の部〕

＜被害のようす＞

▷葉と果実に症状を現わす。
▷生長点に近い葉にモザイク斑紋を生ずる。モザイク斑紋は発生初期では，脈間にやや不明確な黄色斑を生じ，すかしてみるとはっきり見える。症状がすすむと，明確な斑紋になる。株によっては黄斑モザイク，淡黄色のリング状斑などを示すこともある。
▷症状のひどい株ではやや草丈が低い。
▷果実は表面がやや凹凸または湾曲し，縦断すると胎座部にえそが見られる。症状のひどい場合は果面が赤褐色になる。

＜診断のポイント＞

▷生長点近くの新葉にモザイク斑紋があり，果実の内部にえそがある。
▷キュウリモザイクウイルス（CMV）のほかにブロードビーン（ソラマメ）モザイクウイルス（BBMV），タバコモザイクウイルス（TMV）によるモザイク病がある。BBMVでは葉の脈間部が上方に突出してひだ状になり，えそ斑点を生ずる。TMVでは新葉はやや黄化して軽いモザイク斑紋を生じ，成葉には大小の円形または不整形の暗緑色斑紋を生じ，CMVによるモザイク病とは病徴を異にする。また，上記の二つのウイルスでは

ナス ＜モザイク病＞

果実にえそを生じない。

＜発生動向その他＞

▷本病は昭和49年に埼玉県の露地栽培ではじめて発生が確認され，岡山県ではハウス栽培で昭和52年に発生が確認され今日にいたっている。

▷発生地域は，埼玉県，岡山県のほか大阪府，福岡県であるが，今後各地で発生するものと考えられる。

〔防除の部〕

＜病原ウイルスの生態，生活史＞

▷本病はキュウリモザイクウイルス（CMV）によっておこる。

▷CMVは非常に寄主範囲が広く，ウリ科，ナス科，アブラナ科，キク科など100種以上の多くの作物，雑草に寄生する。

▷CMVはアブラムシ類によって媒介される。ナスの場合は，主としてモモアカアブラムシ，ワタアブラムシによって媒介される。

▷第一次伝染源は圃場付近にある雑草，他作物などの病植物であり，それから吸汁，保毒した有翅アブラムシが飛来して伝染がおこる。

▷アブラムシ類による伝搬は非永続型であり，数分間病植物から吸汁するとウイルスを獲得し，また，数分間ナスを吸汁すると伝搬する。しかし，保毒時間は短く，数時間である。

▷土壌伝染，種子伝染はしない。実験的には汁液接種は容易であるが，圃場では農機具，人の手，衣服による接触伝染はほとんどしない。

＜発生しやすい条件＞

▷ハウス促成栽培（品種：千両）では，定植直後から発生が認められ，順次増加し栽培期間を通じて発生する。

▷ハウス周辺に保毒植物が多いときに発生しやすい。

ナス ＜モザイク病＞

▷アブラムシ類の発生が多い年に発生しやすい。

＜対策のポイント＞

▷育苗床での感染を防ぐため，寒冷紗で被覆するとともにアブラムシが発生しないよう，時折殺虫剤を散布する。
▷病株を定植しないように注意し，栽培中に発生を認めたら早期に防除する。
▷シルバーポリフィルムで畦面をマルチし，また同テープを株の側面に張ることにより，アブラムシの飛来を防止する。
▷育苗床，本圃周辺の雑草，病作物は伝染源となるので抜き取り処分する。

＜防除の実際＞

▷育苗期は，寒冷紗被覆によるアブラムシ飛来防止，病株除去，殺虫剤散布をする。
▷ハウス定植後は，ハウス開放部の寒冷紗張り，病株の早期除去，殺虫剤散布をする。
▷露地定植後は，シルバーストライプ入りのマルチ処理，病株除去，殺虫剤散布をする。

＜その他の注意＞

▷本病はアブラムシ類による伝搬が主体なので，アブラムシ防除を最重点とする。
▷アブラムシ伝搬はごく短時間におこるので，圃場内でのアブラムシ増殖防止よりも，有翅アブラムシの飛来防止に重点をおく。
▷圃場内に発病株があるとしだいに発病が多くなるので，発病苗または定植後の発病株は早期に除去する。

(執筆：藤井新太郎，改訂：伊達寛敬)

褐色腐敗病

病原菌学名　*Phytophthora capsici* Leonian
英　　名　Brown rot

〔診断の部〕

＜被害のようす＞

▷各作型の育苗期と定植後に発生する。

▷育苗期には苗の地際部に淡褐色，水浸状の病斑ができて葉がしおれ，進行すると病斑部がくびれて苗は枯れる。また，葉や葉柄に発生すると，熱湯をかけたように軟腐して枯れる。

▷定植後には根，地際部，枝，果実などがおかされるが，地際部や根がおかされてしおれ，枯れるものは自根栽培に限定される。枝や果実での発病は，6～9月に露地栽培に多発する例が多い。

▷根や地際部がおかされると，細根が褐変腐敗して新根の発生，伸長が不良となる。地際部は水浸状に軟化褐変して進行した株は皮層部が崩壊して少しくびれる。いずれの場合にも地上部の生育は不良になり，下葉からしおれ，黄変し，重症株は枯れる。

▷枝梢には淡褐色，水浸状の病斑をつくり，のちに拡大して枝梢をとり囲むと病斑部から上部は枯れる。果実では熟果の被害が多く，淡褐色ないし褐色の少しくぼんだ病斑をつくり，進行すると果実全体が黒褐色に変わり，多湿のときは果面に灰白色，うす霜状のカビを生じ，のち軟化腐敗する。乾くと被害果は光沢を失って収縮し，褐変乾固する。

▷果実の被害は畑で発生するほか，多発時には収穫後の輸送中，あるいは店頭において発生することも多く，市場病害としても無視できないもの

ナス　＜褐色腐敗病＞

がある。

＜診断のポイント＞

▷苗床では育苗後期に発生することが多く，作型ではトンネル，露地早熟，露地抑制栽培に多い。

▷定植後の発生は，ハウス半促成栽培では4月末以降に地下部に，露地栽培では6月上旬以降，とくに梅雨後半から9月にかけて降雨の多いときに，地下部と地上部の被害が目立つ。

▷根の症状は根腐疫病のように中心柱が褐変することはない。

▷枝梢の病斑部には菌核病のように白色，綿状のカビを生じない。果実に生じるカビは灰白色，うす霜状なので，白色，綿状のカビが密生する綿疫病と区別できる。

▷半身萎凋病，半枯病，青枯病などのように，しおれた株の茎維管束の褐変は認められない。

▷根腐疫病は低地温のときに発生するが，本病の地下部の被害は20℃以上の場合に発生する。また，ヒラナスやVFナスに接ぎ木したものには被害は認められず，自根栽培のものに発生する。

＜発生動向その他＞

▷関東地方以西にはこれまでも被害が認められていたが，近年，水田利用再編対策による転作ナスの増反により，本病の発生に適する立地条件となり，被害は増加の傾向にある。

▷施設，露地栽培ともに接ぎ木が普及してきたため，地際部や根の発病はほとんどみられなくなったが，露地栽培では枝や果実の発病が依然として多い。

ナス ＜褐色腐敗病＞

〔防除の部〕

＜病原菌の生態，生活史＞

▷病原菌は疫病菌の一種で鞭毛菌類に属し，ナスのほか，トマト，ピーマン，キュウリ，スイカ，カボチャ，シロウリ，ユウガオなどナス科およびウリ科の野菜をおかす多犯性菌である。

▷本菌は被害植物上に遊走子のう（分生子）と卵胞子をつくり，卵胞子が第一次伝染源となる。被害植物とともに卵胞子が土中に残存して越年し，翌年ナスなどが作付けされると，卵胞子から生じる遊走子によって感染，発病する。

▷本病は土壌伝染と水媒伝染で発生するので，多雨，多灌水が発生を助長する。これは遊走子のうの形成，あるいは遊走子のうから遊走子を放出するのに適した条件のためである。

▷病原菌は高温性で生育適温は $28 \sim 30\,℃$，地下部は $22\,℃$ 以上，果実では $25 \sim 30\,℃$ のときにそれぞれの被害がいちじるしい。

＜発生しやすい条件＞

▷育苗用土を連用したり，発病地に連作したりすると苗の立枯れ，果実の腐敗などの被害が多い。

▷排水不良のハウスや畑，水田に作付けすると多発しやすい。

▷苗床やハウスでは多灌水，畦間灌水によって発生は増大する。また，梅雨以降の一時的な大雨によって，ハウスや露地が浸・冠水すると激発する。

▷ $6 \sim 7$ 月の梅雨後半の降雨，$7 \sim 9$ 月に雷雨や台風などによる集中的な大雨が多い年には被害が多く，夏秋期の降雨は重要な発生要因となる。

▷収穫後の果実腐敗は，降雨期に収穫して濡れた果実を箱詰めした場合，あるいは高温時に収穫して果温の高い状態で箱詰めしたものが多い。

ナス　＜褐色腐敗病＞

＜対策のポイント＞

▷育苗用土や発病圃場は土壌消毒する。

▷地下部の被害が多い地域では，ヒラナス，VFナス，あるいはトルバム・ビガーを台木にして接ぎ木を行なう。

▷ハウス栽培では灌水方法を改善する。

▷排水不良地に作付けする場合は，圃場内外の排水を良好にし，かつ高畦栽培を行なう。

▷敷わらまたはフィルムマルチを行なう。

▷露地栽培では，発生前または発生初期から薬剤散布を行なって防除する。

▷被害植物は集めて乾燥後，焼却処分する。

＜防除の実際＞

▷別表〈防除適期と薬剤〉参照。

＜その他の注意＞

▷苗立枯病を対象として用土消毒を行なう。

▷発病圃場の土壌消毒を実施するときは，地温15℃以上の時期とし，処理後およそ7日間地表をフィルムマルチする。

▷表に示した散布薬剤は，本病の適用農薬ではないがナスに使用できるものである。

▷薬剤散布は梅雨入りごろから開始し，10日おきに数回ほど行なう。

▷露地栽培では，接ぎ木を行なっても果実や枝の被害は防止できないので，薬剤散布も必ず行なう。

▷ハウスでは必要以上の灌水や畦間灌水はひかえる。灌水チューブをマルチ下に設置して上水道や井戸を使い，水路の水を灌水しない。

▷露地栽培には敷わらがよいが，フィルムを使うときは，フィルム上に

雨水が滞留しないように注意する。

▷本病発生のいちじるしい圃場はナスの連作はもちろん，その他ナス科やウリ科野菜の作付けをひかえる。また，排水良好なところで，滞水したり浸・冠水したりしない圃場を選定する。

▷降雨中に収穫した果実は，果面が乾いてから箱詰めする。また，高温多湿時期の収穫作業はなるべく早朝に行ない，果温を上げないようにする。

▷被害植物や果実は，圃場に放置したり水路に捨てたりせずに，集めて焼却する。

＜効果の判定＞

▷接ぎ木栽培を行なうときには，その効果を確認するため，接ぎ木をしない自根苗5〜10株ほどを定植し，生育の差や被害株の発生状況を比べてみる。また，ヒラナス台とVFナス台にした場合，台木の種類によって生育，収量，被害状況に差異があるかどうかを観察しておけば，以後の台木の選定に役立つ。

▷薬剤散布の効果は，空梅雨や晴天のつづいたときには判然としないので，天候の悪い時期に収穫しながら，被害果や枝枯れの有無を観察する。

(執筆：吉野正義，改訂：橋本光司)

ナ　ス　＜萎縮病＞

萎　縮　病

病原体　ファイトプラズマ（Phytoplasma）

〔診断の部〕

＜被害のようす＞

▷8月下旬～9月上旬に定植し，10月上旬から翌年6月まで収穫するハウス栽培の長期どりナスで，収穫開始の10月上旬ころから発病しはじめる。12月ころから発病株はふえなくなるが，4月ころから再び増加しはじめ，収穫末期の6月下旬まで増加しつづける。

▷ホルモン剤による障害に似た様相を示す。

▷枝の伸長が抑制され，はなはだしいものは草丈が健全株の半分程度にとどまる。発病が一部の枝にとどまるものもある。

▷先端部近くの葉が上側に湾曲して大きくならず，葉脈がねじれる。

▷果実は肥大が悪く，また，湾曲した奇形果になる。そのため，いちじるしい収量減をまねく。

▷病株は枯死することはないが，回復はしない。

＜診断のポイント＞

▷枝の伸長が悪くて草丈が低い。先端部近くの葉が上側に湾曲して大きくならず，部分的に黄化したり紫黒色を帯びたりする。腋芽も生長が抑制され，萎縮する。果実は肥大が悪く，湾曲した奇形果になる。

▷発病株は不規則に分布する。

▷露地栽培では発生を認めていない。

▷岡山県，愛知県で発生が確認されている。

ナス ＜萎縮病＞

〔防除の部〕

＜病原体の生態，生活史＞

▷病原体はファイトプラズマであり，病気の性質としてはウイルス病とよく似ている。

▷病原体はヒメフタテンヨコバイによって伝搬される。汁液，土壌，種子によっては伝染しない。

▷ヒメフタテンヨコバイは体長約3.5mmで，頭部にある2個の黒点と胸部背面の2個の三角形の黒い斑紋とが見分けるときの特徴となる。

▷ヒメフタテンヨコバイは水田地帯を中心として広く分布するヨコバイで，発生量も多く，岡山地方では5月から11月にかけて年4～5回発生する。

▷岡山県ではヒメフタテンヨコバイの生息密度は雑草の種類により大きく左右され，カヤツリグサの多いところでは密度がとくに高い。

＜対策のポイント＞

▷ヒメフタテンヨコバイによる虫媒伝染を防止する。そのためには，ナスの媒介虫の遮断を第一のポイントとし，虫の防除を第二のポイントとする。伝染源植物はわかっていないが，ハウス周辺雑草の疑いがある。また，雑草はヒメフタテンヨコバイの生息地になる。そこで，周辺雑草の除草が第三のポイントとなる。

＜防除の実際＞

▷育苗ハウス，本圃を寒冷紗張りとすることを原則とする。

(執筆：藤井新太郎，改訂：伊達寛敬)

苗立枯病

接ぎ木育苗期間中に発生したリゾクトニア属菌による苗立枯病。台木部分から穂木にかけて侵される。
（草刈　眞一）

穂木部分の茎部がリゾクトニア属菌に侵され腰折れ状になる。　（草刈　眞一）

子葉展開時に発生したピシウム属菌による苗立枯病。茎部が侵され腰折れ状になって枯死する。　（草刈　眞一）

ナス〈苗葉枯疫病〉

苗葉枯疫病

小苗の発病：苗が小さいほど被害が著しく、病斑は互合して大きくなり葉が枯れ込んでたれ下がる。
　　　　　　　　（福西　務）

病原菌の遊走子のうおよび担子梗。
　　　　　　　　（福西　務）

葉の発病：葉脈に囲まれ、灰褐色〜茶褐色となる。葉縁部に病斑をつくることが多い。
　　　　　　　　（福西　務）

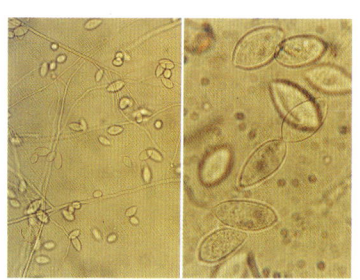

育苗床での発生：発病株を中心に隣接株に次々広がり、茶褐色にややへこんで坪枯れ状となる。（福西　務）

ナス ＜苗立枯病＞

苗立枯病

病原菌学名　*Rhizoctonia solani* Kühn
　　　　　　Pythium spp.
英　　　名　Damping-off

〔診断の部〕

＜被害のようす＞

▷播種直後から接ぎ木の育苗期間中に発生する。

▷感染種子では，発芽直後胚軸が侵され不発芽となる。発芽種子では，幼植物の地際部が侵され，腰折れ状態になり枯死する。密植状態の育苗床で発生すると子苗の子葉，茎が軟腐状態となり腐敗し，クモの巣状の菌糸が蔓延することがある。接ぎ木苗の養生中や育苗期に発生することもあり，穂木葉，葉柄が変色腐敗し，苗腐敗を起こす。

▷病原菌の感染は，土壌から発生することが多く地際部の茎，葉柄，葉が侵される。地際部の感染部位は淡い褐色となり，その周辺部にアントシアンを生じて紫褐色を呈する。

▷ *Rhizoctonia* 属菌による苗立枯病では，地上部の葉，葉柄が侵されることがあり，罹病部位は軟腐状に腐敗し，枯死する。

▷トンネル育苗など，多湿条件下では，罹病苗周辺部に，クモの巣状の菌糸が蔓延することがある（*Rhizoctonia* 属菌による苗立枯病と判断される）。

▷ *Pythium* 属菌による苗立枯病は，地際部からの感染が多く，罹病した地際部の茎が水浸状になり，腰折れ症状となることが多い。気温・湿度条件によっては，地上部へ感染，蔓延が認められ，葉柄，葉が侵されて腐

ナス ＜苗立枯病＞

敗枯死する。

＜診断のポイント＞

▷発病後，地際部の茎がくびれて腰折れ症状となる場合には苗立枯病と判断される。

▷子苗展開時に腰折れ症状となる場合，茎の病患部が淡褐色〜暗褐色になる場合には *Rhizoctonia* 菌による苗立枯病と判断される。

▷ *Pythium* 属菌による苗立枯病では，地際部の褐変が少なく，水浸状となり腐敗することが多い。

▷育苗期間中では，褐色腐敗病菌（*Phytophthora* 属菌）による苗腐敗，立枯れの発生することがしばしば認められる。褐色腐敗病では，地際部に淡褐色，水浸状病斑が生じ，葉がしおれ，やがて茎はくびれて腰折れ状態となって枯死する。地上部の茎葉が軟腐状に腐敗するのが特徴で，多湿条件下では病患部に霜を振ったような白いカビを生じる。

＜発生動向その他＞

▷ナスでは，接ぎ木苗の養生時の乾燥防止や，苗の育苗時に保温を強化する傾向があり，この時期に苗立枯病が多発する傾向がある。

▷1〜3月末の育苗で発生することが多い。9〜11月に育苗する場合にも発生し，周年発生する傾向がある。

〔防除の部〕

＜病原菌の生態，生活史＞

▷病原菌 *Rhizoctonia solani* は担子菌類に属し，罹病植物体内に蔓延した菌糸または病患部に形成された菌核で越冬し，次期の感染源となる。

▷ *Rhizoctonia* 属菌は，ナスのほか，キュウリ，メロン，トマト，ピーマン，タマネギ，ホウレンソウなどの立枯病の原因となることが知られて

いる。

▷前年度発病した育苗床で播種，育苗すると，土壌中の菌核から感染が生じ被害が発生する。

▷発病すると罹病患部に生じた菌糸で伝染し，円形に被害が広がる。

▷*Pythium*属菌では，罹病組織中に卵胞子が形成され，これが土壌中に残存し翌年の感染源となる。

▷発病すると*Rhizoctonia*属菌同様，菌糸で伝染する。

▷*Rhizoctonia*属菌による苗立枯病は気温が24℃付近，地温15～21℃，多湿条件下で発生しやすい。*Pythium*属菌による苗立枯病は28～32℃付近に適温があり，*Rhizoctonia*属菌による立枯病と比較してやや高温域で発生する。

＜発生しやすい条件＞

▷やや高温の多湿条件下で発生が多い。

▷土壌水分の高い条件下で発生が多く，灌水過多，水はけの悪い育苗土で被害が多い。

▷苗床用土として土をくり返し使用すると発生が多いので，育苗用土には新しい土を使用する。

▷未分解の有機質を施用した土で発生が多い傾向があり，有機質を施用する場合，充分腐熟したものを使用する。

＜対策のポイント＞

▷育苗用土には新しい土，水はけの良好な土を用いる。

▷施肥については，窒素過多にならないようにする。

▷有機質を混合する場合，充分に腐熟した有機物を用いる。

▷トンネルを利用した育苗施設では，苗を密植状態で管理しない。

▷灌水過多にならないように管理する。

▷過湿状態で茎葉に露がつくような環境で発生が多い。トンネルを開閉

ナス　＜苗立枯病＞

して，過湿にならないように管理することが重要。

▷土をくり返し使用する場合には，土壌消毒して用いる。土壌消毒は，蒸気消毒，太陽熱処理，熱水処理などの方法のほか，土壌消毒剤により殺菌する方法がある。

▷ナス苗立枯病には，播種時に薬剤を土壌処理して発病を防ぐ方法，種子に薬剤を粉衣処理して防ぐ方法，発芽後薬液を灌注して発病を防ぐ方法が登録されている。

＜防除の実際＞

▷別表〈防除適期と薬剤〉参照。

＜その他の注意＞

▷苗床での土壌くん蒸剤の使用は残留ガスによる障害が発生しやすいので，ガス抜きを充分行なう。

▷育苗には，用土の選択が重要で，できるだけ新しい土を用い，未分解有機物の施与は避ける。

＜効果の判定＞

▷土壌消毒による床土消毒では，効果があれば発病はみられない。

▷発病がみられる場合には，効果が不充分，または，処理後に感染した疑いがある。

(執筆・改訂：草刈眞一)

苗葉枯疫病

病原菌学名　*Phytophthora infestans* Waterhouse
英　　　名　Leaf late blight of seeding

〔診断の部〕

＜被害のようす＞

▷育苗ハウスにおいて，通常12月から翌年2月ころまでの低温期に，苗床に並べられた接ぎ木前の台木用アカナスのポット苗の葉に発病する。

▷半促成用苗（11月上旬播種，3月上旬定植）で最初に発生し，次いで早熟用苗（1月上旬播種，4月中旬定植）にみられ，これより遅くなる露地抑制用苗（2月上旬播種，5月上旬定植）ではほとんど認められない。

▷はじめ苗床の一部の苗で発病し，これを中心に周辺の健全株に広がる。発生箇所は各所でみられるようになり，この部分が茶褐色にややへこみ，坪枯れ状となる。病勢が進展すると，苗床全体に及び異臭を放つ。

▷小さな苗ほど被害が大きい。本葉3～4枚の小苗が発病すると葉が枯れ込み，時には茎にまで病斑をつくり生育が著しく悪くなる。しかし，倒伏する株はなく枯れ込むような株は少ない。

＜診断のポイント＞

▷下位葉の葉身で発病し始めるが，病斑の多くは葉縁部で認められる。

▷初期病斑の周辺は湿潤状で不明瞭であるが，拡大してやや古くなると周辺部がしだいに明瞭となり，灰褐色～茶褐色を呈する。そして，葉表，葉裏の表面に白色粉状の胞子が密生する。

▷罹病葉は生育が遅れて小さく，病斑のあるほうがいびつになる。ひど

い場合は外側に葉が巻き，その半分以上が発病し縮んで，ついには垂れ下がる。

▷病状がすすむと下位の病斑はしだいに上・中位葉へ広がり，互いに融合して大型病斑となり，葉が枯れて茎だけとなる。

▷育苗中に本病と同時に褐紋病，灰色かび病の発生することがあるが，互いの病状はかなり異なるので診断は容易である。

〔防除の部〕

<病原菌の生態，生活史>

▷病原菌は藻菌類に属する糸状菌であり，病患部に無色透明の無隔膜菌糸を迷走させ，菌糸からでる担子柄上に明瞭な乳突起をもつ卵形，レモン形，卵円形の遊走子のうを頂生ないしは側生させる。

▷遊走子のうは脚痕をもち，担子柄はよく分枝し，ところどころに特徴のあるふくらみをつくっている。卵胞子の形成は認められていない。

▷ $P.\ infestans$ はジャガイモ，ナス，トマトの疫病菌として知られている。形態的比較においては，本菌は従来のジャガイモ疫病菌，トマト疫病菌（ともに $P.\ infestans$）とよく類似している。しかし，特にトマト疫病菌とは胞子の大きさ，発芽型，発芽管の伸長，胞子の遊泳時間あるいはナスに対する病原力など，生理生態的に異なる点が見受けられる。そのため，苗葉枯疫病菌はこれまでとは異なる菌糸で，べと病的性質を持ち，ナスに特異的な寄生性を表わす系統と考えられ，病名も標記のように新称された。

▷病原菌は被害残渣やこれらが混入した土壌で越年し，次作の第一次伝染源となる。また，被害のあった苗床で使用されたトンネル用支柱，被覆用資材，ポットなどに菌が付着し翌年の伝染源となる。

▷灌水時に病土をはね上げて初発をもたらし，病斑面に担子柄を林立させ，多数の遊走子のうを形成する。これが風や灌水によって飛ばされ，周

ナス　＜苗葉枯疫病＞

辺へひろがる。

▷近くにトマトやジャガイモの罹病個体があると，ここから胞子が飛散しナスを発病させる。同じ苗床内でナス，トマトが育成されているケースを見かけることがあるが，このようなときはトマトの被害が大きく，ナスの発病を助長していることが多い。

▷本菌は台木用アカナスを強く侵し，同じ台木のトルバム・ビガーや穂木用の千両1号（半促成用），千両2号（早熟用，露地抑制用）などには軽く発病させる。

＜発生しやすい条件＞

▷やや低温で多湿な育苗環境で発生が多い。苗床は通常ビニールハウスやガラス温室の地面を掘ってつくられる。床内は稲わら，米ぬか，油粕などを入れて発熱させる踏込み温床であり，補助的に温床線が用いられて常に暖かい。地上部はトンネル状に厚く被覆される。そのため，発生に好適な条件となり多発をまねくことが多い。

▷被覆の開閉は，冬期であるので朝遅く夕方は早い。また，曇雨天のときはかけたままになることが多い。そのため，少し天候不順が続くと光線不足となり，苗が軟弱徒長ぎみになる。このような苗は罹病しやすく，病状の進行も速く被害が大きい。

▷半促成，早熟用苗で比較的発病が多く，露地抑制用苗で少ないのは，前者がより重厚な保温管理で，病原菌の感染，増殖に好適な多湿条件におかれるためと考えられる。

▷育苗ハウスが連続使用されている場合，発病を繰り返すことがある。

▷窒素質肥料が多く，茎葉が軟弱に生育した苗は発病しやすい。

▷灌水量が多く床土の排水が悪い場合，苗数が多く過密になっている場合，同じ苗床にトマト苗がある場合などは，初発をみると蔓延が速く発病も激しくなる。

▷市販品種ではアカナスが感受性であり，千両（1，2号）やトルバ

ナス ＜苗葉枯疫病＞

ム・ビガーなどは抵抗性のようである。

＜対策のポイント＞

▷育苗ハウスは朝は早めにあけ，日中の開放時間をできるだけ長くして換気を図る。苗床も同様に開放し，内部が多湿にならないようにする。

▷苗床の灌水は，ポット内の土壌水分が高くなりすぎて，いつまでも湿っていることのないよう，ひかえめとする。また，強くかけて床土をはね上げないよう注意する。

▷アカナスの発病に注意し，早期発見に努める。罹病葉は切除し，ビニール袋に入れて捨てる。近くに放置しておくのはよくない。

▷床土はくん蒸剤で消毒する。本病が発生したことのある苗床では，育苗期間中に予防散布を行なう。

＜防除の実際＞

▷別表〈防除適期と薬剤〉参照。

＜その他の注意＞

▷育苗に使用したことのある土壌，畑土はくん蒸剤で消毒する。この場合，土を握って少しくずれる程度の湿り気があること，地温15℃以上，くん蒸ガスを逃がさないよう被覆資材（ビニール，ポリフィルム）で完全に密閉するなどの注意が必要である。

▷多湿，光線不足などの不良環境を回避するため，灌水はひかえめとし，過密にならないようポットの間隔をできるだけあけ，晴天日は充分に開放して採光，通気をよくするなどの管理を行なう。

▷発病葉は速やかに摘み取り処分する。育苗後の残渣は全部集め焼却する。

▷窒素過多は罹病的になるので，適正量の施用を行なう。

▷これまでのところ，本病の発生事例は少なく，特殊な育苗環境で認め

られているので、常発するような病害ではないと思われる。

＜効果の判定＞

▷薬剤散布後4〜5日たって病斑を観察し、その周辺が明瞭となり表面の白色粉状は消失して茶褐色に乾固していたら、薬剤の効果が現われていると判断できる。

（執筆：福西　務，改訂：久下一彦）

茎腐細菌病

圃場の発生状況：収穫期に株の一部の枝が黄化，萎凋する。　　（池田　弘）

発病株：接木部から20〜30cm上部まで茎の表皮が褐変し，株全体が萎凋，枯死する。　　（池田　弘）

ナス 〈茎腐細菌病〉

接木部の病斑：接木部から上位の茎表皮が褐変するが、台木のアカナスは正常である。
(池田 弘)

芽かき部の病斑：芽かき部を中心に茎の表皮が褐変し、上位の葉は黄化、萎凋し、やがて枯死する。
(池田 弘)

茎腐細菌病

病原菌学名　*Erwinia chrysanthemi* Burkholder,
　　　　　　Mc Fadden et Dimock
英　　　名　Bacterial stem rot

〔診断の部〕

<被害のようす>

▷茎に発生する。

▷促成栽培では，収穫期の2月ころから発生し始め，5～6月に発生が目立つようになる。露地栽培での発生は，施設栽培に比べて少ないが，9月ころに発生が多くなるようである。

▷はじめに接ぎ木部の上部（穂木）の芽かき部の茎表皮が水浸状となり，しだいに褐変する。このような株は，病斑部から上の葉が黄化萎凋し，やがて株全体あるいは一部の枝が枯死する。

▷病斑の発生部位は，接ぎ木の上部か，芽かき部に限られる。病斑は，拡大すると茎をとりまくとともに，20～30cmの長さになる。

▷拡大した病斑をよく観察すると，表皮がやや収縮し，浮き上がったようになることがある。

▷芽かき作業などの場合に，病斑部を手で触れると，表皮が容易に剥離する。

▷圃場での発生場所は部分的で，被害が圃場全体にまで及ぶことはない。しかし，接ぎ木部から発生すると株全体が枯死することから，このような株が多発した場合は被害が著しい。

▷畦に沿って発病株が見られることがある。

ナス　＜茎腐細菌病＞

▷ 病勢の進展は，軟腐病に比べると，緩やかである。
▷ 台木のアカナスには異常が認められない。

＜診断のポイント＞

▷ 本病の発生時期は軟腐病とも一致するが，腐敗した病斑部の臭いをかぐと，腐敗臭はあまり強くなく，悪臭を放つ軟腐病とは異なる。

▷ 株全体あるいは一部の枝が萎凋枯死する症状は，一見，青枯病や菌核病の症状とも類似する。しかし，本病の場合は，接ぎ木部の上部や芽かき部の茎表皮に，一様に褐変した病斑が見られる点で青枯病と区別できる。また，病斑部に菌糸が認められず，剥離した表皮の下に細菌塊と思われる粉状物が観察される点から菌核病と区別できる。

▷ 発病株が畦に沿って連続して見られる場合などは，特に青枯病と混同されやすい。しかし，本病は茎の導管に褐変が見られないことや，根が健全な点で青枯病とは異なる。

＜発生動向その他＞

▷ 茎の表皮が軟化，腐敗する症状は軟腐病と類似しており，発病初期の外観病徴によって正確に診断を行なうことは困難である。

▷ 本病の感染部位は接ぎ木部や芽かき部などの負傷部に限られるので，促成栽培では2月ころから，このような部位の病斑の発生に注意する。

▷ 発症部位は病斑部位の上部に限られるため，株全体に及ぶ場合と，一部の枝にとどまる場合とがある。

▷ 本病は，1983年に福岡県朝倉郡夜須町の促成栽培で初確認された病害であるが，その後は，福岡県内での発生地域の拡大は認められていなかった。また，他県での発生の報告もなかった。ところが，1990年ころから，本病によると思われる被害が福岡県内の他の地域の促成栽培や露地栽培にも見られるようになり，発生地域および作型とも拡大の傾向が認められている。

ナス　＜茎腐細菌病＞

▷本病は茎だけに発生すると考えられていたが，1990年には，長崎県下のハウス栽培において，本病菌によるナスの果実腐敗が報告されており，さらに発生生態に関する調査，研究を要する。

〔防除の部〕

＜病原菌の生態，生活史＞

▷本病菌は腐敗性の細菌で，土壌および水媒伝染すると考えられる。
▷主に，ナスの接ぎ木部や芽かき部などの傷口から侵入し，茎の表皮組織を軟化，腐敗させる。
▷接ぎ木部位は重要な感染部位と考えられるが，芽かき作業なども感染および伝搬の機会となる。
▷本菌の宿主範囲は軟腐病のように広くはないが，接種試験では，ナスのほかナス科植物のトマト，ピーマン，ジャガイモなどに病原性が認められる。
▷接ぎ木栽培の場合には，台木のアカナスに対しては病原性が認められない。穂木では黒陽，筑陽，大成早生などで発生が認められる。しかし，他の品種の抵抗性については明らかでない。
▷病原細菌は40℃でも生育し，高温性と思われるが，発病適温などは不明である。

＜発生しやすい条件＞

▷連作すると発生しやすい。
▷施設栽培では2月ころから発病するが，ハウス内の温度が上昇する4～6月に発生が多くなる。
▷特に，排水や換気が不良な，高温多湿状態のハウスで発生が多い。
▷露地栽培では，9月の降雨がつづくころに発生が多い。

ナス ＜茎腐細菌病＞

＜対策のポイント＞

▷土壌伝染するので，健全な育苗用土を使用するとともに，発病圃場では土壌消毒を行なうか，連作を避ける。

▷圃場の排水を良好にし，多湿を避ける。

▷マルチなどを行なって土粒の跳ね上がりを防ぐ。

▷ハウス栽培では換気を図り，特にナスの株もとの乾燥に努める。

▷芽かき作業は晴天日を選び，乾燥時に行なう。また，発病のおそれがある株の芽かきや整枝，収穫はできるだけ最後に行なう。

▷接ぎ木や芽かき作業などを行なう場合は，手指の先やナイフ，ハサミなどを消毒するか，こまめに洗浄するなどして清潔に保つ。

▷発病株や発病枝はすみやかに抜き取るか切り取るかし，伝染源を圃場に残さないように焼却処分する。

▷前年度の発病圃場では，軟腐病との同時防除を目的に予防的に行なう。

▷発病後の防除は困難であるので，接ぎ木部や芽かき部の発病に注意するとともに，耕種的防除に努めることが重要である。

＜防除の実際＞

▷別表〈防除適期と薬剤〉参照。

＜その他の注意＞

▷本病に対する登録薬剤はないので，薬剤による防除は，他の病害に登録がある薬剤によって同時防除を心がける。

▷別表に掲載した土壌消毒剤は人畜に対して有害なので，育苗用土や本圃の土壌消毒を行なう場合は，ガスがもれないようにポリエチレンフィルムなどで完全に被覆する。

▷地温が低い（15℃以下）時期には効果が劣るので，栽培時期にでき

るだけ近い，高温時期を選んで処理する。

▷ガス抜きが不充分であると薬害を生じるので，処理後7〜14日を経過したら，床土の切返しや圃場の耕起を充分に行なう。

▷別表に掲載した以外の液剤散布は，本病発病後では，かえって発生を助長するおそれがあるので，できるだけ散布回数を少なくするように努める。

▷窒素質肥料を多用すると生育が軟弱，過繁茂になり，発病を助長するので，適正な施肥を行ない，健全に生育させる。

▷強度の整枝，剪定は感染の機会を増加させるので，適正な管理に努める。

▷収穫終了後は，発病株をていねいに抜き取り，圃場外へ持ち出して焼却処分する。

＜効果の判定＞

▷例年の発生時期に発病がみられないか，新たな発病が認められなくなれば，効果があったものと判断される。

（執筆・改訂：池田　弘）

黄化えそ病

生長点付近の葉での発病:褐色のえそ斑点を生じる。（高橋　尚之）

黄斑症状にえそを伴う葉の病斑（右）（高橋　尚之）

展開葉での病徴:輪紋状に退緑し，やがて褐色のえそ輪紋となる。（左）（高橋　尚之）

台木部の症状による株の萎凋（右）
（高橋　尚之）

褐変した台木部の維管束（左）
（高橋　尚之）

ナス〈茎枯病〉

茎枯病

地上部の病徴：側枝を除去した傷口から褐色の病斑が生じる。 （矢野　和孝）

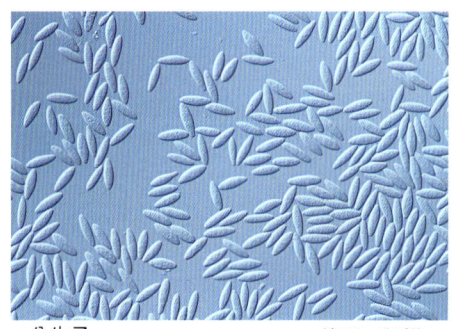

分生子　（矢野　和孝）

病斑上に形成された小黒点状の分生子殻
（矢野　和孝）

黄化えそ病

病原ウイルス　トマト黄化えそウイルス
　　　　　　　Tomato spotted wilt virus (TSWV)
英　　　名　Spotted wilt

〔診断の部〕

＜被害のようす＞

▷トマト黄化えそウイルスは，宿主範囲がきわめて広く，特にナス科（ピーマン，ナス，タバコなど），キク科（キク，ガーベラ，アスターなど）などで全身感染し，激しい病徴を示すものが多い。

▷本病は，局地的に発生するのが特徴で，ナスでは育苗期から本圃で発生する。

▷同一または隣接施設内のトマトなどと同時に発生が認められることが多い。

▷成葉にやや不鮮明な大型の退色斑紋を生じ，褐色のえそ斑になる。

▷生長点付近の葉はえそ斑点やえそを生じ，奇形となる。また，小型の退色斑紋や輪紋からえそ斑を生ずるが，生長点が枯死することは少ない。

▷台木や穂木の茎が黒変し，維管束が褐変した場合，進展すると，全葉が萎凋し，株が枯死する。

＜診断のポイント＞

▷トマト，キク，アスターなどは伝染源になるので，これらの圃場付近のナス圃場でみられる。

▷発病株は小型の退色斑紋や輪紋からえそ斑を生ずることが多いが，葉

の縮みや軽微なモザイク症状のみの場合もある。

▷全葉が萎凋し，株が枯死する場合は，台木や穂木の茎が黒変し，維管束が褐変している。

▷本病はえそ輪紋を生ずることが多く，タバコモザイクウイルス（TMV）やキュウリモザイクウイルス（CMV）によるモザイク病と区別できる。

＜発生動向その他＞

▷平成9年に高知県の施設栽培で初めて発生が確認され，その後東京都，島根県，神奈川県などでも認められた。

▷トマトなどと同一または隣接施設内で同時に発生が認められることが多い。

▷局地的に発生するが，今後各地で発生が認められるものと考えられる。

〔防除の部〕

＜病原ウイルスの生態，生活史＞

▷病原ウイルスは，径約85nmの外被膜構造をもつ球形粒子で，アザミウマ類によって伝搬される。

▷アザミウマ類（ミカンキイロアザミウマ，ヒラズハナアザミウマ，ネギアザミウマ，チャノキイロアザミウマなど）によって媒介される。なかでもミカンキイロアザミウマにより効率よく伝搬される。

▷アザミウマ類は幼虫のみが本ウイルスを獲得でき，羽化した保毒成虫により伝搬される。保毒成虫は終生伝搬能力を保持する（永続伝搬）が，経卵伝染はしない。

▷試験的な汁液接種は可能であるが，ウイルスが不安定であるため管理作業による伝染の可能性は少なく，アザミウマ類による伝搬が主と考えら

ナス ＜黄化えそ病＞

れ，土壌伝染，種子伝染はしない。

▷宿主範囲がきわめて広く，650種以上の植物に感染することが報告されている。特にナス科，キク科などでは全身感染し，激しい病徴を示すものが多い。

＜発生しやすい条件＞

▷本病はトマト，キク，アスターなどで発生が多くなっており，これらの圃場付近にナスを栽培すると発生しやすくなる。また，常発地ではオニノゲシなどの雑草が伝染源になっていることが考えられ，これら雑草がナス圃場やその周辺に多いと発生しやすい。

▷アザミウマ類，特にミカンキイロアザミウマの寄生密度が高いと発生しやすい。

▷本ウイルスを媒介するアザミウマ類は，冬期の露地を除けば伝搬する可能性が高い。

▷発病株を1株でも圃場に残していると伝染源となり蔓延しやすい。

＜対策のポイント＞

▷トマト，キク，アスターなどの本病の発生は伝染源になるので，これらの圃場付近でのナス栽培を避ける。また，常発地では伝染源となるオニノゲシなどキク科を主体とした雑草の除去に努める。

▷ナス栽培にあたってはアザミウマ類の薬剤防除に努め，特に常発地では育苗期からの防除を徹底する。

▷発病株を早期に発見し，保毒したアザミウマ類を対象に薬剤散布を行なったのち，速やかに抜き取って圃場外に除去し，処分する。あわせて除草を徹底する。

▷促成栽培では開口部にできるだけ細かい目合い（1mm以下）の防虫網を展張することと，シルバーポリフィルムによるマルチをするとアザミウマ類の侵入防止効果が高い。

ナス ＜黄化えそ病＞

▷苗による本圃への持込みに注意し，また，栽培と関係のない花木や鉢物を圃場内に持ち込まない。

＜防除の実際＞

▷別表〈防除適期と薬剤〉参照。

▷育苗期から薬剤防除を徹底し，本圃へアザミウマ類を寄生したまま持ち込まない。

▷購入苗などでは発病が疑わしい株は除去し，健全株を厳選して定植する。

▷使用する薬剤の抵抗性の発達に注意し，薬剤の防除効果が劣る場合は他の系統の薬剤に切り替える。また，同系統の薬剤の連用はできるだけ避ける。

▷薬剤防除だけでなく，ハウスサイドや天窓などの防虫網展張，苗による本圃への持込み防止，栽培終了時の蒸込み処理，圃場および周辺の除草など，耕種的・物理的な防除対策を積極的に取り入れる。

＜その他の注意＞

▷ホリバーなどの粘着トラップなどを利用して，アザミウマ類の発生モニタリングを行ない，発生の増加を認めたら早めの薬剤防除を行なう。

▷薬剤散布は他の害虫との同時防除を心がける。

＜効果の判定＞

▷発病株の増加がなくなれば有効と判断される。

（執筆：高橋尚之）

ナ　ス　＜茎枯病＞

茎　枯　病

病原菌学名　*Fusicoccum aesculi* Corda
英　　　名　Stem blight

〔診断の部〕

＜被害のようす＞

▷茎の上部では，側枝を除去した傷口から褐色の病斑が生じる。その後病斑は主枝に拡大し，その中心部付近が暗褐色〜黒色に変色し，表面には小黒点状の分生子殻が多数形成される。

▷茎の地際部では，外見上目立った変色は見られないが，ややくびれ，病斑上に多数の分生子殻が形成され，この部分の表皮を削ると皮層部の黒変が観察される。地際部も管理作業で側枝を除去することから，傷口から発病すると考えられる。

▷いずれも発病株は病斑部から上位の茎葉が萎凋し，やがて枯死する。

▷'十市'という小ナス品種で最初に発見されたが，接種試験を実施すると'はやぶさ'にも同様に発病する。岡山県では'千両'に発生している。

＜診断のポイント＞

▷茎が侵され，その上部の茎葉が枯死する病害には，茎枯病のほかに茎えそ細菌病，茎腐細菌病，菌核病，軟腐病，疫病，黒枯病，褐紋病があるが，病斑上に小黒点状の分生子殻を形成するのは褐紋病と茎枯病なので，よく観察してこれを確認する。

▷分生子殻中に形成された分生子を顕微鏡観察し，無色，単胞，長楕円

431

ナス ＜茎枯病＞

形〜紡錘形，基部が截断状で大きさが13.8〜20.0 μm×4.4〜5.6 μmであることを確認すれば，さらに確実である。

＜発生動向その他＞

▷高知県では養液栽培でのみ発生が確認されているが，岡山県では隔離床養液土耕据置栽培でも発生が確認されている。

〔防除の部〕

＜病原菌の生態，生活史＞

▷菌糸の生育温度は10〜38℃，生育適温は28℃である。

＜発生しやすい条件＞

▷生育適温が比較的高温であることから高温で発生すると予想される。

＜対策のポイント＞

▷発病枝を取り除いて，圃場衛生を徹底する。

＜防除の実際＞

▷養液栽培で突発的に発生し，その後の発生は見られていないので，防除例がなく，防除方法が不明であるが，果樹などの枝幹病害の防除法が参考になると考えられる。

▷発病枝を早めに取り除く。

＜その他の注意＞

▷本病原菌の完全世代は見つかっていないが，果樹などの枝幹を侵す病原菌である*Botryosphaeria dothidea*に属すると予想される。

ナス ＜茎枯病＞

＜効果の判定＞

▷新たな発生がなければ，効果があったと考えられる。

（執筆：矢野和孝）

ナス

害虫

テントウムシダマシ類

被害：かなりすすんだ状態。すぐ防除すること。

成虫：体長6～7mm。手でふれると，すぐ地上に落ちる。

被害と幼虫：葉が網目のように食害された状態(下右)。

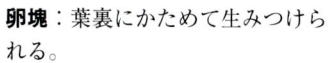

卵塊：葉裏にかためて生みつけられる。

ナス〈ハスモンヨトウ〉

ハスモンヨトウ

幼虫：葉を暴食する。

若齢幼虫：葉裏に群がって食害する。防除適期

成虫(下左)
卵塊(下右)

ナス　＜テントウムシダマシ類＞

テントウムシダマシ類

オオニジュウヤホシテントウ
　　学　　名　*Epilachna vigintioctomaculata* Motschulsky
　　英　　名　large 28-spotted lady beetle
ニジュウヤホシテントウ
　　学　　名　*Epilachna vigintioctopunctata* Fabricius
　　英　　名　28-spotted lady beetle

〔診断の部〕

＜被害のようす＞

▷両種とも，ナス，ジャガイモなどナス科植物を加害する。
▷成虫も幼虫もおもに葉の裏から，表皮を残して網目状に食害するのが特徴。食われた葉は，しだいに褐色になって，ちぢんだように枯れる。
▷発生が多いときは，葉が食いつくされ，花や茎も食害される。果実がかじられると，商品価値がなくなる。
▷関東では，ジャガイモの収穫直後から，ナスに被害が多くなる。なお，関西では，ビニールフィルムの覆いを取り除いたころから被害がひどくなる。

＜診断のポイント＞

▷葉の部分的な変色に注意する。成虫，幼虫とも葉の裏側から食害する習性があるため，食害を受けた部分は小さな斑紋状に色抜けが起こり，やがて褐変する。そのようなときは葉裏を調べると，成虫または幼虫が見つかる。また，虫が見つからなくてもその傷跡が階段状に残っていることか

ナス ＜テントウムシダマシ類＞

▷成虫は小さいテントウムシである。

▷6～7月ごろ，成虫がナスに飛来する。両種の成虫は，体長4～7mmの小さい甲虫で，赤褐色，半球形，翅に28個の黒い斑点がある。

▷卵塊状の卵を観察する。

▷卵は，葉裏に数十粒ずつかためて産みつけられるので，葉裏をよく観察する。形は長楕円形，鮮黄色である。

▷孵化幼虫を早期に見つけることがたいせつである。

▷孵化した幼虫は，葉裏にいて，葉肉をかじって食害する。幼虫の小さいうちは，かたまって食害しているので，この時期に見つけることが防除上重要である。大きくなるとしだいに分散する。

▷幼虫の形は，両種とも楕円形で，からだから木の枝のようなトゲを多数密生している。からだは大きくなると7～9mmになる。

▷オオニジュウヤホシテントウと，ニジュウヤホシテントウとの形態のちがい：この両種は，成虫，幼虫，蛹，卵ともよく似ているので，つぎにその区別点をあげる。

▷オオニジュウヤホシテントウの成虫はやや大型で8mmぐらい。翅の肩が張り出している。前胸の背中央の黒紋は翅の合わせ目にあり，縦のほうが長い。卵の長さは1.5mmぐらい，卵はたがいに少し離れて産まれる。幼虫は8～9mmぐらい，黄色。幼虫の刺は，真中だけが白く，他は黒色。蛹は6mmぐらい，黄色。

▷ニジュウヤホシテントウの成虫は，やや小型で6～7mmぐらい。翅の肩は張り出していない。前胸の背中央の黒紋は翅の合わせ目にあり，横のほうが長い。卵の長さは1mmぐらい，卵はたがいにくっついて産まれる。幼虫は7～8mm，白色。刺は白く，先端だけが黒い。蛹は5mmぐらい，うすい黄白色。

ナス ＜テントウムシダマシ類＞

〔防除の部〕

＜虫の生態，生活史＞

▷両種は，発生する地域が異なる。

▷オオニジュウヤホシテントウは，気温の低い地方（北海道，東北，北陸，山陰など）に分布し，ニジュウヤホシテントウは，気温の高い地方（関東南部，東海，近畿以西の平野部）に分布している。

▷成虫で越冬し，5月ごろから出現して，産卵する。

▷両種とも，成虫で落葉の下や，草の根元や家の羽目板などにもぐり込んで越冬する。この成虫は，4～5月ごろ，気温が15℃前後になると，ジャガイモ畑やナス科の雑草，時には早植えのナス畑に飛来して，おもに下葉の葉裏に産卵する。この虫の産卵数はかなり多く，雌1頭が600～700粒の卵を産む。卵期間は約1週間で幼虫が孵化する。

▷孵化した幼虫は，葉裏にいて，小さいうちはかたまって食害するが，しだいに分散する。幼虫期間は20日ぐらいで蛹となり，5～6日を経て新成虫となる（6～7月ごろ）。低温地域では，この成虫がそのまま越冬する。

▷ナスでは6～7月ごろに発生が多い。暖地では，7月に出た成虫がおもにナスに集まって加害し，葉裏に産卵する。孵化した幼虫は，ナスの葉や果実を食害し，蛹を経て8～9月に成虫となる。この成虫は羽化後しばらくナスを加害して，越冬場所に飛び去る。なお，とくに暖地では，8～9月に出た成虫が，さらに産卵して，もう1世代を繰り返すことがある。

▷加害植物はかなり多い。この虫は，ナス，ジャガイモ，ホオズキなどのナス科植物の大害虫であるが，そのほか，インゲンマメ，ウリ類，ゴボウなどの葉も食害することがある。

ナ　ス　＜テントウムシダマシ類＞

＜対策のポイント＞

▷成虫および孵化幼虫をねらって薬剤散布を行なう。

▷成虫の飛来時期は，地域によって異なるが，ふつう6月ごろから多くなるので，畑をよく観察し，成虫の飛来がもっとも多くなった時期と，次に卵から幼虫が孵化する時期に薬剤散布を行なう。とくに幼虫が分散しないうちに行なうのが効果的である。

＜防除の実際＞

▷別表〈防除適期と薬剤〉参照。

＜その他の注意＞

▷多発生のときは，3回ぐらいの防除が必要である。成虫の産卵最盛期と，幼虫の孵化最盛期の2回散布するが，成虫の飛来が多く，しかもだらだら続くような年には，さらにもう1回の散布が必要である。

▷薬剤は，葉裏にていねいにかける。この虫は，成虫も幼虫も葉裏について加害するので，薬剤は葉裏によくかかるようにすることが肝心である。また，成虫はものに驚くと，すぐに地面に落ちるので，薬剤散布のときは，畦間に落ちた成虫にも薬剤をかけるように心がける。

（執筆：深沢永光，改訂：長森茂之）

ナス ＜ハスモンヨトウ＞

ハスモンヨトウ

学　名　*Spodoptera litura* (Fabricius)
英　名　common cutworm, cluster caterpillar, cotton leafworm

〔診断の部〕

＜被害のようす＞

▷卵塊から孵化した幼虫は集団で葉裏から食害するため，被害葉はカスリ状になる。中・老齢幼虫になると，しだいに葉を暴食し，葉が食い尽くされて丸坊主になることもある。
▷多発時には幼虫が果実の表面を食害したり，果実内部に食入するため，被害果は商品価値がなくなる。
▷露地栽培での被害の発生は8～10月に多いが，施設栽培では周年発生する。

＜診断のポイント＞

▷卵は卵塊として，主に葉裏に産み付けられる。卵塊の表面は茶色の鱗粉で覆われており，産卵直後の卵は乳白色であるが，孵化直前になると黒色になる。
▷孵化幼虫は集団で葉裏に生息している。孵化幼虫は暗緑色で，集団で葉裏から表皮を残して食害するため，被害葉は白っぽいカスリ状になる。孵化幼虫の集団を早期に発見することが大切である。
▷老齢幼虫は昼間は下位葉の葉裏，株元の敷わら，土中浅くに潜み，夜間に現われて葉や果実を食害する。

ナス ＜ハスモンヨトウ＞

▷ナスではハスモンヨトウ以外にシロイチモジヨトウやヨトウガなどが発生して葉を食害する。ハスモンヨトウの卵塊は茶色の鱗粉に覆われるのに対し，シロイチモジヨトウは黄白色の鱗粉に覆われ，ヨトウガは鱗粉に覆われないので区別できる。ハスモンヨトウの幼虫は頭部の後方に一対の黒紋があるので，他の種類の幼虫とたやすく区別できる。

＜発生動向その他＞

▷近年，大阪府では多発傾向が続いている。

〔防除の部〕

＜虫の生態，生活史＞

▷暖地性の害虫であるため，関東以西で発生が多い。

▷トビイロウンカなどと同様に，南方から長距離移動する害虫として知られている。夏期には各地の上空200mぐらいで成虫が捕獲されることから，これらの飛翔個体が各地の発生源になっていると考えられる。

▷年に5～6回発生する。暖地では主に蛹で越冬するが，施設内では冬期でも幼虫など各ステージが見られる。第1回成虫は4月上旬頃からフェロモントラップに誘殺され，8～10月の誘殺が最も多くなる。

▷成虫は体長15～20mm，翅は開張35～42mm，灰黒褐色で，翅の中央部に斜めに白いスジがある。昼間は葉裏や物かげで静止し，夜間に活動する。成虫は灯火に集まり，とくに青色蛍光灯やブラックライトに多く集まる。

▷卵は直径0.5mmのまんじゅう型で，葉裏に卵塊で産みつけられ，茶色の鱗粉で覆われる。雌成虫当たり平均3～6卵塊，約1000粒の卵を産む。卵期間は夏期では2～3日である。

▷孵化幼虫は体長1mm，暗緑色で，集団で葉裏に生息する。幼虫は大きくなるとしだいに分散する。老齢幼虫は体長40mm，体色は褐色～黒褐

ナス ＜ハスモンヨトウ＞

色と個体変異が大きい。幼虫は5回脱皮し，6齢を経て，土中で蛹になる。蛹は体長20mm，茶褐色である。夏期の幼虫期間は15〜20日，蛹期間は7〜9日である。

▷幼虫はきわめて雑食性で，ほとんどの野菜類や花卉類を食害する。作物が食い尽くされると，周辺の雑草を食いつくすことがある。激発時には幼虫が一つの畑を食いつくし，隣の畑へ集団で移動して食害を続けることもある。

＜発生しやすい条件＞

▷高温乾燥条件で多発する傾向があり，梅雨期に降雨が少ない年には発生が多くなる。施設栽培では周年発生する。
▷圃場内または圃場周辺に雑草が多いと，そこが発生源になる。
▷暖冬年は越冬量が増加するため，春期の発生が多くなる。

＜対策のポイント＞

▷成虫は夜間，青色蛍光灯，ブラックライト，フェロモントラップに飛来するので，多発地域では5〜6月頃から成虫の飛来状況を調査し，飛来数が多くなったら被害の発生に注意する。
▷圃場内や圃場周辺の除草は定植前に行ない，発生源を除去する。
▷施設栽培では定植前に開口部を目合い4mm以下のネットで被覆し，成虫の侵入を防止する。
▷圃場内に黄色蛍光灯を10a当たり5〜10基設置して終夜点灯し，成虫の交尾行動や産卵行動を抑制する。
▷圃場内にハスモンヨトウ用のフェロモンディスペンサーを設置し，成虫の交尾行動を抑制する。
▷孵化幼虫や若齢幼虫は集団で葉裏に生息して食害するため，早期に発見し，カスリ状になった被害葉を若齢幼虫の集団ごと切り取って処分する。

ナス　＜ハスモンヨトウ＞

▷天敵昆虫としてタマゴバチ科の卵寄生蜂，ヒメバチ科およびコマユバチ科の幼虫寄生蜂，寄生バエなどが知られているが，現時点では実用化されていない。

▷多角体ウイルスに感染すると，幼虫は葉上などで茶褐色に変色し，軟腐したような状態で死亡し，天敵糸状菌に感染すると，幼虫は白色や緑色のカビが生えて死亡するが，現時点では実用化されていない。

＜防除の実際＞

▷別表〈防除適期と薬剤〉参照。
▷合成性フェロモン剤を処理して成虫の交尾を阻害する。
▷発生初期に登録のある散布剤を散布する。中・老齢幼虫になると各種殺虫剤に対して抵抗性が発達するので，若齢幼虫を対象に薬剤を散布する。幼虫は葉裏に生息することが多いので，充分量の薬液を葉裏によく付着するように散布する。

＜その他の注意＞

▷発生が多い場合には成虫がつぎつぎに飛来して産卵するので，7日間隔で3～4回の薬剤を散布する。
▷薬剤抵抗性が発達している場合があるので，同一薬剤の連用を避け，系統の異なる複数の薬剤をローテーション散布する。
▷魚毒性や蚕毒性のある薬剤は取扱いに注意する。

＜効果の判定＞

▷葉裏に若齢幼虫の集団が発生している葉をマークしておき，薬剤散布の3～5日後にマークした葉を観察し，発生が見られないか，ごく少数であれば効果があったと判断できる。

（執筆：深沢永光，改訂：柴尾　学）

ハダニ類

ニセナミハダニ
葉裏に寄生する。右写真程度の密度のうちが防除適期

ナミハダニ
高密度に寄生し、くもの巣をはった状態。こうなってからでは防除は手おくれ

カンザワハダニ
群がって寄生している。ただちに防除する。

ナ　ス　〈ハダニ類〉

葉の被害：ナミハダニによるもの（左）とカンザワハダニによるもの（右）

ハダニ類

ナミハダニ
　　学　　名　*Tetranychus urticae* Koch
　　英　　名　two-spotted spider mite
カンザワハダニ
　　学　　名　*Tetranychus kanzawai* Kishida
　　英　　名　kanzawa spider mite

〔診断の部〕

＜被害のようす＞

▷初期症状は葉に針で突いたような円形の白色斑点（脱色）が現われる。

▷多発状態になると，圃場全体に白色斑点を生じた葉が見られるようになり，発生の中心株付近では，黄化または脱色して白っぽくなった葉が目立つようになる。さらに密度が高まると，多くの葉が吸汁によって白っぽく変色し，葉や茎にクモの巣状に糸が張りわたされる。一部の株では褐変して落葉する。

▷最初はごく一部の株で局部的に発生する。通常，圃場全体に同時に発生することはない。施設栽培では，暖房機の周辺，施設のサイド部，天窓下，出入口付近で最初に発生することが多い。

＜診断のポイント＞

▷葉の白色小斑点の発生に注意する。アザミウマ類の被害と混同されやすいが，本種の加害による斑点は円形，アザミウマ類の場合は長方形であ

ナス ＜ハダニ類＞

ることで区別できる。

▷発生初期は一部の株に集中的に発生する傾向があるので，栽培管理作業中に葉色の変化などをよく観察する。施設栽培では，暖房機の周辺，施設のサイド部，天窓下，出入口付近で最初に発生することが多いので，これらの場所での被害発生に注意する。

▷成虫は肉眼でも見つけることができるが，幼虫や卵，種の判別にはルーペなどの拡大鏡を用いる。

▷両種ともに大きさや形態がよく似ているので，正確には専門家に同定依頼する必要があるが，大まかには以下の特徴で区別できる。ナミハダニの体長は雌で約0.6mm，雄で約0.4mmである。黄緑型と赤色型があり，黄緑型の体色は淡黄〜淡黄緑色で，一般に胴部に1対の黒紋がある。また，赤色型の体色は常時赤色である。脚は先端が淡橙色に着色し，全体的に黄色っぽく見える。カンザワハダニの体長は雌で約0.5mm，雄で約0.4mmである。体色は夏型雌では赤みがかったチョコレート色，休眠雌は朱色である。また，脚は第1脚の先端のみが淡橙色に着色するだけで，全体的に白っぽく見える。

＜発生動向その他＞

▷ナミハダニは昔は関東以北の地域に多いとされていたが，現在では日本全国どこでも発生し，最も発生の多いハダニである。カンザワハダニも日本全国で発生するが，関東以北では少ない。

▷関東以西の夏期に気温が高くなる地方では，6月中旬から増加し始め，7月上旬〜下旬にピークに達したのち8月には減少するが，9月以降に再び増加する二山型となる。夏期の気温が低めに経過する地方では，気温の上昇とともに密度は高まり，夏期にピークがくる一山型の発生となる。

ナ　ス　＜ハダニ類＞

〔防除の部〕

＜虫の生態，生活史＞

▷卵，幼虫，第1若虫，第2若虫，成虫と発育する。両種ともに25℃における卵～成虫までの期間は約10日である。

▷カンザワハダニは野外では冬期に休眠するが，ナミハダニは暖地ではほとんど休眠しない。また，両種とも施設内では無加温でも休眠せず，冬期にも繁殖する。

▷高温乾燥条件は発生を助長するが，過度の高温乾燥は逆に発生を抑制する。そのため，夏期に晴天がつづく場合には発生は抑制される。

▷野菜，果樹，花卉，雑草など寄主植物はきわめて広範で，風に乗って遠くまで移動分散する。圃場への侵入は風による移動のほか，苗による持込み，人などへの付着によって行なわれる。

＜発生しやすい条件＞

▷高温乾燥条件が発生を助長することから，露地栽培では梅雨明け後の7月中旬以降，促成栽培や半促成栽培では気温が上昇してくる3月以降に多発生しやすい。

▷圃場内またはその周辺に発生源となる雑草などがある場合や，施設栽培ではハダニ類の寄生しやすい植物（作物以外の鉢花や観葉植物など）を持ち込むことで，それが発生源となることがある。

＜対策のポイント＞

▷多発すると防除は困難になるので，少発時からの防除を徹底する。特に，施設栽培では，内部環境がハダニ類の繁殖に好適条件であるため，いったん発生すると短期間に増殖して著しい被害が出るので，発生を認めたらただちに薬剤散布をする。

ナス ＜ハダニ類＞

▷発生初期は一部の株に集中的に発生する傾向があるので，栽培管理作業中に葉色の変化などをよく観察して，早期発見につとめる。

▷主に葉の裏側に寄生しているため，薬量を充分に使い，ていねいに散布する。散布ムラがあると，その場所が発生源となって急激に密度が上昇する。

▷薬剤抵抗性虫が出現しやすいので，系統の異なる3〜4種の薬剤でローテーション散布する。

▷チリカブリダニなどの天敵はできるだけ低密度時から導入する。

＜防除の実際＞

▷別表〈防除適期と薬剤〉参照。

▷雑草はハダニ類の発生源となるので，圃場内またはその周辺の除草を行なう。また，施設栽培では，圃場内にハダニ類の寄生しやすい植物（作物以外の鉢花や観葉植物など）を持ち込まない。

▷チリカブリダニをハダニ類の発生初期に放飼する。効果が現われるまでにある程度の期間が必要であるため，ハダニ類の発生に注意し，発生が見られたらすぐに放飼する。

＜その他の注意＞

▷露地栽培では，ハダニアザミウマ，ヒメハナカメムシ類，ケナガカブリダニなどのハダニ類の天敵類がいる場合が多く，これらがハダニ類の密度低下に寄与しているので，これらの天敵類に影響の大きい殺虫剤（合成ピレスロイド剤や有機リン剤など）の使用を極力ひかえるようにする。

＜効果の判定＞

▷判定はむずかしいが，ルーペがあれば便利である。

▷薬剤の散布3〜5日後（脱皮阻害剤など成虫に効果のない薬剤は7日後）に，ハダニ類が生息していた場所（カスリ状の被害が若干見られる程

度の葉）を観察し，虫の有無，多少によって効果を判定する。防除効果が高かった場合にはほとんど虫は発見できないか，潰れて変色したハダニが見られる。

▷散布1～2日後では，死亡虫が葉に付着した状態で残っていたり，脱皮阻害剤では成虫に効果がないので，この時点での効果の判定はむずかしい。

▷チリカブリダニの場合は放飼1週間後に，寄生状況をルーペなどで調べ，ハダニ類の寄生している葉の7～8割にチリカブリダニの寄生がみられるようであれば，効果があると判断してよい。また，寄生率が2割以下なら，追加放飼をする。

（執筆：山下　泉）

アブラムシ類

葉に寄生するアブラムシ
モモアカアブラムシ(上左)とワタアブラムシ(上右)。寄生が多いとスス病が発生する(右)。

花や果実にも寄生する(モモアカアブラムシ)。

ネコブセンチュウ類

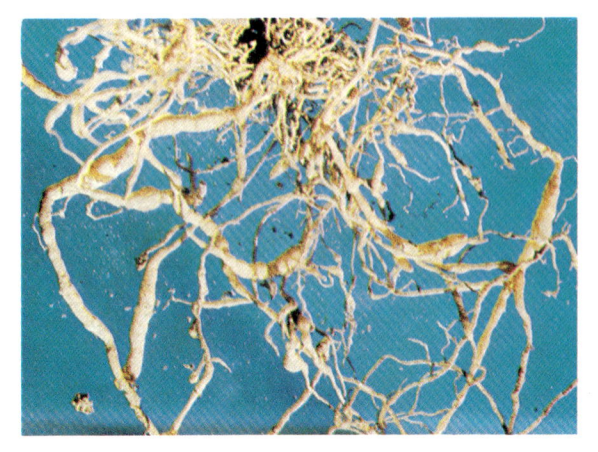

被害根：コブがいたるところにできる。

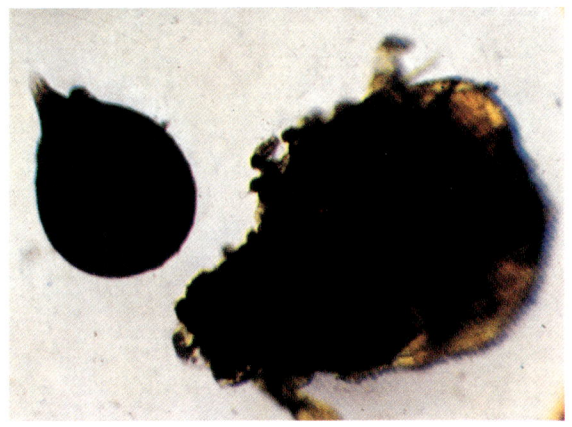

雌成虫（左）と卵のう（右）：雌成虫の体長約0.8mm

根の組織中の幼虫：赤く染めて撮影した（下左）。

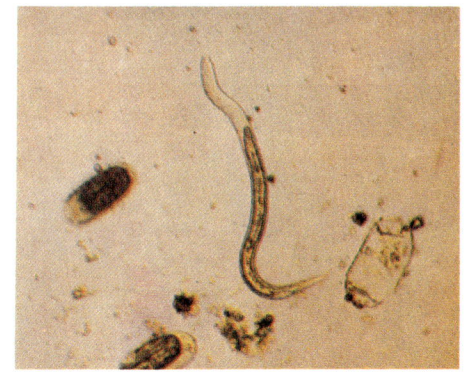

卵から孵化した直後の幼虫と卵
幼虫の体長約0.4mm（下右）

ナ ス ＜アブラムシ類＞

アブラムシ類

モモアカアブラムシ
　　学　　名　*Myzus persicae* (Sulzer)
　　英　　名　green peach aphid, peach-potato aphid
ワタアブラムシ
　　学　　名　*Aphis gossypii* Glover
　　英　　名　cotton aphid, melon aphid
ジャガイモヒゲナガアブラムシ
　　学　　名　*Aulacorthum solani* (Kaltenbach)
　　英　　名　foxglove aphid, glasshouse-potato aphid

〔診断の部〕

＜被害のようす＞

▷直接の吸汁害と排泄物へのすす病の発生による茎葉，果実の汚染，ウイルス病の媒介がある。

▷寄生密度が低いときは吸汁害はほとんど問題とならないが，密度が高まると排泄物の量が増え，これにすす病が発生し，茎葉や果実が汚れる。すす病が多発すると光合成が抑制され，生育が悪くなるばかりでなく品質低下となる。

▷生長点付近への寄生が多くなると，花や幼果が落ちたり，心止まりとなる。

▷キュウリモザイクウイルス（CMV）などのウイルスを媒介するが，ナスではその被害は比較的少ない。

▷モモアカアブラムシは生長点付近の葉，蕾，花，幼果などに寄生する

ナス ＜アブラムシ類＞

傾向が強い。

▷ワタアブラムシは生長点付近にも寄生するが，主に中・下位葉に寄生する傾向が強い。

▷ジャガイモヒゲナガアブラムシはモモアカアブラムシやワタアブラムシのように高密度になることはなく，すす病の発生も少ないが，吸汁部が黄化する。

＜診断のポイント＞

▷ナス上でみられるアブラムシは胎生を繰り返す無翅胎生雌虫，有翅胎生雌虫と幼虫（子虫）である。無翅胎生雌虫と幼虫は大きさと尾片の形（成虫はよく発達するが，幼虫は短い三角形状）が違うくらいで，一見した形は同じである。種の判別は無翅胎生雌虫で行なう。

▷モモアカアブラムシの無翅胎生雌虫は体長が1.8～2.0mm，体色は淡緑～濃緑と桃色～赤褐色の2タイプがあり，体には光沢がある。触角は体よりもやや短く，額瘤（頭部前面，触角の基部，モモアカアブラムシでは凹形）はよく発達して内側に傾く。角状管は体色と同色で，中央部でややふくらむ。

▷ワタアブラムシの無翅胎生雌虫は体長が1.2～1.7mm，体色は黄色，緑色，濃緑色，暗緑色～黒っぽいものまで変化が大きい。体には光沢がなく，わずかに白粉を装う個体もある。触角は体よりもかなり短く，額瘤は発達しない。角状管は体色よりも濃色で暗褐色～黒色，中央部でふくらむことはない。

▷ジャガイモヒゲナガアブラムシの無翅胎生雌虫は体長が約3mm，体色は黄緑色～淡緑色で，体には光沢がある。触角は体長よりも長く，額瘤はよく発達し，突出して外側を向く。角状管は体色と同色で，細長く先端部に向かって細まる。

▷上記3種以外にチューリップヒゲナガアブラムシの発生が見られることがある。本種の無翅胎生雌虫は体長が3～4mmと大型で，体色は黄緑

色～淡緑色で，体には光沢がなく，わずかに白粉で覆われる。

▷露地栽培では5月頃と9～10月にモモアカアブラムシ，ジャガイモヒゲナガアブラムシの発生が，7～9月にはワタアブラムシの発生が多い傾向がある。

▷促成栽培では育苗期～栽培初期である8～11月と有翅虫の飛来侵入が多くなる3月以降に発生が多い。また，半促成栽培も3月以降に発生が多い。

<その他の注意>

▷発生の始まりは有翅虫（有翅胎生雌虫）の飛来である。発生初期は密度が低く，見過ごしやすいので収穫時や栽培管理時に注意し，初期発見に努める。

▷アブラムシ類は増殖が激しく，短期間のうちに高密度になるので，有翅虫が散見され始めたら，注意が必要である。

〔防除の部〕

<虫の生態，生活史>

▷モモアカアブラムシは主（冬）寄主植物であるモモ，スモモなどで卵で越冬し，春から秋にかけてナス科植物やアブラナ科植物など中間（夏）寄主植物に寄生する。しかし，関東以西の温暖な地帯や施設栽培では，冬期も胎生雌虫や幼虫で越冬することが多い。年間30世代以上経過するといわれているが，春期と秋期に発生が多く，夏期には一時期発生が減少する二山型の発生パターンを示す。

▷ワタアブラムシは主（冬）寄主植物であるムクゲ，フヨウ，クロウメモドキなどで卵で越冬し，春から秋にかけてナス科，ウリ科などの中間（夏）寄主植物に寄生するもの（完全生活環）と，冬期もイヌノフグリ，ナズナなどの中間寄主植物上で胎生雌虫や幼虫で越冬するもの（不完全生

活環）がある。関東以西の温暖な地帯や施設栽培では，冬期も胎生雌虫や幼虫で越冬することが多い。本種も年間30世代以上経過し，夏期に発生が多い一山型の発生パターンを示す。

▷ジャガイモヒゲナガアブラムシは寒冷地ではギシギシやアカツメクサなどで卵越冬するが，暖地では胎生雌虫や幼虫で越冬する個体が多い。モモアカアブラムシ同様，春期と秋期に発生が多い二山型の発生パターンを示す。

▷春期から初夏にかけて圃場への有翅虫の飛来が多くなる。定着した有翅虫はまもなく産子を始め，幼虫が発育して無翅胎生雌虫になると，産子数が増えて，急速に密度が高まる。高密度になりすす病が発生して寄主植物の状態が悪くなると，有翅虫が現われ，分散が始まる。

＜発生しやすい条件＞

▷一般的には降雨が少なく，乾燥した条件で発生が多い。

▷施設栽培では降雨や天敵の影響を受けないことから，防除を怠ると短期間のうちに高密度になり，被害が発生しやすい。

＜対策のポイント＞

▷ナスではCMVなどによるモザイク病が問題になることは比較的少ないが，その対策も兼ねて，圃場内への有翅虫の飛来侵入を防止する。

▷小さなコロニーが散見され始めたら直ちに薬剤散布などの防除対策を講じる。

▷コレマンアブラバチなどの天敵類は，できるだけアブラムシ類が低密度の時から導入する。

▷栽培圃場周辺の寄主植物を除去する。

＜防除の実際＞

▷別表〈防除適期と薬剤〉参照。

ナス ＜アブラムシ類＞

▷露地栽培ではシルバーポリフィルムなどでマルチするか，シルバーテープを畦上に張って有翅虫の飛来防止を図る。また，圃場のまわりにソルゴーなどの障壁作物を植えて飛来防止を図る方法も有効である。

▷施設栽培では開口部に1mm目合い以下の防虫ネットを張って有翅虫の侵入防止を図る。なお，本法はアザミウマ類やコナジラミ類など他の害虫類の侵入防止にも役立つ。

▷ノゲシ，ヨメナ，イヌノフグリ，ナズナなどの雑草はモモアカアブラムシやワタアブラムシの寄主植物であり，発生源となることから，圃場内やその周辺の除草を行なう。

＜その他の注意＞

▷アブラムシ類は葉裏や心部に寄生しているので，これらの部分への散布をていねいに行なう。また，散布ムラがあるとそこが発生源となって急速に密度が回復するので，散布ムラのないようにていねいに散布する。

▷露地栽培ではテントウムシ類，クサカゲロウ類，寄生蜂類などの土着の天敵類が活動している場合が多く，これらがアブラムシ類の密度低下に寄与しているので，これらの天敵類に影響の少ないチェス水和剤などを活用する。

＜効果の判定＞

▷散布前に発生状況を把握しておき，散布2〜3日後に同一箇所の寄生状況を調査する。生存虫がいなければ効果があったものと判断する。ていねいに散布したにもかかわらず，残存虫がみられるようであれば，使用した薬剤に対して抵抗性が発達している可能性が高いので，異なるタイプの薬剤で再度防除する。

（執筆：山下　泉）

ネコブセンチュウ類

サツマイモネコブセンチュウ
　　学　　名　*Meloidogyne incognita* Kofoid et White
　　英　　名　southern root-knot nematode
キタネコブセンチュウ
　　学　　名　*Meloidogyne hapla* Chitwood
　　英　　名　northern root-knot nematode
ジャワネコブセンチュウ
　　学　　名　*Meloidogyne javanica* Treub
　　英　　名　javanese root-knot nematode
アレナリアネコブセンチュウ
　　学　　名　*Meloidogyne arenaria* Neal
　　英　　名　peanut root-knot nematode

〔診断の部〕

＜被害のようす＞

▷根にこぶ（ゴール）ができる。ネコブセンチュウ類が寄生すると根の組織がふくれ，こぶ状になる。

▷ナスはネコブセンチュウ類の寄生しやすい作物のひとつで，生息密度が高い圃場にナスを定植すると根こぶを多数生じる。被害がひどいと根が腐敗，脱落し，そのため葉が黄化したり，落葉し枯死に至る場合もある。特に苗や定植後間もない株に寄生が多いと被害が大きい。

▷密度が低いときや栽培の後半に寄生を受けた場合の被害はほとんど問題にならない。

▷ネコブセンチュウ類による寄生を受けることで，青枯病などの土壌病

ナ　ス　＜ネコブセンチュウ類＞

害の発生が助長され，被害が大きくなる。

＜診断のポイント＞

▷播種や定植前に苗土や本圃の土壌中におけるネコブセンチュウ類の生息の有無を調べる。土壌中からのセンチュウの分離はベルマン法により行なうが，ネコブセンチュウの識別には専門的な知識と経験を必要とするので一般的ではない。そのため，調べたい土壌にホウセンカやキュウリを播種し，20～25日後に根へのこぶ形成の有無を観察する。

▷こぶの形状には種により次のような特徴がある。サツマイモネコブセンチュウ，ジャワネコブセンチュウおよびアレナリアネコブセンチュウのこぶは大きく，数珠状に連なっていることが多いが，キタネコブセンチュウのこぶは小さく，連なっていない。また，こぶから小さな根が分岐しているのも特徴である。また，栽培終了時にこぶの有無を観察しておくことも大切である。

▷雌成虫は洋ナシ形で，体長は0.6～0.8mm，最大体幅は約0.5mm。雄成虫は細長いウナギ形で，体長は0.8～1.9mm。第2期幼虫も細長いウナギ形で，体長は約0.4mm，尾部はとがっている。

▷こぶになった部分をていねいに分解すると，内部に雌成虫や発育途中のソーセージ形の幼虫が観察できる。

▷成虫や幼虫の大きさや形態でネコブセンチュウの種を識別することは難しい。同定には雌成虫の会陰部の模様（ペリニアルパターン）を観察したり，判別植物への寄生性を調べたりする方法があるが，専門的な知識が必要である。

＜発生動向その他＞

▷ジャワネコブセンチュウはこれまで日本に広く分布するとされてきたが，近年，生化学的同定手法の発達により，ジャワネコブセンチュウとされたものの多くはアレナリアネコブセンチュウである可能性が高いとされ

ナス ＜ネコブセンチュウ類＞

ている。そのため，過去の資料を参考にする際，種の区別については注意が必要である。

〔防除の部〕

＜虫の生態，生活史＞

▷卵から孵化した第2期幼虫は土壌中を移動し，寄主植物の根に侵入，定着して養分を吸収する。根内に定着した幼虫は2回の脱皮をし，体は徐々に肥大しソーセージ状となる。その後1回脱皮して雌成虫の場合は洋ナシ形，雄成虫の場合はウナギ形になる。雌成虫はそのまま根の組織内に定着し，移動することはないが，雄成虫は土壌中に脱出する。

▷雌成虫はゼラチン状の卵のう中に数百個の卵を産む。

▷野外での越冬は，主に卵や第2期幼虫で行なわれるが，植物の根に寄生した状態で幼虫，成虫で行なわれる場合もある。春になり地温が10～15℃くらいになると活動を始める。

▷冬期の施設栽培では，発育期間は長くなるが，栽培期間を通して増殖を続ける。

▷寄主植物は多いが，寄生しない植物もある。ネコブセンチュウ類はきわめて多くの作物に寄生する。しかし，サツマイモネコブセンチュウはイチゴやラッカセイには寄生しない。キタネコブセンチュウはサツマイモ，スイカ，トウモロコシ，コムギ，ワタには寄生しない。ジャワネコブセンチュウはイチゴ，トウガラシ，ラッカセイには寄生しない。また，アレナリアネコブセンチュウはイチゴには寄生しない。

▷ネコブセンチュウの種により発育適温が異なる。発育適温はサツマイモネコブセンチュウ，ジャワネコブセンチュウ，アレナリアネコブセンチュウでは25～30℃，キタネコブセンチュウでは20～25℃である。好適条件下では，1世代は約25～30日で，年間数世代を繰り返す。

▷ネコブセンチュウの種により発生地域が異なる。サツマイモネコブセ

ナス ＜ネコブセンチュウ類＞

ンチュウ，アレナリアネコブセンチュウは暖地種で，発生は関東以西に多い。ジャワネコブセンチュウも暖地種であるが，主に沖縄県に分布しており，国内での分布域は限られる。キタネコブセンチュウは寒地種であり，関東以北に広く分布するが，西日本でも発生はみられる。

＜発生しやすい条件＞

▷砂質土壌や火山灰土壌など通気性の高い土壌で発生が多い。

▷施設栽培では冬期も増殖に好適な条件が維持されることから，被害が発生しやすい。

＜対策のポイント＞

▷ネコブセンチュウ類がいない圃場に作付けすることが，最も重要である。土壌中にいるネコブセンチュウ類は肉眼では見えないので，「診断のポイント」で述べたような方法で作付け前にネコブセンチュウ類の発生の有無を確認する。

▷水田への転換が可能なところでは，1～2年水田化することでネコブセンチュウの密度を下げることができる。

▷ネコブセンチュウ類による被害根は次作の発生源となることから，栽培終了後にはできるだけていねいに根を掘り上げ，圃場外に持ち出す。

▷苗による持込みを防ぐ。定植の際に苗の根をよく観察する。前述したように苗のときに寄生されていると被害も大きいので，苗による持込みを防ぐことは防除上最も重要である。

▷防除対策としては殺線虫剤が中心になる。しかし，定植後の防除対策はないため，発生密度が高い場合には物理的防除法や耕種的防除法などを組み合わせ，できるだけ土壌中のネコブセンチュウ密度を下げておく必要がある。

ナス ＜ネコブセンチュウ類＞

＜防除の実際＞

▷別表〈防除適期と薬剤〉参照。

▷太陽熱消毒法

夏期の高温期に，土壌表面をビニールなどで被覆し，このビニールの下へ土を湿らす程度に水を入れ，ビニールハウスを密閉する。そのままの状態で1か月程度放置することで，土壌中のネコブセンチュウを死滅させることができる。ただし，天候不順時の処理では地温が充分上昇しない場合もあるので，処理時期や処理期間に注意する。

▷土壌還元消毒法

10a当たり1〜2t程度のふすまを土壌に混和し，その後湛水状態で約20日間保持する。処理期間の地温は30℃以上を保つ必要があるが，太陽熱消毒に比べ低い温度でも効果が高く，天候の影響を受けにくい。関東以西であれば，6〜9月の間で処理が可能である。

▷蒸気消毒法，熱水土壌消毒法

ネコブセンチュウの死滅温度は約40〜45℃であり，蒸気消毒法や熱水土壌消毒法は防除対策として有効である。ただし，深層部まで充分に温度が上昇しないと防除効果が不充分な場合があり，注意が必要である。

▷抵抗性台木の利用

ナスの近縁野生種であるトルバム・ビガーではネコブセンチュウ類は増殖できず，抵抗性台木として有効である。

▷対抗植物の導入

対抗植物であるギニアグラスやクロタラリアなどはネコブセンチュウ類の発育・増殖を抑制する。これらの対抗植物を3か月間以上栽培することで，ネコブセンチュウ類の密度を下げることができる。

▷くん蒸剤の使用上の注意

土壌が過湿のときは薬害が出やすく，過乾のときには防除効果が落ちるので適湿状態で処理をする。また，低温時にはガスの抜けが悪いので，ガ

ナ　ス　＜ネコブセンチュウ類＞

ス抜き期間を長くする必要がある。

＜効果の判定＞

▷土壌中のネコブセンチュウ類の密度を調査する。
▷栽培終了時に根のこぶの有無を確認する。

（執筆：深沢永光，改訂：下元満喜）

ナス 〈ネキリムシ類〉

ネキリムシ類

幼虫(カブラヤガ)：体長40〜45mm，灰色〜灰褐色。手でふれるとまるくなる。

成虫
(上)タマナヤガ
(下)カブラヤガ

被害株：老齢幼虫は根ぎわをかみきるが，若齢の幼虫は茎葉を食害する。

ナス〈ジャガイモガ〉

ジャガイモガ

被害：幼虫が，葉の表皮を残して葉肉を食害する。

被害の初期：若齢幼虫が食入したところ。うすくすけてみえる。すぐ防除が必要

左下写真—左から
老熟幼虫(体長約10mm)，**砂繭**，**蛹**，**成虫**

天敵：ジャガイモガトビコバチ。黒い小さなハチ

ネキリムシ類

カブラヤガ
　学　名　*Agrotis segetum* (Denis et Schiffermüller)
　英　名　cutworm, turnip moth
タマナヤガ
　学　名　*Agrotis ipsilon* (Hufnagel)
　英　名　black cutworm, dark sword grass moth

〔診断の部〕

＜被害のようす＞

▷幼虫が株の地際をかみ切る。

▷晩春から初夏の頃，越冬した大きな幼虫が，苗や定植後の株の地際からかみ切ってしまうので，株はそこから折れて枯死する。本圃の定植後に被害をうけると，株の植えかえが必要となるので，被害は大きい。

▷なお，両種の幼虫は，若齢の頃は葉を食害するが，被害としては，あまりひどくはない。

＜診断のポイント＞

▷被害株の根元近くの土中を調査する。

▷株の根際が，かみ切られたような状態で折れているのは，ネキリムシによる被害である。茎が硬くなった苗では地際でなく，上方の少し軟らかい部分を加害したり，地際の表皮を削り取るように食害する。ネキリムシの大きな幼虫は，昼間は土の中にひそんでいて，夜間にはいでて株の地際をかみ切る。だから，朝のうちに，被害株の周りの土中を指の厚み程度の

ナス ＜ネキリムシ類＞

深さに軽くほじくると，幼虫がひそんでいるのを見つけだすことができる。
　▷幼虫はヨトウムシ類に似ている。
　▷大きくなった幼虫は，全体が灰色～灰褐色をしており，体長40～45mmぐらいである。形はヨトウムシ類に似ている。手で触れると，まるくなる。
　▷蛹は土中浅いところで見つかる。
　▷老熟した幼虫は，土中浅いところで蛹になり，長さ20mmぐらいで茶褐色をしている。ハンモンヨトウなどのヨトウムシ類の蛹と似ている。

〔防除の部〕

＜虫の生態，生活史＞

　▷幼虫で越冬し，北海道では年2世代，九州や四国の一部では年4回発生するところもあるが，普通は年3回である。
　▷両種とも，経過習性のくわしい点は明らかではないが，寒地では年2回，暖地では年3回の発生と思われる。
　▷冬は，かなり大きくなった幼虫で越す。越冬した幼虫は，春先から食害をはじめ，4～5月に第1世代成虫が現われる。以後，秋にかけて，各ステージの虫が見られる。
　▷成虫は夜間活動性である。卵は葉裏や地表近くに産む。
　▷両種ともヤガ科に属し，昼間は物陰にひそんでいて，夜間に活動する。なお，成虫は青色蛍光灯には，よく飛来する。
　▷カブラヤガは，加害作物の葉裏に点々と産卵する。また，タマナヤガは地表近くに産卵する。1頭の雌成虫の産卵数は数百個を数える。
　▷大きい幼虫は夜間に株の地際を切断する。
　▷孵化直後の幼虫および若齢幼虫は，葉を食害する。大きい幼虫は，昼間は土中にひそんでいて，夜間にはいでて，株の地際をかみ切る。
　▷老熟すれば，土中1～2cmの深さに，土の穴をつくり，その中で蛹

になる。

▷なお，この虫は，ナスをはじめ，各種の野菜類の地際をかみ切る害虫である。

＜対策のポイント＞

▷前作圃場の除草剤管理を徹底する。

▷前作末期の圃場管理の手抜きにより，雑草が繁茂すると，そこでの幼虫密度が高まり後作のナスに被害を生じる。そこで，前作での除草管理を徹底することによってナスでの被害を回避できるが，定植の直前，直後の除草は雑草中にいる幼虫をナスに追いやってしまい被害を助長することがあるので，除草時期に注意する。

▷常発地では，薬剤による予防に重点をおく。

▷毎年，この害虫の被害をうける地方では，播種時や定植時に，土壌処理剤を播種床や植穴に施用して予防する。

▷幼虫の捕殺および被害の発生後は被害の拡大を防ぐ。

▷被害株の発生を見たときには，朝のうちに株元の土中を調べ，幼虫を探しだして，捕殺する。

▷播種土，育苗床として畑土をそのまま使用すると幼虫が混入し，壊滅的な被害を受けることがある。

▷株が生長し，第2果が着果する頃になれば茎が硬化し，被害は少なくなる。

＜防除の実際＞

▷別表〈防除適期と薬剤〉参照。

＜その他の注意＞

▷薬剤は施用後，土と混ぜる。

（執筆：深沢永光，改訂：永井一哉）

ナス ＜ジャガイモガ＞

ジャガイモガ

学　名　*Phthorimaea operculella* (Zeller)
別　名　ジャガイモキバガ
英　名　potato tuberworm

〔診断の部〕

＜被害のようす＞

▷葉肉内に潜入して食害する。
▷孵化幼虫が葉肉の中に潜入して食うので，初めは細い白線状の被害症状が現われる。やがて，幼虫が大きくなると，葉肉が食い荒らされる。そのため，葉の表面から見ると，食害された部分が，表皮だけ白くすけて袋状にみえる。
▷1枚の葉に，数頭の幼虫が食入すると，食害がひどいため，葉は枯れてしまうこともある。
▷茎や果実が食害される。
▷ナスでは，多くの場合，葉の被害が主であるが，時には，幼虫が茎に食入して害をすることもある。そのため，茎の心が止まってしまう。
▷また，幼虫が果実のヘタの部分から潜入して，果実を食い荒らすこともある。

＜診断のポイント＞

▷成虫の発生を観察する。
▷4〜5月に第1回成虫が出てから，秋までに5〜6回成虫が発生するので，圃場における成虫を観察する。成虫の発生量が多ければ，被害がひ

ナ　ス　＜ジャガイモガ＞

どくなる。成虫は体長が8mmぐらいの灰褐色をした小さい蛾である。日中は葉裏など物陰に静止しているが，株をゆすれば飛びたつ。

▷卵は葉裏に産み付けられる。

▷卵は，おもに葉裏に1粒ずつ点々と産卵される。ケシ粒ぐらいの大きさで，はじめ乳白色，孵化近くなると橙黄色になる。

▷食害の初期を知ることがたいせつである。

▷孵化幼虫が葉に食入すると，白い線状の食害症状が現われるが，この葉を光にすかしてみると，中に1mmぐらいの幼虫が入っているのがわかる。このような食害症状が多くなり始める時期が防除適期であるから，この症状を早く見つけることがたいせつである。

▷また，幼虫は葉から取り出すと，活発に動き回ったり，飛び跳ねたりする特徴がある。

〔防除の部〕

＜虫の生態，生活史＞

▷おもに関東以西に発生が多い。

▷ジャガイモガは，昭和28年に広島県で発見された侵入害虫である。おもに西南暖地に発生が多かったが，その後，発生分布が広がり，関東まで発生が認められるようになった。

▷年に5～6回発生をくりかえす。

▷蛹や幼虫で越冬し，第1回成虫は4～5月から出現する。その後，秋までに4～5回発生をくりかえす。

▷卵は葉裏に1粒ずつ産み付けられる。雌1頭が30～80粒の卵を産む。

▷幼虫は葉や果実にもぐり込んで食害し，成熟すると葉から脱出して，土中で繭をつくり，前蛹をへて蛹となる。

▷春期では卵期間が7日前後，幼虫期間は12日前後，蛹期間が9日前

後である。なお，この害虫は，高温乾燥条件を好む。過湿の状態で飼育すると，ほとんど死んでしまう。

▷寄主植物はナス科植物だけである。

▷ジャガイモガという名前が示すように，この虫はジャガイモの大害虫であり，貯蔵いもに被害が多い。また，生育中の葉タバコも被害が大きい。そのほか，トマト，ピーマン，ホオズキなどのナス科植物を食害する。

＜対策のポイント＞

▷本害虫は，ふつう6～7月ごろから発生が多くなるので，このころから発生に注意をはらい，被害を見つけたら捕殺する。

＜その他の注意＞

▷卵はおもに葉裏に多く，孵化幼虫も葉裏から食入する。

＜効果の判定＞

▷被害葉をとり，虫に触れてみて，動かなければ死んでいる。

（執筆：深沢永光，改訂：永井一哉）

ナス〈フキノメイガ〉

フキノメイガ

被害(初期)：幼虫によって茎の内部が食害されるため葉がしおれる。

被害(後期)：食害された部分から茎が折れる。虫糞が出ているのが特徴

老熟幼虫(左)
蛹(右)

ナス〈チャノホコリダニ〉

チャノホコリダニ

成虫(上)：新葉に寄生し，下位葉にはつかない。乳白色で体長 0.2 mm，脚は 4 対

新葉の被害(左上)：葉縁が内側に湾曲し，葉裏はつやのある茶褐色に変色
被害株の症状(中)：新葉がちぢれ，奇形を呈し，心止まり症状となる。

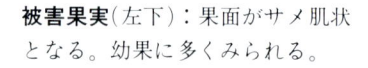

被害果実(左下)：果面がサメ肌状となる。幼果に多くみられる。

成虫と卵(下)：卵は 1 個ずつ分散し産下される。

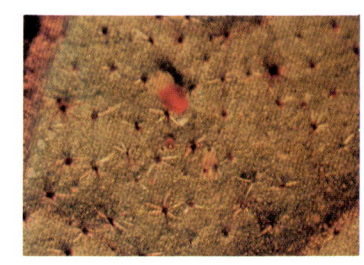

ナス ＜フキノメイガ＞

フキノメイガ

　　学　　名　*Ostrinia zaguliaevi* Mutuura et Munroe

〔診断の部〕

＜被害のようす＞

▷茎や幹に食入して，枯死させる。

▷ナスの若い茎や幹が途中で折れて枯死しているのは，フキノメイガの幼虫による被害である。折れた部分には幼虫の食入孔があり，この部分から黄褐色の虫糞が出ているのが特徴である。

▷発生が多いと，茎や幹の大部分が食入幼虫のために，折れたり枯死したりするので，被害が大きい。

＜診断のポイント＞

▷虫糞の出ている茎や幹には，幼虫が食入している。

▷茎や幹に穴があき，黄褐色の虫糞が出ているところをとって茎の中を調べると，たいてい幼虫が入っている。

▷幼虫は大きくなると，体長が25mmぐらい，頭部が黒褐色，からだは淡黄褐色ないし暗褐色，各関節に黒い小斑点がある。

▷成虫は小型の蛾である。卵は卵塊状に産まれる。

▷成虫は体長が13～15mm，翅の開張25～35mm，雌は全体が黄色で，前・後翅には暗褐色の波状紋がある。雄は前・後翅とも全体が暗褐色を呈し，波状紋がある。

▷卵は楕円形で平たく，長径1mmぐらい，魚のうろこ状に2～3列に並べて葉裏に産み付けられることが多い。白色から，しだいに灰黒色にな

481

ナス ＜フキノメイガ＞

る。

▷成虫・幼虫ともに，アワノメイガとよく似ている。両種は成虫・幼虫とも形態的にはきわめてよく似ており，雌雄の前翅・後翅の色彩，雄の中脚，雄の外部生殖器などの差異を専門的に調べないと区別がむずかしい。比較的はっきりしているのは，雄の区別で，フキノメイガは中脚の脛節が，アワノメイガのそれより太い。

〔防除の部〕

＜虫の生態，生活史＞

▷秋期に食入した植物の茎内で越冬した老熟幼虫が，翌春成虫となってナスなどに飛来する。年に1～4回発生する。

▷被害茎などの中で，老熟幼虫になって越冬する。地方によって年間の発生回数が異なる。北海道では大部分年1回の発生であり，成虫は7月から8月にかけて見られ，7月下旬が最盛期となる。関東およびそれ以西の暖地では，年2～3回の発生である。2回の発生地では，1回目は5月中旬～6月中旬，2回目は8月下旬に成虫がでる。年3回の発生地では，1回目は5月下旬～6月下旬，2回目は7月中旬～8月上旬，3回目は8月下旬～10月上旬に発生すると見られている。また，福岡県では年4回の発生とされる。

▷卵は，葉裏に卵塊として産み付けられる。

▷成虫は，日中は葉裏などに静止しており，夜行性で夕方になると活動をはじめ，葉裏に卵塊として産卵する。成虫の寿命は平均6～7日である。

▷孵化直後の幼虫は葉の付け根の部分から食入して加害する。

▷アズキでの調査によると，卵塊から孵化した幼虫は，まず，株の頂上の葉や芽に集まり，ついで分散して花や蕾にいき，茎に食入することが知られている。ナスでも，幼虫はこのような行動をするものと思われる。

ナ　ス　＜フキノメイガ＞

▷フキノメイガは日本全国に分布し，多くの植物を加害する。

＜対策のポイント＞

▷圃場の被害茎を片付ける。

▷フキノメイガは，大部分が被害茎の中で幼虫で越冬する。だから，冬に被害茎を焼却するなど，圃場の清掃につとめることも，対策として重要なことである。

▷栽培期間中も被害茎は見つけしだい，その下の部分から切り取って処分する。

▷成虫の発生消長がわからないところでは，幼虫の食入初期を調べると発生消長を知る目安になる。

▷定植後しばらくは将来主枝になる枝に食入して枯らすので実害は大きいが，ナスが発育し茎葉が繁茂してくると側枝が多少枯れた程度では補償作用により実害は少ないと考えられる。

▷アブラムシ類やアザミウマ類などを対象に，殺虫スペクトラムの広い薬剤を葉裏や茎にていねいに散布している圃場では，発生が抑制される傾向がある。

（執筆：深沢永光，改訂：永井一哉）

ナス ＜チャノホコリダニ＞

チャノホコリダニ

学　名　*Polyphagotarsonemus latus* Banks
英　名　broad mite

〔診断の部〕

＜被害のようす＞

▷展開中の新葉がねじれて裂けめを生じ，かつ硬く，奇形葉となる。葉が小さいままで生長を停止するため，心止まりとなる。

▷果実はカスリ状に褐変し，果皮が硬化するなど独特の被害症状となる。

▷初発は非常に局部的で，1～数株に被害が現われ，しだいに隣接株へ広がる。被害発現株の周囲の株は，外見上健全であってもすでに虫は寄生しており，気づいたときには周辺の数株にも広がっていることが多い。

＜診断のポイント＞

▷症状は生長点付近に現われやすいので，新葉のちぢれや心止まり症状が早期診断の重要なポイントとなる。

▷虫は微小であるため肉眼による確認は困難であり，疑わしい葉を拡大鏡で観察して，虫の存在を確かめる。この場合，完全に褐変した葉や果実には虫はいないことが多いので，変色し始めの葉を選ぶ。

▷雌成虫は体長が0.25mmで半球形，体色が淡黄褐色，雄成虫は体長が0.2mmである。幼虫は白色，卵は長楕円形，扁平で表面に多数の粟粒状の突起が多数ある。

ナス　＜チャノホコリダニ＞

＜発生動向その他＞

▷最近各種の野菜，花卉で発生が多くなる傾向がある。特に，害虫防除に天敵類などを利用した栽培では，殺虫剤，殺ダニ剤の使用回数の減少や使用する薬剤の種類が変わることから発生が多くなる傾向がある。

▷露地栽培，施設栽培ともに8〜9月に発生が多く，抑制栽培や促成栽培では育苗中から寄生を受けることがある。また，促成栽培では翌春の3月以降も発生する。

〔防除の部〕

＜虫の生態，生活史＞

▷発育は卵→幼虫→静止期→成虫という経過をたどる。25〜30℃条件下での卵から成虫までの発育期間は5〜7日ときわめて短く，増殖は速い。高温でやや多湿条件が本種の発生に好適な条件である。

▷発育限界温度は約7℃であるので，冬期の気温が低い地方では露地で越冬できない。そのため，北海道地方では本種の発生はない。また，東北地方や北陸地方でも発生は少なく，局地的である。

▷関東以西の地方では，枯死したトマト，ダイズ，セイタカアワダチソウ，オオアレチノギクなどの茎葉上で成虫越冬し，翌春の発生源となる。本種は必ず植物体上で越冬し，土壌中にもぐらない。

▷スベリヒユ，クローバなどの雑草やサザンカ，チャなどで繁殖したものが発生源と考えられる。

▷本圃への侵入は苗による持込み，人への付着によって行なわれる。コナジラミ類などの脚にとりついて移動したりもする。

＜発生しやすい条件＞

▷高温期に発生が多い。また，乾燥条件よりもやや湿度の高い場合に発

生が多い傾向がある。

▷育苗圃や本圃の隣接地でナス，ピーマン，チャなど本種の生息好適作物が栽培されていると寄生が多くなる。また，周囲の除草が不充分な場合には，そこからの侵入により発生が多くなる傾向がある。

＜対策のポイント＞

▷発生初期の早期発見に努め，少発生時の防除に重点をおく。被害が多発してからの防除では株の勢力回復に時間がかかるうえに，傷果も多くなる。

▷初発は非常に局部的で，1～数株に被害が現われ，しだいに隣接株へ広がる。被害発現株の周囲の株は，外見上健全であってもすでに虫は寄生しており，気づいたときには周辺の数株にも広がっていると考え，圃場全体に薬剤散布する。

▷生長点部の葉の隙間や果実のヘタの隙間などに寄生していることから，薬量を充分使い，ていねいに散布する。散布ムラがあると，その場所が発生源となって再発生する。

▷育苗はナス，ピーマンなどの本種の寄主植物の近くでは行なわず，専用ハウスを設ける。また，雑草からの移動もあるので，除草を充分に行なう。

▷摘除した枝葉は速やかにハウス外に持ち出し，土中に埋めるか焼却する

＜防除の実際＞

▷別表〈防除適期と薬剤〉参照。

▷半促成栽培で発生が見られだすのは気温が上昇してくる3月以降である。促成栽培に準じて防除する。

ナス ＜チャノホコリダニ＞

＜その他の注意＞

▷整枝や収穫作業によって，人為的に発生を拡大させることがあるので注意する。

▷枝が込み合わないように摘除することにより，薬剤の散布ムラがなくなり防除効果を高めることができる。

＜効果の判定＞

▷新芽の動きに注目する。本種の防除薬剤は効果が高いので，散布2週間後には正常な葉の展開が始まる。新芽の回復がみられれば効果があったものと判断する。

▷20倍程度の拡大鏡があれば生死の判定ができる。散布2～3日後に，変色し始めの被害葉（完全に褐変した葉やコルク化した部分にはほとんど寄生していない）を検鏡して，つぶれた虫や卵がみられ，生きた虫が見られなければ効果があったものと判断する。

（執筆：山下　泉）

ミナミキイロアザミウマ

成虫
体長1mm程度の微細な昆虫。発生初期に発見するのは難しい。

果実の被害
果実には特徴的な条斑を生じる(右)。
加害が激しいと全体がケロイド状になることもある(左)。

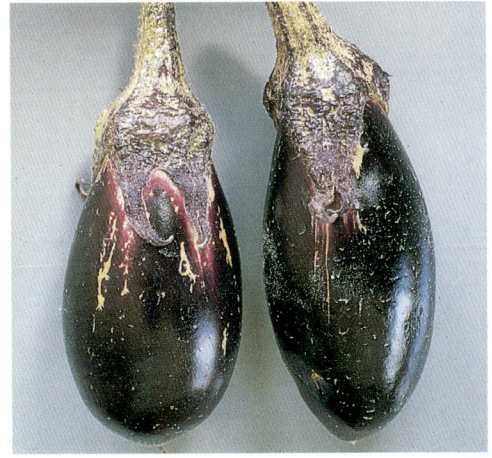

ナ　ス　〈ミナミキイロアザミウマ〉

葉の被害痕
初期(左)と中期(下)
葉脈にそって無数の小斑点が並ぶ。この被害痕を早期に発見することが診断のポイントである。

ミナミキイロアザミウマ

学　名　*Thrips palmi* Karny

〔診断の部〕

＜被害のようす＞

▷発生の初期は，葉の主脈に沿い白色がかった小斑点を生じる。これは，成虫の食害痕で，ウリ科などの斑点に比べて大きく明瞭である。

▷その後，寄生密度が増加し食害が進むと，葉裏の組織が破壊され，しだいに葉縁が褐変して内側に巻縮するようになる。よほど高密度にならないかぎり落葉することはない。

▷葉以外に葉柄，軟弱な茎，果梗，萼，果皮にもカスリ状の傷が発生する。著しい場合にはケロイド症状となる。

▷果皮の食害痕は，萼の裏側などに寄生する虫が，幼果期から連続的に食害するため，一般には萼下から尻部に向かって縦状の傷痕となることが多い。加害が著しい場合には，裂果となったり果皮全体がケロイド状となることがある。

▷萼の食害痕は寄生密度が低くても発生する。

▷株全体の被害症状としては，低密度の寄生量ではあまり問題とならないが，1葉当たりの寄生密度が100頭を超えると，株の生育が遅延し茎の伸長や着花数や結果量が減少してくる。

＜診断のポイント＞

▷虫が微細なため，これによって発生を察知するのは困難である。一般には，葉脈沿いに発生する白斑の食害痕を確認してから微細な虫の存在を

ナス ＜ミナミキイロアザミウマ＞

察知する。

▷成・幼虫は，ともに細長の紡錘形で成虫の体色は鮮明な黄色で，体長は1.0mm程度，翅をたたんだ状態で背面から尾部にかけて中央部に縦に黒い線があるように見える。

▷密度が高くなると葉裏は加害されて褐黄化し，果梗や萼・果皮にカスリ状の傷が発生する。

▷ナスの生長点や葉・葉裏の食害痕は，チャノホコリダニの被害症状に似るが光沢は帯びない。果実の被害症状も似るが，ケロイド状になることは少なく，線状の食害痕となることが多い。

＜発生動向その他＞

▷東南アジア産の侵入害虫で，昭和53年に南九州で発見され，その後，数年でわが国のほとんどの地帯に分布範囲を広げ，果菜類における重要な害虫となった。

〔防除の部〕

＜虫の生態，生活史＞

▷卵はナスの葉肉や果梗・萼などの組織内に産み付けられる。

▷組織内から孵化した幼虫は，組織を上からなめ食いし成長する。2齢期の後半になると，ほとんどが地表に落下して土壌の浅い部位で蛹化する。前蛹，蛹とも脚を持ち土壌孔隙内を歩行する。

▷土壌内で羽化した成虫は，植物上に飛来して交尾産卵する。未受精卵はすべてが雄となる。

▷本虫の発育零点は11℃前後。発育速度は温度によって異なるが，20〜25℃では卵期は4〜5日，幼虫期6〜7日，蛹化期4〜5日で，卵から成虫になるまでは約15日である。1日当たりの産卵数は2〜3粒と少ないが，産卵期間は長く1雌が50〜100卵を産む。

ナス ＜ミナミキイロアザミウマ＞

▷露地での越冬は，沖縄や小笠原を除く国内では確認されていない。施設栽培が行なわれる露地では，施設内で繁殖した個体が飛来し，4月頃から11月末まで露地の雑草や果菜類で繁殖を繰り返す。施設内には，苗や換気窓から侵入し冬期でも繁殖を繰り返す。

＜発生しやすい条件＞

▷果菜類の栽培地帯で，周辺に雑草が繁茂しているような場所，施設栽培のような高温で長期にわたり管理される作型で増殖が著しい。露地では気温が高くなる6月上旬から9月にかけて発生が多い。

＜対策のポイント＞

▷在来のアザミウマ類に比べて，増殖がきわめて激しく，薬剤が効きにくいので栽培の初期から計画的な防除対策が必要である。

▷果菜類の栽培地周辺や雑草が繁茂した隣接地での栽培をできるだけ避ける。

▷畦上には蛹化防止，忌避効果があるシルバーポリフィルムでマルチを行なう。

▷植付け時に粒剤を施用する。

▷発生の早期発見。低密度期に防除剤の散布。

▷施設栽培では，施設内への持込みを防止し，野外からの成虫の飛込みを防ぐ。

＜防除の実際＞

▷別表〈防除適期と薬剤〉参照。

▷育苗は果菜類が栽培されていない圃場で行ない，外部から成虫の飛込みを防ぐため1mm目合い以下のネットを張る。

▷育苗時は常に葉の状態を観察し，発生を認めれば直ちに薬剤を散布する。

ナ　ス　＜ミナミキイロアザミウマ＞

▷定植時には株元に粒剤を施用する。施設ではサイドや天窓に1mm目合い以下のネットを張って成虫の侵入を防ぐ。

▷畦上に忌避効果と蛹化防止を兼ねてシルバーポリフィルムでマルチを行なう。

▷圃場内に，白または青色の粘着トラップを設置して成虫を捕殺し，早期発見に努める。

▷施設では低密度期にヒメハナカメムシなどの天敵を放飼する。

▷発生を認めれば，葉裏が充分に濡れる程度に薬剤を散布する。

▷抵抗性の発達を回避するため同系統薬剤の連用を避け，異なる薬剤でのローテーション散布を行なう。

▷天敵を放飼する場合，天敵は薬剤の感受性がきわめて高いので，同時に発生する他害虫の防除に使用する薬剤について注意する。

＜その他の注意＞

▷隣接地に，家庭菜園用の果菜類が栽培されていると，これが発生源となるので注意する。

＜効果の判定＞

▷ルーペで葉裏の生存虫を確認する。

（執筆・改訂・松崎征美）

ナ　ス 〈ナメクジ類〉

ナメクジ類

葉の被害(上左)：直径1cm前後の不規則の形をした孔がぽつぽつとあく。
果実の被害(上右)：直径5mm，深さ0.5〜1cmの立孔を生じる。　　（木村　裕）

ノハラナメクジの卵塊(右中)
（木村　裕）

ナメクジ駆除剤（メタアルデヒド剤）に誘殺された**ノハラナメクジ**(左)，**フタスジナメクジの成体**(右)　成体は，ノハラナメクジは25〜30mmのこげ茶色，フタスジナメクジは60mmと大型で灰色をおびた淡褐色，背面に2本の縦線がある。　　　　　　　　　　　　（木村　裕）

ナス〈ダイズウスイロアザミウマ〉

ダイズウスイロアザミウマ

葉の被害：葉にカスリ状の白色小斑点が生じ，葉裏のその部分が銀白色となる。
(木村　裕)

果実の被害：へたや果実表面にミミズバレ状の褐色の傷が生じる。
(木村　裕)

成虫：口吻を突き刺し吸汁する。(木村　裕)

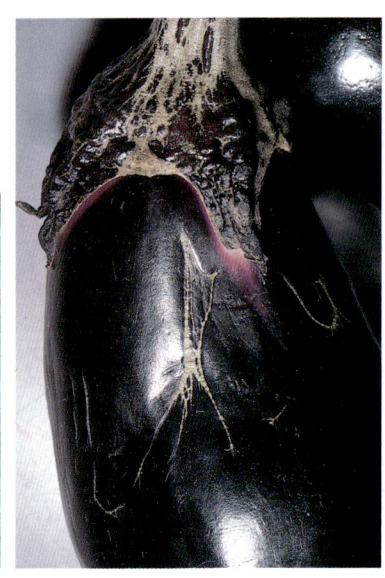

ナス <ナメクジ類>

ナメクジ類

ナメクジ（フタスジナメクジ）
　　学　　名　*Meghimatium bilineatum* (Benson)
コウラナメクジ（キイロナメクジ）
　　学　　名　*Limax flavus* Linnaeus
チャコウラナメクジ
　　学　　名　*Lehmannia valentiana* (Férussac)
ノハラナメクジ
　　学　　名　*Deroceras leave* (Müler)

〔診断の部〕

＜被害のようす＞

▷発芽直後の幼芽では，子葉や新葉が食害され生育遅延を生ずるだけでなく，枯死による苗の消失も多い。

▷展開葉での被害は，直径1cm前後の不規則な形をした穴がぽつぽつあく。

▷果実には直径5mm前後の穴があく。深さは0.5～1cm前後であるが，きわめて明瞭な縦穴を生じる。この果実の被害はナスでは致命的で，商品価値がなくなる。

＜診断のポイント＞

▷通常，被害症状はあってもナメクジ類は見つからない。

▷ナメクジ類の葉の食害はヨトウムシの被害に似るが，穴の周囲がかぎ裂き状に不規則に食害されることと，穴の周囲に銀色の粘着物が付着する

ナス ＜ナメクジ類＞

ことによって区別できる。

▷ナメクジ類は比較的湿った土壌で多発する。

▷育苗段階ではケラ，コオロギ，ネキリムシ類による食害もある。ナメクジ類では茎葉上の粘着物の有無で判断するとよい。

〔防除の部〕

＜虫の生態，生活史＞

▷ナメクジ類は夜行性で日没直後から活動を始める。通常冬期には休眠状態にあるが，加温施設では冬期も活動する。

▷ナメクジ類は一度はった跡をたどって戻る帰家習性がある。

▷ナメクジ（フタスジナメクジ）の成体の体長は約60mmである。体色は淡褐色〜灰色と変化に富む。背面に3本のスジがあるが，内2本がよく目立つ。背面に黒褐色の小斑があるものもいる。甲羅はない。

▷ナメクジ（フタスジナメクジ）は3〜6月に40〜120個の卵が入ったゼラチン質の卵囊を石や落ち葉の下，小枝や雑草などに産み付ける。卵は約60日で孵化し，孵化した幼虫は秋までに成体となり越冬する。年1回の発生である。本種はチャコウラナメクジと置き換わるように1970年代以降激減傾向であり，林縁など人間による攪乱がやや少ないところに発生する。

▷コウラナメクジ（キイロナメクジ）は成体の体長は約70〜100mmである。体色は淡黄色〜黄緑で，体の前部背面に甲羅があり，甲羅に淡栗色と黄白色のまだらの斑紋がある。

▷コウラナメクジ（キイロナメクジ）は年1回の発生で，主に冬期に産卵する。1970年頃からチャコウラナメクジと置き換わって激減し，発生はかなり少なくなっている。

▷チャコウラナメクジは成体の体長は約60mm，体色は灰色〜赤味がかった灰色で，体の前部背面の3分の1を占める甲羅があり，甲羅の両側に

ナス ＜ナメクジ類＞

黒褐色の縦線が2本ある。

▷チャコウラナメクジは年1回の発生で，寿命は約1年である。透明で長卵型のゼリー様の卵を1回に20〜30個石の下などにまとめて産む。5〜7月に発生が多く梅雨期に活動が盛んである。1970年代以降発生が増加している。チャコウラナメクジは移動力に優れ，木に登る習性があり果樹の害虫としてよく知られている。一晩に10m以上移動することが可能である。比較的乾燥に強く，集団生活を好む傾向がある。甲羅上の2本の縦線が見にくい個体は別種の可能性がある。

▷ノハラナメクジの成体の体長は25〜30mmである。体色は灰褐色〜茶色がかった濃いネズミ色で，体の前部背面に甲羅がある。甲羅にスジや縦線はない。主に春に産卵するようであるが，生態についてはよくわかっていない。

＜発生しやすい条件＞

▷畑作を続けると発生が多くなる。水田への転換や夏期の太陽熱消毒は密度低下の効果が大きい。

▷好天の昼間はほとんどの個体が植物残渣の下や土中にひそむ。

▷ナメクジ類の発生が多いところでは潜伏場所となるゴミ，箱，資材などを除去し，土壌表面の乾燥を図る。

＜対策のポイント＞

▷ナメクジ類は腐敗し始めた植物残渣や動物の死骸を主食とするので，生きた植物に対する加害はそれらの状況により異なる。

▷ナメクジ類はアルコールに誘引される。チャコウラナメクジはビールや酒粕によく誘引される。ビールをトラップにして誘殺し発生消長を知ることができるが，防除にまでは使えない。なお，ウイスキーにはあまり誘引されない。

▷ナメクジ類にはバナナの皮にも誘引効果があるので，小面積の場合は

夜間その皮を圃場に放置し，翌朝集めて捕殺することもできる。

▷小面積の場合には，日没後から午後9時の間に圃場を見回り捕殺する。特に，昼間降雨があった夜には活動が盛んである。

▷ナメクジ類の潜伏場所となるような濡れムシロ，湿らせた段ボール箱や新聞紙，素焼鉢などを圃場に設置して誘引して毎朝見回って捕殺することもできる。この場合，キャベツなどの野菜屑や果物の残渣を餌として入れておくと効果が高まる。

＜防除の実際＞

▷別表〈防除適期と薬剤〉参照。

＜その他の注意＞

▷毒性がない低濃度のメタアルデヒドにもナメクジ類は誘引される。

▷ナメクジ類は銅イオンを忌避する性質があるが，チャコウラナメクジでは幅5mm程度の銅板なら簡単に越えてしまうので，幅20mm以上は必要とされる。

＜効果の判定＞

▷メタアルデヒド粒剤を処理した場合は，誘殺数の多少が効果判定の目安になる。

（執筆：木村　裕，改訂：永井一哉）

ナス ＜ダイズウスイロアザミウマ＞

ダイズウスイロアザミウマ

学　　名　*Thrips setosus* Moulton

〔診断の部〕

＜被害のようす＞

▷成幼虫が葉や茎，ときには果実を吸汁するため，被害部分は退色し，褐変する。

▷発生初期の被害は葉にカスリ状の白色小斑点（長さ1～2mm）が生じ，葉裏が銀白色に光る。

▷被害がすすむと小斑点が増加し，葉色は悪くなり，葉裏は広範囲が銀白色に光るとともに，微小な黒点状の汚れが目立つようになる。

▷多発状態になると，葉全体が脱色し，褐変する。また，茎の伸長，葉の展開が抑制され，開花や果実肥大にも悪影響を及ぼす。

▷激発状態になると，果実の表面に褐色の傷を生じ，へたも褐変するため，商品価値が著しく低下する。

▷露地栽培での被害の発生は8～9月に多いが，施設栽培では4～5月に多い。

＜診断のポイント＞

▷成・幼虫は非常に小さくて見つけにくいので，葉の被害に注意する。

▷ミナミキイロアザミウマやミカンキイロアザミウマでもほぼ同じような被害症状が現われるため，被害症状による加害種の区別は困難である。

▷成・幼虫は上位の展開葉に生息することが多いので，ルーペで観察して発生を確認する。

ナス ＜ダイズウスイロアザミウマ＞

▷雌成虫の体長は1.2～1.4mm，体色は褐色ないし暗褐色，雄成虫の体長は0.9～1.0mm，体色は黄白色である。非常に小さいため，肉眼またはルーペで種類を区別するのは困難である。アザミウマ類成虫の区別にはプレパラート標本を作製し，200倍程度の顕微鏡下で観察する必要がある。なお，幼虫の区別はプレパラート標本を作製しても困難である。

▷果実ではチャノホコリダニの被害と混同しやすい。チャノホコリダニが多発すると果実の被害とともに，展開葉の奇形や心止まり症状が生じる。チャノホコリダニはアザミウマよりもさらに小さく，新芽をルーペで観察しても見つからないことがほとんどである。

▷施設栽培では暖房機に近い部分で発生し，しだいに周囲へ広がる。

＜発生動向その他＞

▷近年，大阪府では発生が非常に少ない傾向が続いている。

〔防除の部〕

＜虫の生態，生活史＞

▷ナス，キュウリ，トマト，メロン，ダイズ，インゲンなど，春から秋までさまざまな作物や雑草などの広範な植物に寄生して繁殖を繰り返す。越冬は圃場周辺の畦畔雑草において成虫態で行なわれる。

▷越冬成虫は4月下旬頃，越冬場所から離脱して各種作物，雑草に移動する。ナスでは定植直後から飛来し，梅雨明け後に増加する。8～9月に密度が最も高くなり，秋期には減少する。

▷発育ステージの推移は成虫→卵→1齢幼虫→2齢幼虫→1齢蛹→2齢蛹→成虫の順である。卵は葉の組織内に1粒ずつ産みつけられるため肉眼では見えない。幼虫は植物の地際などで蛹化する。

▷各ステージの発育期間は温度によって左右されるが，高温ほど早くなる。25℃では卵5日，1齢幼虫2日，2齢幼虫3日，1齢蛹1日，2齢蛹3

ナ　ス　＜ダイズウスイロアザミウマ＞

日で，卵から成虫まで約13日である。発育零点は卵が10.0℃，幼虫は8.1℃である。

▷ 25℃での雌成虫の生存期間は約20日で，平均産卵数は約80個である。

▷短日条件下では雌成虫の産卵前期間が長くなり，産卵休眠する。

▷繁殖は両性生殖と単為生殖の両方で行なわれ，両性生殖では雌を生じるが，単為生殖ではすべて雄を生じる。

▷成・幼虫とも果実より葉裏に多く寄生し，幼果ではしばしばがくの下に生息する。

▷トマト黄化えそ病の原因となるトマト黄化えそウイルス（TSWV）を永続伝搬する。アザミウマ類は幼虫時の吸汁でトマト黄化えそウイルスを獲得し，成虫では獲得できない。幼虫体内にとり込まれたウイルスは10日前後の潜伏期間をへた後，吸汁によって他の作物に伝搬される。トマト黄化えそウイルスの保毒虫率は6月中旬頃から高まる。

＜発生しやすい条件＞

▷高温乾燥条件下で多発する傾向があるため，7～8月に降雨が直接植物体にあたらないような栽培では発生が多い。

▷圃場の隣接地にキュウリやトマトなど発生の多い作物が栽培されていると発生が多くなる。

▷圃場内または圃場周辺に雑草が多いと，そこが発生源になる。

▷暖冬年は越冬量が増加するため，春期の発生が多くなる。

＜対策のポイント＞

▷成虫は青色または白色の粘着トラップに誘引されるので，多発地域では5～6月頃から成虫の誘殺状況を調査し，誘殺成虫数が多くなったら被害の発生に注意する。

▷圃場内や圃場周辺の除草は定植前に行ない，発生源を除去する。

ナス　＜ダイズウスイロアザミウマ＞

▷施設栽培では定植前に施設開口部を目合い1mm以下のネットで被覆し，成虫の侵入を防止する。なお，銀色ネットを用いると侵入防止効果が高まる。

▷シルバーポリフィルムなどの銀白色資材を用いて畦面をマルチし，成虫の飛来侵入と蛹化を防止する。

▷施設栽培では収穫終了後に残渣を持ち出して処分した後，施設を閉めきって蒸込みを行なう。

▷露地栽培では収穫終了後に残渣を持ち出して処分した後，4～5日間圃場に水を張り，湛水状態にして地中の蛹を殺す。

▷捕食性天敵としてヒメハナカメムシ類（タイリクヒメハナカメムシ，ナミヒメハナカメムシなど）やカブリダニ類（ククメリスカブリダニ，デジェネランスカブリダニなど）があり，アザミウマ類の成幼虫を捕食する。

▷天敵糸状菌としてボーベリア菌があり，感染するとアザミウマ類の成・幼虫は白色のカビが生えて死亡する。

＜防除の実際＞

▷別表〈防除適期と薬剤〉参照。

▷定植時または生育期にアザミウマ類に対して登録のある粒剤を処理する。

▷発生初期にアザミウマ類に対して登録のある散布剤を散布する。成・幼虫は葉裏に生息することが多いので，充分量の薬液を葉裏によく付着するように散布する。

▷施設栽培では捕食性天敵が使用できる。タイリクおよびオリスターAはタイリクヒメハナカメムシ，ククメリスおよびメリトップはククメリスカブリダニを製剤化したものである。ダイズウスイロアザミウマが多発してからの放飼では防除効果が劣るので，発生初期に放飼する。

▷施設栽培では天敵糸状菌が使用できる。ボタニガードESはボーベリ

ア・バシアーナを製剤化したものである。散布はダイズウスイロアザミウマの発生初期に開始し，充分量の薬液が葉裏によく付着するよう，7日間隔で3～4回散布する。夕方など湿度を充分に確保できる条件で散布する。

＜その他の注意＞

▷発生が多い場合には，葉内に産み込まれた卵から孵化した幼虫や土壌中の蛹から羽化した成虫がつぎつぎに発生するので，7日間隔で2～3回の薬剤を散布する。

▷魚毒性や蚕毒性のある薬剤は取扱いに注意する。

▷捕食性天敵を放飼した施設では悪影響を及ぼす殺虫剤の散布をひかえる。

▷天敵糸状菌を散布した施設では悪影響を及ぼす殺菌剤の散布をひかえる。

＜効果の判定＞

▷ルーペを用いて葉裏の寄生成・幼虫数を調査した葉をマークしておき，薬剤散布3～5日後に発生が見られないか，寄生成・幼虫数が大きく減少していれば効果があったと判断できる。

（執筆：木村　裕，改訂：柴尾　学）

オンシツコナジラミ

成虫：成虫は生長点に近い新葉の葉裏に多く寄生し、葉が動くと四方に散る。
（木村　裕）

幼虫：やや古くなった葉裏に寄生し、1〜3齢を経て刺状突起を四方に突出した蛹になる。
（木村　裕）

排泄物に発生したすす病：葉の同化作用や呼吸作用が妨げられ、生育に悪影響が及ぶ。
（木村　裕）

ナス〈ヨトウガ〉

ヨトウガ

葉の被害症状：0.5～2cmの穴があく。ときには食いつくされて葉脈のみになることがある。　　　　　　　　　　　　　　　　　　　（木村　裕）

中齢幼虫：葉裏に潜む緑色のアオムシ　　　　　　（木村　裕）

老熟幼虫：3齢期以後は体色が黄褐色～黒褐色に変わり、日中は土中にもぐり夜間のみ地上に現われる。　　　（木村　裕）

オンシツコナジラミ

学　名　*Trialeurodes vaporariorum* (Westwood)
英　名　greenhouse whitefly

〔診断の部〕

<被害のようす>

▷葉や果実に粘液状の排泄物が付着するため，管理作業面での不快度が増す。

▷排泄物にすす病菌がつき，葉や果実が黒く汚れるため，同化作用が妨げられる。

▷果実では排泄物の付着，すす病菌による黒色の汚れなどにより，商品性が著しく低下する。また，汚れの洗浄のための手間がかかる。

▷多くの幼虫による吸汁のため，晴天の日には葉はしおれぎみになり，株の勢いも衰える。

▷施設栽培で問題となる害虫で，露地栽培では発生を認めても被害にはほとんど結びつかない。

<診断のポイント>

▷成虫は長さ1～3mm，白色のハエのような虫で，葉裏に寄生しており，葉が揺れ動くと一斉に飛び立つ習性があるので，栽培管理作業中に気づくことが多い。

▷発生初期は均一に発生するのではなく，片寄り発生をする。特に冬期では暖房機の近くなど室温の高いところを中心に発生する傾向がある。

▷葉に油状の排泄物が付着しているか，黒いすすが付着しているのに気

ナス ＜オンシツコナジラミ＞

づいたときは，その上位にある葉の裏側を調べる。葉裏に長さ1mm前後，楕円形，扁平な淡黄緑色の幼虫や蛹が数十個～数百匹みられ，白色のハエのような成虫もみられる。

〔防除の部〕

＜虫の生態，生活史＞

▷成虫，幼虫ともナスの葉裏に寄生し吸汁する。ナスのほか，トマト，キュウリなどの野菜類，ペラルゴニウム，ポインセチア，ランタナなどの花卉類のほか多くの雑草にも寄生する。

▷高温性の虫で，温度が充分にあれば周年発生をつづけ，施設内では年に10回以上発生をくり返し，常に成虫，幼虫，蛹，卵の各ステージの虫がみつかる。露地での越冬はオオアレチノギクのロゼット株上で卵，老熟幼虫，蛹などで行なうが，その密度は低い。

▷加温設備のある施設栽培では，3月下旬～4月下旬から急増して5～6月に多発する。

▷成虫は生長点に近い新葉に多く寄生するが，幼虫や蛹はやや古くなった葉に多い。

▷繁殖は単為生殖と有性生殖があり，単為生殖の場合には産まれた虫すべて雄成虫になるのに対し，有性生殖の場合にはすべて雌成虫になる。

▷雌成虫は約1か月の生存期間中に100～200個の卵を産む。生存期間が長く，だらだらと産卵し続けるので常に成虫，卵，幼虫，蛹がみられる。

▷25℃の条件下では，卵期間は6～8日，幼虫期間は8～9日，蛹期間は6日と約3週間で成虫になる。

▷幼虫は，1齢，2齢，3齢を経過して蛹になるが，その区別はなれていないと難しい。しかし，蛹は細長い刺状突起を四方に突出するので幼虫と区別できる。

ナス　＜オンシツコナジラミ＞

＜発生しやすい条件＞

▷果菜類を連作すると，前作の虫が新しく栽培された作物に移行してくるので，密度の高まりが早まる。

▷圃場内または周辺に広葉雑草が多いと，そこが永続的な虫の発生源となる。

▷暖冬年は露地での越冬虫の歩留まりが高くなるので，春期の発生量は多くなる。

▷施設栽培では，室温が高いほど虫の密度の増加も早くなる。

＜対策のポイント＞

▷施設栽培では，苗からの持込み防止を徹底する。

▷苗の小さいころは薬剤の付着もよいので，この時期の防除に力を入れる。

▷黄色の粘着リボンによって施設内の虫の多少を把握し，初期防除に重点をおく。

▷ナスではミナミキイロアザミウマの発生も多いので，同時防除も考慮する。

＜防除の実際＞

▷別表〈防除適期と薬剤〉参照。

＜その他の注意＞

▷葉裏をねらって散布する。

▷卵，蛹は現行の薬剤では防除効果はあまり期待できないので，防除にあたっては7～10日間隔で少なくとも2回，できれば3回連続散布する。

▷同一薬剤の運用は抵抗性害虫を生じるおそれがあるので，他の薬剤と交互散布を行なう。

ナ　ス　＜オンシツコナジラミ＞

▷最近，形態に類似したシルバーリーフコナジラミの発生が多くなっており，時には混発していることもある。この種は薬剤に対し非常に強いので，慣行のコナジラミ防除をしたにもかかわらず虫の密度が減らないのは，シルバーリーフコナジラミであるためと思われる。

＜効果の判定＞

▷散布1～2日後の成虫の葉上への落下状況から判定する。多くの成虫が落下していれば成虫に対し効果があったものと考える。葉裏の成虫の寄生状況も参考にするとよい。多発時には新成虫の発生が多いので，落下虫が多いにもかかわらず，葉裏の虫が多いということがある。

▷幼虫および総合的な防除効果を判定するには，散布前と最終散布1週間後に，先端から数えて3～4番目の展開葉での幼虫の寄生虫数を比較する。効果判定には葉当たりの幼虫密度が散布前に比べ10分の1以下になっていることが望ましい。

（執筆：木村　裕，改訂：嶽本弘之）

ヨトウガ

学　名　*Mamestra brassicae* Linne
別　名　ヨトウムシ
英　名　cabbage armyworm

〔診断の部〕

<被害のようす>

▷葉に0.5～2cmの大きさの穴があく。被害の激しいときには，1枚の葉に数十個の穴ができ，時には葉が食いつくされて太い葉脈のみになることがある。

▷通常，葉の被害が日増しに増加していくにもかかわらず虫が見つからないことが多い。

▷多発しても株全体が枯れることはないが，生育にかなり悪影響があると思われる。

<診断のポイント>

▷葉に大きな穴がいくつも生じるにもかかわらず，虫が見つからないのが特徴である。同様に葉を食害するハスモンヨトウは，食害孔の付近に幼虫がいつもいる。

▷一つの株を中心にして，被害は日増しに周囲の株に広がる傾向がある。

▷発生初期のころは，葉裏に長さ1cm前後，緑色のアオムシが数十匹群生しているのが見られる。ハスモンヨトウ（体の前部に一対の黒褐色の小斑紋がある）に似るが，体全体が一様に緑色であることで区別できる。

ナス　＜ヨトウガ＞

▷幼虫はときどき除草作業中に地際や土中浅くから見つかる。長さ2～4cm，褐色で色や形はネキリムシ類と類似しているが，体が軟弱でたやすく押しつぶすことができる。それに対し，ネキリムシは弾力性が強く，指で押さえた程度ではつぶれない。

〔防除の部〕

＜虫の生態，生活史＞

▷幼虫はキャベツ，ダイコン，ハクサイ，ゴボウ，ナスなど非常に多くの野菜，花卉の葉を食害して葉をぼろぼろにする。

▷日本各地にごく普通に見られ，暖地では春期（5～6月）と秋期（9～10月）に被害が目立つが，北海道など寒い地方では第1回目幼虫の発生が遅れて7～8月にずれるため，第2回目幼虫が連続して発生することになる。

▷年2回の発生で，土中で充分に成長した幼虫で越冬し，翌春そのまま土中で蛹になる。

▷成虫は葉裏に数百個，ときには千個以上の白色，まんじゅう型の卵を一塊にして産卵する。

▷孵化幼虫は緑色のアオムシで，葉裏に群生してシャクトリムシのように歩行する。主として葉の裏側を浅く食害するため，食害を受けた葉は透かし状になって枯れる。

▷幼虫は3齢期ころまでは集団生活をするが，それ以降は分散して日中は土中にもぐり，夜間のみ地上に現われる。また，体色も黄褐色～黒褐色に変わる。

▷幼虫は約1か月後には老熟して蛹になるが，暖地では暑い夏はそのまま休眠して秋期に成虫となる。しかし，夏期冷涼な地方では休眠は行なわず連続的に出現する。

▷ナスの施設栽培では越冬中の幼虫の蛹化が早まり，成虫が早く出現，

ナス ＜ヨトウガ＞

産卵し，3月ごろから被害が現われる。

＜発生しやすい条件＞

▷前年の秋に多発した圃場では，越冬幼虫も多いので，多発しやすい。

▷圃場の周りが管理不充分で雑草が生い茂っているときは，越冬幼虫密度が高くなるばかりでなく，そこで育った幼虫の移動侵入も多くなる。

▷野菜栽培地帯では発生源がどこにでもあり，多発しやすい。

＜対策のポイント＞

▷葉の変色に注意し，まだ1〜2枚の葉に群生している幼虫を早期発見し，その被害葉を切りとって処分する。

▷暖地の露地栽培では5月の連休明けごろは被害が発生し始めるころであるので注意する。

▷幼虫は齢がすすむと土中にもぐるので，若齢幼虫のころの防除に努める。

▷成虫発生期（暖地では5月の連休ごろ）には外灯などに黒褐色の成虫の蛾がよく飛来するので，幼虫発生時期の予測ができる。だいたい成虫の確認から7〜10日ごろに幼虫集団が現われ，葉の透かし被害も現われる。

＜防除の実際＞

▷別表〈防除適期と薬剤〉参照。

＜その他の注意＞

▷葉裏に寄生するので，薬液が葉裏に充分かかるようていねいに散布する。

▷葉の穴あき被害が目立ち，加害する虫が見られないときには防除効果は充分ではない。

ナ　　ス　＜ヨトウガ＞

＜効果の判定＞

▷葉裏に幼虫集団が見られる場合は，散布1日後の虫の有無を確認するとよい。

▷葉の穴の被害ばかりで，虫が見つからないときは，散布1～2日後に畦の表面や畦間を注意して調べ，大きな幼虫が苦悶しているのが多く見られたときは効果があったものと判定する。

（執筆：木村　裕，改訂：長森茂之）

ナス 〈マメハモグリバエ〉

マメハモグリバエ

葉の食害痕：うす緑色の曲がりくねった細い条になる。激発すると全面に広がり，光合成が抑制される。　　　　　　　　　　　　　　　　　　　　　　　　　　　（田中　寛）

幼虫：体長3mm程度の黄色の幼虫が葉の内部を食いすすむ。　　（那須）

成虫：雌成虫は産卵管で葉に孔をあけて汁を吸う。成虫は黄色に誘引される。（那須）

ナ ス 〈シルバーリーフコナジラミ〉

シルバーリーフコナジラミ

成虫：体長は1～2mm。翅は白色だが、胴部は淡黄色～オレンジ色で、翅先は重ならない。（柴尾　学）

葉に寄生する3齢幼虫と蛹（柴尾　学）

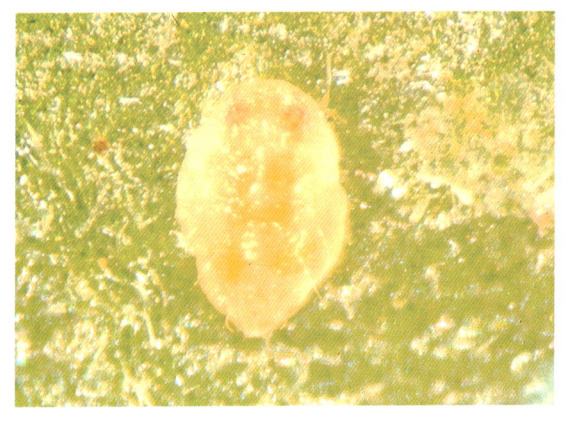

蛹：長さは1～2mm。黄色で中央部が隆起し、周辺は薄い。赤色の複眼が透けて見える。　（柴尾　学）

マメハモグリバエ

学　名　*Liriomyza trifolii* (Burgess)
英　名　legume leafminer, serpentine leafminer

〔診断の部〕

＜被害のようす＞

▷体長3mm程度の黄色の幼虫が葉を食い進み，食害痕は白色の曲がりくねった細いスジになる。食害痕は幼虫の進み方によってさまざまな形になり，後に枯れて褐変する。

▷激発すると食害痕が葉の全面に広がり，光合成が阻害されて果実収量が減少する。しかし，食害痕数が1葉当たり5か所以下であれば実害はないようである。

▷雌成虫は産卵管で葉に穴をあけてにじみ出た汁を吸い，一部の穴には卵を産み込む。この吸汁産卵痕は白色で，直径1mm程度の円形であり，10個以上集まっているとよく目立つが，実害はない。

▷花および果実には食害痕および吸汁産卵痕は見られない。

▷露地栽培での被害の発生は7〜9月に多いが，施設栽培では5〜7月に多い。

＜診断のポイント＞

▷成・幼虫は非常に小さくて見つけにくいので，葉の食害痕や吸汁産卵痕の発生に注意する。

▷葉に曲がりくねった白いスジが多数見られる場合は，白いスジの先端をルーペで観察し，黄色の幼虫を確認する。

ナ　ス　＜マメハモグリバエ＞

▷同じような被害症状を示すものに，ナスハモグリバエ (*Liriomyza bryoniae* (Kaltenbach)) とトマトハモグリバエ (*Liriomyza sativae* Blanchard) があり，被害症状による加害種の区別は困難である。

▷マメハモグリバエとナスハモグリバエおよびトマトハモグリバエの成・幼虫はよく似ており，肉眼での識別は困難である。

▷幼虫のプレパラート標本を作製して顕微鏡下で観察すると，幼虫の後気門小孔数はマメハモグリバエが3個であるのに対し，ナスハモグリバエは7〜12個あり，これにより両種を区別できる。

▷実態顕微鏡下で成虫を観察すると，成虫の頭部の外頭頂剛毛着生部はマメハモグリバエが黄色であるのに対し，トマトハモグリバエは黒色であり，これにより両種を区別できる。

▷マメハモグリバエはトマトハモグリバエと同様に薬剤抵抗性を発達させている。

＜発生動向その他＞

▷日本では1990年に静岡県で初めて確認された侵入害虫である。その後，分布は急速に広がり，全国的に重要害虫となったが，近年，大阪府では発生が少ない傾向が続いている。

〔防除の部〕

＜虫の生態，生活史＞

▷ナスのほか，トマト，ジャガイモ，キュウリ，メロン，ダイズ，シュンギク，セルリー，ツケナ類，ニンジン，ダイコン，キク，ガーベラ，シュッコンカスミソウ，トルコギキョウなど非常に多くの作物に寄生し，雑草にも寄生する。

▷寒さに弱いため，冬期は露地では見られず，無加温施設でも実害はない。詳細は不明ながら露地でも越冬が可能であると考えられているが，個

ナス　＜マメハモグリバエ＞

体数は越冬中に激減するようである。

▷露地では6月頃から増加し始め，7〜9月に最も多くなる。施設では3月頃から増加し始め，5〜9月に多くなる。

▷卵は楕円形，半透明のゼリー状で，長さ0.2mmである。幼虫は黄色で，老熟幼虫は体長2.5mmである。蛹は俵状で，体長2mmである。成虫は体長2mm，頭部，胸部，腹部の腹面は黄色，腹部の背面は黒色で，光沢がある。

▷卵は葉の内部に産み付けられ，雌当たり産卵数はキクやセルリーでは300〜400個，トマトでは50個である。

▷発育零点は7〜10℃，発育日数は25℃で卵2〜4日，幼虫4〜8日，蛹8〜11日である。

＜発生しやすい条件＞

▷露地では寄主作物を栽培する施設の近くで早くから発生が見られ，発生量も多くなる。

▷圃場内または圃場周辺に雑草が多いと，そこが発生源になる。

▷暖冬年は越冬量が増加するため，春期の発生が多くなる。

＜対策のポイント＞

▷成虫は黄色粘着トラップに誘引されるので，多発地域では5〜6月頃から成虫の誘殺状況を調査し，誘殺成虫数が多くなったら被害の発生に注意する。

▷圃場内や圃場周辺の除草は定植前に行ない，発生源を除去する。

▷施設栽培では定植前に開口部を目合い1mm以下のネットで被覆し，成虫の侵入を防止する。

▷老熟幼虫は地面に落下し，土中に潜って蛹化するので，畦面をポリフィルムなどの資材でマルチし，蛹化を防止する。

▷施設栽培では収穫終了後に残渣を持ち出し，ポリフィルムで被覆して

ナス ＜マメハモグリバエ＞

温度を上昇させ，葉内の幼虫を殺す。また，土壌面をポリフィルムで被覆して地温を上昇させるとともに，施設を閉めきって蒸込みを行ない，土壌中の蛹を殺す。

▷露地栽培では収穫終了後に残渣を持ち出して処分した後，4～5日間圃場に水を張り，湛水状態にして土壌中の蛹を殺す。

▷寄生蜂としてイサエアヒメコバチやハモグリコマユバチがあり，ハモグリバエ類の幼虫に寄生する。

＜防除の実際＞

▷別表〈防除適期と薬剤〉参照。
▷定植時に登録のある粒剤を処理する。
▷発生初期に登録のある散布剤を，充分量の薬液が葉によく付着するように散布する。
▷施設栽培では天敵寄生蜂が使用できる。マイネックスおよびマイネックス91はイサエアヒメコバチとハモグリコマユバチ，ヒメコバチDIおよびヒメトップはイサエアヒメコバチを製剤化したものである。マメハモグリバエが多発してからの放飼では防除効果が劣るので，発生初期に放飼する。

＜その他の注意＞

▷発生が多い場合には，葉内に産み込まれた卵から孵化した幼虫や土壌中の蛹から羽化した成虫がつぎつぎに発生するので，7日間隔で2～3回の薬剤を散布する。
▷苗床からの持込みにより発生する場合が多いので，ネットを被覆したハウスで苗を栽培するとともに，苗床での防除を徹底する。
▷魚毒性や蚕毒性のある薬剤は取扱いに注意する。
▷天敵寄生蜂を放飼した施設では悪影響を及ぼす殺虫剤の散布をひかえる。

ナス ＜マメハモグリバエ＞

＜効果の判定＞

▷葉表に幼虫の食害痕のある葉をマークしておき，薬剤散布の5～7日後にマークした葉を再度観察し，食害痕数が増加していないか，わずかに増えている程度であれば効果があったと判断できる。

(執筆：田中　寛(ひろし)，改訂：柴尾　学)

ナス ＜シルバーリーフコナジラミ＞

シルバーリーフコナジラミ

学　名　*Bemisia argentifolii* Bellows & Perring
別　名　タバココナジラミ新系統
英　名　silverleaf whitefly

〔診断の部〕

＜被害のようす＞

▷被害のようすはオンシツコナジラミと類似し，成・幼虫が葉に多数寄生して吸汁するため，株の生育が衰える。

▷葉に粘液状の排泄物が付着するとともに，排泄物にすす病が発生して葉が黒く汚れ，光合成が妨げられる。

▷果実では排泄物が付着し，すす病が発生して黒く汚れるため，商品価値が著しく低下する。

▷露地栽培での被害の発生は7～9月に多いが，加温設備のある施設栽培では3～4月頃から急増し，5～6月に多発する。

＜診断のポイント＞

▷成虫は体長2mm，白色で，葉裏に寄生しており，葉が揺れ動くと一斉に飛び立つ習性があるため，管理作業中に気づくことが多い。

▷発生初期は圃場全体に均一に発生することは少なく，局所的に発生する。施設栽培では，出入口，側窓，送風口の周辺の株にかたまって発生していることが多く，冬期は暖房機の近くなど室温の高いところを中心に発生する傾向がある。

▷葉に油状の排泄物が付着しているか，黒いすすが付着しているのに気

ナ　ス　＜シルバーリーフコナジラミ＞

づいたときは，その上位にある葉裏を調べる。葉裏に体長1mmの楕円形，偏平な黄色の幼虫や蛹が付着し，白色の小さな成虫が見られる。

▷成・幼虫の形態はオンシツコナジラミと類似しており区別しにくい。

▷シルバーリーフコナジラミの成虫は翅は白色だが，胴部は淡黄色～オレンジ色で，翅先が重ならない。オンシツコナジラミの成虫は翅，胴部とも白色で，シルバーリーフコナジラミよりやや大きく，翅先が重なる（図参照）。

▷シルバーリーフコナジラミの蛹は黄色で，中央部が隆起し，周辺は薄い。赤色の複眼がすけて見える。オンシツコナジラミの蛹は半透明で小判型，周囲に長い刺状突起を生じる（図参照）。

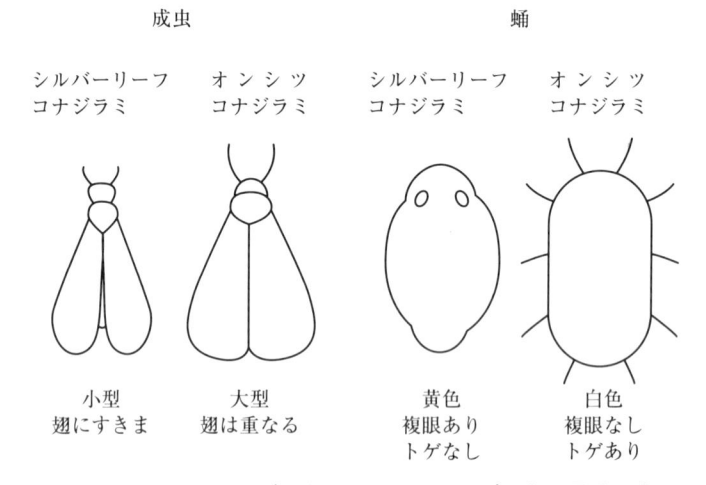

	成虫		蛹	
	シルバーリーフコナジラミ	オンシツコナジラミ	シルバーリーフコナジラミ	オンシツコナジラミ
	小型翅にすきま	大型翅は重なる	黄色複眼ありトゲなし	白色複眼なしトゲあり

シルバーリーフコナジラミとオンシツコナジラミの見分け方

＜発生動向その他＞

▷日本では1989年に発見された侵入害虫であり，その後，分布は急速に広がり，全国的に重要害虫となった。近年，大阪府ではナスでの発生は比較的少ないが，トマト，キュウリ，花卉類などで発生が多い状態が続い

ている。

〔防除の部〕

＜虫の生態，生活史＞

▷日本で1989年よりトマト，ポインセチア，エダマメなどで発生が見られるようになったコナジラミは，当初はタバココナジラミ新系統（*Bemisia tabaci*）と呼ばれていたが，別種であることがわかり，現在はシルバーリーフコナジラミと呼ばれている。

▷成・幼虫とも葉裏に寄生して吸汁する。寄主範囲は広く，トマト，メロン，キュウリ，カボチャ，ダイズ，サツマイモ，ポインセチア，ハイビスカス，キクなどのほかに多くの雑草にも寄生する。

▷野外での越冬は蛹で，キク科植物などの葉裏で行なうと考えられている。

▷野外では年に3～4回発生し，秋に発生が多くなる。また，施設内では周年発生し，年間10回以上の発生を繰り返す。とくに，加温設備のある施設栽培では3～4月より急増して，5～6月に多発する。

▷成虫は生長点に近い上位葉に多く見られるが，幼虫や蛹はやや古くなった下位葉に多く見られる。

▷27℃では雌成虫は約8日間生存し，約80個の卵を産む。25℃での卵期間は7～8日，幼虫期間は7～8日，蛹期間は5日で，成虫までの発育期間は19～20日である。

▷幼虫は3齢を経過して蛹になるが，その区別は慣れないと難しい。蛹は赤色の複眼がすけて見えることで幼虫と区別できる。

▷成虫はトマト黄化葉巻病のウイルス（TYLCV: Tomato yellow leaf curl virus）を媒介する。

▷幼虫が多数寄生した場合，トマト果実，カボチャやトウガンの葉や果実，ダイズの莢に白化症状を引き起こす。

ナ　ス　＜シルバーリーフコナジラミ＞

＜発生しやすい条件＞

▷寄主作物を連作すると，前作から羽化した成虫が新しく栽培された作物に移動するため，発生量が多くなる。

▷圃場内または圃場周辺に雑草が多いと，そこが発生源になる。

▷暖冬年は越冬量が増加するため，春期の発生が多くなる。

＜対策のポイント＞

▷成虫は黄色粘着トラップに誘引されるので，多発地域では5～6月頃から成虫の誘殺状況を調査し，誘殺成虫数が多くなったら被害の発生に注意する。

▷圃場内や圃場周辺の除草は定植前に行ない，発生源を除去する。

▷施設栽培では定植前に開口部を目合い1mm以下のネットで被覆し，成虫の侵入を防止する。

▷幼虫や蛹の寄生が多い下位葉を処分する。

▷栽培期間中にはポインセチアなどの寄主植物を施設内に持ち込まない。

▷施設栽培では収穫終了後に残渣を持ち出し，ポリフィルムで被覆して温度を上昇させ，葉に付着した幼虫・蛹を殺す。また，施設を閉めきって蒸込みを行なう。

▷寄生蜂としてオンシツツヤコバチとサバクツヤコバチがあり，コナジラミ類の幼虫の体液を摂取するとともに，寄生されたコナジラミ類の幼虫は死亡する。

▷天敵糸状菌としてペキロマイセス・フモソロセウスがあり，感染したコナジラミ類の成・幼虫は白色のカビが生えて死亡する。

＜防除の実際＞

▷別表〈防除適期と薬剤〉参照。

ナ　ス　＜シルバーリーフコナジラミ＞

▷定植時に登録のある粒剤を処理する。

▷発生初期に登録のある散布剤を散布する。卵，幼虫，蛹，成虫とも葉裏に寄生しているため，充分量の薬液が葉裏によく付着するように散布する。

＜その他の注意＞

▷卵や蛹は薬剤の効果があまり高くないため，発生が多い場合には7日間隔で2〜3回の薬剤を散布する。

▷苗床からの持込みにより発生する場合が多いので，ネットを被覆したハウスで育苗するとともに，苗床での防除を徹底する。

▷同一薬剤の連用は薬剤抵抗性害虫を発生させるため，ローテーション散布を行なう。

▷魚毒性や蚕毒性のある薬剤は取扱いに注意する。

▷天敵寄生蜂を放飼した施設では悪影響を及ぼす殺虫剤の散布をひかえる。

▷天敵糸状菌を散布した施設では悪影響を及ぼす殺菌剤の散布をひかえる。

＜効果の判定＞

▷成虫は散布2〜3日後の葉上での落下状況から判定する。多くの成虫が落下していれば効果があったと考えられるが，蛹の多発時には多くの成虫が羽化するため，落下成虫が多いにもかかわらず，成虫の発生が多いことがある。

▷幼虫，蛹の寄生している葉をマークしておき，散布前と散布7日後の寄生虫数を比較する。寄生虫数が増加していなければ，効果があったと判断できる。

(執筆・改訂：柴尾　学)

ナス 〈ミカンキイロアザミウマ〉

ミカンキイロアザミウマ

雌成虫：体長1.5～1.7mm，体色は淡黄色～褐色で変異が大きい。　　（柴尾　学）

葉裏の食害痕と幼虫：吸汁された部分がカスリ状の白色小斑点となる。　　（柴尾　学）

葉裏の被害（右上）：全体が銀色（シルバーリング）に光る。(柴尾　学)
葉表の被害（右下）：カスリ状の白色斑点　　　　　　　　　（柴尾　学）

果実（品種：水なす）**の脱色白斑点**：産卵痕（トーン処理により緑色の着色）を中心に脱色白斑点となる。　　　　（根来　実）

ナス〈オオタバコガ〉

オオタバコガ

葉の食害：楕円形の穴があく。(柴尾　学)

果実（品種：水なす）の食害痕：果実表面に直径8mm程度の丸い穴があく。　　　（根来　実）

老齢幼虫（緑色タイプ）：体長約40mm，体表には長い刺毛があり，刺毛基部は黒点となる。(柴尾　学)

老齢幼虫（褐色タイプ）：体長約40mm。体表には長い刺毛があり，刺毛基部は黒点となって目立つ。
（柴尾　学）

雌成虫：体長が約15mm，開張時約35mm，体色は灰黄褐色であるが，変異が大きい。後翅の外縁部は黒色である。(柴尾　学)

ナス ＜ミカンキイロアザミウマ＞

ミカンキイロアザミウマ

学　名　*Frankliniella occidentalis* (Pergande)
英　名　western flower thrips

〔診断の部〕

＜被害のようす＞

▷成・幼虫が葉裏に寄生して吸汁するので，吸汁された部分がカスリ状の白色小斑点となり，しだいに光沢をおびて銀色に光る（シルバリングという）。加害が激しい場合は葉表にもカスリ状の白色小斑点ができ，葉裏は褐色の斑紋となる。

▷果実の果頂部に円形状の脱色白斑点が生じ，症状がひどい場合は果頂部全体が着色不良となるため，商品価値が大きく低下する。

▷果実における脱色白斑点症状は，開花中の花に成虫が集まり，子房部分に産卵した際の産卵痕である。産卵痕は幼虫が孵化，脱出した後の幼果時にすでに白色斑点となっており，中心部がやや陥没している。果実が肥大するにつれて脱色白斑点部分が拡大する。

▷果実の被害は顕著な品種間差が認められ，大阪府特産品種の水ナスでは発生が目立つが，千両2号では発生が目立たない。

▷大阪府の水ナスにおける被害果の発生は，1～2月定植の施設栽培では3～7月に認められ，6～7月の被害果率が高くなる。また，5月定植の露地栽培でも6～9月に認められ，被害果率が高くなる。

＜診断のポイント＞

▷成・幼虫は小さくて見つけにくいので，葉裏のカスリ状の白色斑点や

ナ　ス　＜ミカンキイロアザミウマ＞

シルバリングに注意するとともに，果実果頂部の脱色白斑点の発生に注意する。

▷葉の被害症状はミナミキイロアザミウマの被害症状とよく似ているが，ミナミキイロアザミウマでは葉表・葉裏とも葉脈に沿ってカスリ状の白色斑点が生じるのに対し，ミカンキイロアザミウマでは葉脈と関係なくカスリ状の白色斑点が生じる。

▷果実の被害症状はミナミキイロアザミウマの被害症状と区別が容易である。ミナミキイロアザミウマでは果皮に萼下から果頂部に向かって縦線状に褐色の傷跡を生じ，ひどい場合には果皮全体がケロイド状になるが，ミカンキイロアザミウマでは果頂部の脱色白斑点症状のみである。

▷果実の被害は成虫の訪花と産卵により引き起こされるので，ルーペで花を直接観察したり，花をたたいて白色板上に成虫を落とす方法により花における成虫の存在を確認する。

▷花に寄生するアザミウマ類にはミカンキイロアザミウマのほかにミナミキイロアザミウマ，ヒラズハナアザミウマなどがあるが，肉眼での区別は困難である。

▷アザミウマ類成虫の区別にはプレパラート標本を作製し，200倍程度の顕微鏡下で観察する。ミカンキイロアザミウマの特徴は，複眼後方の第4刺毛が長いことである。なお，幼虫の区別はプレパラート標本を作製しても困難である。

▷施設栽培では暖房機に近い部分で発生し，しだいに周囲へ広がる。

＜発生動向その他＞

▷近年，大阪府での発生は施設栽培ではやや少ないが，露地栽培ではやや多い傾向が続いている。

ナス　＜ミカンキイロアザミウマ＞

〔防除の部〕

＜虫の生態，生活史＞

▷雌成虫は体長1.5～1.7mm，体色は淡黄色～褐色と変異が大きい。雄成虫は体長1.0～1.2mm，体色は淡黄色である。幼虫は黄白色である。

▷寄主範囲は非常に広く，野菜ではナス，イチゴ，メロン，キュウリ，スイカ，トマト，ピーマン，エンドウ，インゲン，青ジソなど，花卉ではキク，バラ，シクラメン，ガーベラ，トルコギキョウ，カーネーション，アスター，インパチェンスなど，果樹ではミカン，ブドウ，モモなど，雑草ではセイタカアワダチソウ，カラスノエンドウ，ノボロギク，シロツメクサ，セイヨウタンポポ，ハルジョオン，ホトケノザなど非常に多岐にわたる。

▷越冬は主に施設内で幼虫・蛹・成虫の各発育ステージで行なわれるが，露地栽培作物や雑草においても可能である。

▷越冬世代成虫は4月下旬頃より越冬場所を離脱して各種作物，雑草に移動する。施設栽培ナス（1～2月定植）では3月頃より，露地栽培ナス（5月定植）では定植直後より発生が認められ，5～6月に最も寄生密度が高くなり，夏期にはやや減少するが，秋期にまた増加する。年間の発生回数は10回以上である。

▷発育ステージの推移は成虫→卵→1齢幼虫→2齢幼虫→1齢蛹→2齢蛹→成虫の順である。卵は葉，花弁，子房などに1卵ずつ産みつけられるため，肉眼では見えない。蛹化は土中，植物の地ぎわ，落葉下などで行なわれる。

▷各ステージの発育期間は温度によって左右されるが，高温ほど早くなる。20℃では卵5日，幼虫9日，蛹6日で，卵から成虫まで約20日であり，25℃では卵3日，幼虫5日，蛹4日で，卵から成虫まで約12日である。

535

ナ　ス　＜ミカンキイロアザミウマ＞

▷25℃での雌成虫の生存期間は約45日，1雌当たり産卵数は210～250卵である。

▷成虫は花に集まる性質があり，花粉を食べることで産卵数を増加させる。

▷1齢幼虫はトマト黄化えそ病の原因となるトマト黄化えそウイルス(TSWV)を保毒することができ，保毒した幼虫が成虫になるとウイルスを永続伝搬する。

▷トマト黄化えそウイルスはナス科，キク科，マメ科，ゴマ科の各作物では全身感染を示し，大きな被害が生じる。

＜発生しやすい条件＞

▷春と秋に多発する傾向があり，梅雨期に降雨が少ない年，施設栽培や雨よけ栽培で発生が多い。

▷圃場の隣接地にイチゴやピーマンなど発生の多い作物が栽培されていると発生が多くなる。

▷圃場内または圃場周辺に雑草が多いと，そこが発生源になる。

▷暖冬年は越冬量が増加するため，春の発生が多くなる。

＜対策のポイント＞

▷成虫は青色または白色の粘着トラップに誘引されるので，多発地域では4月頃から成虫の誘殺状況を調査し，誘殺成虫数が多くなったら被害の発生に注意する。

▷育苗専用の施設を設けて隔離育苗し，苗による成・幼虫の持込みを防止する。

▷圃場内や圃場周辺の除草は定植前に行ない，発生源を除去する。施設栽培では定植前に圃場内の除草を徹底し，20日以上ハウスを閉め切って，越冬している成・幼虫を餓死させる。

▷施設栽培では定植前に開口部を目合い1mm以下のネットで被覆し，

成虫の侵入を防止する。なお，銀色ネットを用いると侵入防止効果が高まる。

▷シルバーポリフィルムなどの銀白色資材を用いて畦面をマルチし，成虫の飛来侵入と蛹化を防止する。

▷施設栽培では収穫終了後に残渣を持ち出して処分した後，施設を閉めきって蒸込みを行なう。

▷露地栽培では収穫終了後に残渣を持ち出して処分した後，4～5日間圃場に水を張り，湛水状態にして地中の蛹を殺す。

▷捕食性天敵としてヒメハナカメムシ類（タイリクヒメハナカメムシ，ナミヒメハナカメムシなど）やカブリダニ類（ククメリスカブリダニ，デジェネランスカブリダニなど）があり，アザミウマ類の成・幼虫を捕食する。

▷天敵糸状菌としてボーベリア菌があり，感染するとアザミウマ類の成・幼虫は白色のカビがはえて死亡する。

＜防除の実際＞

▷別表〈防除適期と薬剤〉参照。

▷定植時または生育期に登録のある粒剤を処理する。

▷発生初期に登録のある散布剤を散布する。成・幼虫は葉裏や花内に生息することが多いので，充分量の薬液を葉裏や花内によく付着するように散布する。

▷施設栽培では捕食性天敵が使用できる。タイリクおよびオリスターAはタイリクヒメハナカメムシ，ククメリスおよびメリトップはククメリスカブリダニを製剤化したものである。ミカンキイロアザミウマが多発してからの放飼では防除効果が劣るので，発生初期に放飼する。

▷施設栽培では天敵糸状菌が使用できる。ボタニガードESはボーベリア・バシアーナを製剤化したものである。散布はミカンキイロアザミウマの発生初期に開始し，充分量の薬液が葉裏によく付着するよう，7日間隔

で3～4回散布する。夕方など湿度を充分に確保できる条件で散布する。

＜その他の注意＞

▷発生が多い場合には，葉内に産み込まれた卵から孵化した幼虫や土壌中の蛹から羽化した成虫がつぎつぎに発生するので，7日間隔で2～3回の薬剤を散布する。

▷ミカンキイロアザミウマは多くの薬剤に対して感受性が低下している。同一薬剤の連用は薬剤抵抗性害虫を発生させるため，ローテーション散布を行なう。

▷魚毒性や蚕毒性のある薬剤は取り扱いに注意する。

▷捕食性天敵を放飼した施設では悪影響を及ぼす殺虫剤の散布をひかえる。

▷天敵糸状菌を散布した施設では悪影響を及ぼす殺菌剤の散布をひかえる。

＜効果の判定＞

▷開花中の花にビニール袋をかぶせて花を指でたたく方法により薬剤散布前と散布5～7日後の成・幼虫数を比較し，散布後に発生が見られないか，成・幼虫数が大きく減少していれば効果があったと判断できる。

（執筆・改訂：柴尾　学）

ナス ＜オオタバコガ＞

オオタバコガ

学　名　*Helicoverpa armigera* (Hübner)
英　名　corn earworm, cotton bollworm,
　　　　tobacco budworm, tomato grub

〔診断の部〕

＜被害のようす＞

▷若齢幼虫が新芽の先端や葉を食害し，円形または楕円形の穴をあける。

▷中・老齢幼虫は茎や腋芽の内部へ食入し，新梢の先端が折れたり，生育が抑制される。また，花および幼果を食害するため着果数が減少し，収量が低下する。

▷中・老齢幼虫は果実の中にも食入するため，商品価値がなくなる。被害果には侵入口と脱出口があり，果実表面に幼虫の胴回り直径の丸い穴があく。1匹の幼虫が多くの果実を渡り歩いて食害するので，幼虫数が少なくても被害果が多くなる。

▷露地栽培での被害の発生は8〜10月に多くなる。

＜診断のポイント＞

▷茎や腋芽，果実の表面から虫糞が排出している場合は中・老齢幼虫が内部に食入している。また，食入された後の果実表面には直径5〜10mmの穴があいている。

▷新梢の先端部分，食害孔のある葉の裏面，開花前後の花，幼果を調べると若齢幼虫が寄生している場合がある。若齢幼虫が寄生していると，新

ナス ＜オオタバコガ＞

芽や花蕾がしおれ，そこから微細な虫糞が排出している。

▷卵は新梢先端部分などに1卵ずつ産み付けられるが，発見は困難である。

▷日本に生息するタバコガ亜科にはオオタバコガ，タバコガ，キタバコガなどがある。

▷幼虫の区別は困難であるが，タバコガ幼虫の刺毛基部の黒点はオオタバコガ幼虫より目立つ。また，オオタバコガ幼虫の刺毛は全般的にタバコガ幼虫より長い。

▷果実に食入する鱗翅目害虫には他にハスモンヨトウがある。

▷ハスモンヨトウの卵は葉裏に卵塊で産みつけられ，茶色の鱗粉で覆われている。暗緑色の孵化幼虫は集団で葉裏から表皮を残して食害するので，被害葉は全体が白っぽいカスリ状になる。また，中・老齢幼虫が果実に食入することもあるが，食害痕は不整形である。

＜発生動向その他＞

▷最近，大阪府では多発傾向が続いている。

〔防除の部〕

＜虫の生態，生活史＞

▷寄主範囲は広く，ナス科のナス，トマト，ピーマン，アオイ科のオクラ，ウリ科のスイカ，キュウリ，マメ科のエンドウ，バラ科のイチゴ，バラ，アブラナ科のキャベツ，キク科のレタス，キク，イネ科のスイートコーン，ナデシコ科のカーネーション，シュッコンカスミソウ，リンドウ科のトルコギキョウ，ヒユ科のケイトウなど多くの作物を加害する。

▷越冬は主に施設内で蛹で行なうと考えられている。野外での状況は明らかでない。

▷第1回成虫（越冬世代）は5月下旬頃よりフェロモントラップに誘殺

される。年間の発生回数は4～5回で、8～9月に多く、10月下旬まで発生する。現在、主に西日本で発生しており、暖地性の害虫である。

▷成虫は昼間は作物の葉裏などに静止しており、夜間に活動する。灯火に集まる性質があり、飛翔により長距離移動している可能性がある。

▷成虫は体長が約15mm、開張時約35mm、体色は灰黄褐色であるが、変異が大きい。後翅の外縁部は黒色である。雌成虫は新梢先端部分などに1卵ずつ産みつけ、卵塊で産みつけることはない。成虫の生存期間は8～10日、雌当たり平均産卵数は400～700卵である。

▷卵は長さ0.4mmでまんじゅう型、色は淡黄色で、孵化直前には褐色になる。

▷幼虫は若齢時は褐色であるが、老齢になると体長約40mmになり、体色は淡緑～褐色と変異が大きい。体には長い刺毛があり、刺毛基部は黒点となるのが特徴である。

▷5～6齢を経た幼虫は土中にもぐって蛹となる。蛹の体色は緑黄～褐色である。

▷産卵から羽化までの発育期間は18℃では約65日、24℃では34日、30℃では23日で、夏場の高温時には約1か月で1世代を経過する。

▷海外ではワタの害虫として著名である。

<発生しやすい条件>

▷高温乾燥条件で多発する傾向があり、梅雨期に降雨が少ない年には発生が多くなる。

▷圃場内または圃場周辺に雑草が多いと、そこが発生源になる。

<対策のポイント>

▷葉、新梢、果実における新しい食害痕や虫糞の排出に注意し、その周辺を中心に幼虫を探して捕殺する。

▷穴のあいた果実は早期に摘果し、果実内に食入している幼虫を捕殺し

てから処分する。また，摘心した腋芽にも卵や若齢幼虫が付着している可能性があるので，圃場から持ち出して処分する。

▷成虫は夜間，青色蛍光灯，ブラックライト，フェロモントラップに飛来するので，多発地域では5～6月頃から成虫の飛来状況を調査し，飛来数が多くなったら被害の発生に注意する。

▷圃場内や圃場周辺の除草は定植前に行ない，発生源を除去する。

▷ハウス栽培では定植前にハウス開口部を目合い4mm以下のネットで被覆し，成虫の侵入を防止する。

▷圃場内に黄色蛍光灯を10a当たり5～10基設置して終夜点灯し，成虫の交尾行動や産卵行動を抑制する。

▷圃場内にオオタバコガ用のフェロモンディスペンサーを設置し，成虫の交尾行動を抑制する。

▷天敵昆虫としてタマゴバチ科の卵寄生蜂，ヒメバチ科およびコマユバチ科の幼虫寄生蜂，寄生バエなどが知られているが，現時点では実用化されていない。

▷多角体ウイルスに感染すると，幼虫は葉上などで茶褐色に変色し，軟腐したような状態で死亡し，天敵糸状菌に感染すると，幼虫は白色や緑色のカビが生えて死亡するが，現時点では実用化されていない。

＜防除の実際＞

▷別表〈防除適期と薬剤〉参照。

▷性フェロモン剤を処理して成虫の交尾を阻害する。

▷発生初期に登録のある散布剤を散布する。中・老齢幼虫になると各種殺虫剤に対して抵抗性が発達するので，若齢幼虫を対象に薬剤を散布する。幼虫は葉裏，新梢の隙間，花内に生息することが多いので，充分量の薬液をよく付着するように散布する。

ナス ＜オオタバコガ＞

＜その他の注意＞

▷幼虫は新梢や果実内に食入しているため，薬剤防除の際には7～10日間隔で2～3回連続して散布する。また，発生が多い場合には成虫がつぎつぎに飛来して産卵するので，7日間隔で3～4回連続して散布する。

▷薬剤抵抗性が発達している場合があるので，同一薬剤の連用を避け，系統の異なる複数の薬剤をローテーション散布する。

▷魚毒性や蚕毒性のある薬剤は取扱いに注意する。

＜効果の判定＞

▷圃場における被害果数を調査し，散布前と比較して散布5～7日後に被害果が見られないか，ごく少数であれば効果があったと判断できる。

（執筆・改訂：柴尾　学）

ナスナガスネトビハムシ

被害葉：成虫が葉の表面を加害する。（高井　幹夫）

成虫：体長は2.0〜2.5mm，体色は黒色で弱い金銅光沢を帯びている。（高井　幹夫）

メンガタスズメ

老齢幼虫：緑色型の色彩変異個体（高井　幹夫）

老齢幼虫：体長約100mm。尾角の長さは10〜11mmで，先端部が背側にS字状に湾曲し，微小な突起が密布する。緑色型と褐色型があり，緑色型の腹部には特徴的な7条の斜条がみられる。（高井　幹夫）

カメムシ類

コアオカスミカメによる生長点の被害：生長点付近の柔らかい茎葉を加害するため、展葉とともに被害部が拡大し、不規則な穴が多数あいたり、奇形葉となる。（左） （高井　幹夫）

ミナミアオカメムシ成幼虫の加害によるしおれ：多発すると加害部から先がしおれたり、茎葉の伸長が停止する。（右） （高井　幹夫）

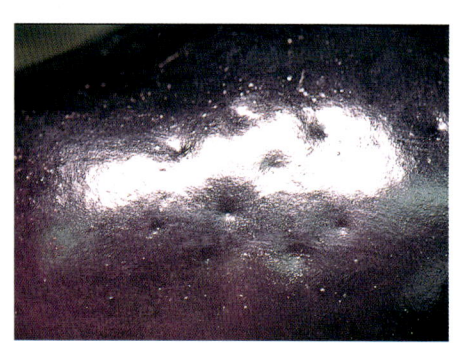

果実の被害：吸汁された部分はこのようにくぼむ。 （高井　幹夫）

果実被害の内部の様子 （高井　幹夫）

口吻を茎に刺して吸汁中のホオズキカメムシ成虫 （高井　幹夫）

コアオカスミカメ成虫 （高井　幹夫）

ミナミアオカメムシ成虫 （高井　幹夫）

ナスナガスネトビハムシ

学　名　*Psylliodes angusticollis* Baly
別　名　ナストビハムシ，ナスノミハムシ
英　名　solanum flea beetle

〔診断の部〕

＜被害のようす＞

▷越冬成虫および新成虫が葉の表面を食害する。食害痕は 1～1.5mm 程度の大きさで，不整形である。
▷新成虫が整枝後に伸長する枝葉を集中して加害し，樹勢の回復を遅延させる場合がある。

＜診断のポイント＞

▷成虫の体長は 2.0～2.5mm，体色は黒色で，弱い金銅光沢を帯び，緑から藍色を示す。触角は褐色から暗褐色で，基部は淡色。足は濃黄褐色，後脚の腿節は黒褐色で太い。
▷幼虫は乳白色で細長く，体長 4mm 内外，頭殻は褐色で，脚は 3 対。
▷卵はやや細長く，長さ 0.6mm で，白色。
▷成虫は驚くと飛び跳ね，落下した場所で死んだように静止する習性がある。

＜発生動向その他＞

▷本種幼虫によるナスでの被害実態は明らかでないが，ジャガイモでは塊茎部に食入するため，大きな品質低下をまねく。

ナス　＜ナスナガスネトビハムシ＞

〔防除の部〕

＜虫の生態，生活史＞

▷本種の発生は年1回，越冬態は成虫で，主に圃場周辺の雑草地などで行なわれる。

▷越冬成虫は気温が10℃を超えるようになると活動し始め，露地栽培では定植後まもなく圃場内に侵入してくる。成虫の活動適温は20～30℃である。

▷産卵盛期は6月上中旬ごろで，新成虫の発生は8～9月にみられる。

▷産卵は茎の地際部付近に行なわれ，孵化した幼虫は地下部を食害し，土中で蛹化する。

＜発生しやすい条件＞

▷発生は露地栽培で多い。

＜対策のポイント＞

▷越冬成虫および新成虫の発生時期をうまく把握し，適期防除を行なう。

＜防除の実際＞

▷本種の防除薬剤として適用登録されたものはないが，アブラムシ類に対して適用登録のある有機リン剤および合成ピレスロイド剤は本種に有効と思われる。

＜効果の判定＞

▷アブラムシ類に対して適用登録のある有機リン剤および合成ピレスロイド剤は速効性なので，散布翌日に残存虫の有無を確認する。

(執筆：下元満喜)

メンガタスズメ

学　名　*Acherontia styx* (Westwood)
英　名　death's-head

〔診断の部〕

<被害のようす>

▷幼虫による被害の発生は6～9月にわたってみられる。

▷発生する個体数は少なく，若齢幼虫時には食害量も少ないため，被害は目立たない場合が多い。しかし，老齢幼虫になると体長は100mmにも達し，食害量が多くなるため，短期間に葉が食いつくされる場合があり，被害も大きくなる。

▷幼虫は常時植物体上で食害をしている。

<診断のポイント>

▷成虫は開張100mmを超える大型のスズメガで，前翅は黒褐色，後翅は黄色で2本の黒条がある。胸部背面には特徴的なドクロ様の模様があり，腹部は黄と黒の縞模様になっている。

▷幼虫は大型のいも虫で，老齢になると100mmに達する。尾角の長さは10～11mmで，先端部が背側にS字状に湾曲し，微小な突起が密布する。緑色型と褐色型があり，緑色型の腹部には特徴的な7条の斜条がみられる。褐色型の発生はまれである。

▷蛹の体長は55～60mm，体色は光沢のある栗褐色をしている。

ナ　ス　＜メンガタスズメ＞

〔防除の部〕

＜虫の生態，生活史＞

▷通常年1回の発生で，蛹越冬，5～6月に羽化し食草に点々と産卵する。幼虫の発生は6～9月にかけてみられる。蛹化は土中で行なわれ，多くはそのまま越冬するが，一部，秋に羽化する個体もみられる。

＜発生しやすい条件＞

▷発生は露地栽培で多い。

＜対策のポイント＞

▷被害株の周辺に寄生する幼虫の早期発見に努め，捕殺する。
▷ゴマやキンギョソウにも寄生するため，それらでの発生状況に注意する。

＜防除の実際＞

▷本種防除に適用登録されている薬剤はないが，ハスモンヨトウに登録のある農薬が有効と思われるので，同時防除を心がける。

＜効果の判定＞

▷ハスモンヨトウに登録のある農薬のうち速効性のものについては散布2，3日後に，脱皮阻害剤など遅効性のものについては散布7～10日後に生存虫の有無を確認することにより，防除効果を確認できる。

(執筆：下元満喜)

カメムシ類

ミナミアオカメムシ
 学　名　*Nezara viridula* (Linnaeus)
 英　名　southern green stink bug, Green vegetable bug

アオクサカメムシ
 学　名　*Nezara antennata* (Scott)
 英　名　green stink bug

ブチヒゲカメムシ
 学　名　*Dolycoris baccarum* (Linnaeus)
 英　名　sloe bug

ホオズキカメムシ
 学　名　*Acanthocoris sordidus* (Thunberg)
 英　名　winter cherry bug

コアオカスミカメ
 学　名　*Apolygus lucorum* (Meyer-Dür)

〔診断の部〕

＜被害のようす＞

▷ミナミアオカメムシ，アオクサカメムシ，ブチヒゲカメムシおよびホオズキカメムシは成・幼虫が葉や茎を加害する。多発生すると加害部から先がしおれたり，茎葉の伸長が停止する。また，前3種は果実も吸汁し，被害部位はくぼむこともあり，品質低下をまねく。

▷コアオカスミカメは生長点付近の柔らかい茎葉を加害するため，展葉とともに被害部が拡大し，不規則な穴が多数あいたり，奇形葉となる。ひどい場合には生育が著しく阻害される。

ナ　ス　＜カメムシ類＞

＜診断のポイント＞

▷ミナミアオカメムシとアオクサカメムシの大きさや体色はよく似ており，成虫の体長は12〜16mm，体色は一様に光沢の少ない緑色をしている場合が多いが，両種とも同様の色彩多型もみられる。両種を外観で見分けるポイントは，成虫の側角と触角各節および腹部背面の色である。ミナミアオカメムシの側角はほとんど体側から外側に出ないのに対し，アオクサカメムシの側角は外側に少し突き出る。触角の各節上部の色はミナミアオカメムシでは褐色であるのに対し，アオクサカメムシでは黒色である。また，翅を広げて，腹部背面部が緑色ならミナミアオカメムシ，黒色ならアオクサカメムシである。

▷ブチヒゲカメムシ成虫の体長は10〜14mm，体色は赤褐色または黄褐色で，成・幼虫ともに体全体が白い毛で覆われている。

▷ホオズキカメムシ成虫の体長は11〜12mm，体色は灰黒褐色で，体表には短い剛毛が密生し，光沢がない。

▷コアオカスミカメ成虫の体長は4.5〜6mm，体色は光沢のある青みがかった淡緑色である。

＜発生動向その他＞

▷ミナミアオカメムシの発生は紀伊半島以南の太平洋岸の平野部で多いが，近年，高知県では中山間部でもみられるようになり，分布範囲を拡大している傾向にある。

▷コアオカスミカメは以前，ナガミドリカスミカメ（*Lygocoris*）属に属するとされてきたが，最近になりツヤマルカスミカメ属として扱われるようになった。本種は以前にハナグロミドリメクラガメ，ウスミドリメクラガメ，コミドリメクラガメとして扱われていたこともあり，過去の資料を参考にする際には注意が必要である。

ナス ＜カメムシ類＞

〔防除の部〕

＜虫の生態，生活史＞

▷ミナミアオカメムシの越冬態は成虫で，四国や九州では4月上中旬ごろから活動し始め，ナタネなどで第1世代を経過する。その後，主にイネやダイズなどで増殖し，年間3～4世代を経過する。特に早期イネと普通期イネの混作地帯では8月以降の密度が高くなる。1雌当たりの産卵数は200個前後で，一度に数十個の卵を六角形の形に産み付ける。卵から成虫になるまでの期間は，夏期で約1か月である。若齢幼虫は集合性があり，集団を形成しているが，3齢以降には分散する。

▷アオクサカメムシの越冬態は成虫で，四国や九州では3月下旬から4月上旬ごろから活動を始め，年間2～3世代を経過する。寄主植物はマメ科，ナス科，イネ科など広範囲に及ぶ。8，9月になり繁殖地での密度が高くなると圃場内に侵入してくることが多い。産卵数や発育期間はミナミアオカメムシとほぼ同じである。

▷ブチヒゲカメムシの越冬態は成虫で，四国では3月下旬から4月上旬ごろから活動を始め，年間2世代を経過する。マメ科，イネ科，ゴマ科など多くの植物に寄生する。

▷ホオズキカメムシの越冬態は成虫で，5月上旬ごろよりナス圃場に飛来するようになる。産卵は6月ごろに葉裏に行なわれ，幼虫の発生は6～9月にかけてみられる。年1回の発生とみられ，ナス，ピーマン，ホオズキなどのナス科植物やアサガオなどが主な寄主植物である。

▷コアオカスミカメの越冬は卵で行なわれ，年間に2回以上発生する。主要な寄主植物はヨモギ類である。

＜発生しやすい条件＞

▷被害のよくみられる作型は露地栽培または雨よけ栽培である。

ナス ＜カメムシ類＞

▷ミナミアオカメムシ，アオクサカメムシ，ブチヒゲカメムシともに，ナスは好適な寄主植物というわけではなく，繁殖はマメ科，イネ科の作物や雑草で行なわれ，そこからナス圃場に侵入してくる場合が多い。特にナス圃場周辺にイネやダイズが栽培されている場合，それらの収穫に伴い，多飛来をまねくことがあり，注意が必要である。

▷ミナミアオカメムシの発生は紀伊半島以南の太平洋岸の平野部で多く，アオクサカメムシの発生は中山間部で多い。

＜対策のポイント＞

▷ミナミアオカメムシやアオクサカメムシの産卵は主に葉裏に卵塊で行なわれ，また，若齢幼虫は集団で加害するため，管理・収穫作業時にはこれらの早期発見に努め，葉ごと取り除くか捕殺する。

▷ナス圃場周辺にイネやダイズなど増殖に好適な作物が栽培されているとそこが発生源になる可能性があるため，発生状況に注意する必要がある。

▷ホオズキカメムシは成・幼虫が茎葉に群がって加害することから，管理・収穫作業時にはこれらの早期発見に努め，捕殺する。

▷コアオカスミカメによる被害は加害された部位が展葉して初めて気がつく場合が多い。また，本種は小型で動きも俊敏であるため，圃場での発生の確認は難しく，被害症状の早期発見に努める。

＜防除の実際＞

▷別表〈防除適期と薬剤〉参照。

＜その他の注意＞

▷ミナミアオカメムシ，アオクサカメムシおよびブチヒゲカメムシの繁殖は周辺のイネやダイズなどで行なわれ，そこからつぎつぎと成虫が移動してくる場合が多いので，防除はナス圃場のみでなく，周辺の発生源も含

めて行なう。

　＜効果の判定＞

▷比較的大型であるミナミアオカメムシ，アオクサカメムシ，ブチヒゲカメムシ，ホオズキカメムシでは防除対策後の発生の有無により容易に効果の確認ができる。しかし，コアオカスミカメは小型で動きも俊敏であるため，圃場内での発生の確認が難しく，防除効果の確認は新たな被害葉の発生の有無により行なう。

　　　　　　　　　　　　　　　　　　　　　　（執筆：下元満喜）

ピーマン

病気

ピーマン 〈モザイク病〉

モザイク病

PVYのよる生長点付近の
葉脈透化症状（右）
　　　　（高橋　尚之）

PVYのよる黄斑モザイク
症状（左）　（高橋　尚之）

CMVによる糸葉や縮葉など葉の奇形
　　　　　　　　　　　　（高橋　尚之）

CMVによるモザイク症状
　　　　　　（高橋　尚之）

PMMoVによる葉の軽いモザイク症状
　　　　　　　　　　　　（高橋　尚之）

PMMoVによる果実の退緑〜黄化症状
　　　　　　　　　　　　（高橋　尚之）

ピーマン〈疫病〉

疫 病

生育初期の主茎株元の症状：暗褐色水浸状になってくびれ，急速に萎凋・枯死する。（米山　伸吾）

枝での病徴：茎を一周するとそこから上は萎凋・枯死する。　（野中　耕次）

株全体の症状：根，茎がおかされ，しおれて枯死する。（米山　伸吾）

果実の病徴：暗緑色水浸状に軟化し，のちにその表面にカビを生ずる。（野中　耕次）

モザイク病

病原ウイルス　タバコモザイクウイルス
　　　　　　　Tobacco mosaic virus（TMV）
　　　　　　　トウガラシマイルドモットルウイルス
　　　　　　　Pepper mild mottle virus（PMMoV）
　　　　　　　パプリカマイルドモットルウイルス
　　　　　　　Paprika mild mottle virus（PaMMV）
　　　　　　　キュウリモザイクウイルス
　　　　　　　Cucumber mosaic virus（CMV）
　　　　　　　ジャガイモYウイルス
　　　　　　　Potato virus Y（PVY）
　　　　　　　ソラマメウイルトウイルス
　　　　　　　Broad bean wilt virus（BBWV）
　　　　　　　トマトアスパーミィウイルス
　　　　　　　Tomato aspermy virus（TAV）
英　　　名　Mosaic

〔診断の部〕

＜被害のようす＞

▷感染しているウイルスの種類によって症状は異なる。
▷全身症状を現わし，症状はモザイク型とえそ斑点型（条斑を含む）に大別できる。
▷茎に条斑，葉にえそ斑を生ずるものがある。このような株は落葉することが多く，激しいときは枯死する。
▷頂葉の凹凸，葉色の黄化，濃淡のモザイクを生ずるものもある。

ピーマン ＜モザイク病＞

▷発病株は萎縮し，茎葉は叢生するものがある。

▷被害葉は不整形，小形となり葉肉が厚くなる。

▷果実では，表面に凹凸を生じ，黄緑色のモザイク症状を現わすこともある。

▷果実の肥大が悪くなり，形状は不整形となりやすい。

＜診断のポイント＞

● **TMV**

▷現在の栽培品種では問題になることはないが，抵抗性を持たない品種でまれに発生する。

▷新葉が黄化し，葉身基部から主脈にそって紫褐色のえそ斑を生じ，落葉が激しい。

▷枝，茎に褐色条斑を生じる。

▷果実は黄化して奇形を呈する。

▷幼苗で発病すると茎基部や主根に局部的な黒褐色えそ斑を生じ，生育が止まる。

● **PMMoV**

▷L_3遺伝子を持つ品種に対する病原型により，$P_{1,2}$型，$P_{1,2,3}$型に分けられる。

▷頂葉は，退緑色となり，小さな凹凸を生じて波状となる。病勢が強いと，鮮明なモザイク症状が展開した葉にまで及ぶ。

▷果実のモザイクは，ほとんどはっきりしないが，病勢が強い場合には果実の肥大が悪く，奇形となりやすい。

▷L_3遺伝子を持つ品種に対して，強いえそ症状が現われる場合がある。

● **PaMMV**

▷L遺伝子を持たない品種やL_1遺伝子を持つ品種に発生する。

● **CMV**

▷新葉の葉脈がすけ，しだいにモザイク症状を現わす。

▷病株は萎縮して，葉は小形で肥厚し叢生する。
▷葉や茎にえそ斑を生ずることもある。

<発生動向その他>

▷発病株は，病原ウイルスが単独または混合感染している。
▷発病株を検定すると，一般に露地栽培ではＣＭＶに，施設栽培ではPMMoVに感染している場合が多い。

〔防除の部〕

<病原ウイルスの生態，生活史>

● TMV，PMMoV，PaMMV
▷汁液，接触，種子，土壌伝染する。とくに作業中の接触伝染の機会が多い。アブラムシなどによる虫媒伝染はしない。
● CMV，BBWV，TAV，PVY
▷汁液とアブラムシ類により伝染する。とくにアブラムシ類の媒介による伝染が多い。
▷モモアカアブラムシ，ワタアブラムシが媒介することが多い。
▷種子，土壌からの伝染はない。
▷ＣＭＶは多くの植物に寄生し，相互に感染する。

<発生しやすい条件>

▷TMV，PMMoV，PaMMVは，抵抗性を持たない品種を栽培すると多発する。
▷前作の被害残渣が未分解のまま残っていると土壌伝染しやすい。
▷ＣＭＶなどは露地栽培では5～6月のアブラムシ類の春の発生期は感染が少ないが，7～8月にかけて感染率が高くなる。
▷抑制栽培でも，育苗期が7～8月にかかるものでは甚大な被害を受け

ピーマン ＜モザイク病＞

ることがある。
　▷乾燥が続くとアブラムシ類の発生が増し，CMVが多発しやすい。
　▷圃場の周辺に罹病または保毒植物が多いと感染の機会が増す。

＜対策のポイント＞

　▷圃場周辺の発病株は伝染減となるので早めに取り除く。
　▷防虫ネットの設置や反射マルチなどを利用したアブラムシ類の回避対策を徹底する。
　▷作業中の接触感染に注意する。
　▷TMV，PMMoV，PaMMVについてはそれぞれ抵抗性品種が利用できる。

＜防除の実際＞

　▷別表〈防除適期と薬剤〉参照。
　▷TMV，PMMoV，PaMMVは種子伝染するので，健全果から採種する。また，薬剤や乾熱による種子消毒は効果がある。
　▷アブラムシ類の飛来を防ぐため，防虫ネットを設置する。
　▷アブラムシ類の増殖，伝播を防ぐため，常時殺虫剤で防除する。
　▷誘引，摘果など作業中に病株の汁液を健全株に移さないようにする。
　▷病株は早期に発見して抜き取り，焼却などの方法で処理する。

（執筆：内田和馬，改訂：今村幸久）

ピーマン ＜疫病＞

疫　　病

病原菌学名　*Phytophthora capsici* Leonian
英　　名　　Phytophthora blight

〔診断の部〕

＜被害のようす＞

▷施設栽培では主に地際部や根に，露地栽培では茎，葉，果実に発生する。

▷苗のときに地際部が侵されると，暗緑色水浸状になってくびれ，急速に萎凋枯死する。

▷本圃では，地際部に近い茎に暗緑色水浸状の病斑が現われ，病勢の進展にともなって病斑は拡大し，へこんでくる。

▷病斑が茎を一周すると病斑から上部は萎凋枯死する。

▷大雨などにより浸冠水が起こると，壊滅的な被害を被る場合もある。

▷葉では，はじめ下葉に暗緑色水浸状の斑点を生じ，融合して大型病斑になる。発病は下葉から順次上部の葉に及び，湿度が高いと葉裏にうす霜状の白いカビを生じる。また，病斑は多湿時は軟腐し，乾燥時には枯渇して破れやすくなる。

▷果実では軟化腐敗し，多湿時には表面に白いうす霜状のカビを生じる。

＜診断のポイント＞

▷地際部や茎に発病すると暗緑色水浸状のくぼんだ病斑を生じ，茎を一周するとそこから上は萎凋枯死する。多湿時には病斑上にうす霜状のカビ

ピーマン ＜疫病＞

を生じる。
　▷果実では水浸状に軟化腐敗し，多湿時は表面にうす霜状のカビを生じる。

〔防除の部〕

＜病原菌の生態，生活史＞

　▷病原菌は糸状菌の一種で鞭毛菌類に属し，水によって伝搬されることが最も多い。
　▷本菌は高温多湿を好み，遊走子のうと卵胞子を形成する。
　▷卵胞子で土壌中で生存し，条件が整うと発芽して遊走子のうを形成し，これから生じた遊走子が第一次伝染する。
　▷遊走子のうは卵円形で頂端に乳頭突起があり，ここから遊走子を生ずるか直接発芽管を生ずる。遊走子は2本の鞭毛を持ち水中を移動してピーマンの根や地際部に達して侵入する。
　▷卵胞子は球形で，1個の蔵卵器に1個内蔵される。
　▷生育適温は28～30℃，遊走子のうの発芽適温は20℃前後で，発芽や侵入・感染には水を必要とする。
　▷本菌はピーマンのほかカボチャ，トマト，キュウリ，ナス，スイカ，メロンなども侵す。

＜発生しやすい条件＞

　▷高温多湿条件で発生しやすい。特に浸冠水すると壊滅的な被害を被ることがある。
　▷前作で発生した圃場に作付けすると発生が多い。

＜対策のポイント＞

　▷連作，ナスやスイカなど感染作物の跡地を避ける。

ピーマン ＜疫病＞

▷大雨などによる浸冠水を受けないよう対策を講じておく。

▷灌漑水などは病原菌を運んでくることがあるので，灌水などには使用しない。

▷床土や圃場は土壌消毒を実施する。施設栽培では連作になることが多いことから，土壌消毒は大切である。

▷雨よけ，ポリマルチ，敷わらをして遊走子のはね上げを防ぐ。

▷早期発見・早期除去に努め，発病株は根まで完全に除去する。

＜防除の実際＞

▷別表〈防除適期と薬剤〉参照。

▷農薬により床土，圃場の消毒を実施する。施設栽培では連作されることが多いが，他の土壌病害を含めて土壌消毒を徹底しておくことが大切である。施設栽培では梅雨明けに太陽熱による土壌消毒を活用するとよい。

▷発病が確認されたら速やかに粒剤や液剤を散布する。液剤の場合は，葉裏にも薬液が付着するように散布する。

(執筆：内田和馬，改訂：田村逸美)

ピーマン 〈うどんこ病〉

うどんこ病

発生圃場のようす：葉の表面の黄斑と葉の裏の菌叢がみられる。　（高橋　尚之）

葉裏：白い病斑がみられる。（右）（高橋　尚之）

葉の裏に形成された白色の菌そう（分生子柄と分生子）：多発すると葉の表にも生じる。（左）
　　　　　　　（高橋　尚之）

黄色に退色した葉の表面：多発し症状が進むと全体が黄化し落葉する。（右）
　　　　　　　（高橋　尚之）

分生子柄と分生子で形成された葉一面の病斑（左）
　　　　　　　（高橋　尚之）

ピーマン 〈斑点細菌病〉

斑　点　細　菌　病

葉表の症状：はじめ葉脈に沿って水浸状の斑点が形成される。（右）
（岩手県農研センター）

葉裏の症状：やがてやや隆起し，しだいに拡大して円形または不整形の小斑となる。（左）　（野中　耕次）

茎での発病：表皮表面にやや隆起した小斑点が形成され，やがて拡大し，不整形の病斑となる。　　（米山　伸吾）

果梗での発病　　（岩手県農研センター）

果実の症状：円形または長楕円形になり，やがてこのようにそうか状を呈する。　（野中　耕次）

うどんこ病

病原菌学名　*Oidiopsis sicula* Scalia
英　　　名　Powdery mildew

〔診断の部〕

＜被害のようす＞

▷ハウス栽培の場合に発生し被害が大きい。
▷発病すると異常落葉が多くなり，果実の着生肥大が極端に不良となる。
▷はじめ葉の裏面に葉脈に区切られて薄く霜状のカビを生ずる。
▷葉表には淡黄色に退色した部分ができる。葉脈に沿った組織がえ死をおこして褐点を生ずることもある。
▷病状がすすむと罹病株はしだいに全体が黄化し，非常に落葉しやすくなり，先端の幼若葉を残して落葉する。

＜診断のポイント＞

▷ハウス栽培の場合に多発する。
▷葉の裏側に霜状のカビを生じ，表側にはほとんど形成しない。
▷発生が激しいと葉表にも霜状のカビを生じるが，他のうどんこ病のように白粉をふりかけたようにはならない。
▷葉が黄化して落葉が著しい。

ピーマン　＜うどんこ病＞

〔防除の部〕

＜病原菌の生態，生活史＞

▷糸状菌の一種で，不完全菌類に属する。
▷葉に発生し，本病菌は内部寄生性で菌糸は葉肉組織に蔓延する。
▷葉の裏面の気孔部から分生子柄を抽出し，その先端に分生子をつける。
▷ピーマンのほかにトウガラシ，オクラ，トマト，ナス，キュウリなどにも発生する。
▷15～28℃で発病し，最適温度は25℃である。
▷分生子は乾燥条件下では80日後でもわずかであるが生存した例がある。
▷分生子の飛散は日中に多く，夜間に少ない。空気湿度の変化するとき，とくに乾燥状態に移行する時刻に多い。
▷一般に乾燥条件下でよく発生するが，高温時には多湿条件下で菌の侵入感染が盛んである。
▷病原菌の葉での潜伏期間は10～12日である。

＜発生しやすい条件＞

▷25℃前後の温度を好み，空気湿度が乾燥した場合に発生が著しい。

＜対策のポイント＞

▷ハウス内の空気湿度をあまり乾燥状態としないこと。
▷病勢が進行すると防除がきわめて困難となるので，初期防除に努める。
▷落葉した発病葉は伝染源になるので，搬出して処分する。

ピーマン　＜うどんこ病＞

＜防除の実際＞

▷別表〈防除適期と薬剤〉参照。

▷本病原菌は内部寄生性であるので，病気が進行すると防除が困難になるので，初期の防除を徹底する。

▷特に茎葉が繁茂してくると葉裏への薬液の付着が悪くなりがちであるのでていねいに散布する。

（執筆：内田和馬，改訂：田村逸美）

斑点細菌病

病原菌学名　*Xanthomonas campestris* pv. *vesicatoria*
　　　　　　(Doidge 1920) Dye 1978
英　　　名　Bacterial spot

〔診断の部〕

＜被害のようす＞

▷露地栽培で発生し，ハウス栽培ではあまり発生しない。
▷おもに，葉，葉柄，茎に発生して早期落葉を起こし，果実の着生・肥大を悪くする。
▷はじめ葉裏にやや隆起した小斑点をつくり，しだいに拡大して円形または不整形の小斑となる。時には融合して不整形となることがある。
▷色は中央部は褐色でややへこむ感じであり，盛夏には病斑の中央が白色となって乾き，そうか状になる。
▷若葉では，葉脈にそって水浸状の斑点となり，奇形葉になることがある。
▷葉柄にもよく発生し，褐色のへこんだ病斑を生じ，融合して不整形となり，落葉しやすくなる。
▷茎では，はじめ水浸状の条斑ができ，のちに裂開してそうか状となる。
▷果実にも発生し，円形または長楕円形となり，のちにそうか状を呈する。

ピーマン　＜斑点細菌病＞

＜診断のポイント＞

▷病斑がそうか状を呈する。
▷葉柄によく発生し，落葉しやすい。

〔防除の部〕

＜病原菌の生態，生活史＞

▷細菌によってひき起こされ，気温が20～25℃で発生しやすい。
▷種子，土壌中の被害茎葉で越年し，伝播する。
▷病果より採取した種子の表面に病原細菌が付着して越年し，播種されると発芽した幼苗の茎葉に伝播，発病する。
▷土壌中や被害茎葉中でも病原細菌は越年し，伝染源となる。
▷茎葉の病患部の細菌によって蔓延する。
▷トマトにも発生して，相互に伝染源となる。

＜発生しやすい条件＞

▷高温多湿の条件で発生し，露地栽培で発生しやすい。
▷旱天が続き乾燥したあとに降雨が多い年に多く発病する。
▷重粘土で土層の浅いところで，有機物を含め施肥不足の条件で発生が多い。また，逆に窒素過多でも発生しやすい。
▷風当たりが強い場所では発生しやすい。

＜対策のポイント＞

▷無病種子を用いて無病土に栽培する。
▷肥培管理を良好にする。

ピーマン　＜斑点細菌病＞

＜防除の実際＞

▷別表〈防除適期と薬剤〉参照。

▷種子は無病果から採種する。

▷病原菌付着種子の混入を想定して，トウガラシマイルドモットルウイルス（PMMoV）対策として乾熱消毒された種子を使用する。

▷被害茎葉は圃場外に持ちだして焼却する。

▷汚染のおそれのある圃場にはできるだけ作付けしない。トマトでの発病圃についても同様である。

▷発病をみたらすみやかに薬剤を散布する。

（執筆：内田和馬，改訂：田村逸美）

軟腐病

果実の病斑：黄白色不規則な斑点を生じる。害虫の食痕などから発病することが多い。

後期の症状：果肉が軟化して落果することがある。

炭疽病

果実の発病：ややへこんだ褐色斑紋をつくり、輪紋状に拡大する。後期には病斑上に分生子層を形成する。

ピーマン 〈菌核病・青枯病〉

菌核病

症状：茎から枝に褐色の病斑を形成，やわらかい組織では折れることがある。湿度が高いと，表面に白色の菌糸を形成する。
　組織の中には菌核を形成。ときには表面にも形成する。

青枯病

症状：全体に生気を失って萎凋枯死する。急激な青枯れ症状を起こす。盛夏に発病が多い。

軟 腐 病

病原菌学名　*Erwinia carotovora* subsp. *carotovora*
　　　　　　(Jones 1901) Bergey, Harrison, Breed,
　　　　　　Hammer & Hantoon 1923
英　　名　Bacterial soft rot

〔診断の部〕

＜被害のようす＞

▷ハウス栽培ではおもに茎に発生し，収穫後の果梗や摘芽後の傷口が水浸状に腐り，そこを中心に節の上下が腐敗する。

▷湿度が高い条件では，茎の髄部が悪臭をともなって腐敗し空洞となる。

▷病気がすすむと病患部から上部が枯れる。

▷ハウス栽培の果実では，収穫～輸送中の傷口から発病し，軟化腐敗をおこす。

▷露地栽培では未熟果によく発生し，黄白色～黄褐色の不規則な斑点を生じ，周縁は水浸状となる。病勢がすすむと果実は軟化し，繊維のみを残して腐敗する。

＜診断のポイント＞

▷茎の分岐部の摘芽跡や収穫後の残存果梗の傷口から発生する。

▷茎の侵入部から黒く水浸状に変色する。また，腋芽は黒くなって枯死する。

▷果肉から軟化腐敗する。

ピーマン　＜軟腐病＞

▷独特の腐敗臭を発する。

▷施設栽培では，いつも天井からしずくが落下する場所での発生が多い。

▷害虫食痕などの傷口から発病する。

〔防除の部〕

＜病原菌の生態，生活史＞

▷病原細菌は土壌中で数年間生存する。

▷病原細菌は多犯性で多くの植物に寄生発病させ，またそれらの根圏で生存を続ける。

▷種子に付着した病原細菌も重要な伝染源となる。

▷第一次伝染源は種子や土壌中の細菌であるが，発病後は病患部に生じた細菌が水滴とともに飛散して蔓延する。

▷病原細菌は，整枝や収穫作業などによる傷の部分から侵入感染する。果実の場合はタバコガやハスモンヨトウの食害部などが侵入孔となる。

▷病原細菌は割合に高温を好み，発育適温は32～33℃前後である。

＜発生しやすい条件＞

▷露地栽培，施設栽培とも降雨の多い多湿条件で多発する。

▷連作または前作に発病しやすい作物が作付けされ，しかも軟腐病が発生していた圃場はきわめて危険である。

▷害虫の食害，その他の傷痕が多いようなとき。

▷ハウス栽培では天井からしずくが落ちるところで発生が多い。

＜対策のポイント＞

▷発病圃場では3～4年間イネ科植物を栽培し，宿主となる植物を栽培しない。

ピーマン ＜軟腐病＞

▷排水をはかり，施設などでは雨もれのないようにする。
▷傷口からの感染が主体であるので，降雨時の管理作業は避ける。
▷施設栽培では多湿にならないようにするとともに，しずくが落ちる部分を改善する。

＜防除の実際＞

▷別表〈防除適期と薬剤〉参照。
▷できるだけ無病の圃場に栽培する。発病しやすい作物の栽培跡地などでは，他の土壌病害も含めて土壌消毒をしておく。
▷種子は無病果から採種する。
▷初期防除を徹底する。
▷タバコガやハスモンヨトウの食害を防ぐ。
▷被害果は見つけしだい採取して焼却する。

＜その他の注意＞

▷発病がすすむと防除が困難になるので，予防と初期防除に努める。

(執筆：内田和馬，改訂：田村逸美)

ピーマン ＜炭疽病＞

炭 疽 病

病原菌学名　*Colletotrichum gloeosporioides*
　　　　　　(Penzig) Penzig et Saccardo
英　　名　Anthracnose

〔診断の部〕

＜被害のようす＞

▷おもに露地栽培で発生する。
▷温暖多雨の条件で多く発生する。
▷葉，果実に発生し，とくに熟果の被害が大きく，はじめ水浸状の小斑点を生じ，のちに褐変して少しへこむ。
▷病斑は拡大すると輪紋を生じ，さらに病勢がすすむと中央部は灰褐色になり，その部分に黒色の小粒点（分生子堆）を密生する。
▷葉では，はじめ黄色の小斑点を生じ，拡大して褐色不規則な病斑となり，のちに中央部が多少退色して灰色になる。
▷幼苗の葉や茎も侵すが，被害は軽くほとんど目立たない。

＜診断のポイント＞

▷果実，とくに熟果に発生被害が多い。
▷病患部がややくぼみ，黒い小粒点状の分生子堆を形成する。

＜発生動向その他＞

▷炭疽病には本菌のほか *Glomerella piperatum*(Ellis et Everhart) Stoneman の寄生によるものもある。両菌の分類学的な関係については判

然としない点もある。

〔防除の部〕

＜病原菌の生態，生活史＞

▷糸状菌の一種で，不完全菌類に属する。
▷病原菌は菌糸や分生子の形で，被害植物上で生存して次作の伝染源となる。
▷また，種子伝染もする。
▷発病後は病斑上に生じた分生子が水滴とともに飛び散って伝染する。
▷果実の病斑上には分生子の形成が多い。

＜発生しやすい条件＞

▷降雨の多い場合に多発する。また，排水不良の圃場に発生が多い。
▷若葉，熟果に発生が多い。

＜対策のポイント＞

▷健全種子を清潔な圃場に栽培する。
▷雨よけ栽培を行なう。
▷ポリマルチをするなど，雨滴による土壌のはね上げを防止する。

＜防除の実際＞

▷種子は健全果から採種する。
▷登録農薬はない。
▷病葉，病果はていねいに集めて焼却するか，地中深く埋める。

　　　　　　　　　　　　　　（執筆：内田和馬，改訂：田村逸美）

ピーマン ＜菌核病＞

菌 核 病

病原菌学名　*Sclerotinia sclerotiorum* (Libert) de Bary
英　　名　Sclerotinia rot, Stem rot

〔診断の部〕

＜被害のようす＞

▷はじめ開花中の花弁が発病し，幼果に進展して軟化腐敗を起こす。
▷発病花弁が茎，葉，果実に落下付着すると，茎では褐色の病斑を形成し，葉や果実では軟化腐敗する。
▷ピーマンでは主茎や太い枝の分岐部の発病が多く，発病部より上部は萎凋枯死する。
▷とくに，果実や葉では，多湿時には病患部は白色綿毛状のカビで覆われることが多く，のちに黒色のネズミの糞状の菌核を形成する。

＜診断のポイント＞

▷主として茎の分岐部に発生し，うす茶色の病斑を形成する。
▷果実や葉では軟化腐敗するが軟腐病とは異なり，悪臭がなく，湿度が高いと白色綿毛状のカビで覆われる。
▷病患部にはのちにネズミの糞状の菌核を形成する。

〔防除の部〕

＜病原菌の生態，生活史＞

▷病患部に形成された菌核が土中で生存し，次作の伝染源になる。

ピーマン ＜菌核病＞

▷菌核は温度が20℃以下になると小さな子のう盤（キノコ）を形成し，その上に子のう胞子を生じ伝播する。

▷子のう盤形成は5〜20℃でみられ，とくに15〜16℃のときに盛んである。

▷ナス科，ウリ科，アブラナ科など多くの作物を侵す。

▷多くは地表下5cmぐらいまでの深さに埋没している菌核が発芽して子のう盤を形成する。

＜対策のポイント＞

▷子のう盤の形成，子のう胞子の飛散を防ぎ，ハウス内の湿度を上げないためにポリマルチをする。

＜防除の実際＞

▷別表〈防除適期と薬剤〉参照。
▷罹病株または罹病部は，菌核を形成する前に除去し焼却する。

（執筆：内田和馬，改訂：田村逸美）

青　枯　病

病原菌学名　*Ralstonia solanacearum* (Smith 1896)
　　　　　　Yabuuchi, Kosako, Yano, Hotta &
　　　　　　Nishiuchi 1996
英　　名　Bacterial wilt

〔診断の部〕

＜被害のようす＞

▷高温時にとくに発病が多く，急性の萎凋性病害である。
▷はじめ，生長点付近の葉が日中しおれ，夕方や曇天になると回復する状態をくり返すが，やがて株全体がしおれて回復せず，青枯れの状態になる。
▷数株発生すると，急に全体に蔓延発病するような傾向がある。
▷病状の進行がおそい場合は葉が黄変してしだいに褐色となり立枯れることもある。
▷本病は根，茎を侵し，根では細根の先端部が褐変をおこすが，茎では外部病徴はみられず，維管束が褐変をおこす。
▷罹病株の維管束は褐変し，切断すると，切口から乳白色の粘稠な汁液（病原細菌）を出す。細根は褐変し腐敗消失する。

＜診断のポイント＞

▷被害植物は急激に萎凋して青枯れを呈するのが特徴である。
▷病斑も黄変もない葉が急にしおれ，地際部の茎に外部病徴がない場合は，一応本病を疑ってもよい。

ピーマン　＜青枯病＞

▷被害株の維管束が褐変し，乳白色の汁液を出す。
▷１株が発病すると隣接株に蔓延し集団的に発生する傾向がある。

〔防除の部〕

＜病原菌の生態，生活史＞

▷病原細菌は土壌中に長期間生存する。
▷土壌中での生存期間はふつう４年間程度であるが，水田などでは１年間で死滅する。
▷植物体への侵入は根や傷口からおこる。
▷植物体内に入った病原細菌は，維管束内に侵入して盛んに増殖し発病させる。
▷発病枯死した植物体から再び外に出て，雨水に混じって他の植物に伝搬感染をおこす。
▷トマト，ナス，タバコ，ジャガイモ，ゴマ，ダイコンなど多くの植物に寄生する多犯性の細菌である。
▷本病は地温が20℃以上のときに発生を始め，25～30℃前後のときに最も多く発生する。

＜発生しやすい条件＞

▷多犯性であり，前年に発病した圃場に栽培した場合は発生が多くなる。
▷低湿地に発生しやすい。
▷降雨が続いた後，晴天となり，気温が急上昇したような場合に症状が出やすい。
▷窒素過多は発生を助長する。

ピーマン　＜青枯病＞

＜対策のポイント＞

▷連作やナス科植物の跡地での栽培を避ける。
▷施設栽培では，気温が高い時期の定植を遅らせる。
▷露地栽培では，降雨によっても圃場内が滞水しないように排水路を整備する。
▷地温が高くならないように，敷わらなどによって地温の昇るのを防ぐ対策をとる。

＜防除の実際＞

▷別表〈防除適期と薬剤〉参照。
▷一度発生した圃場には，少なくとも3～4年間は宿主となる作物を作付けしない。
▷湛水すると病原細菌が1年で死滅する。
▷施設栽培では連作することが多いが，他の土壌病害を含めて土壌消毒を徹底しておくことが大切である。
▷圃場の排水を良好にする。
▷栽培管理などの作業中に根を傷つけないように注意する。
▷発病株はできるだけ早く抜き取り，集めて焼却する。

＜その他の注意＞

▷発病してからの防除はむずかしいので，予防対策として土壌消毒を徹底しておく。
▷発病した植物体を圃場に残しておかない。

（執筆：内田和馬，改訂：田村逸美）

ピーマン 〈黄化えそ病〉

黄化えそ病

初期症状:はじめ生長点付近の葉がえそを起こして枯れる。生長点に近い茎の表面にも黒褐色の縦長のえそを生ずる。　　　　　　　　（米山　伸吾）

葉の病徴:生長点が枯死しないものでは汚れた黄色となり,褐色えそ斑を生ずる。（米山　伸吾）

茎の病徴:症状が進むと株元の茎に縦長の褐色えそ斑を生ずる。
（米山　伸吾）

末期症状:症状がひどいと大きな株でもしおれて,のちに枯れる。
（米山　伸吾）

ピーマン 〈灰色かび病〉

灰色かび病

果頂部からの発病　（倉田　宗良）

果梗部からの発病　（倉田　宗良）

葉柄と若枝からの発病（下左）
摘果跡の果梗からの発病（下右）
　　　　　　　（倉田　宗良）

黄化えそ病

病原菌学名　*Tomato spotted wilt virus*(TSWV)
英　　　名　Spotted wilt

〔診断の部〕

＜被害のようす＞

▷生長点付近の葉に褐色のえそを生じ，それらの葉はやや汚れた黄色となり，やがて黒褐色になって枯れる。
▷生長した中間の葉には，まれに不鮮明な大型の黄色輪紋を生じる。
▷生長点付近の茎には，やや縦長の褐色えそを生じ，やがてそれらの部分の茎は，黒褐色になって枯れる。
▷果実には不規則な黒褐色のえそ斑を生じる。
▷症状がすすむと葉全体がしおれ，茎に褐色のえそ斑を形成して枯れる。
▷これらの茎の維管束は褐色に変色する。

＜診断のポイント＞

▷生長点付近の若い葉が汚れた黄色となり，葉に褐色の小さなえそ斑を生ずる。
▷これらの部分の茎にも褐色のえそ斑を生じる。
▷株全体がしおれて枯死する。茎の維管束が褐変している。

ピーマン ＜黄化えそ病＞

〔防除の部〕

＜病原菌の生態，生活史＞

▷アザミウマ類によって永続的に伝搬され，経卵伝染はしない。

▷アザミウマは幼虫のときに病株の汁液を吸汁して保毒し，10日間くらいの潜伏期間を経て成虫に成長してから，健全なピーマンに寄生し吸汁したときウイルスを感染させる。成虫は22～30日間も媒介能力がある。

▷種子伝染，土壌伝染はしないが，ハサミ，手指によって接触伝染することがある。

▷野外の雑草に発病すると，これに寄生したアザミウマ類が伝搬する。

▷媒介するアザミウマは，数種類が知られている。ピーマンではおもにミカンキイロアザミウマでヒラズハナアザミウマやネギアザミウマも媒介する。

▷媒介するアザミウマ類は，一般的に冬期は野外では活動しないが，ハウス内では冬期間も繁殖する。

▷本ウイルスは球状で，不活化温度は45～50℃10分，希釈限界は1～2×10^{-5}，保存限度は25℃で10～15時間である。

▷本ウイルスはトマト，ナス，タバコ，ホウレンソウ，ラッカセイ，ダリア，キクなど多くの植物に寄生性を示す。

＜発生しやすい条件＞

▷冬期でもハウスは暖房されているので，1株でも発病すると，それが伝染源となり発生する。

▷本ウイルスは多くの植物に感染するので，感染植物がハウスの内外にあると発病しやすい。

ピーマン　＜黄化えそ病＞

＜対策のポイント＞

▷早期発見・早期除去に努める。
▷圃場の内外に寄主になる植物を栽培しない。
▷圃場周辺を含めて雑草防除に努める。
▷媒介虫アザミウマ類の防除を徹底する。
▷育苗ハウスやビニールハウスなどの開口部には防虫ネットを設置してアザミウマ類の侵入を防ぐ。また，近紫外線除去フィルムを併用するとよい。
▷アザミウマ類は白や青色に集まる性質があるので，定植後に「青竜」（虫とりリボン）を5～7株当たり1本の割合で吊すと有効である。

＜防除の実際＞

▷アザミウマ類の防除に努める。

(執筆：米山伸吾，改訂：今村幸久)

灰色かび病

病原菌学名　*Botrytis cinerea* Persoon
英　　　名　Gray mold

〔診断の部〕

＜被害のようす＞

▷はじめ開花中の花弁が発病し，幼果に進展して軟化腐敗を起こす。

▷発病花弁が茎，葉，果実に落下，付着すると茎では褐色の病斑を形成し，葉では輪紋をともなう円形病斑を生じる。生育が進んだ果実では，付着部の生育が抑えられるために奇形になることが多い。

▷また，収穫後の残存果梗に発病し，しだいに枝まで発病が及んで褐色の病斑を形成し，その上部が萎凋枯死する。

▷ピーマンでは若い枝葉での発病が多く，発病部より上部は萎凋枯死する。

▷病斑上には灰色のカビを生じる。幼果では多く形成するが，茎や葉では少ない。

＜診断のポイント＞

▷幼果では本病も菌核病も褐色の水浸状病斑なので見分けにくいが，本病は灰色のカビを生じ，菌核病は白色綿毛状のカビに覆われ，のちにネズミの糞状の菌核をつくる。

▷枝葉では，本病は若い枝葉に発生することが多く，病斑上に分生子をつくり灰色のカビを形成する。

ピーマン ＜灰色かび病＞

〔防除の部〕

＜病原菌の生態，生活史＞

▷病原菌は糸状菌の一種で，不完全菌類に属する。

▷本病原菌はナス科やウリ科などの野菜のほか多くの花卉類やカンキツなどの果樹類も侵す。

▷生育適温は22～23℃で，施設内の温度が15℃前後の低温多湿な時期に発生が多いが，施設ピーマン栽培では最低温度が18℃程度に設定されることから多発することはあまりない。

▷病原菌は菌核で土中で生き残ったり，被害植物や有機物で生活し，条件が整うと分生子をつくって伝染する。

▷分生子は15～20℃でよく形成される。

＜発生しやすい条件＞

▷加温機の設定温度の前後の温度では加温機の作動時間が短いため，降雨が続くと多湿になり多発する。

▷無加温栽培などでは温度が20℃前後の時期に雨が多いと発生が多い。

＜対策のポイント＞

▷第一次伝染源は，主として前作の被害茎葉上の菌糸や菌核なので，栽培終了後は残渣を圃場外に持ち出し，処分する。

▷ポリマルチをし，過繁茂を避け，適切な換気，灌水を行なって多湿にならないようにする。

▷加温機の設定温度前後の気温で，降雨が続くときは，強制的に加温機を作動して湿度を上げないようにする。

▷ハウス内は，屑果や整枝屑などを放置せず，清潔にしておく。

＜防除の実際＞

▷別表〈防除適期と薬剤〉参照。

＜その他の注意＞

▷いったん病勢が進展を始めると防除が困難となるので，発生初期に予防散布を中心に防除する。

▷防除が緊急を要するとき，あるいは連日の雨でハウス内が過湿のときなどは，くん煙剤の利用も便利である。

＜効果の判定＞

▷花弁上の菌叢が暗褐色に変色し，分生子の形成が見られなくなった場合は効果があったとみてよい。

（執筆：倉田宗良，改訂：田村逸美）

ピーマン 〈苗立枯病〉

苗立枯病

葉の症状：黄化，萎凋してやがて落葉する。
（木曽　皓）

茎・根の症状：地ぎわ部の茎に黒褐色の病斑が生じくびれ（子苗はくびれて倒伏枯死），根が褐変する。
（木曽　皓）

疫病が併発した苗立枯病：地ぎわ部の茎のくびれが激しく，黒色に変色する。
（木曽　皓）

白 斑 病

葉の病斑：直径1～2mmの小さな褐点が生じ，しだいに拡大して周縁部が濃褐色，中心部が白色の病斑になる。
(川越 仁)

発病状況：ハウス栽培で，主に葉に発生する。
(川越 仁)

苗立枯病

病原菌学名　*Rhizoctonia solani* Kühn
英　　名　Damping-off

〔診断の部〕

＜被害のようす＞

▷播種床で発芽不良を起こす。
▷出芽後の子苗は地際部がくびれて，倒伏枯死する。
▷生育のすすんだ苗は，地際部に黒褐色のやや乾いた状態の病斑を生じるが，下層にカルスを形成して治癒することが多い。
▷根部では，主根や支根に褐色または紫をおびた褐色不整形の病斑を生じ，生育が遅れる。はなはだしい場合は萎凋枯死する。

＜診断のポイント＞

▷苗立枯れは，本病菌によるほか，疫病菌による場合もある。
▷本病菌による苗立枯病は，疫病菌によるものが灌水過多や浸冠水後に発生するのに対して，土壌水分が少なく，やや乾燥ぎみの場合に発生が多い。
▷両者による苗立枯れは，症状によって判別するのは困難で，顕微鏡による病原菌の確認が必要である。

ピーマン ＜苗立枯病＞

〔防除の部〕

＜病原菌の生態，生活史＞

▷病原菌は糸状菌の一種で，不完全菌類に属し，土壌中の表層で被害組織とともに，厚膜化した菌糸や菌核の形で生存する。

▷生育温度は13～40℃前後で，適温は24℃前後である。生育適温に達すると発芽し，土中の有機物を利用して増殖し，これを足がかりに，作物へ侵入する。

▷本病菌は，ナス科，ウリ科，アブラナ科のほか多くの作物を侵すので，一般の圃場でも常に存在するものと考えなければならない。

＜発生しやすい条件＞

▷本病原菌は，土壌中の有機物を栄養源として増殖する力が強い。したがって，作物の作付け直前まで未熟の有機物が用土に残っている場合には，菌密度が高まって大きな被害をまねくことになる。

＜対策のポイント＞

▷育苗用土は，未熟な有機物が混入していないものを必ず農薬や熱などにより消毒したものを使用する。

▷育苗中は，土壌の過乾・過湿を避け，温度管理も適正に行なう。

＜防除の実際＞

▷別表〈防除適期と薬剤〉参照。

（執筆：川越　仁，改訂：田村逸美）

白　斑　病

病原菌学名　*Stemphylium lycopersici* (Enjoji) Yamamoto
英　　　名　Stemphylium leaf spot

〔診断の部〕

＜被害のようす＞

▷本病は昭和39年に高知県下のビニールハウス栽培ピーマンに初発生した病害である。

▷ハウスに定植してまもないころから発生する。

▷主に葉に発生するが，多発生すると，萼，果柄や若い枝にも病斑を形成する。

▷果実には，ロウ質物が多いためか，病斑を形成しない。

▷葉には，はじめ直径1～2mmの小さな褐点を生じ，しだいに拡大して周縁部は濃褐色，中心部は白色の病斑となる。

▷多湿条件になると，直径10mm以上の大型・不整円形病斑となることもある。このような大型病斑は，進展途上の乾・湿の繰り返しによって，輪紋を形成することが多い。

▷葉以外の部分では，褐色不整形の病斑を形成する。若い枝では，枝に沿って細長い病斑となる。

▷通常の小型の病斑が形成された場合は，斑点病に比較すると落葉は少ないが，大型病斑を形成するようになると，黄化・落葉しやすくなる。

▷白斑病による被害は，ピーマンの他の病害に比較すると，あまり大きくはない。

ピーマン　＜白斑病＞

▷ピーマンの品種間で発病の差がみられ，ししとうがらし，さきがけみどり系統は罹病性であるが，エース，緑王は比較的抵抗性であるといわれている。最近の新しい品種については不明である。

＜診断のポイント＞

▷白斑病は，露地栽培ではほとんど発生しないか，発生してもごくわずかで，病斑は小白点でとどまり，被害はほとんどない。

▷ハウス栽培では，やや肥料切れの状態で発生する。特に，育苗からハウスに定植したばかりの時期に発生しやすい。これは，ピーマンの育苗が節間伸長を抑える目的で乾燥ぎみに管理されるため，苗は肥料切れに近い状態で定植され，しかも定植直後の未活着状態で肥料の吸収不足と相まって，この時期に白斑病の発生をうながす結果となっているように考えられる。

▷初期の病斑は，斑点病との見分けはむずかしいが，白斑病は斑点病に比べて，周縁部の褐色のリングの幅が薄く，また，中心部の白色部分が斑点病より白くみえる。その後，病斑の進展は緩慢で，小型の病斑でとどまるものが多いが，斑点病は褐色と灰白色の輪紋を交互に描きながら大型の病斑となり，いわゆるフログ・アイ・スポット（蛙の目玉）状になる。このころには両者の区別は容易になる。

＜その他の注意＞

▷先に述べたように，同じピーマンの病害のなかでは，斑点病と初期の見分けがむずかしいが，斑点病は育苗期に発生していても，定植初期にはほとんど進展せず，茎葉が繁茂し，さらに気温が下がって多湿の条件になるころから発生し始める。

▷ピーマンの白斑病は，トマトの斑点病と同一菌で，相互に感染する。防除のうえではむしろこの点に気をつけねばならない。トマトの栽培ハウスでピーマンを育苗し，苗のうちから多発生をみたハウスを現実に認めた

ことがある。

〔防除の部〕

＜病原菌の生態，生活史＞

▷病原菌は不完全菌類に属し，分生子によって伝染する。ピーマンのほかトマト（斑点病）をおかす。ピーマン，トウガラシでは胞子の形成が著しく不良であり，近隣にトマトの発病株が存在すると多発する。

▷本菌は，被害植物で越年し，翌年これに生じた分生子が第一次伝染源となる。

▷病原菌は高温多湿性で，温度20〜30℃，湿度90〜100％でよく発育するが，発育適温・適湿の範囲内では，高温多湿になるほど被害は著しい。

＜発生しやすい条件＞

▷ハウス栽培ピーマンに発生し被害を与えるが，露地栽培ではほとんど発生せず，被害は認められない。

▷やや肥料切れのときに発生しやすく，窒素質肥料が多い場合には発生が少なく，病斑進展も抑えられる。特に，定植初期の肥料吸収が充分でない時期に発生する機会が多い。

＜対策のポイント＞

▷苗の育成は，できるだけスムーズに行ない，あまり抑制した苗をつくらない。

▷どの生育ステージにおいても，肥料切れを起こさないような施肥管理を行なう。

▷定植時には，灌水をたっぷり行ない，肥料の吸収を早めて，活着をよくする。

ピーマン ＜白斑病＞

▷できれば抵抗性品種を選び栽培する。
▷ハウス内が高温多湿にならないように管理する。

（執筆：川越　仁，改訂：田村逸美）

ピーマン 〈白絹病〉

白絹病

被害根に形成した菌糸：白い菌糸が形成され、やがてナタネ状の菌核になる。（三浦 猛夫）

地ぎわ部の菌糸と根の褐色：菌糸が表層から柔組織，維管束にまで至ると，根が褐変し，やがて地上部はしおれる。（斎藤）

地表部を匍匐している菌糸と菌核：根や茎の地ぎわ部の褐変は疫病や青枯病の症状とも類似するが，白絹病では菌糸や菌核が見られるのが特徴。（山本）

ピーマン 〈へた腐病〉

へた腐病

摘果後の果梗の切り口に発生した菌糸：栽培末期の気温上昇期に、赤果や整枝葉などを放置している不衛生なハウスでは、収穫あとの果柄にも本病菌が寄生する。　　　　（川越　仁）

輸送中に発生した腐敗果：感染源は圃場や収穫作業、果実の選別過程にある。果実は表皮を残し、内容物だけ溶けて表皮が光って見え、かなり後まで果形を保ってくずれないのが本病の特徴である。　　　　　　　　　　　　　　　　　　　　　　　　　　（川越　仁）

白絹病

病原菌学名　*Sclerotium rolfsii* Saccardo
英　　　名　Southern blight

〔診断の部〕

＜被害のようす＞

▷地際部に白い絹糸状の菌糸を密生する。のちに発病部位や地表に，ナタネの種子に似た褐色の円い菌核を多数形成する。

▷被害株は，病勢の進展に伴い菌糸が表層から柔組織，維管束にまで至ると急速にしおれ，のちに立枯れする。

▷ピーマンでは育苗期の発生はまれであり，一般的には定植後の本圃発生で，切わらなどの未分解有機物をすき込んだ圃場での発生が多い。

＜診断のポイント＞

▷地際部の茎，地上に露出した根に発生する。

▷日中にしおれる株が見られたら，その株の地際部を観察する。

▷ややへこんだ病斑部に，白い菌糸とその塊がナタネ種子状の粒子になっている。被害根はのちに褐変し，ナタネ種子状の菌核が多数形成される。

▷疫病や青枯病の場合も萎凋する症状を呈するが，菌核が形成されると容易に診断ができる。

ピーマン　＜白絹病＞

〔防除の部〕

＜病原菌の生態，生活史＞

▷糸状菌の一種で不完全菌類に属し，菌糸と菌核の形で生活環をくり返す。

▷ピーマンのほか，ナス科，ウリ科，マメ科などの食用作物のほか，多くの花卉類にも発生する。

▷本菌の第一次感染源は土壌中の菌核である。

▷土壌の深いところにある菌核は腐敗分解しやすいが，地表面の乾燥しがちな菌核が伝染源となる。

▷本菌は土壌病原菌の中で最も酸素を好むため，地表面から10cm以下の土層ではほとんど生育できない。

▷土壌表面近くの菌核から伸びた菌糸は，有機物を利用し繁殖する能力に優れている。

▷本菌の発育適温は30〜35℃で，やや多湿条件で生育が良好である。

＜発生しやすい条件＞

▷未分解の有機物は，本菌の繁殖を促し発病を促進する。

▷高温と多湿の条件で多発する。露地栽培では夏期に降雨が多いときに，施設では早植えで気温が高い時期に発生しやすい。

▷寄主範囲が広いので，前作はどんな作物でもその残渣は伝染源となりやすい。

▷生わらその他の有機物の施用が多い圃場では土壌間隙が大きく，10cm以下の土壌中でも菌核から菌糸が伸長し発病する。

＜対策のポイント＞

▷菌核の死滅を早めるために耕起を行ない，菌核を土中に深く埋める。

ピーマン ＜白絹病＞

▷休作期間の湛水は菌核の崩壊を促進する。
▷生わらなどの未分解有機物を施用しない。
▷施設栽培では，梅雨明けからの太陽熱利用による土壌消毒効果が高い。

＜防除の実際＞

▷別表〈防除適期と薬剤〉参照。
▷露地作では連作を避けるが，多くの作物に発生するので輪作する作物の種類にも充分注意する。
▷発病株を中心に，病斑部およびその株元に薬剤を灌注する。
▷発病株は可能な限り早めに表層土とともに除去する。

＜その他の注意＞

▷灌注処理は，露地栽培しか登録農薬がない。
▷灌注処理は，組織内に菌糸が侵入したあとでは効果がないので，発生初期に行なう。
▷他の土壌病害との併用による土壌消毒を実施する。

（執筆：三浦猛夫，改訂：田村逸美）

へた腐病

病原菌学名　*Rhizopus stolonifer* (Ehrenberg : Fries) Vuillemin
英　　　名　Rhizopus fruit rot

〔診断の部〕

＜被害のようす＞

▷病原菌は収穫によって生じる果梗の切断面から侵入し，腐敗は萼，果肉部へと順次進展する。

▷発病果は暗緑〜黒褐色に変色し，果実全体が軟腐するとともに，果皮表面はクモの巣状のカビにおおわれ，その上に多数の黒粉状の胞子のうを形成する。

▷本病は，収穫前に発病することはほとんどない。

▷輸送中に発生し，市場で荷をあけて発見されることが多いが，感染は収穫後の圃場内，果実の選別，輸送の過程で行なわれる。したがって，市場で荷をあけてから被害に気がつき，市場や消費者のクレームとなりやすい。

＜診断のポイント＞

▷軟腐病による果実腐敗は，菌糸などが全くみられず独特の腐敗臭を発するのに対して，本病では黒粉状の胞子のうと菌糸がみられ腐敗臭がしない。

▷高温多湿のハウスでは，畦上の落葉や，収穫後の残存果梗に発病していることがある。

ピーマン ＜へた腐病＞

＜その他の注意＞

▷果実への侵入は，収穫後の果梗の切口と，収穫または輸送中に生じた傷口に限られる。

▷軟腐病と併発している場合がある。

〔防除の部〕

＜病原菌の生態，生活史＞

▷糸状菌の一種で，接合菌類に属する。

▷本菌は，植物残渣などの有機物上で増殖し，そこで形成される子のう胞子が飛散して伝染をくり返す。

▷本菌は，腐生性が強く，生育中の果実，茎葉を侵すことはない。

▷果実への菌の侵入は，機械的に生じた傷からで，無傷部分からの侵入はできない。

▷腐生性が強く，イチゴ，サツマイモ，ユリ，モモなどでも被害がみられる。

▷本菌の発育適温は20〜30℃であり，15℃以下および30℃以上では発育が劣る。多湿条件で発生が多い。

＜発生しやすい条件＞

▷植物残渣を圃場内に長く放置すると，本菌が腐生的に増殖し感染の機会を多くする。

▷施設栽培では3月以降の高温時期，露地栽培では梅雨期など多湿時期の発生が多い。

▷輸送車の庫内の温度上昇は発生を助長する。

ピーマン　＜へた腐病＞

＜対策のポイント＞

▷発生の多少は圃場の菌密度に左右される。植物残渣の多少が菌密度と関連が高いので，残渣の除去などの圃場衛生が重要である。

▷収穫後，切口が新しいほど感染する機会が大きいので，収穫果実は湿度の高いハウス内などに長く置かないことが大切である。

▷気温の高いときに収穫した果実は，収穫後の予冷などの処置が発病を阻止する。

▷切口が感染口となるので，鋭利なはさみを使用して切口が乱れないようにする。

＜防除の実際＞

▷登録農薬はない。

▷圃場での耕種的予防と収穫後の果実への感染防止に努める。

▷残渣物の除去が菌密度の低下につながるので，圃場の清掃に努める。

▷ハウスの換気，適正な整枝，適正な水管理によりハウスの湿度を下げる。

▷収穫果実は速やかに搬出する。

（執筆：三浦猛夫，改訂：田村逸美）

斑 点 病

葉裏の症状　　　　　　　　（高橋　尚之）

初発時：葉に直径2～3mmの白色小斑点を生じる。　　　　　　　　（高橋　尚之）

多発時：多湿時には病斑が互いにゆ合して流滴状の大きな病斑となる。さらに病勢が進行すると落葉する。　　（高橋　尚之）

病勢が進展した症状：病斑の中心は当初の白色小斑を残し，その小斑を中心に暗褐色または灰白色の輪紋を交互に画きながら拡大する。　　　　　　　　（高橋　尚之）

ピーマン 〈半身萎凋病〉

半身萎凋病

圃場での発生状況：中央の草丈の低い株が発病株。軽い萎れがみられ，生育が停滞気味
（岩手県農研センター）

茎の切断面：維管束部に淡い褐変がみられる。（岩手県農研センター）

斑 点 病

病原菌学名　*Cercospora capsici* Heald et Wolf
英　　　名　Frogeye leaf spot

〔診断の部〕

＜被害のようす＞

▷苗の時期から発生するが，発生が多くなるのは初冬の加温開始時期からである。

▷主に葉が侵されるが，多発すると若い枝梢，果梗およびヘタにも発生する。

▷果実には発生せず，枯死にいたることもない。

▷多発すると上位葉まで発生し，激しく落葉して著しい減収をまねいたり，果梗部に発生して品質低下をまねく。

＜診断のポイント＞

▷葉に発生することが多く，葉でははじめ黒褐色の縁どりのある灰白色の小さな円形病斑ができる。その後しだいに円～楕円形で輪紋をともなって大きくなり，10mm以上の病斑になる。多湿条件では病斑が融合して大きな病斑になることがある。

▷初期病斑は白斑病との区別が難しいが，白斑病のほうが白く見える。斑点病は育苗期や定植初期には発生していてもほとんど伸展しない。

▷病勢が進行すると下葉から落葉し，激しいときはわずかに未展開葉を残して落葉する場合もある。

ピーマン　＜斑点病＞

〔防除の部〕

＜病原菌の生態，生活史＞

▷病原菌は不完全菌類に属し，分生子によって伝染する。

▷15〜25℃でよく発病し，適温は20〜25℃である。

▷分生子は先端が細い長円筒形で，大きさは45〜227μm×4〜55μmで多湿を好む。

▷分生子は多湿条件下の温度5〜25℃で形成され，適温は17〜18℃である。

▷形成された分生子は，ハウス内湿度が急速に低下する降雨日の翌日から翌々日の晴天日に多く飛散する。葉に到達した分生子は高湿度条件を得て発芽・侵入する。

▷潜伏期間は好適な温湿度条件下で7〜10日であるが，実際の栽培においては冬季には20日前後である。

▷露地栽培ピーマンは促成栽培ピーマンの育苗期から定植時期まで栽培され，促成栽培ピーマンの第一次伝染源になりうる。また，ピーマン罹病葉は乾燥状態に保たれると次作の促成栽培ピーマンの伝染源になりうる。

＜発生しやすい条件＞

▷多湿条件のハウス栽培で発生が多い。雨が降り，加温機の稼働設定温度ぐらいの夜温が続くようなときは，ハウス内が高湿度になり発生しやすい。

＜対策のポイント＞

▷多湿にならないようにする。加温機の稼働設定温度ぐらいの夜温が続くときは，設定温度を上げるなどして加温機を稼働させ，ハウス内湿度を下げる。

ピーマン　＜斑点病＞

▷促成栽培における第一次伝染源としては，露地栽培ピーマンや乾燥状態で越夏した前作の罹病葉が考えられる。したがって，特に露地栽培は促成栽培地帯以外のところで行なうよう努めるとともに，ハウス内の罹病残渣を徹底して除去する。

＜防除の実際＞

▷別表〈防除適期と薬剤〉参照。
▷病原菌付着種子の混入を想定して，トウガラシマイルドモットルウイルス（PMMoV）対策として実施されている乾熱消毒された種子を使用する。
▷潜伏期間が長いので，発病に気づいたときには多数の感染が起こっていることも考えられ，発病後の薬剤防除では効果が上がりにくい。したがって，日頃からの適切な温湿度管理を行なって感染しにくい環境をつくっておくことが大切である。
▷早期発見，初期防除に努め，薬剤散布は可能な限り罹病葉を除去してから行なう。

＜効果の判定＞

▷初冬～初春の発生期においては，薬剤散布後2～3週間後に上位葉の病斑数を調査し，薬剤散布時よりその数が増加していないか，または，その増加の程度が緩やかになっていれば効果はあったとみてよい。

（執筆：田村逸美）

半身萎凋病

病原菌学名　*Verticillium dahliae* Klebahn
英　　　名　Verticillium wilt

〔診断の部〕

＜被害のようす＞

▷はじめ株の一部で侵された茎の下葉から退色し，しおれる。しおれは徐々に上位葉まで進展し，下位葉から落葉する。株全体が萎凋枯死するまでは相当の日数を要する。

▷時に本葉主脈の半分の葉脈間にえそを生じることがあり，株内だけでなく，1枚の葉の中でも半身のみの萎凋として症状を現わすことがある。

▷このような症状を呈する株の地際付近の茎を切断すると，しおれの生じている主枝に通ずる維管束が淡く赤褐色ないし黒褐色に変色している。

＜診断のポイント＞

▷株の一部にしおれなどが生じた場合，茎を切断すると維管束が褐変しているので診断できる。全身的な萎凋を伴う病害として疫病や青枯病があるが，半身萎凋病のしおれは急激に進むことがないため，これらとは区別できる。

＜発生動向その他＞

▷岩手県ではハウスピーマンで発生している。これまでに発生が確認された地域は胆沢町，矢巾町，新里村で，県内で広域に発生している。発生圃場では青枯病などとの同時防除で土壌消毒を実施した結果，いずれも次

ピーマン ＜半身萎凋病＞

作での発生は確認されず，単発でとどまっている。

〔防除の部〕

＜病原菌の生態，生活史＞

▷微小菌核で越年し，根の先端や傷口から侵入して導管内で増殖する。生育適温は 22 〜 25 ℃であるが，培地上での生育は遅い。発病適温は 25 ℃前後とされる。

▷病原菌 *Verticillium dahliae* はナス科，ウリ科，アブラナ科ほか多くの作物を侵すが，ピーマンに病原性を有する菌群はピーマン系，トマト・ピーマン系である。

＜対策のポイント＞

▷苗床には市販の園芸育苗培土を用いる。また，自然土を用いる場合には本病以外の立枯性病害の被害を避けるため，蒸気など物理的手段により，床用土を消毒する。

▷本畑では連作しないことが重要である。施設（雨よけ）栽培の場合，発生歴のある圃場では土壌消毒を行なう。本病に農薬適用のある薬剤はないため，太陽熱利用による土壌消毒（太陽熱消毒），土壌還元消毒，熱水土壌消毒あるいは蒸気土壌消毒など物理的手段によって防除する。

▷なお，本畑で青枯病や萎凋病，疫病，センチュウ類の被害が併発している場合にはそれらに適用のある土壌くん蒸剤他の薬剤を用いて同時防除できる。

▷作付け中，本病被害株を見つけた場合は早期に抜き取り，落葉残渣とともに圃場外で焼却などの処分を行なう。

▷また，周辺雑草も種類によっては茎葉に本病原菌の微小菌核を形成することがあるので，圃場衛生のために除草に努める。なお，ナズナ，ノボロギク，スベリヒユ，イヌホオズキ，ホトケノザ，シロザ，アオビユ，タ

ピーマン ＜半身萎凋病＞

ンポポ，センナリホオズキなどは本病原菌が感染できるので圃場から除去する。

＜防除の実際＞

▷太陽熱消毒：施設（雨よけ）栽培において適用する。土壌をできるだけ深く，充分に耕起し破砕する。充分な有機物堆肥と石灰窒素（100kg/10a）を混和し，圃場全面に灌水する。透明フィルムで被覆後，ハウスを密閉する。病原菌の死滅温度・時間は40℃で12日程度とする試験例があることから，ハウスの密閉期間は晴天日の多い梅雨明け後とし，おおむね1か月間の処理が必要とされる。

▷土壌還元消毒：太陽熱消毒に準ずるが，有機物はふすまあるいは米ぬかとし，1～2t/10aを深さ15～20cmまでの土壌に混和し，灌水チューブを設置する。透明フィルムで被覆後，圃場容水量以上になるように灌水し，ハウスを密閉する。密閉期間は深さ15cmの地温が30℃以上得られる状態で約20日間である。

▷熱水土壌消毒・蒸気土壌消毒：熱水土壌消毒機には耐熱チューブを用いる方式とウインチで散水部を牽引する方式の2つがあり，蒸気土壌消毒機にはキャンパスホースを用いる方式とホジソンスパイクを用いる方式などがある。それぞれに多様な機械があるので，所有する機械の性能にあわせて行なう。

＜その他の注意＞

▷キャベツではネコブセンチュウの感染によって黄化病の発病が助長される例がある。ピーマンでも同様のことがありうると考えられるため，センチュウ害がみられる圃場では，ネコブセンチュウの項を参照し，センチュウ対策を行なう。

▷農機具などによる汚染土壌の持込みのおそれがあるため，発生圃場から次の圃場に移動する際あるいは作業終了時には農機具の洗浄を行なう。

ピーマン ＜半身萎凋病＞

＜効果の判定＞

▷防除効果の判定は，消毒後の本圃で本病発生の有無により行なう。

▷なお，ポット試験などにより効果の判定を行なう場合，ピーマン系およびトマト・ピーマン系の共通宿主となるナス，ピーマンなどを用いることが望ましい。

（執筆：勝部和則）

ピーマン

害虫

ピーマン 〈ミナミキイロアザミウマ〉

ミナミキイロアザミウマ

成虫が集中寄生した花房（上）
新梢の被害（右）：新葉が巻縮し、一部褐変する。

いちじるしい被害果：果実は変形し、褐変する。

果梗，へた部の被害：褐変する。
成虫（下）：雌。油浸状で鮮黄色。
体長は約1.2mm

ピーマン 〈オンシツコナジラミ〉

オンシツコナジラミ

成虫：生長点付近の若い葉に集中して寄生し、葉裏に1卵ずつ産みつける。

幼虫：2～3齢幼虫で、3齢幼虫はこの後厚みを増して蛹化する。

卵：産卵直後は黄白色を呈し、ふ化直後に紫黒色となる。

ミナミキイロアザミウマ

学　名　*Thrips palmi* Karny

〔診断の部〕

＜被害のようす＞

▷発生の初期は，新葉の展開がやや不良となり伸長が緩慢となるが，ナスやウリ類のように葉脈周辺に斑点は生じない。

▷寄生密度が多くなると，葉裏の葉脈沿いに小斑点を生じるが，他作物に比べて葉への寄生が少なく症状がわかりにくい。

▷果実では萼部（がく）の外縁部がわずかに褐色となってくる。

▷寄生密度が高くなってくると新葉がちぢれて，しだいに変形する。葉裏では葉脈沿いに小白斑が広がり，のちに褐変し，甚だしい場合には落葉する。

▷果実の被害症状は，萼および萼と果実の境目が茶褐色となってくる。ひどい場合は果実の凹んだ部分が茶褐色のサメ肌状となり，肥大が停止する。

▷近縁のヒラズハナアザミウマによる被害症状は，茶褐色とはならず肌が黒ずんでくるので容易に区別できる。

▷多発生してもウリ科のように株全体が発育抑制を起こすことはない。

▷近縁のシシトウガラシでは，ピーマンに比べて開花後の花落ちが悪いため，果実に花弁が輪状に付着し，この部分にアザミウマが生息加害するため，褐色のリング状のサメ肌被害となる。

ピーマン ＜ミナミキイロアザミウマ＞

＜診断のポイント＞

▷発生の初期は，葉への寄生は少ないので虫の発見は困難である。ピーマンでは他作物と比べて，花中に集中寄生する習性があるので，完全展開した花の内部生息虫を探すとよい。

▷本虫は成幼虫とも紡錘形の細長，成虫は体長は1mm程度の微細な虫で，雌成虫の体色は鮮明な黄色，背面の真ん中に直線状の黒色縦線が見える。

▷雄は麦わら色でやや小さく，幼虫は淡黄色か半透明である。

▷同時に花に寄生が多いヒラズハナアザミウマは，雌虫は黒色で容易に区別できるが，幼虫はミナミキイロアザミウマの幼虫よりも黄色が濃い。

▷ピーマンの被害症状は，葉よりも果実の萼の外縁や凹部の褐変で判断するとよい。

＜発生動向その他＞

▷原産は東南アジアで侵入害虫である。わが国では昭和53年に南九州で発見され，その後数年で関東以北まで分布範囲が広がった。

〔防除の部〕

＜虫の生態，生活史＞

▷卵は葉肉，葉脈，果梗，萼，まれに果実の果皮に産み込まれる。ピーマンでは比較的組織が硬い関係で，産卵場所が傷となって見えやすく，卵の一部が外部に露出して見える。

▷組織内から孵化した幼虫は組織をなめ食いして発育し，2齢期の後半になると大半は地表に落下して土壌内で蛹化する。前蛹・蛹とも脚をもち土壌孔隙内を歩行する。

▷羽化した成虫は，作物上に飛来して交尾産卵するが未受精卵はすべて

ピーマン　＜ミナミキイロアザミウマ＞

が雄となる。

▷本虫の発育零点は卵成虫とも11℃前後，各ステージの発育日数は温度によって差があるが，適温の20～25℃では，卵期間6～7日，幼虫期間6～7日，蛹期間4～5日，卵～成虫になるまでの日数は約15日である。1日当たりの産卵数は2～3粒，産卵期間は長く，この間に産卵総数は1雌当たり50～100卵を産む。

▷露地での越冬は沖縄を除いて確認されていない。施設内では，年間を通して繁殖するが，露地では4～11月は雑草や果菜類に寄生し，世代を繰り返す。

▷越冬場所は施設内で，施設の発生源は露地の生息虫が侵入したものである。

＜発生しやすい条件＞

▷施設内または施設周辺，果菜類の栽培地，高温で管理し長期間にわたる作型で発生が多い。

＜対策のポイント＞

▷本虫は在来のアザミウマ類に比べて増殖が激しく防除が困難である。栽培初期から計画的な防除対策をたてて対応する必要がある。

▷露地栽培では比較的被害は少ないが，施設栽培では，高温で管理するため発生被害が大きい。

▷施設栽培では，野外からの成虫の飛込みを防ぎ，苗からの持込みを防止し，早期発見，低密度時の薬剤散布に徹する。

＜防除の実際＞

▷別表〈防除適期と薬剤〉参照。

▷育苗は，野外からの成虫の飛込みを防ぐため1mm目合い程度のネットを全面被覆して管理を行なう。

ピーマン　＜ミナミキイロアザミウマ＞

▷植付け時には，粒剤を必ず株元に施用する。
▷露地栽培では畦にシルバーポリフィルムでマルチを行なう。
▷発生を認めれば低密度時に薬剤散布を行なう。
▷施設栽培では，被覆するビニールを近紫外線カットフィルムにすると発生が少なくなる。この場合，ピーマンがやや徒長気味となるので，施肥・灌水はひかえめに管理する。
▷サイドや天窓などの換気部に1mm目合いのネットを張って外部からの成虫の侵入を防止する。
▷施設内部に白または青色の粘着トラップを吊して発生を早期に察知する。
▷発生の初期に，ハナカメムシなどの天敵を放飼して防除を行なう。
▷発生を認めれば，直ちに薬剤を散布して防除を行なう。

＜その他の注意＞

▷天敵を放飼した場合には，いずれの種類も薬剤の感受性が高いので，同時に発生する他の害虫防除に使用する薬剤の選択には配慮する。
▷抵抗性の発達を防ぐため，使用する薬剤は同系統のものを連用しないようにし，ローテーション防除を行なう。

＜効果の判定＞

▷定期的に花の内部生息虫を調べる。

（執筆・改訂：松崎征美）

オンシツコナジラミ

学　名　*Trialeurodes vaporariorum* (Westwood)
英　名　greenhouse whitefly

〔診断の部〕

＜被害のようす＞

▷生長点付近に寄生するが，密度が高くなることは少ない。密度が高くなると，寄生部位の下側の葉や果実に排泄物が落下し，そこにすす病菌が繁殖し，黒く汚れる。汚れた果実は商品価値が著しく低下する。

▷高密度になると生長点の生育がやや抑えられるが，葉色の変化やちぢれ症状はみられない。

＜診断のポイント＞

▷葉がゆれ動いたときに，白色の成虫が飛び出すことで発生が確認できる。成虫は主に生長点部の葉裏に寄生するので，葉裏を観察し，発生量の多少を判断する。また，黄色の粘着トラップ（金竜，ホリバーなど）への成虫の誘殺状況でもある程度発生量を判断できる。

▷オンシツコナジラミの成虫の体長は1mm内外で，粉状のロウ物質で全体が薄く覆われ，白っぽい。シルバーリーフコナジラミとの識別はむずかしいが，静止時に観察すると，やや大型で，体は白く，翅先が重なる（シルバーリーフコナジラミは翅先が重ならない）ことで区別できる。

▷オンシツコナジラミの4齢幼虫（蛹）は白っぽく，コロッケ状に盛り上がり，表面に長い棘状の突起が目立つ。一方，シルバーリーフコナジラ

ミは黄色味が強く，体は楕円形で後端が細まる。また，刺毛はあまり目立たないことで区別できる。

＜発生動向その他＞

▷ピーマンではウイルス伝搬との関連は現在のところ認められていないので，低密度時の防除はとくに必要ない。

▷各地で発生はみられるが，これまで多発した事例はほとんどない。

〔防除の部〕

＜虫の生態，生活史＞

▷卵，幼虫（1～4齢，4齢幼虫を蛹と呼ぶことが多い）を経て成虫になる。孵化後の1齢幼虫は歩行，移動するが，2齢になると固着生活に入り，移動しなくなる。

▷発育適温は20～25℃で，シルバーリーフコナジラミよりもやや低い。卵から成虫までの発育期間は25℃で約20日，施設内では10世代以上を経過する。

▷関東以西の暖地では，キク科植物などに寄生して露地でも越冬する。暑さに弱いため，夏期の発生は少なく，施設栽培では4～6月と10～12月頃に発生が多い。

▷一部露地でも越冬するが，春先に施設から野外に分散したものが野外での主要な発生源となっている。野外ではヒメジョオン，オオアレチノギク，セイタカアワダチソウなどのキク科雑草を中心に，キュウリ，カボチャ，ナス，トマトなどの露地野菜類でも増殖する。

＜発生しやすい条件＞

▷栽培圃場周辺にヒメジョオン，オオアレチノギクなどの雑草があったり，キュウリ，ナス，トマトなどの寄主植物が栽培されている場合は，そ

こが発生源となり，成虫が飛来侵入して発生しやすい。
▷施設栽培では本種の寄生しやすい花卉類（ポインセチア，ホクシャなど）を持ち込むと，それが発生源となる場合が多い。

＜対策のポイント＞

▷施設内への成虫の侵入を防止する。
▷栽培圃場周辺の寄主植物を除去する。
▷薬剤散布は，葉裏にも充分かかるようていねいに行なう。
▷栽培終了時の作物残渣を適正に処分する。

＜防除の実際＞

▷別表〈防除適期と薬剤〉参照。
▷育苗施設および栽培圃場の内部とその周辺の雑草を除去する。
▷育苗施設，栽培圃場の換気窓など開口部に1mm目合いの防虫ネットを張って，成虫の侵入を防止する。
▷施設栽培では本種の寄生しやすい花卉類（ポインセチア，ホクシャなど）を持ち込むと，それが発生源となる場合が多いので，これらを施設内に持ち込まない。

＜その他の注意＞

▷オンシツコナジラミの成・幼虫はほとんどが葉裏に寄生しているので，薬剤を散布する場合は葉裏にも充分かかるようにていねいに行なう。
▷薬剤抵抗性の発達を抑制するため，同一薬剤，同一系統の薬剤の連用をしない。

＜効果の判定＞

▷薬剤の散布前後に上位葉の裏側の虫数を観察して判定する。成虫に対しては，ラノー乳剤を除き90％以上減少していれば効果があったものと

ピーマン ＜オンシツコナジラミ＞

みなす。幼虫については散布1週間後頃にルーペで葉裏を観察し，幼虫が干からびたり褐色に変色しているかを観察する。

（執筆：山下　泉）

チャノホコリダニ

新葉の被害：展開葉が次々に萎縮し，葉の中央部は波状形の凹凸を生じる。

被害果：着果直後に加害されると7〜8日後には褐変コルク化し，発育が抑えられる。

成虫：体長は約 0.2 mm，半透明でややあめ色を呈する。

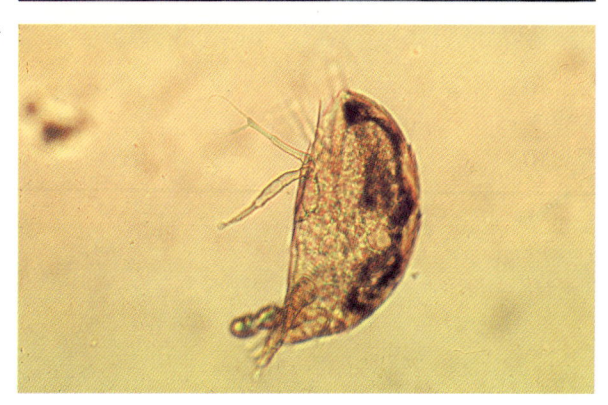

ピーマン 〈タバコガ類〉

タバコガ類

成虫：土中から羽化し，成虫は体色の個体変異が大きい。

被害果：被害末期になると果肉が食害され，表皮から透きとおるようになり腐敗し悪臭を放つ。穴から幼虫は脱出して地下にもぐる。

老熟幼虫と被害果：中齢以降に食入した幼虫による被害果。ときに2～3頭が1果実内にみられる。

土中の蛹：老熟幼虫は土中に落下後，地下10～15cmに土窩をつくり蛹化する。

チャノホコリダニ

学　名　*Polyphagotarsonemus latus* Banks
英　名　broad mite

〔診断の部〕

＜被害のようす＞

▷症状は生長点付近の芽や展開直後の葉を中心にみられる。初期の被害は，新葉が葉表側に巻き，葉縁は波形になってやや内側に湾曲する。虫の密度が高くなるにつれ，生長点はちぢれて鈍く銀灰色に変色し，やがて心止まりとなる。そのころになると茎の中間部から腋芽が発生し，これらにもつぎつぎと寄生しちぢれさせる。

▷果実はカスリ状に褐変する。特に，幼果が寄生をうけると果実全体が褐変硬化し，肥大しない。

＜診断のポイント＞

▷症状は生長点部に現われやすいので，新葉のちぢれや心止まり症状が早期診断の重要なポイントとなる。初期はモザイク病の病徴やミナミキイロアザミウマの被害に似ており，新葉が葉表側に巻き，葉縁は波形に変形して，鈍く銀灰色に変色する。

▷虫は微小であるため肉眼による確認は困難であり，疑わしい葉を拡大鏡で観察して，虫の存在を確かめる。この場合，完全に褐変した葉や果実には虫はいないことが多いので，変色し始めの葉を選ぶ。

▷雌成虫は体長が0.25mmで半球形，体色が淡黄褐色，雄成虫は体長が0.2mmである。幼虫は白色，卵は長楕円形，扁平で表面に多数の粟粒状

ピーマン　＜チャノホコリダニ＞

の突起が多数ある。

＜発生動向その他＞

▷最近各種の野菜，花卉類で発生が多くなってきた。特に，害虫防除に天敵類等を利用した栽培では，殺虫剤，殺ダニ剤の使用回数の減少や使用する薬剤の種類が変わることから発生が多くなる傾向がある。

▷露地，施設栽培ともに8～9月に発生が多く，抑制栽培や促成栽培では育苗中から寄生を受けることがある。また，促成栽培では翌春の3月以降も発生する。

〔防除の部〕

＜虫の生態，生活史＞

▷発育は卵→幼虫→静止期→成虫という経過をたどる。25～30℃条件下での卵から成虫までの発育期間は5～7日ときわめて短く，増殖はきわめて早い。高温でやや多湿条件が本種の発生に好適な条件である。

▷発育限界温度は約7℃であるので，冬期の気温が低い地方では露地で越冬できない。そのため，北海道地方では本種の発生はない。また，東北地方や北陸地方でも発生は少なく，局部的である。

▷関東以西の地方では，枯死したトマト，ダイズ，セイタカアワダチソウ，オオアレチノギクなどの茎葉上で成虫越冬し，翌春の発生源となる。本種は必ず植物体上で越冬し，土壌中にもぐらない。

▷スベリヒユ，クローバなどの雑草やサザンカ，チャなどで繁殖したものが発生源と考えられる。

▷本圃への侵入は苗による持込み，人への付着によって行なわれる。コナジラミ類などの脚にとりついて移動したりもする。

ピーマン ＜チャノホコリダニ＞

＜発生しやすい条件＞

▷高温期に発生が多い。また，乾燥条件よりもやや湿度の高い場合に発生が多い傾向がある。

▷育苗圃や本圃の隣接地でナス，ピーマン，チャなど本種の生息好適作物が栽培されていると寄生が多くなる。また，周囲の除草が不充分な場合には，そこからの侵入により発生が多くなる傾向がある。

＜対策のポイント＞

▷発生初期に早期発見に努め，少発生時の防除に重点をおく。被害が多発してからの防除では株の勢力回復に時間がかかるうえに，傷果も多くなる。

▷初発は非常に局部的で，1～数株に被害が現われ，しだいに隣接株へ広がる。被害発現株の周囲の株は，外見上健全であってもすでに虫は寄生しており，気づいたときには周辺の数株にも広がっていると考え，圃場全体に薬剤散布する。

▷生長点部の葉の隙間や果実のヘタの隙間などに寄生していることから，薬量を充分使い，ていねいに散布する。散布ムラがあると，その場所が発生源となって再発生する。

▷ピーマンでのチャノホコリダニを対象にした登録農薬は別表に掲載した薬剤のみであるので，ハダニ類，オオタバコガなど他の病害虫防除との併殺効果をねらう。

▷育苗はナス，ピーマンなどの本種の寄主植物の近くでは行なわず，専用ハウスを設ける。また，雑草からの移動もあるので，除草を充分に行なう。

▷摘除した枝葉は速やかにハウス外に持ち出し，土中に埋めるか焼却する。

ピーマン　＜チャノホコリダニ＞

＜防除の実際＞

▷別表〈防除適期と薬剤〉参照。

＜その他の注意＞

▷整枝や収穫作業によって，人為的に発生を拡大させることがあるので注意する。

▷枝が込み合わないように摘除することにより，薬剤の散布ムラがなくなり防除効果を高めることができる。

＜効果の判定＞

▷新芽の動きに注目する。薬剤の防除効果は高いので，散布2週間後には正常な葉の展開が始まる。新芽の回復がみられれば効果があったものと判断する。

▷20倍程度の拡大鏡があれば生死の判定ができる。散布2～3日後に変色し始めの被害葉（完全に褐変した葉やコルク化した部分にはほとんど寄生していない）を検鏡して，つぶれた虫や卵がみられ，生きた虫が見られなければ効果があったものと判断する。

（執筆：山下　泉）

タバコガ類

オオタバコガ
 学　　名　*Helicoverpa armigera* (Hubner)
 英　　名　corn earworm, cotton bollworm, tobacco budworm, tomato grub

タバコガ
 学　　名　*Helicoverpa assulta* Guenee
 英　　名　oriental tabacco budworm, cape gooseberry budworm

〔診断の部〕

＜被害のようす＞

▷孵化幼虫は生長点部の展開中の葉や花蕾を食害するが，この時点で発生を確認するのはむずかしい。

▷中齢幼虫になると果実に頭部を突っ込んで食害したり，食入して果実内部の胎座の種子や果肉を食害する。食害が進むと果実の表皮だけを残して果肉全体が腐敗したようにみえる。このような果実には直径5～6mmの穴があいている。

▷老齢幼虫になると，つぎつぎと移動しながら果実を食害することから，虫数の割に被害果が急激に増加してくる。果実内には通常幼虫は1頭の場合がほとんどであるが，たまに複数の場合もある。

▷果実内に食入したものが出荷され，流通段階や消費段階で問題となることがある。

▷発生が多いと，果実ばかりでなく，生長点付近の茎が食害され，枝が

ピーマン ＜タバコガ類＞

萎れることもある。

▷施設栽培では入り口付近，サイド部，天窓下などの開口部付近から発生するが，被害はしだいに施設全体に広がってくる。

＜診断のポイント＞

▷果実に頭部を突っ込んで，その内部を食害する幼虫がみられる。また，果皮に直径5〜6mmの穴があき，表皮が透けた被害果がみられる。この場合は幼虫が食入しているものと，すでに脱出後のものがある。

▷果実に食入する害虫には，タバコガ類とハスモンヨトウがあるが，ハスモンヨトウは主に葉を食害するので，葉に食害がなく，果実ばかりが食害されている場合はタバコガ類によるものと判断してよい。

▷生長点付近の茎が食害され，そこから先端部が萎れることがあるが，食害部は円形〜楕円形の穴となっている。

▷両種とも若齢期の幼虫は褐色の個体が多いが，中齢，老齢幼虫の体色は淡緑〜褐色まで変異が大きい。体にはまばらに長い刺毛があり，その基部は黒点となる。また，側面に白いスジがある。

▷両種の幼虫は類似しているので区別はむずかしいが，終齢幼虫では第7，第8腹節の気門長と気門のすぐ背面の刺毛基板（暗褐色〜黒色の硬皮板）の縦方向の直径の比に差がみられる。すなわち，タバコガでは第7腹節の気門長は直上背面の刺毛基板の直径の0.5〜0.7倍程度と小さいが，オオタバコガではほぼ同長となる。また，第8腹節ではタバコガがほぼ同長であるのに対し，オオタバコガの気門長は刺毛基板の1.5〜1.3倍程度とやや大きめである。

▷タバコガ類とハスモンヨトウの幼虫の区別は比較的容易で，タバコガ類の幼虫にはまばらな刺毛が目立つが，ハスモンヨトウの幼虫には刺毛がなく，なめらかである。

▷オオタバコガ成虫の前翅長は15〜18mmで，前翅は灰黄色〜黄褐色と色彩変異が大きく，亜外縁線の下部は鋸歯状とならず，不明瞭となるこ

ピーマン ＜タバコガ類＞

とが多い。タバコガの前翅長もほぼ同等であるが，前翅は全体的に黄色味が強く，色彩や斑紋が安定しており，亜外縁線の下部は鋸歯状になる。また，後翅はオオタバコガでは白っぽく，翅脈は黒褐色となるのに対し，タバコガでは黄色で翅脈は暗色とならない。

▷卵は両種ともに直径0.4mmのまんじゅう型，色は淡黄色で，孵化直前には赤褐色になる。生長点部の葉や花蕾などに1個ずつ産み付けられるために，見つけるのはむずかしい。

▷施設栽培では入り口付近，サイド部，天窓下などの開口部付近から発生することが多いので，これらの場所を中心に，被害果の発生に注意する。

＜発生動向その他＞

▷タバコガ，オオタバコガともに以前から発生がみられていたが，オオタバコガはたまにみられる程度であった。しかし，1994年以降，ピーマンをはじめトマト，ナス，オクラ，キャベツ，レタス，キクなどで多発生し，その被害が大きな問題となっている。

〔防除の部〕

＜虫の生態，生活史＞

▷オオタバコガの寄主範囲は広く，ピーマン，トウガラシ類の他，トマト，ナス，オクラ，スイカ，キュウリ，イチゴ，バラ，レタス，キク，ガーベラ，スイートコーン，カーネーション，シュッコンカスミソウなど国内で被害が報告されている作物は50種近くにのぼる。一方，タバコガの寄主範囲は比較的狭く，被害が報告されているのはピーマン，トウガラシ類の他，タバコ，ホオズキくらいである。

▷オオタバコガの第1回成虫（越冬世代成虫）は，西日本で5月中旬頃から，北日本で6月上旬頃からフェロモントラップに誘殺される。年間の

ピーマン　＜タバコガ類＞

発生回数は西日本で4～5回，北日本で3～4回で，西日本における成虫の発生ピークは，5月下旬，7月上旬，8月中下旬，9月下旬～10月上旬，11月上中旬で，8～10月に多い。タバコガの第1回成虫も5月中旬頃からフェロモントラップに誘殺され，西日本での発生ピークは5月下旬～6月上旬，7月上旬，8月上旬，8月下旬～9月上旬，10月上中旬で，やはり8～9月に多い。

▷両種の成虫は，昼間は作物の葉裏などに静止しており，夜間に活動する。飛翔により長距離移動している可能性がある。また，ブラックライトなどの灯火に誘引される。

▷卵はオオタバコガ，タバコガともに生長点部の葉や花蕾などに1卵ずつ産み付けられる。1雌当たりの平均産卵数は400～700個である。また，卵から羽化までの発育期間は25℃で，ともに33日（卵期間：4日，幼虫期間：15日，蛹期間：14日）程度である。

＜発生しやすい条件＞

▷夏期が高温少雨の年に発生が多い。
▷露地栽培，雨よけ栽培では8～9月に発生が多く，抑制栽培では収穫始めの8月から12月の収穫後期まで発生する。また，促成栽培では10～12月の栽培初期に被害発生が多い。

＜対策のポイント＞

▷施設内への成虫の侵入を防止する。
▷幼虫が果実食入後は，薬剤の効果が上がりにくいので，発生に注意し，若齢期の防除に努める。
▷1頭の幼虫がつぎつぎと食害していくことから，幼虫を捕殺するとともに，被害果は圃場外に持ち出して処分する。

ピーマン　＜タバコガ類＞

＜防除の実際＞

▷別表〈防除適期と薬剤〉参照。

▷施設栽培ではサイド部や天窓部などの開口部に防虫ネットを張り，成虫の侵入を防ぐ。目合いについては，サイド部はアブラムシ類などの侵入防止を兼ねて1mm目合い，天窓部は本種やハスモンヨトウの侵入防止を目的に2～5mm目合いとする。

▷黄色灯を設置し，夜間に点灯することで，夜間の交尾行動や産卵行動が抑制され，被害が軽減される。この場合，1lx以上の照度が必要である。

▷フェロモントラップや予察灯により成虫の発生状況を把握し，誘殺数が多くなったら圃場の被害に注意する。

▷穴のあいた果実は早期に摘果し，果実内に食入している幼虫を捕殺する。

▷幼虫は果実内に食入していることが多く，薬剤がかかりにくい。薬剤散布をする場合は，1週間間隔で2～3回散布する。また，老齢幼虫になると防除効果が劣るので，幼虫の早期発見に努め，若齢幼虫期に防除する。

▷本種の天敵としてタマゴバチ科の卵寄生蜂，ヒメバチ科，コマユバチ科の幼虫寄生蜂，顆粒病ウイルスなどが確認されているが，現時点では実用化されていない。

＜その他の注意＞

▷黄色灯を点灯した場合，光が直接作物にあたると，花蕾が落ちるなどの被害が出ることがあるので，作物側に反射板を付けて，作物に直接光があたらないようにする。

▷タイリクヒメハナカメムシなどの天敵を利用している場合は，それらに影響の少ない殺虫剤を選ぶ。

▷同一薬剤，同一系統の薬剤を連用すると薬剤抵抗性を発達させるため，

ピーマン　＜タバコガ類＞

ローテーション散布を行なう。

　＜効果の判定＞

▷被害果の発生が止まったら効果があったものと判断できる。

(執筆：山下　泉)

ピーマン 〈ハダニ類〉

ハダニ類

初期症状：中葉位などにわずかなカスリ状の白斑が生じ，やや萎縮する。　　（松崎　征美）

葉の病斑：葉脈間が黄化する。(松崎　征美)

後期症状：葉全体が黄化し落葉する。(松崎　征美)

ナミハダニ(雌)：淡黄色ないし淡黄緑色で背中の両側に黒紋がある。　　（松崎　征美）

ピーマン 〈ヒラズハナアザミウマ〉

ヒラズハナアザミウマ

成虫(雌)(上):体長約1.3mm,成虫期間は1か月以上におよぶ。
(中垣 至郎)

花への寄生(左上):花やがく部分に産卵する。 (中垣 至郎)

がくの汚れ(左中):がくと,がくと果実のすきまに黒いしみ状の斑点が多数生じ,がくが褐変する。
(中垣 至郎)

被害果実(左下):表面に小さい突起物が生じる。 (中垣 至郎)

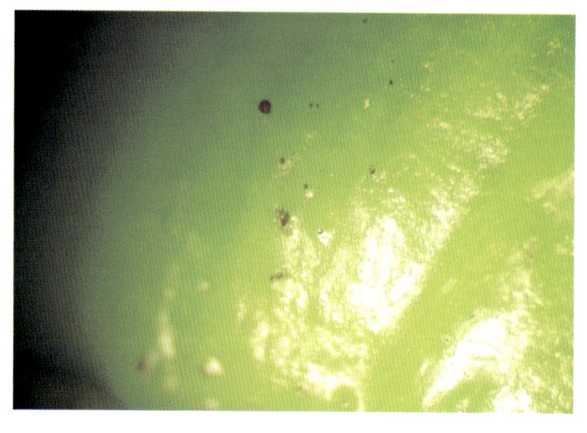

果実に寄生する幼虫(下):幼虫の密度が高くなると果実への被害も大きくなる。 (中垣 至郎)

ハダニ類

カンザワハダニ
 学 名 *Tetranychus kanzawai* Kishida
 英 名 kanzawa spider mite
ナミハダニ
 学 名 *Tetranychus urticae* Koch
 英 名 two-spotted mite

〔診断の部〕

＜被害のようす＞

▷ピーマンでは，低密度の寄生では，葉の加害された部分が，ウリ類やナスのような白っぽいカスリ状斑紋とならないので，判定は困難である。
▷寄生密度が高くなってくると，中葉位などの脈間がしだいに黄化し，柔らかい部位はやや萎縮してくる。密度が高くなると新梢やその付近の葉が黄化しその後落葉が始まる。このようになると，新芽や上位葉にもハダニが多数寄生するようになる。
▷寄生密度が高くなる時期は，露地・施設内とも高温で晴天日数が多く，乾燥する初夏から秋期である。
▷施設栽培は，常に高温で管理されているため，いったん発生すると冬期でも増殖し被害を受ける。特に高温乾燥する暖房機周辺部での発生が多い。

＜診断のポイント＞

▷ピーマンでは，他の作物のように葉表に白い食害痕が現われないので

常に観察し，新梢付近の葉の状態に配慮する。
▷株での発生は，中・上位葉から発生することが多いので，変色葉が発生すれば葉を裏返して，ルーペを用いハダニの寄生を確認する。
▷雌成虫の体長は約0.4～0.6mm，卵・幼虫は微細なため肉眼での確認は困難である。
▷カンザワハダニの雌成虫は赤褐色であるが，ナミハダニには赤色型と黄緑型があり，赤色型は橙赤色，黄緑型は淡黄色ないし淡黄緑色で，背の両面に大きな黒紋がある。

<その他の注意>

▷一般にカンザワハダニに比べて，ナミハダニは薬剤に対する耐性が大きく薬剤が効きにくい。

〔防除の部〕

<虫の生態，生活史>

▷両種とも，発育零点は10℃前後，発育適温は20～28℃，25℃では卵期間は約4日，幼虫から成虫になるまでの期間は約5日，1雌当たり100～150卵を産む。無精卵はすべてが雄となる。
▷一般にカンザワハダニは冬期には休眠をする。ナミハダニの黄緑型は北日本では休眠するが，暖地や施設内の作物に発生する黄緑型は，日長や温度に対する感応性が低く，冬期でも休眠をせずに繁殖し加害する。暖地に分布が多い赤色型は短日条件（北海道）でも休眠をしない。
▷乾燥高温を好み，適湿，適温になると短日時で急増し，高密度になると生長点付近に移動，葉先に塊となって糸を張り風に乗って分散する。また，人などに付着しても寄生範囲を広げる。

ピーマン ＜ハダニ類＞

＜発生しやすい条件＞

▷多肥，高温，乾燥。

＜対策のポイント＞

▷一度発生すると根絶は困難なので，発生源である圃場内外に雑草を生やさないようにする。

▷苗からの持込みを防止するため，定植前に薬剤を充分散布して定植する。

▷早期発見に努め，発生を認めれば発生株とその周辺株に薬剤を充分散布する。

＜防除の実際＞

▷別表〈防除適期と薬剤〉参照。

▷施設では，発生源を断つため，他の病害虫の防除や肥料の溶脱も兼ねて，栽培終了後は30日程度湛水蒸込みを行なう。

▷圃場周辺に，発生源である雑草を生やさないようにする。

▷苗からの持込みを防ぐため，定植前に専用防除剤を充分散布する。

▷発生を認めれば，葉裏を重点に薬剤をていねいに散布する。

▷常発地では発生初期に天敵農薬のチリカブリダニなどを放飼する。

＜その他の注意＞

▷ハダニ類は主に葉裏に生息しているので，薬剤散布は葉裏に充分かかるようにする。

▷ハダニは年間の世代数が多く，移動が少ないため薬剤に対して抵抗性が特に発達しやすい。使用する薬剤は，同系統薬剤の連用を避けローテーション防除を行なう。

ピーマン ＜ハダニ類＞

＜効果の判定＞

▷薬剤散布2〜3日経過してからルーペで成・幼虫や卵の生死を確認する。

（執筆・改訂：松崎征美）

ヒラズハナアザミウマ

学　名　*Frankliniella intonsa* Trybom
英　名　flower thrips

〔診断の部〕

＜被害のようす＞

▷花に寄生し，主に花粉を食べる。花に数頭程度の密度では被害は問題とならない。多数寄生すると萼付近の果皮が染み状に黒変する。また，落花前には他の花に移動するが，幼虫が多数寄生するようになると落花後も萼と果実の間に寄生して加害し，染み状の黒変の程度が高まる。
▷果梗や萼の組織内などに産卵するが，産卵痕が黒変するため，果梗や萼に黒点状の斑点が現われる。密度が高くなると，黒点が合わさって果梗や萼全体が黒変する。
▷ミカンキイロアザミウマとともにトマト黄化えそウイルス（TSWV）を媒介する。ミカンキイロアザミウマに比べると媒介率は低いが，黄化えそ病の発生が問題となっている地域では，低密度でも防除の必要がある。

＜診断のポイント＞

▷雌成虫は暗褐色～黒色で，体長は1.5mm，雄成虫は淡黄色で，体長1mmと微小である。また，幼虫は濃黄色である。
▷花での雌成虫（黒色）の発生状況に注意する。5～6頭以上になると，果梗や萼が点状に黒変する被害がみられだすので防除が必要である。
▷密度が高くなってもミナミキイロアザミウマのように葉や果面に多数寄生することはない。また，葉や果面にカスリ状やケロイド状の被害を出

ピーマン ＜ヒラズハナアザミウマ＞

すこともない。

＜発生動向その他＞

▷地域によって発生量に差がみられることがある。たとえば，茨城県では集団栽培地帯の鹿島地区では発生密度が高くなるが，県北部では高くならない傾向がある。

〔防除の部〕

＜虫の生態，生活史＞

▷卵は果梗や萼などの組織内に産み付けられ，孵化した幼虫は花粉や組織を食べて発育し，2齢期後半になると地表下に落下して前蛹，蛹となる。羽化した成虫は主に花に棲息し交尾，産卵する。1雌当たりの産卵数は約500個と他のアザミウマに比べて大変多く，卵～成虫までの発育期間も25℃で約10日と短く，増殖は速い。

▷ナス科，ウリ科，キク科，アオイ科，ユリ科など広範な植物に寄生する。成・幼虫ともに主に花に生息し，花粉などを食べる。

＜発生しやすい条件＞

▷7～9月の抑制型に発生が多く，9～10月に最も密度が高くなる。加温ハウスでは冬期間でも発生が認められるが，被害が出るほどの密度になることは少ない。しかし，促成栽培や半促成栽培では3～6月に発生が多くなる。

▷施設栽培では，周辺に開花中の雑草や作物があると，そこが発生源となり発生が多くなりやすい。

＜対策のポイント＞

▷圃場周辺の寄主植物を除去する。

ピーマン ＜ヒラズハナアザミウマ＞

▷施設内への成虫の侵入を防止する。
▷苗や寄主となる観葉植物などによる持込みを防止する。
▷薬剤散布は，花の内部にもかかるようていねいに行なう。

＜防除の実際＞

▷別表〈防除適期と薬剤〉参照。
▷育苗施設および栽培圃場の内部とその周辺の雑草（特に開花中）を除去する。
▷育苗は専用の施設で行ない，他の植物は持ち込まない。
▷育苗施設，栽培圃場の換気窓など開口部に1mm目合いの防虫ネットを張って，成虫の侵入を防止する。また，近紫外線カットフィルムの展張も侵入防止対策として有効である。
▷施設栽培では本種の寄生しやすい観葉植物や花卉類を持ち込むと，それが発生源となることがあるので，これらを栽培圃場に持ち込まない。
▷タイリクヒメハナカメムシやククメリスカブリダニなどの天敵を栽培初期に放飼しておくと防除効果が高い。なお，促成栽培においてタイリクヒメハナカメムシを利用する場合は，定植1か月後（粒剤を処理した場合）に，株当たり1〜2頭放飼することで栽培終了時まで高い防除効果が得られている。

＜その他の注意＞

▷アザミウマ類の防除対策にタイリクヒメハナカメムシなどの天敵を利用した栽培では，ヒラズハナアザミウマはミナミキイロアザミウマに比べ比較的密度が高くなっても被害発生が少なく，その餌として重要であるので，高密度にならない限り本種を対象とした防除をひかえることが重要である。

ピーマン ＜ヒラズハナアザミウマ＞

＜効果の判定＞

▷薬剤散布前に発生状況を把握しておき，散布2～3日後に同一箇所の寄生状況を調査する。生息虫がいなければ効果があったものと判断する。

▷タイリクヒメハナカメムシなど天敵類の放飼による防除の場合，効果の発現までに長期間を要するので，栽培管理中によく観察する。花の内部に放飼した天敵類が見られる場合は効果が期待できる。

（執筆：山下　泉）

アブラムシ類

アブラムシの多発による生育不良 （川村　満）

モモアカアブラムシの生長点付近への寄生状況 （高井　幹夫）

モモアカアブラムシ：無翅胎生雌虫と幼虫（高井　幹夫）

ワタアブラムシ：無翅胎生雌虫と幼虫　（高井　幹夫）

ジャガイモヒゲナガアブラムシによる被害葉：吸汁部が黄化する。（高井　幹夫）

ピーマン 〈ハスモンヨトウ・サツマイモネコブセンチュウ〉

ハスモンヨトウ

雄成虫　　　（高井　幹夫）

ふ化幼虫の集団食害による白変葉
（高井　幹夫）

3〜4齢幼虫による被害葉
（高井　幹夫）

果実を食害する6齢幼虫（高井　幹夫）

サツマイモネコブセンチュウ

地上部の症状：新葉が白黄化し，しだいに生育不良となり根は腐敗　　（松崎　征美）

寄生症状：じゅず状の小コブにゼラチン状の卵のうを形成
（松崎　征美）

雌成虫

アブラムシ類

モモアカアブラムシ
　　学　　名　*Myzus persicae* (Sulzer)
　　英　　名　green peach aphid, peach-potato aphid
ワタアブラムシ
　　学　　名　*Aphis gossypii* Glover
　　英　　名　cotton aphid, melon aphid
ジャガイモヒゲナガアブラムシ
　　学　　名　*Aulacorthum solani* (Kaltenbach)
　　英　　名　foxglove aphid, glasshouse-potato aphid

〔診断の部〕

＜被害のようす＞

▷被害としては，直接の吸汁害とウイルス病媒介がある。

▷ピーマンに寄生する主なアブラムシはモモアカアブラムシ，ワタアブラムシ，ジャガイモヒゲナガアブラムシの3種であるが，特にモモアカアブラムシとワタアブラムシの寄生が多い。

▷寄生密度が低いときは吸汁害はほとんど問題にならないが，密度が高くなると大量の排泄物をだすため，これにすす病が発生し，葉や果実が汚れる。すす病が多発すると光合成が抑制され，生育が悪くなる。

▷生長点付近や花，蕾への寄生が多くなると，心止まり，葉の奇形が生じ，花や幼果が落ち始める。

▷このような被害症状は施設栽培で多い。露地栽培では施設におけるような多発生は少なく，直接吸汁害よりもキュウリモザイクウイルス（CMV）の媒介虫として問題になる。

ピーマン　＜アブラムシ類＞

▷モモアカアブラムシは生長点やその周辺の若い葉，花，蕾に寄生する傾向が強い。

▷ワタアブラムシは生長点付近にも寄生するが，モモアカアブラムシに比べると中下位葉への寄生が多い。

▷ジャガイモヒゲナガアブラムシの場合，モモアカアブラムシやワタアブラムシのようには高密度にならないため，すす病は発生しにくい。しかし，吸汁された部分が葉では黄化し，果実でも黄化，場合によっては黒変する。

▷野外では3種とも春から秋にかけて発生がみられるが，多発時期は種類によって若干異なる。モモアカアブラムシ，ジャガイモヒゲナガアブラムシは春と秋に多く，真夏には少ない。ただし，北日本など夏期冷涼な地域では夏に発生が多くなる。ワタアブラムシは梅雨明け後から急速に多くなり始め，9月下旬ころまで発生がつづく。

▷施設ピーマンでは冬期でも発生し，防除を怠ると短期間のうちに多発状態になる。一般的に施設では天窓，サイド換気を行なう9～10月と3～4月以降に発生が多い。

＜診断のポイント＞

▷圃場でみられるアブラムシ類の発育ステージは有翅虫，無翅胎生雌虫，幼虫である。有翅虫で種類を区別することはよほど慣れないと困難である。

▷アブラムシは卵胎生を行なうため，無翅胎生雌虫と幼虫は大きさが違うだけで，形は同じである。種の判別は無翅胎生雌虫で行なうとよい。

▷モモアカアブラムシ：無翅胎生雌虫の体色は変化に富むが，黄緑～緑，桃～赤褐色の個体が多い。体には光沢がある。体長は1.8～2.0mm。角状管と尾片は体と同色。触角は体よりもやや短い。額瘤はよく発達し，内側に傾く。

▷ワタアブラムシ：無翅胎生雌虫の体色は変化に富み，黄色，緑色，濃

緑色から黒色にみえるものまである。体には光沢がなく，少量の白粉をつける個体がある。体長は1.1〜1.9mm。角状管は黒褐色〜黒色。尾片は腹部と同色。触角は体よりもかなり短い。額瘤は発達していない。

▷ジャガイモヒゲナガアブラムシ：無翅胎生雌虫の体色は，黄緑〜淡緑色で光沢がある。体長は約3mm。角状管と尾片は体と同色。触角は体長よりも長い。額瘤は大きく，外側に傾く。

<発生動向その他>

▷発生の始まりは有翅虫の飛来であり，発生初期は密度が低く，初期発生を見過ごしやすいので注意する。

▷アブラムシ類は増殖が激しく，短期間のうちに密度が高くなるので，圃場のあちこちに有翅虫が散見され始めたら，注意が必要である。

〔防除の部〕

<虫の生態，生活史>

▷モモアカアブラムシ：主（冬）寄生はモモ，スモモなど，中間（夏）寄生はピーマンなどのナス科作物，アブラナ科野菜など多くの植物に及ぶ。寒冷地では卵越冬するが，関西以西の温暖な地帯では胎生雌虫や幼虫で越冬していることが多い。

▷ワタアブラムシ：本種にはいくつかの生態的系統があり，生活史も若干異なる。ムクゲ，ツルウメモドキなどで卵越冬する個体と胎生雌虫で越冬する個体があるが，関西以西の温暖な地帯では胎生雌虫や幼虫で越冬する個体が多い。

▷ジャガイモヒゲナガアブラムシ：寒冷地では卵越冬するが，関西以西の温暖な地帯では胎生雌虫や幼虫で越冬する個体が多い。

▷春期から初夏にかけて有翅虫のピーマン圃場への飛来が頻繁になり，定着した有翅虫はまもなく産子を始める。幼虫が発育して無翅胎生雌虫に

ピーマン　＜アブラムシ類＞

なると，以後急速に密度が高くなり始める。特に，幼苗期に寄生が多いと生育が抑制され，ひどい場合にはしおれや葉が黄化する。高密度になり，作物の状態がわるくなると有翅無翅が現われ，分散が始まる。なお，春から秋にかけては周辺の雑草でも繁殖しているため，この間は常に有翅虫の飛来が見られる。

＜発生しやすい条件＞

▷一般的には晴天が続き，雨の少ない年に発生が多い。

▷露地ピーマンでは雨や天敵の影響を受けやすいため，すす病の発生するような多発生は比較的少ない。しかし，施設ピーマンは雨や天敵の影響を受けないため，防除を怠ると短期間のうちに高密度になり，すす病などの被害が発生する。

＜対策のポイント＞

▷アブラムシは増殖力が大きく，短期間のうちに高密度になるが，発生の始まりは有翅虫の飛込みからであり，一斉に圃場全体が多発状態になることはない。有翅虫が産子を始め，小さいコロニーを形成したころが最も発見しやすい。このころまでであれば吸汁害はほとんど問題にならないので，小さなコロニーが散見され始めたらただちに防除対策を講じる。

▷しかし，ウイルス病の蔓延を防ぐためには有翅虫の飛込み防止対策を講じるとともに，早めに防除を行ない，圃場内での分散を防ぐ。

▷露地の場合はシルバーポリフィルムなどでマルチするかシルバーテープを張りめぐらし，有翅虫の飛来防止に努める。施設の場合には近紫外線カットフィルムの展張や天窓，サイドに防虫ネットか寒冷紗を被覆し，有翅虫の飛込みを防ぐ。両者を組み合わせると効果はより高くなる。シルバーマルチと防虫ネットあるいは寒冷紗被覆との組合わせも効果的である。

▷以上の物理的防除法の組合わせは，アブラムシ類だけでなく，アザミウマ類やハスモンヨトウなどに対する侵入防止効果も高い。

ピーマン　<アブラムシ類>

▷激発時でも薬剤抵抗性の発達した個体群でなければ防除は比較的容易である。しかし，近年アブラムシ類（特に，モモアカアブラムシとワタアブラムシ）の薬剤抵抗性の発達は各地において問題化しており，徐々に防除が困難になりつつある。

▷薬剤抵抗性の発達程度は地域による違いだけでなく，同一圃場内の個体群によっても異なることが多い。したがって，防除薬剤の選択にあたっては充分注意する必要がある。

▷天敵寄生蜂のコレマンアブラバチは，アブラムシ類の発生初期に放飼する。寄生蜂の入った容器を開封し，アブラムシ寄生株の株元に1週間程度静置する。ただし，ヒゲナガアブラムシ類には寄生しないので，発生しているアブラムシ類の種類を確かめて放飼する。

<防除の実際>

▷別表〈防除適期と薬剤〉参照。

<その他の注意>

▷アブラムシ類は葉裏や心部によく寄生しているので，これらの部分への散布をていねいに行なう。特に，合成ピレスロイド剤のように浸透移行性のない薬剤を使用する場合には注意する。

▷アブラムシ類は密度の回復が早いので，散布は散布ムラのないようにていねいに行なう。

▷薬液が乾きにくい夕方などに散布を行なうと，病害の発生を助長するので，散布はできるだけ天気のよい日の午前中に行なう。特にハウス栽培では注意する。

▷薬害は比較的でにくいが，高温時，軟弱徒長ぎみのとき，および薬液が乾きにくい状態のときの散布は避けたほうが無難である。

▷天敵類を導入している施設では，使用できる薬剤が大幅に制限される。天敵類を効果的に利用するためには，防虫ネット，寒冷紗による換

ピーマン　＜アブラムシ類＞

気窓被覆，近紫外線カットフィルムの展張などの物理的防除法を積極的に組み込んだ体系防除を行なう。

▷薬剤抵抗性の発達防止のうえからも，寒冷紗被覆，シルバーマルチなどと薬剤をうまく組み合わせ，薬剤使用を極力少なくした総合的な防除対策を講じることが大切である。

＜効果の判定＞

▷効果のある薬剤であれば，散布2～3日後にはほとんど生存虫が見られなくなる。もし，ていねいに薬剤散布を行なったにもかかわらず，残存虫が見られるようであれば，使用した薬剤に対して抵抗性が発達している可能性が高いので，このような場合にはタイプの異なる薬剤を使用する。

（執筆・改訂：高井幹夫）

ピーマン ＜ハスモンヨトウ＞

ハスモンヨトウ

学　名　*Spodoptera litura* (Fabricius)
英　名　common cutworm

〔診断の部〕

＜被害のようす＞

▷孵化幼虫は集団で表皮を残して葉裏を食害するため，産卵された葉は白変する。また，一部の孵化幼虫は吐糸して分散し，周辺の葉を食害するが，この場合，食害痕は小さな白斑になる。

▷発育がすすみ，3齢期ころになると，周辺の葉へつぎつぎと分散し，食害痕も大きくなる。

▷4齢期ころまでは植物体上で食害するが，5～6齢期になると，日中は土中，敷わらの下，株元などに潜み，夜間は植物体上に這い上がって食害する個体が多くなる。

▷5～6齢期になると食害量が著しく多くなり，葉だけでなく，果実，花蕾，生長点などを暴食する。多発すると数日のうちに葉を食い尽くし，果実は穴だらけになり，甚大な被害を受ける。

▷本種の越冬場所は施設内と考えられており，施設栽培の盛んな地域では5月ころから発生が見られ始めるが，多くなるのは8月ころから10月にかけてであり，被害もこの時期に集中する。その他の地域では発生がやや遅く，9～10月にかけて被害が多い。

▷施設栽培では一般的に育苗期から本圃初期にかけて発生が多いが，防除を怠ると冬期にも発生し，気温が高くなり始める3月ころから急速に密度が高まり，思わぬ被害を受ける。

ピーマン ＜ハスモンヨトウ＞

＜診断のポイント＞

▷産卵は主に葉裏に卵塊で行なう。卵塊表面は黄土色の鱗毛で覆われている。孵化幼虫で種を見分けることは困難であるが、卵塊跡を見ると表面を覆っていた黄土色の鱗毛が残っているので、これでおおよその見当はつく。

▷2齢幼虫になると体の頭部に近い部分に1対の黒紋が現われるのでこれで判別できる。5～6齢幼虫になると体の色や斑紋は個体により大きく異なることが多いが、前記黒紋は他の黒紋よりも大きく、これを見ることで判別は可能である。ただし、老齢幼虫のなかにはこの黒紋がはっきりしない個体もある。また、体色の黒化した個体ではこの黒紋は見づらい。

▷成虫は体長約15～20mm。前翅には斜めに交差して走る淡褐色の数条の縞模様がある。前翅の斑紋は雌雄によって異なり、雌では一見網目状であるが、雄では斜めに走る縞模様が帯状に見える。

〔防除の部〕

＜虫の生態、生活史＞

▷本種は南方系の害虫で寒さに弱く、休眠をしないため、野外での越冬は困難であり、ビニールハウスの存在が本種の生活環境に重要な役割を果たしていると考えられている。したがって、関東以西の施設園芸地帯では毎年発生が見られ、野菜類や花卉類の重要害虫になっている。

▷高知県のような園芸地帯では年間を通して発生が見られるが、通常、露地での発生は春先少なく、世代を重ねながら徐々に増加し、8～10月に多くなり、被害発生もこの時期に集中する。

▷施設園芸があまり盛んでない地帯では多発地帯からの飛来成虫が発生源になるため、発生時期は施設園芸地帯に比べると遅く、多発時期も9～10月ころになることが多い。

ピーマン　<ハスモンヨトウ>

▷年間世代数は暖地の施設園芸地帯では5～6世代と推定されている。

▷成虫の行動範囲はきわめて広く，雄は一晩に2～6km飛来する。雌の行動についてはほとんどわかっていないが，雄と同様行動範囲はかなり広いものと思われる。

▷幼虫は通常6齢を経過するが，なかには7齢を経過する個体もある。幼虫の発育期間は25℃恒温条件下で約21日であり，蛹化は土中で行なう。

<発生しやすい条件>

▷発生量は年によって著しく変動するが，一般的に春先から降雨が少なく，高温乾燥が続く年には8月ころから9月にかけて多発することが多い。

▷発生の多い作型は露地栽培である。施設栽培では防除が徹底されるため，多発することは比較的少ないが，露地で発生の多い年には育苗から本圃初期が露地での多発期と重なるため，この時期に被害が多くなる。

▷施設栽培では環境条件がよいため，防除を怠ると短期間のうちに多発状態になる。

▷一般的に四国や九州などの西南地域で発生が多いが，その他の地域でも施設栽培の盛んなところでは発生が多い。

<対策のポイント>

▷ハスモンヨトウの常発地帯では，定植直後から防蛾灯（黄色蛍光灯）を点灯することで，ハスモンヨトウだけでなくオオタバコガなどの発生もかなり少なくすることができる。

▷限られた薬剤で防除効果を上げるためには若齢期防除に努める必要がある。薬剤に対して最も弱い時期は孵化幼虫期であり，この時期が防除適期になる。

▷圃場内のあちこちに白変葉が見られ始めたら多発の前兆であるので，

ピーマン ＜ハスモンヨトウ＞

この時期を見逃さないようにときどき圃場を見回り，適期防除に努める。
▷孵化幼虫は集団で葉を食害しているので，収穫・整枝時によく注意し，見つけしだい葉ごと摘葉するとよい。
▷フェロモントラップでの捕獲数が多くなり，周辺のサトイモ，ダイズなどで発生が見られ始めたら，発生が多くなる兆しであるので注意する。

＜防除の実際＞

▷別表〈防除適期と薬剤〉参照。
▷ハスモンヨトウはサトイモやダイズなどで多発生し，これらの作物で増殖した幼虫が移動してきて被害を受けることがある。したがって，同一圃場内や隣接圃場にハスモンヨトウが好む作物はできるだけ栽培しないようにする。

＜その他の注意＞

▷薬剤抵抗性の発達程度は地域によって異なるが，すでに関東以西の多くの地域で従来から本種防除に使われてきた薬剤に対する感受性低下が大なり小なり認められている。したがって，防除にあたっては適期防除に努めるとともに，これ以上の薬剤抵抗性の発達を防ぐ意味からも同一薬剤の連用は避けるべきである。
▷施設栽培の場合，天窓やサイドへの防虫ネットや寒冷紗被覆はハスモンヨトウだけでなくアザミウマ類やアブラムシ類などの侵入防止にも役立つ。

（執筆・改訂：高井幹夫）

サツマイモネコブセンチュウ

　学　名　*Meloidgyne incognita* Kofoid et White
　英　名　southern root-knot nematode

〔診断の部〕

＜被害のようす＞

▷地下部の根に，ネコブセンチュウの幼虫が寄生し，根にこぶをつくって加害する。寄生密度が少ない場合は生育の後半になっても，地上部の生育にはほとんど影響はしない。

▷寄生密度が高くなるに従って，心芽の伸長が緩慢となり，節間が短くなってくる。

▷栽培初期から寄生を受けた場合は，栽培の後半には心の周辺葉がまだらに白黄化し，花蕾が減少，着果不良となり果実の肥大が悪くなる。

▷前作物に，ネコブセンチュウが寄生していて，土壌内の幼虫生息密度が高い場合には，植付け後しばらくして生育が遅延，その後ひどい場合は昼間株がしおれてくる。その後，根部の腐敗がすすむと株は枯死することがある。

＜診断のポイント＞

▷根部にこぶがあるかを調べる。ピーマン根に発生するこぶは他作物に比べてきわめて小さく，ていねいに確認しないと見逃すことがあるので注意する。

▷植付け前に，土壌を採集して幼虫密度を調べる。この場合土壌から幼虫を分離するには，ベルマンロートなどの器具が必要であり，顕微鏡で検

鏡して分類・遊出密度を調べれば，以後の発生被害が予測できる。この方法は専門的な技術・知識が必要で，普及所や防除所に依頼する必要がある。

〔防除の部〕

＜虫の生態，生活史＞

▷サツマイモネコブセンチュウは土中に生息する。寄生する植物がない場合は，卵か線状の1～2期の幼虫態で，土壌孔隙か罹病植物の残渣内などに生息する。

▷植物が植え付けられると，幼虫は根の先端から侵入し養分を吸収して発育する。発育中に体内から毒素を出す。このため根は巨大細胞をつくり独特のこぶとなる。

▷侵入した線状の幼虫は発育するに従って，ソーセージ型の3～4期幼虫から，洋ナシ型の体長1mm程度の雌成虫となる。その後ゼラチン状の卵のうを出してこの中に1雌当たり500～1000個の卵を産み付ける。

▷本虫の発育零点は約10℃，北日本では年3世代，暖地では5世代を経過する。

▷センチュウ自体はほとんど移動せず，作物に寄生して世代を繰り返すたびに累積的に土壌内密度が高まり被害が上昇してくる。

＜発生しやすい条件＞

▷砂土や火山灰土など乾燥しやすい土質で，地温が高くなるほど繁殖が旺盛となる。また，果菜類など寄生繁殖しやすい作物を連作するほど，土壌内の卵・幼虫密度が高くなる。

＜対策のポイント＞

▷ネコブセンチュウの生息していない土地に作付けする。

▷土壌内の生息密度が高い場合には，間作に忌避植物を栽培したり，休

閑期に湛水蒸し込みなどを行なうか，栽植前に薬剤で土壌消毒を行なう。

＜防除の実際＞

▷別表〈防除適期と薬剤〉参照。

▷前作物がネコブセンチュウの寄生しやすい種類か否かを判断し，引き上げ時に根のこぶの有無を確かめる。

▷植付け前に，土壌を採取し器具を使って幼虫の生息密度を確認する。

▷前作物の根にこぶがあり，被害が予測される場合には，間作にコブトールなどの忌避植物を栽培し土壌内の幼虫生息密度を下げる。

▷休閑期に1か月程度湛水蒸し込みを行なって密度を下げる。この場合，石灰窒素を10a当たり100〜150kg加用すると防除効果が高くなる。

▽作物の栽培期間中に施用して防除できる薬剤はないので，作付けの前に殺線虫剤を施用して防除を行なう。

＜その他の注意＞

▷土壌くん蒸剤は根内に生息するセンチュウや卵に対しては，防除効果が劣るので施用前に充分に休閑期間をとり，根部を腐らせておく。

▷土壌くん蒸剤は，土壌が極度に乾燥したり，湿っていると防除効果が劣るので，土壌を握って崩れる程度が最適である。施用後はポリフィルムで5〜7日程度被覆放置する。

▷その後，被覆資材を除きガス抜きを行なうが，7日以上の日数が必要である。ガス抜き期間が短いと作物に薬害が生じる。

＜効果の判定＞

▷ホウセンカなどの指標作物を栽培して，こぶが寄生しているか否か検討する方法があるが時間を要する。

▷早期に判定するには，土壌内の幼虫を検出して生息密度を調べる。

（執筆・改訂：松崎征美）

コナカイガラムシ類

マデイラコナカイガラムシ：
果実への寄生　　　（山下　泉）

マデイラコナカイガラムシ雌成虫：体長3～5mm，体周縁の突起は尾端の1，2対がやや長い。　（山下　泉）

ナスコナカイガラムシ：雌成虫と幼虫(体長3～5mm，体周縁の突起はいずれも短い)　　　（山下　泉）

ナスコナカイガラムシ：葉への寄生状況，下側の葉にはすす病が発生する。（山下　泉）

シルバーリーフコナジラミ

シルバーリーフコナジラミによる果実の白化症：左が正常果，右が被害果
（山下　泉）

葉に発生したすす病と生長点部の退緑　（山下　泉）

成虫：体長は0.8～1mm。体色は淡黄色，翅は白色で，翅先は重ならない。（下左）
（山下　泉）

蛹：体長1mm内外，淡黄～濃黄色。刺毛は目立たない。（下右）　（山下　泉）

コナカイガラムシ類

マデイラコナカイガラムシ
 学 名 *Phenacoccus madeirensis* Green
 英 名 madeira mealybug
ナスコナカイガラムシ
 学 名 *Phenacoccus solani* Ferris

〔診断の部〕

＜被害のようす＞

▷マデイラコナカイガラムシは葉，茎，果実に寄生する。果実に直接寄生するほか，排泄物にすす病が発生し，果実が汚れるため商品価値が損なわれる。

▷ナスコナカイガラムシは主に葉と茎に寄生し，果実にはほとんど寄生しない。マデイラコナカイガラムシと同様に排泄物にすす病が発生し，果実が汚れるため商品価値が損なわれる。

▷両種ともに寄生密度が高くなると生育が阻害されるとともに落葉する。

＜診断のポイント＞

▷マデイラコナカイガラムシの雌成虫は楕円形で体長3〜5mm，体色は灰緑色で，白色粉状のロウ物質で覆われている。体周縁の白色ロウ物質分泌物の突起は18対で，尾端の1，2対はやや長い。卵のうの長さは1cm内外である。雄成虫は，有翅で一見「蚊」のように見え，飛翔能力がある。体長は1〜2mmと微小で，圃場で見つけるのは困難である。

ピーマン　＜コナカイガラムシ類＞

▷ナスコナカイガラムシの雌成虫も楕円形で体長は3〜5mmである。体色は橙褐色で，白色粉状のロウ物質で覆われている。体周縁の白色ロウ物質分泌物の突起は18対であるが，いずれも短く目立たない。また，卵のうは形成しない。

▷両種ともに最初は株元付近から発生する場合が多いので，栽培管理中に下葉の葉裏を観察する。

＜発生動向その他＞

▷マデイラコナカイガラムシは中南米原産で，カリブ海諸国，ハワイ，ミクロネシアなどに分布している。国内ではこれまで小笠原諸島（パッションフルーツ，ダイズなど）や南西諸島（マンゴー，トウガラシなど）で発生が確認されていたが，2000年頃から本土でも発生がみられるようになった。

▷ナスコナカイガラムシも中南米原産で，ハワイ，ミクロネシア，南アフリカなどに分布している。国内では2000年頃から発生がみられるようになった。

▷ピーマンでは両種ともに，害虫類の防除対策に天敵類を活用している圃場など，化学合成殺虫剤の使用をひかえた栽培で発生することが多い。

〔防除の部〕

＜虫の生態，生活史＞

▷マデイラコナカイガラムシは雌成虫が成熟すると卵のうを形成し，その中に約200個の卵を産む。雌では1齢，2齢，3齢幼虫を経て成虫となるが，雄では2齢幼虫の後，前蛹，蛹のステージを経て成虫となる。卵〜成虫までの経過日数は充分調査されていないが，促成栽培（9月定植〜6月栽培終了）では3〜4世代を経過する。

▷マデイラコナカイガラムシはピーマンのほか，国内ではトウガラシ，

ピーマン ＜コナカイガラムシ類＞

トマト，イヌホウズキ（ナス科），メロン（ウリ科），ダイズ，アズキ，ソラマメなど（マメ科），センダングサ（キク科），サルビア（シソ科），ランタナ（クマツヅラ科）など15科25種の植物に寄生することが確認されており，寄主範囲は広い。

▷ナスコナカイガラムシは雌成虫が卵のうを形成せず，直接産子する。産子数は約200である。雌は1齢，2齢，3齢幼虫を経て成虫となる。雄はみられず単為生殖を行なう。マデイラコナカイガラムシと同様，促成栽培（9月定植〜6月栽培終了）では3〜4世代を経過する。

▷ナスコナカイガラムシの寄主植物として国外ではアブラナ科，ナス科，キク科，ミカン科，トウダイグサ科などの植物が記録されている。国内ではピーマンのほかに，シシトウガラシ，ナス，キュウリで発生がみられている。

＜発生しやすい条件＞

▷害虫の防除に天敵類を活用している圃場など，本種に効果のある化学合成殺虫剤（ネオニコチノイド系，合成ピレスロイド系，有機リン系殺虫剤など）の使用をひかえた栽培で発生しやすい。

▷加温ハウスでは冬期間も発生するが，被害が出るほどの密度になることはほとんどない。気温が高くなる3〜6月以降になると発生が多くなる。

＜対策のポイント＞

▷圃場周辺の寄主植物を除去する。
▷苗や寄主となる観葉植物などによる持込みを防止する。

＜防除の実際＞

▷別表〈防除適期と薬剤〉参照。
▷育苗施設および栽培圃場の内部とその周辺の雑草を除去する。

ピーマン　＜コナカイガラムシ類＞

▷苗は害虫類の寄生の有無を充分チェックし，無寄生苗を定植する。

＜効果の判定＞

▷薬剤散布前に発生状況を把握しておき，散布3～5日後に同一箇所の寄生状況を調査する。生息虫がいなければ効果があったものと判断する。なお，死亡後も茎葉に付着していることが多いので，ルーペなどを用いて生死を確認する。

（執筆：山下　泉）

シルバーリーフコナジラミ

学　名　*Bemisia argentifolii* Bellows & Perring
別　名　タバココナジラミ新系統
英　名　silverleaf whitefly

〔診断の部〕

＜被害のようす＞

▷成虫や幼虫が多数寄生すると，その下の葉や果実に排泄物が落下し，そこにすす病菌が繁殖して黒く汚れる。汚れた果実は商品価値が著しく低下する。

▷幼虫が葉に多数寄生することによって，葉が退緑するほか，果実に白化症が発生する。寄生密度が低い場合は，白化の程度は低いが，商品価値は著しく損なわれ，症状の激しいものは出荷できない。密度が高くなると白化の程度も高くなるが，その関係については明らかにされていない。

▷成虫，幼虫の吸汁による直接的な生育阻害とすす病の発生による間接的な生育や収量への影響（光合成阻害）がある。

＜診断のポイント＞

▷葉がゆれ動いたときに，白色の成虫が飛び出すことで発生が確認できる。成虫は主に葉裏に寄生するので，葉裏を観察し，発生量の多少を判断する。また，黄色の粘着トラップ（金竜，ホリバーなど）への成虫の誘殺状況でもある程度発生量を判断できる。

▷シルバーリーフコナジラミの成虫の体長は0.8～1mmで，体色は淡黄色，翅は白色である。主に葉裏に寄生する。オンシツコナジラミとの識

ピーマン　＜シルバーリーフコナジラミ＞

別はむずかしいが，静止時に観察すると，やや小型で，黄色味が強く，翅は後方から見ると約45度の角度で屋根型に閉じ，翅先は重ならない（オンシツコナジラミは翅先が重なる）ことで区別できる。

▷シルバーリーフコナジラミの4齢幼虫（蛹）は黄色味が強く，体は楕円形で後端が細まる。また，刺毛はあまり目立たない。一方，オンシツコナジラミは白っぽく，コロッケ状に盛り上がり，表面に長い棘状の突起が目立つことで区別できる。

＜発生動向その他＞

▷わが国では1989年に愛知県下のポインセチアで初めて発生が確認された。その後，急速に分布を拡大し，ほぼ全国的に発生がみられている。当初はタバココナジラミ新系統と呼ばれていたが，その後別種であることが確認され，シルバーリーフコナジラミと命名された。

▷ピーマンでは1998年頃から発生がみられていたが，寄生密度はきわめて低く，特に被害が問題になることはなかった。しかし，害虫類の防除対策に天敵類を活用した栽培が普及し始めた2002年頃から四国や九州地域で寄生密度が高まり，すす病による果実の汚れ果実，茎葉の白化症の発生による被害が問題となりはじめた。

〔防除の部〕

＜虫の生態，生活史＞

▷卵，幼虫（1～4齢，4齢幼虫を蛹と呼ぶことが多い）を経て成虫になる。孵化後の1齢幼虫は歩行，移動するが，2齢になると固着生活に入り，移動しなくなる。

▷発育適温は30℃付近で，オンシツコナジラミよりもやや高い。卵から成虫までの発育期間は27℃で20日程度である。

▷発育限界温度は，高温域が32～36℃，低温域が約10℃である。

ピーマン ＜シルバーリーフコナジラミ＞

▷施設栽培では，冬期間でも増殖を繰り返し，春先から6月（栽培終期）にかけて密度が高まる。露地栽培では夏秋期に発生が多い。

▷春先に施設から野外に分散したものが野外での主要な発生源となっている。野外ではセイタカアワダチソウ，イヌタデなどの雑草やサツマイモ，ダイズ，カボチャなどの露地野菜類で増殖する。

＜発生しやすい条件＞

▷シルバーリーフコナジラミは気温が上昇してくると増殖が盛んになるので，施設栽培（促成）では3～6月に発生が多くなりやすい。また，この頃にすす病や白化症が発生しやすい。

▷栽培圃場周辺にセイタカアワダチソウなどの雑草があったり，サツマイモ，ダイズなどの寄主植物が栽培されている場合は，そこが発生源となり，成虫が飛来侵入して発生しやすい。

▷施設栽培では本種の寄生しやすい花卉類（ポインセチア，ホクシャなど）を持ち込むと，それが発生源となる場合が多い。

＜対策のポイント＞

▷施設内への成虫の侵入を防止する。
▷栽培圃場周辺の寄主植物を除去する。
▷薬剤散布は，葉裏にも充分かかるようていねいに行なう。
▷栽培終了時の作物残渣を適正に処分する。

＜防除の実際＞

▷別表〈防除適期と薬剤〉参照。
▷育苗施設および栽培圃場の内部とその周辺の雑草を除去する。
▷育苗施設，栽培圃場の換気窓など開口部に1mm目合いの防虫ネットを張って，成虫の侵入を防止する。
▷施設栽培では本種の寄生しやすい花卉類（ポインセチア，ホクシャな

ピーマン ＜シルバーリーフコナジラミ＞

ど）を持ち込むと，それが発生源となる場合が多いので，これらを施設内に持ち込まない。

▷天敵としてオンシツツヤコバチ剤の登録があるが，シルバーリーフコナジラミに対しての効果はオンシツコナジラミに対する効果に比べ劣る。また，微生物農薬ではプリファード水和剤（ペキロマイセス・フモソロセウス菌）が使用でき，天敵昆虫との併用が可能である。本剤を使用する場合は午後に散布し，翌朝まで施設の湿度を高く保つ必要がある。また，殺菌剤との併用を避ける。

▷成・幼虫はほとんどが葉裏に寄生しているので，薬剤を散布する場合は葉裏にも充分かかるようにていねいに行なう。

▷栽培終了時に発生がみられる場合は野外に分散しないよう，施設を数日間締めきって成・幼虫を殺したのちに残渣を処分する。

＜その他の注意＞

▷薬剤抵抗性の発達を抑制するため，同一薬剤，同一系統の薬剤の連用をしない。

（執筆：山下　泉）

ピーマン 〈ミカンキイロアザミウマ〉

ミカンキイロアザミウマ

果実の被害：成幼虫が果梗部を加害し，かすり状に褐変する。　　（高井　幹夫）

雌成虫：体長は約1.5mm
　　　　（高井　幹夫）

ピーマン 〈クリバネアザミウマ〉

クリバネアザミウマ

果実の被害症状：果皮がケロイド状になる。
（山下　泉）

雌成虫：体長1.5mmと微小　（山下　泉）

幼虫：排泄物で茶褐色に汚れていることが多い。
（山下　泉）

茎の被害症状：株元の方からカスリ状の食害が広がる。　（山下　泉）

葉の被害症状：被害部には暗褐色の排泄物が点状に付着している。　（山下　泉）

ミカンキイロアザミウマ

学　名　*Frankliniella occidentalis* (Pergande)
英　名　western flower thrips

〔診断の部〕

＜被害のようす＞

▷寄生部位は主に花であり，加害された果梗部はカスリ状に褐変する。
▷幼虫の密度が高まると葉へも移動し加害する。
▷黄化えそ病（トマト黄化エソウイルス）を媒介する。本ウイルス病に感染すると，初め生長点付近の葉がえそを起こして枯れるか褐色のえそ斑を生じる。症状が進むと茎に縦長の褐色えそ斑を生じ，症状がひどい場合には株全体に委凋症状がみられるようになり，やがて枯死する。

＜診断のポイント＞

▷主な寄生部位である花での発生に注意する。
▷密度が高くなった場合でも，ミナミキイロアザミウマのように新葉のちぢれや果実の変形症状はみられない。
▷成虫の体長は1.1～1.5mmで，雌成虫の体色は夏期には淡黄色，冬期には茶褐色である。雄成虫や幼虫の体色は淡黄色である。
▷ピーマンの花にはミカンキイロアザミウマ以外にも，ミナミキイロアザミウマやヒラズハナアザミウマなどが寄生する。雌成虫の大きさはミナミキイロアザミウマよりやや大きく，ヒラズハナアザミウマとほぼ同じである。しかし，これらを肉眼で識別することは難しく，プレパラートを作成し，顕微鏡下での観察が必要となる。本種の特徴は複眼後方の刺毛が長

ピーマン ＜ミカンキイロアザミウマ＞

いことである。

＜発生動向その他＞

▷侵入害虫であり，国内では1990年に埼玉県と千葉県のシクラメン，インパチェンス，ガーベラなどの花卉類で初めて発生が確認された。その後数年のうちにほぼ全国に分布が拡大し，問題となっている。

▷シルバーリーフコナジラミやマメハモグリバエなど他の侵入害虫の場合と同様に，花卉類の苗または切り花などに寄生したものが日本国内へ持ち込まれたと考えられる。また，国内での分布拡大も同様の方法により行なわれたと考えられる。

▷ヨーロッパやアメリカ大陸においては殺虫剤抵抗性の個体群の発生が報告されているが，日本国内で発生する個体群についても防除効果の高い殺虫剤は限定される。

〔防除の部〕

＜虫の生態，生活史＞

▷ピーマン以外にもナス科，ウリ科，キク科，マメ科などの野菜類，多くの花卉類，ミカン，ブドウなどの果樹類に寄生し，被害を及ぼす。また，セイヨウタンポポ，アレチノギク，セイタカアワダチソウなどの雑草類にも寄生するなど寄主範囲は非常に広い。

▷越冬は主に施設内で行なわれるが，野外でもキク親株やホトケノザ，ノボロギクなどの越年生雑草の芽や株元のすき間などで越冬することも確認されている。

▷産卵は花の組織内などに行なわれ，孵化した幼虫は花弁や花粉を食べて成長し，1回脱皮した後土中で蛹となる。蛹は1回の脱皮を経て成虫になる。卵から成虫までの発育期間は15℃で34日，20℃で19日，25℃で12日，30℃では9.5日である。35℃での発育期間は30℃の場合とほとん

ど変わらないが，成虫になるまでの死亡率がかなり高く，発育適温は15〜30℃である。

▷雌成虫の生存期間は15℃で99日，25℃で46日と長く，その間の総産卵数は200〜300個である。

▷黄化えそ病を媒介する。1齢幼虫時に感染植物を摂食してウイルス粒子を体内に取り込んだ場合にのみウイルス媒介能力を持つ。2齢幼虫や成虫がウイルス粒子を体内に取り込んでもウイルス媒介能力を持つことはない。また，いったん保毒すると死ぬまでウイルスを媒介することができる。

＜発生しやすい条件＞

▷周辺に増殖に好適な花卉類の栽培圃場があるとそこが発生源となり，発生が多くなりやすい。

▷圃場周辺にキク親株やホトケノザ，ノボロギクなどの越年生雑草などが多い場合には，越冬虫が多いと考えられるので，注意が必要である。

＜対策のポイント＞

▷苗による持ち込みを防ぐ。
▷圃場内への侵入を防ぐ。
▷圃場内外の発生源を断つ。

＜防除の実際＞

▷別表〈防除適期と薬剤〉参照。

▷施設栽培ではハウスの開口部に1mm以下の寒冷紗を張り，圃場周辺からの飛来侵入を防ぐ。また，紫外線カットフィルムの展張も侵入防止対策として有効である。

▷青色の粘着トラップを圃場内に設置し，発生状況を確認する。

▷圃場周辺の雑草類を除去し，発生源を絶つ。また，観葉植物などや花

ピーマン　＜ミカンキイロアザミウマ＞

卉類は発生源となるので圃場内に持ち込まない。

▷施設栽培では栽培終了後に10～14日程度ハウスを蒸し込み，周辺圃場への飛散を防ぐ。

＜その他の注意＞

▷ミカンキイロアザミウマの直接的な加害による被害はミナミキイロアザミウマに比べて小さいため，アザミウマ類を対象とした防除はミナミキイロアザミウマを中心に考える必要がある。ただし，ミカンキイロアザミウマが媒介する黄化えそ病による被害は大きく，本ウイルス病の発生地域では発生初期の防除に努める。

＜効果の判定＞

▷薬剤散布の場合，散布後2～3日後に花での発生を確認し，成・幼虫がみられなくなれば，効果があったと判断してよい。

▷天敵類の放飼による防除の場合には，効果の発現までに時間を要する。タイリクヒメハナカメムシの場合，放飼して約2週間後に花で幼虫が散見されるようになれば圃場に定着したと考えられ，その後の密度抑制効果が期待できる。

（執筆：下元満喜）

クリバネアザミウマ

学　　名　*Hercinothrips femoralis* (Reuter)

〔診断の部〕

<被害のようす>

▷葉をなめるように食害するため，葉はカスリ状の斑点がみられ，排泄物により黒く汚れる。

▷密度が高まると，茎や果実も食害される。茎では葉と同様にカスリ状に食害され，排泄物で黒点状に汚れる。また，果実は果皮がケロイド状になる。

▷他のアザミウマ類と異なり，被害は下葉から発生しはじめ，順次，株の上方に広がっていく傾向がある。

<診断のポイント>

▷雌成虫は褐色で，体長は1.2～1.5mmと微小である。幼虫は淡黄色であるが，腹部背面には排泄物が付着して茶褐色～暗褐色に汚れていることが多い。また，尾端部に褐色で球状の排泄物が付着していることもある。

▷被害はミナミキイロアザミウマなどと同様にカスリ状となるが，被害部には茶褐色～暗褐色の排泄物が付着して汚れていることが多い。

▷被害は株のふところ部付近や下部の茎葉から発生し始めることが多いので，この付近の被害に注目する。

<発生動向その他>

▷国内では北海道，関東，近畿，四国地方の施設内で発生が報告されて

ピーマン　＜クリバネアザミウマ＞

いるが，ピーマンでは2003年頃から発生がみられはじめた。
　▷害虫類の防除対策に天敵類を利用している圃場など，化学合成殺虫剤の使用をひかえた栽培で発生することが多い。

〔防除の部〕

＜虫の生態，生活史＞

　▷他のアザミウマ類と同様に，卵は葉脈や果梗などの組織内に産み付けられ，孵化した幼虫は組織を食害して発育し，2齢期後半になると地表下に落下して前蛹，蛹となる。羽化した成虫は植物体上に飛来して交尾，産卵する。卵～成虫までの発育期間は，24℃で約24日である。
　▷国内ではピーマン，シシトウガラシのほかに，デンフィバキア，ハマユウ，マリーゴールド，シンビジウム，ミョウガなどで発生が確認されている。
　▷海外ではキク科，サトイモ科，サクラソウ科，シソ科，ユリ科，バラ科など多くの植物で被害の報告があり，寄主範囲は広い。

＜発生しやすい条件＞

　▷本種の寄主となる観葉植物や花卉類を施設内に持ち込むと，それが発生源となることがある。

＜対策のポイント＞

　▷圃場周辺の寄主植物を除去する。
　▷施設内への成虫の侵入を防止する。
　▷苗や寄主となる観葉植物などによる持ち込みを防止する。
　▷薬剤散布は，薬液が株のふところ部や下部にもかかるようていねいに行なう。

ピーマン　＜クリバネアザミウマ＞

＜防除の実際＞

▷別表〈防除適期と薬剤〉参照。
▷育苗施設および栽培圃場の内部とその周辺の雑草を除去する。
▷育苗は専用の施設で行なう。また，苗は害虫類の寄生の有無を充分チェックし，無寄生苗を定植する。
▷育苗施設，栽培圃場の換気窓など開口部に1mm目合いの防虫ネットを張って，成虫の侵入を防止する。また，近紫外線カットフィルムの展張も侵入防止対策として有効である。

＜効果の判定＞

▷薬剤散布前に発生状況を把握しておき，散布3日後に同一箇所の寄生状況を調査する。生息虫がいなければ効果があったものと判断する。
▷タイリクヒメハナカメムシなど天敵類の放飼による防除の場合，効果の発現までに長期間を要するので，栽培管理中によく観察する。本種の発生部に放飼した天敵類がみられる場合は効果が期待できる。天敵類が充分定着した状況下（放飼後2か月以上）でも，本種の発生部位に天敵類がみられない場合は，選択性殺虫剤を併用して防除する。

（執筆：山下　泉）

ピーマン 〈シクラメンホコリダニ〉

シクラメンホコリダニ

果実の被害状況：溝に沿って褐変する。(山下　泉)

生長点部分の被害状況
(山下　泉)

成虫（体長0.2mm）と卵
(山下　泉)

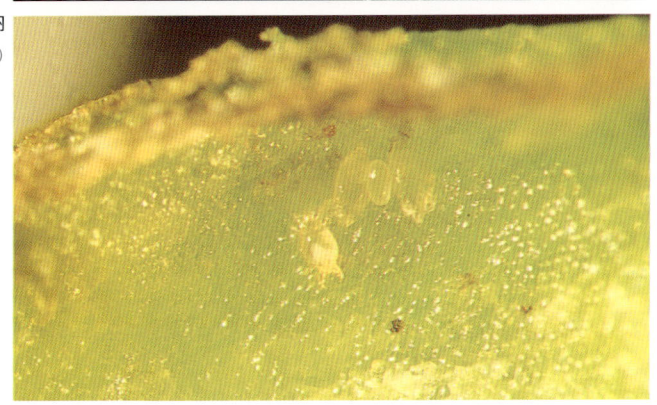

ナメクジ類

葉の被害（山下　泉）

果実の被害：ハスモンヨトウなどの被害に似るが，葉と同様に，被害部周辺に光沢のある粘着物が付着する。（山下　泉）

ノハラナメクジ成体：体長25〜30mm。昼間は灌水チューブの下などに潜んでいる。（山下　泉）

シクラメンホコリダニ

学　名　*Phytonemus pallidus* (Banks)
英　名　cyclamen mite, strawberry mite

〔診断の部〕

＜被害のようす＞

▷症状は生長点付近の芽や展開直後の葉を中心にみられ，チャノホコリダニのそれと類似する。初期の被害症状は新葉が葉表側に巻き，葉縁は波形になってやや内側に湾曲する。虫の密度が高くなるにつれ，生長点はちぢれて鈍く銀灰色に変色し，やがて心止まりとなる。そのころになると茎の中間部から腋芽が発生し，これらにもつぎつぎと寄生しちぢれさせる。

▷果実では，果実の溝に沿ってカスリ状に褐変するのが特徴（チャノホコリダニでは果実全体が褐変する）である。

＜診断のポイント＞

▷症状は生長点部に現われやすいので，新葉のちぢれや心止まり症状が早期診断の重要なポイントとなる。初期はモザイク病の病徴やチャノホコリダニ，ミナミキイロアザミウマの被害に似ており，新葉が葉表側に巻き，葉縁は波形に変形して，鈍く銀灰色に変色する。

▷虫は微小であるため肉眼による確認は困難であり，疑わしい葉を拡大鏡で観察して，虫の存在を確かめる。この場合，完全に褐変した葉や果実には虫はいないことが多いので，変色し始めの葉や生長点部の未展開葉を選ぶ。

▷雌成虫は体長が0.24mm，淡褐色で半透明である。雄成虫は体長が

ピーマン　＜シクラメンホコリダニ＞

0.2mmで，第Ⅳ脚の中程から基部が半円形に突出する。幼虫は白色，卵は楕円形，半透明で，表面は平滑（チャノホコリダニは長楕円形，扁平で表面に多数の粟粒状の突起が多数ある）である。

＜発生動向その他＞

▷ピーマンではチャノホコリダニとともに，害虫防除に天敵類などを利用した栽培（殺虫剤，殺ダニ剤の使用回数の減少や使用する薬剤の種類の変化）で発生が多くなる傾向がある。

▷促成栽培では9～11月と翌春の3月以降に発生が多い傾向にある。

〔防除の部〕

＜虫の生態，生活史＞

▷発育は卵→幼虫→静止期→成虫という経過をたどる。27℃条件下での卵から成虫までの発育期間は約7日と短く，増殖はきわめて速い。また，発育に適した湿度は80～90％といわれている。

▷越冬は成虫でカラムシなどの地中の芽の中で行ない，芽の伸長とともに頂芽の中で繁殖する。

▷ピーマン以外ではシクラメン，セントポーリア，ガーベラ，ベゴニア，イチゴなどの施設栽培の花卉，野菜で被害がみられている。また，野外ではセンブリ，カラムシなどに寄生する。

＜発生しやすい条件＞

▷高温期に発生が多い。また，乾燥条件よりもやや湿度の高い場合に発生が多い傾向がある。

▷育苗圃や本圃の周辺にカラムシなどの寄主植物があると，そこからの侵入により発生が多くなる傾向がある。

ピーマン ＜シクラメンホコリダニ＞

＜対策のポイント＞

▷早期発見に努め，少発生時の防除に重点をおく。被害が多発してからの防除では株の勢力回復に時間がかかるうえに，傷果も多くなる。

▷初発は非常に局部的で，1～数株に被害が現われ，しだいに隣接株へ広がる。被害発現株の周囲の株は，外見上健全であってもすでに虫は寄生しており，気づいたときには周辺の数株にも広がっていると考え，圃場全体に薬剤散布する。

▷生長点部の葉の隙間や果実のヘタの隙間などに寄生していることから，薬量を充分使い，ていねいに散布する。散布ムラがあると，その場所が発生源となって再発生する。

▷ピーマンでのシクラメンホコリダニを対象にした登録農薬はないので，ハダニ類，オオタバコガなど他の病害虫防除との併殺効果をねらう。

▷育苗圃，本圃周辺の除草を充分に行なう。

＜防除の実際＞

▷促成栽培では，定植後の9～11月の生育初期に発生することが多い。この時期はアザミウマ類やオオタバコガなどが発生している場合が多いので，これらに対して登録のある農薬で，ハダニ類やチャノホコリダニにも効果のある農薬を散布することで，シクラメンホコリダニも併殺される。また，気温が上昇してくる3月以降にも発生がみられることがあるが，この時期もアザミウマ類，ハダニ類，うどんこ病などの発生が多い時期であり，これらに対して前記と同様の農薬を散布してシクラメンホコリダニを併殺する。

▷露地栽培での発生は比較的少ないが，7月の梅雨明け以降に発生することがある。発生を確認したときは，アザミウマ類やハダニ類などの防除の際に，前記と同様の農薬を散布して併殺をはかる。

ピーマン ＜シクラメンホコリダニ＞

＜その他の注意＞

▷整枝や収穫作業によって，人為的に発生を拡大させることがあるので注意する。

▷枝が込み合わないように摘除することにより，薬剤の散布ムラがなくなり防除効果を高めることができる。

＜効果の判定＞

▷新芽の動きに注目する。薬剤の防除効果は高いので，散布2週間後には正常な葉の展開が始まる。新芽の回復がみられれば効果があったものと判断する。

▷20倍程度の拡大鏡があれば生死の判定ができる。散布2～3日後に変色し始めの被害葉（完全に褐変した葉やコルク化した部分にはほとんど寄生していない）を検鏡して，つぶれた虫や卵がみられ，生きた虫がみられなければ効果があったものと判断する。

（執筆：山下　泉）

ナメクジ類

ナメクジ
　　学　　名　*Meghimatium bilineatum* (Benson)
　　別　　名　フタスジナメクジ
ノハラナメクジ
　　学　　名　*Deroceras laeve* (Müller)
　　別　　名　ノハラコウラナメクジ，ノコウラナメクジ，
　　　　　　　アミメコウラナメクジ
　　英　　名　grey field slug, field slug, netted slug
チャコウラナメクジ
　　学　　名　*Limax valentiana* (Férussac)
　　英　　名　tree slug

〔診断の部〕

＜被害のようす＞

▷幼苗の子葉および新芽が食害されると，生育が遅延したり枯死したりする場合がある。
▷展開葉への加害では，不定型な穴をあける。
▷果実が加害されると，穴があくため，商品価値がなくなる。

＜診断のポイント＞

▷被害症状が認められてもナメクジ類はみつからない場合が多い。
▷葉や果実の食害痕はハスモンヨトウなどの被害に似るが，被害部周辺に光沢のある粘着物が付着していることで識別できる。
▷湿潤状態を好むため，比較的湿度が高い圃場で多発しやすい。

ピーマン　＜ナメクジ類＞

＜発生動向その他＞

▷都市部周辺ではチャコウラナメクジの侵入により，ナメクジやチャコウラナメクジの近縁種であるコウラナメクジ *Limax flavus Linnaeus* の発生が激減傾向にある。

〔防除の部〕

＜虫の生態，生活史＞

▷ナメクジは日本の代表的な種で，成体の体長は60mm内外。体色は淡青褐色のものが多いが，灰色から黒紫色まで変異が多い。背面に3本のやや不透明な縦線を有し，腹面は灰色。年1回発生し，成体で越冬する。産卵期は3～6月で，石や落ち葉の下に産下される。孵化した幼体は秋までに成体となる。

▷ノハラナメクジ成体の体長は25～30mm，体色は黒紫色で，腹面は淡色。年2回発生し，成体で越冬する。産卵期は春で，土中浅く，卵塊で産卵する。

▷チャコウラナメクジ成体の体長は70mm，体色は灰黄色で，背面に明瞭な2本の淡褐色の縦線がある。成体で越冬し，春に産卵する。耐寒性は強いが，高温に弱く，30℃を超える温度条件下では死滅する。

▷いずれの種も夜行性で，日没後から活動を始める。

▷冬期には野外では越冬状態に入るが，施設栽培では活動を続ける。

＜発生しやすい条件＞

▷施設栽培では生息に好適な高湿度が維持されることから，発生が多い。

▷敷わら，ポリマルチなどの下は，生息に好適な環境が維持されることから，密度が高くなる。

ピーマン ＜ナメクジ類＞

＜対策のポイント＞

▷圃場の水田化や夏期の太陽熱消毒は発生密度を低下させる効果が大きい。

▷小面積の場合には，日没後から圃場を見回り，捕殺する。特に降雨後で湿度が高い場合には活動が活発である。

＜防除の実際＞

▷別表〈防除適期と薬剤〉参照。

▷薬剤の処理は，ナメクジ類が活動し始める夕刻に行なうと効果が高い。

▷薬剤処理後に降雨があると粒型がくずれ，流亡したりして効果が低下するので，降雨が予想される場合の処理は避ける。また，施設栽培では薬剤処理後2，3日間は水がかからないように注意する。

＜その他の注意＞

▷薬剤を犬や鶏が食べないように注意する。

（執筆：下元満喜）

トウガラシ

病気

軟腐病

被害初期〜中期：被害は主として果実に発生し、病斑は淡褐色から白色にすすむ。

被害中期：病気が隣接の果実に伝染する。

被害末期：果実は白色化，果梗は褐色化する。

トウガラシ 〈炭疽病〉

炭 疽 病

被害初期：主として果実に発生し，黒褐色，不整形の病斑があらわれる。

被害中期：病斑の中心部は黄褐色のえ死状態となり，その部分に黒色の分生子層が点々とあらわれる。

被害末期の果実：分生子層とともに2次寄生菌によって，病斑部は黒色となる。

軟 腐 病

病原菌学名　*Erwinia carotovora* subsp. *carotovora* (Jones 1901)
英　　　名　Bacterial soft rot

〔診断の部〕

＜被害のようす＞

▷軟腐病による被害がもっともはっきりあらわれるのは果実である。秋，果実が赤く着色しはじめるころ，橙黄色の不規則な病斑が果実の一部にあらわれ，しだいに拡大して黄白色からついには白色の病斑となる。この白色病斑はやがて1個の果実全部にひろがり，真赤な果実にまじって，コントラストよく真白い果実がそのまま着生している。

▷被害果実は，時とともに内部組織がことごとく崩壊して，終わりには白い果皮だけとなる。この白い果皮も雑菌が着生して灰色から黒変し，脱落して果軸だけが残る。

▷本病に侵された果実は，ひどいときには1株の50％ていどが全滅する。しかし，他の株につぎつぎに伝染することはない。したがって，畑全体の被害としては通常5～10％ですむ。"ガラ"と称するくず果は本病に軽度に侵されたものが多い。

▷秋期長雨が続いたときや台風に見舞われたときなどは，急激に発生することがある。

＜診断のポイント＞

▷病徴は果実にあらわれるのがもっとも特徴的であり，悪臭を放つ。

トウガラシ　＜軟腐病＞

〔防除の部〕

＜病原菌の生態，生活史＞

▷軟腐病は細菌の一種によっておこされる。

大きさ1.2〜3.0 μm×0.5〜1.0 μmの桿状細菌で周毛がある。寒天培地上に白色のコロニーをつくる。トウガラシ，トマトのほかハクサイ，ダイコン，ネギ，タマネギ，レタス，ニンジンなど多くの野菜類に腐敗症状をおこす。腐敗がすすむと悪臭を発するのも特色である。

▷発育適温は30〜32℃であるが，10〜20℃の比較的低温でも発病をおこす系統がある。死滅温度は51℃，10分間である。生育最適pHは7.2である。

▷典型的な土壌伝染細菌で，土の中で4〜5年は生きている。トウガラシの被害果，落葉，残根とともにあるばあいは，越冬細菌量はさらに増加する。

▷幼植物のときは本病に侵されにくく，結実期にはいると侵されやすくなる。

▷本細菌は，機械的損傷による傷口，虫害痕などから侵入する。ネコブセンチュウに食害された根から中心柱を経て，茎の導管に進展するばあいもある。

▷風雨は細菌を運ぶ唯一の手段で，果梗群の基部は雨滴による細菌のたまり場として最適である。このたまり場のわずかな傷口から，あるいは果実の虫害痕から容易に侵入し，果肉を崩壊させる。

▷雑草根圏は本細菌の越冬場所でもある。したがって，畑やその周辺の雑草はよりよい隠れ家である。

＜発生しやすい条件＞

▷トウガラシなど感染植物の連作地。

トウガラシ ＜軟腐病＞

▷排水不良地。

▷多窒素にすると茎葉が繁茂し軟弱となりやすく，害虫の加害も多くなる。その傷口から病原細菌はたやすく侵入する。

▷多雨，強風は傷口をつくることから，本病にとって侵入しやすい要因である。

▷密植はよくない。茎葉が密接していると雨露の乾燥がおそく，それだけ細菌の活動を助長する。

＜対策のポイント＞

▷一度発病した畑は連作をやめ，2～3年間イネ科あるいはマメ科の作物を栽培する。

▷雨よけやポリマルチを行なう。

▷多窒素とならないよう健全に育てる。

▷夏から秋にかけての台風や強風を伴う雨の後には必ず薬剤を散布する。

＜防除の実際＞

▷別表〈防除適期と薬剤〉参照。

▷タバコガ，ホオズキカメムシ，ヨトウムシ類などの害虫に加害されると，その傷口から細菌が侵入するので，これらの害虫を防除する。

▷ネコブセンチュウの加害は病原細菌の侵入感染を助長するので，土壌消毒を実施しておく。

▷強風を伴う降雨のあとは速やかに農薬を散布する。農薬は野菜類の軟腐病に登録のある農薬を使用する。

（執筆：若井田正義，改訂：田村逸美）

トウガラシ ＜炭疽病＞

炭 疽 病

病原菌学名　*Colletotrichum gloeosporioides* (Penzig) Penzig et Saccardo
英　　名　Anthracnose

〔診断の部〕

＜被害のようす＞

▷被害がはっきりでるのは果実で，着色するころに水浸状円形の褐色小斑があらわれ，まもなくくぼんだ灰褐色斑となる。さらにすすむと病斑は輪紋状となり，中心部は灰白色になる。そしてその部分に黒色の点（分生子層）を無数に形成する。

▷炭疽病果はその後降雨にあうと，病斑表面に二次寄生菌がついて灰褐色病斑はすす色になってしまう。果実は病斑部を内側にして湾曲収縮し，収穫の対象とはならない。

▷葉にあらわれるばあいは成葉の下葉にでるが，灰褐色不定形の病斑は他の病気と間違われやすく見のがすことが多い。

▷栃木改良三鷹種は炭疽病に強く，発生が少ない。ひどいときで５％，通常２～３％ていどの被害である。

＜診断のポイント＞

▷果実に病斑があらわれるまでは，見分けることが困難である。果実の灰褐色病斑に注意する。

▷果実の病斑は通常陥没し，大型病斑となることが多い。病斑上の黒色の点は本病の特徴のひとつである。

トウガラシ ＜炭疽病＞

〔防除の部〕

＜病原菌の生態，生活史＞

▷炭疽病は子のう菌類に属する一種のカビによっておこされる。菌体は菌糸と分生子からなっている。分生子は分生子層上につくられる。分生子層上には先の尖った暗褐色の剛毛がある。分生子は無色，単胞，楕円形，大きさ $18.6 \sim 25\,\mu m \times 3.5 \sim 5.3\,\mu m$ である。

▷炭疽病菌は，被害果実の病斑の中で，菌糸の形で翌春まで生き残り，第一次伝染源となる。分生子だけでは越冬することはできない。

▷発育適温は $22 \sim 24\,℃$ である。したがって，秋になると果実に発病してくる。病斑の上にできた分生子は無色，楕円形で粘質物に包まれており，べとついている。だから乾いて風が吹いても容易に飛ばないが，水には溶けやすいので雨水に流され，細かい水滴とともに飛び散って伝染する。

＜防除の実際＞

▷排水をよくし，多窒素をさけ，敷わらをする。
▷被害果は発見しだい摘採し，集めて地中深く埋める。

（執筆：若井田正義，改訂：竹内妙子）

白　星　病

被害初期：葉に褐色不整形の小病斑があらわれる。

被害中期～末期：病斑の周辺部は黄変し、中心部は褐色となって亀裂する。

被害株：株全体が侵される。

斑点細菌病

被害初期：葉に白色の微小斑点があらわれ、1mm内外の円形病斑となる。

被害中期：円形白色の病斑が2～3mmとなる。

被害葉の拡大

トウガラシ ＜白星病＞

白　星　病

病原菌学名　*Alternaria solani* (Ellis et G. Martin) Sorauer
英　　　名　White leaf spot

〔診断の部〕

＜被害のようす＞

▷病斑は主としてトウガラシの下葉にでてくる。最初，小さい褐色斑点が下葉の成葉にあらわれ，やがて中心部は灰白色の点となり，周辺は褐色のぼやけた部分ができる。

▷病斑の大きさは2～3mmであるが，融合すると大きな褐色病斑となり，ちぢんできてついには落葉する。

▷多発して落葉がはげしくなれば被害が問題となるが，通常，重要視される病害とは思われない。

＜診断のポイント＞

▷病斑は，白星状の点を囲んで褐色斑となる。
▷融合すると大きな褐斑となり，落葉をまねく。

〔防除の部〕

＜病原菌の生態，生活史＞

▷白星病は，不完全菌類に属する一種のカビによっておこされる。菌糸と分生子をつくり，いずれも褐色である。

▷分生子は長楕円形で，4～6の横の隔膜があり，また縦の隔膜もある。

トウガラシ　＜白星病＞

先端はくちばし状に長く伸びた細胞となっている。連生するので *Alternaria*（互いちがいの意）の名がある。大きさは42〜113 μm×8〜15 μmである。

▷トウガラシあるいはナス科植物の被害葉について生きており，乾燥，低温に強く，らくに越冬する。

＜発生しやすい条件＞

▷多窒素のときは多発の傾向がある。多窒素では葉が軟弱となり，抵抗性が弱まる。

▷密植でも多発する。茎葉がうっぺいすると風通しがわるくなり，下葉はとくに罹病しやすくなる。

＜防除の実際＞

▷窒素過多を避け，適正な肥培管理をする。
▷密植を避け，風通しをよくする。
▷落葉をふくめて茎葉は畑に残すことなく清掃する。

（執筆：若井田正義，改訂：竹内妙子）

斑点細菌病

病原菌学名　*Xanthomonas campestris* pv. *vesicatoria*
　　　　　　(Doidge 1920) Dye 1978
英　　　名　Bacterial spot

〔診断の部〕

<被害のようす>

▷茎葉繁茂のころ，下葉に径2～3mmていどの円形灰白色病斑があらわれる。灰白色病斑の周辺は黒褐色で縁どられ，健・病の境は明瞭である。

▷病斑の中央白色部分は，時がたてば抜けて穴のあくこともあるが，病斑そのものは拡大しない。

▷病斑は数葉に散発的にあらわれるだけで，そのために落葉することは少なく，被害としては問題になるほどではない。

〔防除の部〕

<病原菌の生態，生活史>

▷鞭毛は1本だけの桿状細菌で，大きさ$0.7～3.3\mu m \times 0.4～0.8\mu m$である。葉に虫害その他の障害による傷口があるばあいそこから雨水とともに侵入する。被害葉とともに土中で，あるいは種子に付着して伝染する。強風雨は本病の伝播発病を助長する。

▷本病原細菌は5～40℃で生育し，発育最適温度は30℃，死滅温度は56℃10分間である。また発育最適pHは5.2である。

トウガラシ　＜斑点細菌病＞

＜防除の実際＞

▷落葉をふくめて茎葉は畑に残すことなく清掃する。

(執筆：若井田正義，改訂：竹内妙子)

トウガラシ 〈青枯病・疫病〉

青枯病

病状の特徴
葉に病斑はなく青いまま株全体が急速にしおれてしまう。

疫病

病状の特徴
葉には暗緑色水浸状不規則病斑があらわれ、進行するとねじれて垂れ下がる。果実にも水浸状の病斑が出現し、多湿時にはその上に白いカビを密生する。

トウガラシ 〈半身萎凋病〉

半 身 萎 凋 病

発病した株
一枚の葉のたて半分が黄化しはじめ、やがて反対側にも黄化がすすむ。株全体では、黄化ははじめ株の一方にかたよる。

病勢の進行
黄化した葉は垂れ下がり、まもなく落葉する。落葉は株全体に進行する。

落葉が甚だしく、草勢は衰えて欠株様相を呈する。

トウガラシ　＜青枯病＞

青　枯　病

病原菌学名　*Ralstonia solanacearum* (Smith 1896)
英　　　名　Bacterial wilt

〔診断の部〕

＜被害のようす＞

▷7月から8月にかけて，気温30℃以上の真夏日が連続するとあらわれる最も急性の萎凋性病害である。暖地に多い。

▷最初，生長点付近の葉が日中しおれ，夕方や曇天になると回復する状態がつづくが，そのうち突然株全体の葉がぐったりとしおれて垂下するのが特徴である。病勢の進展はきわめて速く，数時間で全身萎凋に及ぶことがあり，この症状から青枯れの病名がついた。

▷本病は根から茎を侵す。根では細根の先端部が褐変をおこすが，茎では外観の病徴は見られず，導管部が褐変を起こす。

＜診断のポイント＞

▷盛夏の日中，病斑も見られず黄変もない葉がしおれたり，地際部の茎には外観上なんら異常が見られないばあい，一応本病の疑いをかけてもよい。

▷診断を確実にする目的で，青枯れになった直後の茎を切断し透明なコップの水に挿すと，切り口から白濁した汁液が水の中に出てくるので，黒い紙をバックにおくと容易に見ることができる。白濁汁は病原細菌の集団である。

トウガラシ　＜青枯病＞

〔防除の部〕

＜病原菌の生態，生活史＞

▷青枯病は短桿状細菌の一種によっておこされる。トウガラシのほか多くのナス科植物，マメ科，アブラナ科，キク科，バラ科など多くの植物を侵す。

▷細菌の大きさは0.5〜0.8 μm×0.9〜2.0 μmで，原・小野培地などでは中心部が淡紅色を帯びた乳白色のコロニーをつくる。1〜4本の極生鞭毛を有する。

▷本細菌は10〜41℃で発育し，最適温度は35〜37℃，死滅温度は52℃10分間である。地温は20℃以上になると活動しはじめ，25〜30℃になると激しく発病する。生育pHは6.0〜8.0で，最適6.6である。

▷被害植物に付着して2か月，種子表面で5か月，体内で6〜7か月生存する。土壌中では15か月以上3〜4年，時に十数年生存したという報告がある。水田状態では1年間で死滅する。

▷本細菌は土壌中で越冬し，翌年植えつけられたトウガラシの根の傷口から侵入する。侵入した細菌は，根の導管から茎の導管に移行して増殖する。

▷気温30℃以上に達すると急速に増殖して導管を閉塞，水分の上昇を阻害する。このため葉の萎凋をひきおこす。

＜発生しやすい条件＞

▷連作。土壌病害であるから，連作はもっとも発生しやすい条件である。

▷低湿地，排水不良地，多雨の後の晴天。

▷窒素の多施用も本病を助長する傾向がある。また，堆肥の多用も考えものである。

トウガラシ　＜青枯病＞

▷トマト，ナス，ピーマン，ジャガイモ，タバコなどナス科植物の跡地での栽培。本細菌には系統性があり，ナス科植物の跡地が必ず発病するとはかぎらないが，安心はできない。

＜対策のポイント＞

▷連作やナス科植物の跡地を避ける。

▷できれば盛夏期前に登熟させる栽培法，たとえばマルチによる生育の促進をはかるとか，品種的には早生種を植えるとか，用途的には葉トウガラシとすることなども考慮するとよい。

▷苗の定植時は，根をいためないようていねいに取り扱う。

▷発病株はただちに抜き取り焼却する。その圃場は３〜５年の休閑とし，跡地はイネ科植物を栽培する。

▷冬の雑草をすべて取り除く。本病原細菌は冬期雑草根圏で生存することが知られている。

▷ネコブセンチュウの寄生は発病を助長するので，駆除しておく。

＜防除の実際＞

▷別表〈防除適期と薬剤〉参照。

▷発病後は防除法がないので，技術的予防法として床土や本畑の土壌消毒を行なう。

（執筆：若井田正義，改訂：田村逸美）

疫　病

病原菌学名　*Phytophthora capsici* Leonian
英　　名　Phytophthora blight

〔診断の部〕

<被害のようす>

▷本病は苗床から発生しはじめる。幼苗の地際部が水浸状暗緑色となって軟腐し，くびれて倒伏する。

▷苗床で保菌し定植後発病するばあいは，地際部に近い茎の側面に暗緑色水浸状の病斑があらわれ，病勢進展とともに病斑は拡大しへこんでくる。のち，多湿時はこの部分に白いカビが密生するのが見られる。病斑が茎を半周するとこの部分から折れやすくなり，一周すると病斑から上部は枯死する。

▷葉では，はじめ下葉に暗緑色水浸状の斑点を生じ，隣接する病斑と融合して大型化し，葉裏には白いカビを生ずる。病気は下葉から順次上葉に及び，雨の日は軟腐し，晴天には枯渇して破れやすくなる。最後は落葉する。

▷果実は未熟のころから侵され，水浸状病斑は拡大するとくぼみを生じ灰褐色となり，白色菌糸を患部表面に密生する。この菌糸の色は鮮やかな白で変色しない。

▷本病はトウガラシのほかトマト，ナス，カボチャ，メロン，スイカ，キュウリの果実に発生し，ナス，スイカでは褐色腐敗病と呼ばれる。

トウガラシ　＜疫病＞

〔防除の部〕

＜病原菌の生態，生活史＞

▷本病原菌は鞭毛菌類の一種で，水カビと呼ばれるだけあって菌の繁殖伝播はすべて水の媒介による。大雨による浸水，冠水，たまり水は絶好の環境で，この環境のもとで発病すると壊滅的被害を与える。

▷本菌は高温多湿を好む。遊走子のうと卵胞子を形成する。遊走子のうは無色単胞卵円形で，大きさ$22 \sim 32\ \mu m \times 16 \sim 24\ \mu m$，頂端に乳頭突起があり，ここから多いときは十数個の遊走子を生ずるか，あるいは直接発芽管を生ずる。遊走子は長短2本の鞭毛をもち，水中を自由に泳いで地表面近くに分布するトウガラシの細根または茎の地際部から侵入する。侵入の適温は22℃である。蔵卵器は径$30 \sim 70\ \mu m$あり，中に1個の卵胞子を形成する。卵胞子は被害植物の組織中に無数に埋没し，あるいは土壌中にあって越冬する。越冬した卵胞子は発芽すると遊走子のうを形成し，これから生じた遊走子が第一次伝染源となる。

▷本菌は$10 \sim 37$℃で発育し，最適$28 \sim 30$℃，やや酸性土壌のほうがアルカリ性より発病しやすい。

＜対策のポイント＞

▷連作，スイカやナス等の跡地を避ける。
▷本病は水との関連が大きいので，本畑は排水良好の地を選ぶ。
▷雨よけ，マルチ，敷わらは雨水による遊走子のはね上げを防ぐ。
▷密植をさけ，やや高畦にして植えつける。
▷未熟有機物の施用は本病菌の増殖をまねきやすい。
▷被害株は根まで完全に除去する。

＜防除の実際＞

▷別表〈防除適期と薬剤〉参照。
▷トウガラシ類には地上部散布用の登録農薬はないので，床土や本圃の土壌消毒をしっかりとしておく。

(執筆：若井田正義，改訂：田村逸美)

半身萎凋病

病原菌学名　*Verticillium dahliae* Klebahn.
英　　　名　Verticillium wilt

〔診断の部〕

＜被害のようす＞

▷はじめ小型の下葉2〜3枚が葉縁から黄変しやや萎凋する。そしてこの黄化が葉全体に及ぶとその下葉は落葉する。

▷葉の黄化はしだいに上部の大型成葉に移行し，主脈を中心に片側だけが葉脈間から黄変しはじめ，葉縁はやや巻き上がる。病勢がすすむと反対側も黄変し，やがて萎凋落葉する。

▷株全体を上からみると，落葉ははじめ株の一方に片寄っているが，ついには株全体にひろがる。最終的には健全葉は頂葉だけとなって茎の軸だけを残すか，あるいは立枯れてしまう。

▷つづいて隣接株も感染して半身萎凋の症状をあらわす。本病は初発から末期症状を呈するまでにはかなりの時間を要する。

＜診断のポイント＞

▷本病は6〜7月と9月に発生し，盛夏の候は一時病勢はやむ。8月には，時として軸だけになった茎の節から新葉が芽生えて回復するかに見えるが，これは一時的延命にすぎない。本病は夏が比較的低温で多湿の年に多発する。

▷土壌伝染病であり，発病の初期は着蕾期で，病勢進行は慢性的である。落葉は株の一方からはじまる。

▷葉柄や茎を切ってみると導管部に淡い褐変がみられる。萎凋病のばあ

トウガラシ　＜半身萎凋病＞

いは褐変は判然としている。

〔防除の部〕

＜病原菌の生態，生活史＞

▷本病は，不完全菌類に属する一種のカビによっておこされる。菌体は菌糸，分生子柄，分生子，微小菌核からなっている。

▷分生子柄は基部が透明で着色していないのが特徴で，暗色に着色している *Verticillum albo-atrum*（ジャガイモ，アルファルファのバーティシリウム病）と区別されている。分生子柄の各節にはフィアライドという分枝柄が平均3～4本輪生し，その先端に分生子が擬頭状に集合着生する。分生子は無色単胞楕円形で，大きさは4～8 μm×2～4 μmである。

▷微小菌核は菌糸の出芽によって無数に形成され，不整形，暗色，大きさは長径25～300 μmとまちまちである。微小菌核は根，茎，葉の全身に形成され，トウガラシの残渣とともに土中に残って翌年の伝染源となる。特に落葉した葉の葉柄からは本菌が高率に分離される。微小菌核は土壌中で20か月以上生存する。最高12年という報告もある。

▷越冬した微小菌核はトウガラシの根の分泌物により発芽し，発芽菌糸は根毛の根冠あるいは根毛の表皮から自力侵入して根の導管に達する。

▷根の導管から茎の導管に移行した菌糸はここで分生子を多量に形成する一方，導管壁の周囲の細胞を溶解して導管内にゴム様あるいは樹脂様物質を徐々に導入する。このため水分の上昇を妨害されて葉の萎凋をまねく。導管閉塞は，茎の中の数ある導管のなかで，はじめは片側の導管におこるので，その結果半身萎凋の病徴があらわれる。しかし，導管閉塞に至る過程は，青枯病の急性と異なり慢性的である。

▷本菌は5～30℃で生育し，適温は22～25℃でやや低温菌である。そのため発病期間は6～7月で，8月は病勢が一時やみ，9月に至って再発する。微小菌核の致死温度は50℃10分間である。

トウガラシ　＜半身萎凋病＞

▷本菌の生育とpHとの関連はないようである。したがって，石灰施用も無施用も発病に影響がない。

▷本菌は多犯姓で，トウガラシのほかピーマン，トマト，ナス，ハクサイ，ダイコン，イチゴ，キク，バラ，フキ，オクラ，ウド，スイカ，メロン，キュウリなどを侵す。また，雑草にも寄生して微小菌核を形成する。

＜対策のポイント＞

▷苗床の床土は新しいものを用いるか，あるいは前もって蒸気消毒をする。

▷連作をさける。本病は土壌伝染病なので連作は極力ひかえ，少なくとも3年以上の休閑とし，その間トウモロコシ，ムギ，レタス，ネギなどを栽培する。

▷本畑は過湿にならない場所を選ぶか，周りに排水溝を設置する。

▷本畑はマルチあるいは敷わらをして雨滴のはね上げを防ぐ。

▷本病と同じ病原菌によるハクサイ黄化病の施肥実験では，窒素質肥料のうち硫安は発病を促進し，硝安は減少させる。また，カリの施肥は発病を抑制するとの報告がある。堆肥は多施にならないよう留意する。

▷被害株は早期に抜き取り，落葉とともに深く埋没する。

▷次の雑草はその茎葉上に本病原菌の微小菌核を形成するので徹底的に除去する。

ナズナ，ノボロギク，スベリヒユ，イヌホオズキ，ホトケノザ，シロザ，アオビユ，タンポポ，センナリホオズキ。

＜その他の注意＞

▷ネコブセンチュウは発病を助長するので駆除する。

▷ハウス栽培では，夏期太陽熱消毒を行なうと被害を回避できる。

▷農機具による発病土壌の持込みがあるので，農作業終了のさいは必ず清掃する。

（執筆：若井田正義，改訂：竹内妙子）

トウガラシ 〈モザイク病〉

モザイク病

被害初期：葉が濃緑色となり、でこぼこが見られる。

被害中期：初期の症状がすすみ、株全体が萎縮状態となる。

被害末期：黄緑色のモザイク症状があらわれる。

モザイク病

病原ウイルス　キュウリモザイクウイルス
　　　　　　　Cucumber mosaic virus (CMV)
　　　　　　　トウガラシマイルドモットルウイルス
　　　　　　　Pepper mild mottle virus (PMMoV)
　　　　　　　ジャガイモXウイルス
　　　　　　　Potato virus X (PVX)
　　　　　　　ジャガイモYウイルス
　　　　　　　Potato virus Y (PVY)
英　　名　　Mosaic

〔診断の部〕

<被害のようす>

▷モザイク病は葉では，はじめ葉脈に沿って暗緑色となり，やや隆起してしわ状となる。葉はちぢんで小さくなり，伸びない。また，反対に細くなって糸葉となることもある。株全体は萎縮症状を示す。

▷一方，新葉に淡黄色の小病斑が無数にあらわれ，時とともに不規則に拡大して緑と黄の鮮やかなモザイク状を呈する。果実には黄色病斑があらわれ，その部分がへこんで奇形になることもある。

▷上記の症状は単独にでるばあいもあるが，むしろ重複してでるばあいが多い。盛夏の候には病勢がすすみ，遠くからでも識別できる。

▷病斑にはえそ斑があまり生ぜず，株全体が枯死することもない。したがって，開花登熟するが果実は小さく，橙黄色のいわゆる"ガラ"となる。

▷本病による減収は，ふつう10〜20％であるが，甚だしいときには

40％に達することもあるという。

＜診断のポイント＞

▷モザイク病は一見してわかる。葉がちぢんで奇形となる。葉脈に沿って暗緑色のひだができる。淡黄色と緑の入りまじったモザイクもでてくる。株全体が萎縮する。

▷トウガラシマイルドモットルウイルス（PMMoV）とキュウリモザイクウイルス（CMV），ジャガイモＸウイルス（PVX）の重複感染が多いので，病徴は多様であるが，葉の萎縮症状は多少早めに，モザイク症状は遅れて発現する。

▷症状のはげしい株は早期に感染したもの（たとえば苗床期に）とみてさしつかえない。また，上から3～4枚目あたりの葉に黄色病斑が少しでもでれば，本病の疑いをかけてよい。

〔防除の部〕

＜病原ウイルスの生態，生活史＞

CMV

▷CMVは，直径30nm（ナノメーター＝10^{-6}mm）の球状粒子である。75℃10分で不活性化する。また，1万倍にうすめてもなお病原性があるが，室温に数日間おけば不活性化する。キュウリ，ナス，トマト，ダイコンなどから，ツユクサ，リンドウの雑草に至るまで45科124種以上の植物にモザイクを発現する。モモアカアブラムシ，ワタアブラムシなど10種以上のアブラムシによって媒介される。汁液による感染もするが，種子伝染，土壌伝染はしない。また，乾燥葉中では生存しない。アカザ，ササゲ，シロウリに局所病斑を生ずる。トウガラシには全身感染する。葉はちぢみ，株全体が萎縮する。

トウガラシ ＜モザイク病＞

PMMoV

▷長さ300nm，幅15nmの棒状粒子であって，92℃10分で不活性化する。しかし100万倍以上うすめても数年間活性を保つ。タバコ（グルチノザ）に局部病斑を，ペチュニアにモザイクを生ずるが，インゲンマメには全身症状は出ない。

▷薬剤では，エチルアルコール80％30分，ホルマリン4％20分で不活性化する。気温27～29℃で病徴が鮮明にあらわれるが，12℃あるいは38℃では無病徴である。

▷汁液伝染し，摘葉など人の手や身体，あるいは葉と葉のこすれでつぎつぎと感染する。虫媒伝染はしない。種子伝染はわずかにする。採種後半年たてば活性は大部分低下するが，半年以内に播種すると発病率が大きい。土壌伝染もする。連作したトウガラシの根から高率に検出された例がある。葉の奇形と新葉が黄化してモザイクとなる。

PVX，PVY

PVXはトウガラシをふくめたナス科植物の多くがつねに感染しているが，通常顕著な病徴をあらわさない。しかし，PVYと混合感染すると脈辺暗緑，斑点ネクロシスのはげしい病徴をおこす。両ウイルスとも汁液伝染と虫媒伝染を行なう。PVXは470～580nm×13nmのひも状粒子で68～75℃10分，10万～100万倍希釈で不活性化する。PVYも680～900nm×11nmのひも状粒子である。

＜発生しやすい条件＞

▷PMMoVの種子伝染は1～5％あるという。したがって種子消毒を行なわないと，苗がすでに保毒しているばあいがあり，健全には見えても，これが第一次伝染源となる。

▷CMVの場合，トマト，キュウリとともに同時育苗すると，相互感染をおこす。

▷CMVの場合，保毒した有翅アブラムシが苗床に1～2匹飛来し，吸

トウガラシ ＜モザイク病＞

汁して感染することがある。
　▷PMMoVの場合は土壌伝染もするので，連作あるいはピーマンの後作としてつくると発病する。

＜対策のポイント＞

　▷種子消毒は必ず行なう。
　第一次伝染は種子からくるので，種子消毒は必ず行なう。共同消毒，一斉消毒を励行する。
　▷苗床は寒冷紗などで被覆してアブラムシの飛来を防ぐ。
　▷連作をさける。
　PMMoVは土壌伝染をするので連作，後作に留意する。

＜防除の実際＞

　▷健全トウガラシから採種する。
　▷種子消毒を行なう。
　健全種子と思われても，ウイルスが付着しているばあいがある。種子は70℃3日間の乾熱消毒を行なう。
　▷苗床は専用苗床とし，床土はあらかじめ蒸気消毒をしておく。そして末期には必ずアブラムシ防除を行なう。
　▷連作，ナス科植物の輪作をさける。
　▷シルバーポリマルチをすると，アブラムシの飛来をはるかに少なくすることができる。シルバーポリテープを張りめぐらすのもよい。
　▷定植後アブラムシの防除を行なう。
　▷被害株の除去。
　早期発見につとめ，疑わしいものは抜き去る。とくに新葉に淡黄色の微小斑点を認めたら，早期に除去する。
　▷摘葉の前後に手を消毒する。
　トウガラシの病株を摘葉した手で健全株を摘葉すればウイルスを伝染さ

トウガラシ ＜モザイク病＞

せてしまう。摘葉は健全株から先に行ない，そのつど石けんで手を洗う。
　▷圃場周辺の雑草を除去する。
　CMVは圃場周辺の雑草からも感染発病する。これらの雑草は，ウリ科，ナス科，アブラナ科などのウイルス罹病作物から感染したものと思われる。注意すべき主なものは，ツユクサ，カラスウリ，ドクダミ，ハルノノゲシ，セイヨウタンポポ，ハコベ，ミミナグサ，イヌビユなどである。

＜防除上の注意＞

　▷なんといっても無病種子を得ることが第一条件で，それには採種圃を設置し，技術者の指導のもとに特別な保護管理を行なう。
　▷種子消毒により第一次伝染源を遮断する。
　▷苗床は専用とし，できれば床土は蒸気消毒あるいは焼土を行なう。
　▷苗床の中での移植にさいしては，事前に手を石けんでよく洗う。苗床資材は新しいものを，作業衣は洗濯をした清潔なものを使用する。
　▷7月早々モザイク症状の株を認めたら思いきって抜き，1か所に集めて土中深く埋没する。このさい残根のないよう注意する。残根は土壌伝染の基である。

　　　　　　　　　　　　　　　（執筆：若井田正義，改訂：竹内妙子）

防除適期と薬剤（農薬表）

トマト　疫病　防除適期と薬剤 （黒田克利，2004）

防除時期	商品名	希釈倍数	使用量	使用時期	使用回数
生育期（発病前）	ダイファー水和剤	400～650倍		収穫14日前まで	3回以内
	カスミンボルドー水和剤	1000倍		収穫前日まで	5回以内
	オーソサイド水和剤	800～1200倍		収穫前日まで	5回以内
	ジマンダイセン水和剤	800倍		収穫前日まで	3回以内
	ジマンダイセンフロアブル	800～1000倍		収穫前日まで	3回以内
	ペンコゼブフロアブル	1000倍		収穫前日まで	3回以内
	ジマンレックス水和剤	600倍		収穫前日まで	2回以内
	ダコニール1000	1000倍		収穫前日まで	4回以内
	デランK水和剤	500倍		収穫前日まで	4回以内
	ビスダイセン水和剤	800倍		収穫前日まで	2回以内
	ユーパレン水和剤	500～600倍		収穫前日まで	5回以内
	ランマンフロアブル	1000～2000倍		収穫前日まで	4回以内
	銅水和剤	製品により異なる			
生育期（初発期）	カーゼートPZ水和剤	1000～1500倍		収穫前日まで	2回以内
	フェスティバルM水和剤	750～1000倍		収穫前日まで	2回以内
	ホライズンドライフロアブル	1500～3000倍		収穫前日まで	3回以内
	リドミルMZ水和剤	750倍		収穫前日まで	2回以内

トマト：葉かび病

トマト　葉かび病　防除適期と薬剤 (竹内妙子，2004)

防除時期	商品名	希釈倍数	使用量	使用時期	使用回数
生育期	アミスター20フロアブル	2000倍	100〜400l/10a	収穫前日まで	4回以内
	カスミンC水和剤	1000〜1500倍		収穫前日まで	5回以内
	カリグリーン	800倍	150〜300l/10a	収穫前日まで	8回以内
	ゲッター水和剤	1000〜1500倍	150〜300l/10a	収穫前日まで	6回以内
	サルバトーレME	2000〜3000倍	200〜250l/10a	収穫前日まで	3回以内
	トップジンM水和剤	1500〜2000倍		収穫前日まで	
	トリフミンジェット		くん煙室容積400m³当たり50g	収穫前日まで	5回以内
	トリフミン水和剤	3000〜5000倍		収穫前日まで	5回以内
	ベルクートフロアブル	2000倍	150〜300l/10a	収穫前日まで	3回以内
	ベンレート水和剤	2000〜3000倍		収穫前日まで	5回以内
	ホライズンドライフロアブル	2500倍	150〜300l/10a	収穫前日まで	3回以内
	ポリオキシンAL水溶剤	2500〜5000倍		収穫前日まで	3回以内
	ルビゲンくん煙剤		くん煙室容積200m³当たり40g	収穫前日まで	3回以内
	ルビゲン水和剤	6000倍		収穫前日まで	3回以内

注）アミスター20フロアブルは浸透性を高める効果のある展着剤を混用すると薬害を生じる場合があるので，このような展着剤と混用しない。また，高温多湿条件で散布すると薬害を生じるおそれがあるので，このような場合は使用しない。

ミニトマト：葉かび病，トマト：萎凋病

ミニトマト　葉かび病　防除適期と薬剤 (竹内妙子, 2004)

防除時期	商品名	希釈倍数	使用量	使用時期	使用回数
生育期	オーソサイド水和剤80	800倍		収穫3日前まで	5回以内
	カリグリーン	800倍	150〜300l/10a	収穫前日まで	8回以内
	ゲッター水和剤	1000〜1500倍	150〜300l/10a	収穫14日前まで	6回以内
	トップジンM水和剤	1500〜2000倍		収穫14日前まで	
	トリフミンジェット		くん煙室容積400m^3 (高さ2m,床面積200m^2) 当たり50g	収穫前日まで	5回以内
	ベルクート水和剤	6000倍	150〜300l/10a	収穫前日まで	3回以内

トマト　萎凋病　防除適期と薬剤 (黒田克利, 2004)

防除時期	商品名	希釈倍数	使用量	使用時期	使用回数
播種前床土消毒	クロルピクリン		30cm^{2}当たり3〜5ml使用		1回
	クロルピクリン錠剤		30cm^{2}当たり1錠使用		1回
播種前作土消毒	クロピクテープ		100m^{2}当たり110m使用		1回
	キルパー		30cm^{2}当たり4ml使用	播種または定植15〜20日前	1回
	ディ・トラペックス油剤		30cm^{2}当たり4ml使用	播種または定植21日前	1回
	バスアミド微粒剤		20〜30kg/10a	播種または定植21日前	1回

トマト：萎凋病，輪紋病

播種前作土消毒	ガスタード微粒剤		20〜30kg/10a	播種または定植21日前	1回
作土消毒	クロルピクリン		30cm²当たり2〜3ml使用		1回
	クロルピクリン錠剤		30cm²当たり1錠または1m²当たり10錠使用		1回

トマト　輪紋病　防除適期と薬剤（阿部善三郎，2004）

防除時期	商品名	希釈倍数	使用量	使用時期	使用回数
生育期（初発後）	カスミンボルドー	1000倍		収穫前日まで	5回以内
	ポリオキシンAL水和剤	500倍		収穫前日まで	3回以内
	ロブラール水和剤	1000倍		収穫前日まで	3回以内
生育期（初発前）	Zボルドー	400〜600倍			
	ジマンダイセン水和剤	800倍		収穫前日まで	2回以内
	ビスダイセン水和剤	800倍		収穫前日まで	2回以内
	ペンコゼブフロアブル	1000倍	150〜300l/10a	収穫前日まで	2回以内
	ダコニール1000	1000倍		収穫前日まで	4回以内
	デランK	500倍		収穫前日まで	4回以内
	トリアジン水和剤50	600倍		収穫前日まで	6回以内
	ダイファー水和剤（オーセン）	400〜650倍		収穫14日前まで	3回以内
	ダコニールくん煙剤		30〜40g/くん煙室容積100m³	収穫前日まで	4回以内

トマト：青枯病

トマト　青枯病　防除適期と薬剤 (阿部善三郎, 2004)

防除時期	商品名	希釈倍数	使用量	使用時期	使用回数
播種前（床土,堆肥対象）	クロピク80		1穴当たり3〜6ml	播種前（土壌くん蒸）	1回
植付前（圃場対象）			1穴当たり2〜3ml	定植前（土壌くん蒸）	
播種前（床土,堆肥対象）	ドロクロール		1穴当たり3〜6ml	播種前（土壌くん蒸）	1回
植付前（圃場対象）			1穴当たり2〜3ml	定植前（土壌くん蒸）	
播種前（床土,堆肥対象）	ドジョウピクリン		1穴当たり3〜6ml	播種前（土壌くん蒸）	1回
植付前（圃場対象）			1穴当たり2〜3ml	定植前（土壌くん蒸）	
播種前（床土,堆肥対象）	クロールピクリン		1穴当たり3〜5ml	播種前（土壌くん蒸）	1回
植付前（圃場対象）			1穴当たり2〜3ml	定植前（土壌くん蒸）	
播種前（床土,堆肥対象）	クロルピクリン錠剤		1穴当たり1錠	播種前（土壌くん蒸）	1回
植付前（圃場対象）			1穴当たり1錠	定植前（土壌くん蒸）	
植付前（圃場対象）	クロルピクリンテープ		3l（110m）/100m²	定植前（土壌くん蒸）	1回
播種前	ガスタード微粒剤		30kg/10a	播種前（土壌くん蒸）	1回
植付前				定植21日前まで（土壌くん蒸）	
播種前	バスアミド微粒剤		30kg/10a	播種前（土壌くん蒸）	1回
植付前				定植21日前まで（土壌くん蒸）	

トマト：青枯病，モザイク病

植付前（圃場対象）	NCS	水で30倍に希釈	30ℓ/10a	植付10日前まで（土壌混和）	1回
セル成型育苗播種前	セル苗元気		（育苗培土原体）	播種前（育苗培土として使用）	1回

トマトのCMVによるモザイク病を媒介するアブラムシの防除適期と薬剤

(阿部善三郎，2004)

防除時期		商品名	希釈倍数	使用量	使用時期	使用回数
育苗期後半または定植時	⑤	チェス粒剤		1g/株	株元散布または植穴処理	1回
定植時	①	アクタラ粒剤5		1g/株	定植時，植穴処理	1回
		アドマイヤー1粒剤		1〜2g/株	植穴土壌混和	1回
		アルバリン粒剤（スタークル粒剤）		1g/株	植穴土壌混和	1回
		ダントツ粒剤		1〜2g/株	植穴処理，土壌混和	1回
		ベストガード粒剤		1〜2g/株	定植時，植穴処理，土壌混和	1回
		モスピラン粒剤		1g/株	植穴土壌混和	1回
	②	ダイシストン粒剤		3〜6kg/10a（株当たり1〜2g）	株元散布	1回
定植時および収穫前日まで	②	オルトラン粒剤		3〜6kg/10a（株当たり1〜2g）	定植時，作条散布または植穴散布。生育期株元散布	3回以内
		ジェイエース粒剤（ジェネレート粒剤）		6kg/10a（株当たり2g）	定植時，作条散布または植穴散布。生育期株元散布	3回以内

トマト：モザイク病

生育期 (初発後)	①	アドマイヤー顆粒水和剤	10000倍	150～300l/10a	収穫前日まで	2回以内
		アドマイヤー水和剤	2000倍	150～300l/10a	収穫前日まで	2回以内
		ダントツ水溶剤	2000～4000倍	150～300l/10a	収穫前日まで	3回以内
		バリアード顆粒水和剤	4000倍	150～300l/10a	収穫前日まで	3回以内
		ベストガード水溶剤	1000～2000倍	150～300l/10a	収穫前日まで	3回以内
		モスピラン水溶剤	2000倍	150～300l/10a	収穫前日まで	2回以内
	②	オルトラン水和剤	1000～2000倍		収穫前日まで	3回以内
		ジェイエース水溶剤（ジェネレート水溶剤）	1000～2000倍		収穫前日まで	3回以内
		ジブロム乳剤	1000倍		収穫7日前まで	3回以内
		スミチオン乳剤	2000倍		収穫7日前まで	2回以内
		ダイアジノン水和剤34	2000倍		収穫10日前まで	3回以内
		ダイアジノン乳剤40	1000倍		収穫10日前まで	3回以内
		マラソン乳剤	2000～3000倍		収穫前日まで	5回以内
		DDVP乳剤50	1000～2000倍		収穫3日前まで	3回以内
		DDVP乳剤75	1500～2000倍		収穫3日前まで	3回以内

トマト：モザイク病

生育期 （初発後）	③	アディオン乳剤	2000〜3000倍		収穫前日まで	3回以内
		アグロスリン水和剤	1000〜2000倍		収穫前日まで	5回以内
		アグロスリン乳剤	2000倍		収穫前日まで	5回以内
		サイハロン乳剤	2000倍		収穫前日まで	3回以内
		マブリック水和剤20	4000倍		収穫前日まで	2回以内
		ロディー乳剤	1000〜2000倍		収穫前日まで	3回以内
	④	サンヨール乳剤	500倍		収穫前日まで	4回以内
	⑤	チェス水和剤	3000倍	150〜300l/10a	収穫前日まで	3回以内
	⑥	ハチハチ乳剤	1000〜2000倍	150〜300l/10a	収穫前日まで	2回以内
	⑦	オレート液剤	100倍		発生初期〜収穫前日まで	5回以内
		サンクリスタル乳剤	300倍	150〜300l/10a	収穫前日まで	6回以内
		粘着くん液剤	100倍	150〜300l/10a	収穫前日まで	6回以内

注）①：ネオニコチノイド系殺虫剤，②：有機リン系殺虫剤，③：ピレスロイド系殺虫剤，④：有機銅系殺菌剤，⑤：ピリジンアゾメチン系殺虫剤，⑥：トルフェンピラゾ系殺虫剤，⑦：天然殺虫剤

トマト：灰色かび病

トマト　灰色かび病　防除適期と薬剤 (竹内妙子, 2004)

防除時期	商品名	希釈倍数	使用量	使用時期	使用回数
生育期	インプレッション水和剤	500倍		発病前から発病初期まで	
	ゲッター水和剤	1000～1500倍	150～300l/10a	収穫14日まで	6回以内
	スミブレンド水和剤	2000倍	150～300l/10a	収穫前日まで	3回以内
	セイビアーフロアブル20	1000～1500倍	200～300l/10a	収穫前日まで	3回以内
	フルピカフロアブル	2000～3000倍	100～300l/10a	収穫前日まで	4回以内
	ベルクートフロアブル	2000倍	150～300l/10a	収穫前日まで	3回以内
	ボトキラー水和剤	1000倍	150～300l/10a	発病前から発病初期まで	
	ボトキラー水和剤		10～15g/10a/日 ダクト内投入	発病前から発病初期まで	
	ポリオキシンAL水溶剤	2500～5000倍		収穫3日前まで	3回以内

ミニトマト：灰色かび病，トマト：かいよう病，半身萎凋病

ミニトマト　灰色かび病　防除適期と薬剤 (竹内妙子，2004)

防除時期	商品名	希釈倍数	使用量	使用時期	使用回数
生育期	インプレッション水和剤	500倍		発病前～発病初期	
	ゲッター水和剤	1000～1500倍	150～300l/10a	収穫14日前まで	6回以内
	セイビアーフルアブル20	1000～1500倍	200～300l/10a	収穫3日前まで	3回以内
	ベルクート水和剤	6000倍	150～300l/10a	収穫前日まで	3回以内
	ボトキラー水和剤		10～15g/10a/日(ダクト内投入)	発病前～発病初期	
	ボトキラー水和剤	1000倍	150～300l/10a	発病前～発病初期	
	ロブラールくん煙剤		100g(50g×2個)/くん煙室容積300～400m³	収穫前日まで	3回以内
	ロブラール水和剤		200g/10a (5l/10a)常温煙霧	収穫前日まで	3回以内

トマト　かいよう病　防除適期と薬剤 (漆原寿彦，2004)

防除時期	商品名	希釈倍数	使用量	使用時期	使用回数
生育期	カスミンボルドー	1000倍		収穫前日まで	5回以内
	カッパーシン水和剤	1000倍		収穫前日まで	5回以内

トマト　半身萎凋病　防除適期と薬剤 (漆原寿彦，2004)

防除時期	商品名	希釈倍数	使用量	使用時期	使用回数
播種または定植前	キルパー		40l/10a (4ml/穴)	播種または定植15～20日前まで	1回
	クロールピクリン		3～5ml/穴(床土・堆肥)，2～3ml/穴(圃場)		1回
	ドロクロール		3～6ml/穴(床土・堆肥)，2～3ml/穴(圃場)		1回

トマト：褐色根腐病，斑点細菌病，黄化えそ病，環紋葉枯病

トマト　褐色根腐病　防除適期と薬剤 （手塚信夫，2004）

防除時期	商品名	希釈倍数	使用量	使用時期	使用回数
定植前	バスアミド微粒剤		20〜30kg/10a	定植前	1回
	ガスタード微粒剤		20〜30kg/10a	定植前	1回
	クロピクテープ		110m/100m^2	定植前	1回

トマト　斑点細菌病　防除適期と薬剤 （矢ノ口幸夫，2004）

防除時期	商品名	希釈倍数	使用量	使用時期	使用回数
生育期（発生前）	カスミンボルドー水和剤	1000倍		収穫前日まで	5回以内
	カッパーシン水和剤	1000倍		収穫前日まで	5回以内

トマトの黄化えそ病を媒介するアザミウマ類の防除適期と薬剤

（小畠博文，2004）

防除時期	商品名	希釈倍数	使用量	使用時期	使用回数
定植時（4月下旬）	モスピラン粒剤		1g/株	定植時	1回
5月中旬〜6月中旬	コテツフロアブル	2000倍	150〜300l/10a	収穫前日まで	2回以内
	マッチ乳剤	1000〜2000倍	100〜300l/10a	収穫前日まで	4回以内
6月中旬〜	ベストガード水溶剤	1000倍	150〜300l/10a	収穫前日まで	3回以内
	モスピラン水溶剤	2000倍	150〜300l/10a	収穫前日まで	2回以内

トマト　環紋葉枯病　防除適期と薬剤 （小畠博文，2004）

防除時期	商品名	希釈倍数	使用量	使用時期	使用回数
梅雨期	ペンコゼブフロアブル	1000倍	150〜300l/10a	収穫前日まで	2回以内
秋雨期	ダコニール1000	1000倍		収穫前日まで	4回以内
	ロブラール水和剤	1000〜1500倍		収穫前日まで	3回以内

注）上記の薬剤は疫病，輪紋病，灰色かび病に適用するものであるが，環紋葉枯病にも有効である。

トマト：白絹病，苗立枯病

トマト　白絹病　防除適期と薬剤（石井正義，2004）

防除時期	商品名	使用量・方法	使用回数	適用作目
定植前	クロルピクリン錠剤	10錠/m^2 土壌表面散布後混和	1回	ミニトマト
		30×30cmごとに深さ15cmの穴をあけ1錠/穴施用後，穴を埋める	1回	トマト

注）1　錠剤のフィルムは破らず，そのまま使用する。水で溶けるので，施用時に水分が付着しないように気をつける。
　2　フィルムは土壌中の水分で溶けてガス化する。したがって，施用時の土は適度の湿気があり，手で握って放すと割れ目ができる程度がよい。
　3　施用後は必ず被覆し，10日後被覆除去ガス抜き，さらに7日後の定植を目安とする。地温が15℃以下の場合，ガス抜き期間を20～30日に延長するのがよい。
　4　クロルピクリン錠剤による処理はトマトでは穴施用，ミニトマトでは土壌表面散布後の処理で登録されている。

トマト　苗立枯病　防除適期と薬剤（草刈眞一，2004）

防除時期	商品名	希釈倍数	使用量	使用時期	使用回数
播種前	ディ・トラペックス油剤		土壌くん蒸 40l/10a（1穴当たり4ml）	播種または植付け21日前まで	1回
	バスアミド微粒剤		土壌処理 200～300g/m^2	播種または定植21日前まで	1回
	クロルピクリンテープ剤		土壌くん蒸 ＜床土・堆肥＞ 2.2m/m^2		1回
	クロルピクリン		土壌くん蒸 ＜床土・堆肥＞ 1穴当たり3～5ml		1回
播種時	オーソサイド水和剤80		種子粉衣 種子重量の0.2～0.4%	播種時	5回以内
	バシタック水和剤75		種子粉衣 種子重量の0.4% （トマト，ミニトマト）	播種前	2回以内

トマト：苗立枯病

	薬剤名	希釈倍数	使用方法	使用時期	使用回数
	モンカット水和剤		種子粉衣 種子重量の0.5～1.0%（トマト，ミニトマト）	播種前	1回（フルトラニルは2回まで）
	モンカット水和剤50		種子粉衣 種子重量の0.3～0.5%	播種前	2回以内
	リゾレックス水和剤		種子粉衣 種子重量の0.5%粉衣	播種時	1回
	ウイスペクト水和剤5		種子粉衣 種子重量の0.3～0.5%（トマト，ミニトマト）	播種前（ミニトマトは播種3日前まで）	1回（フルジオキソニルは4回以内）
播種後～発芽後	モンセレン水和剤	1000倍	土壌灌注（$3l/m^2$）後土壌混和	播種前	1回
	リゾレックス水和剤	500倍	土壌灌注（$3l/m^2$）	播種時	1回
	オーソサイド水和剤80	800倍	ジョウロまたは噴霧機で全面散布（$2l/m^2$）	播種後2～3葉期まで	5回以内
	バリダシン液剤	500倍液	土壌灌注（$3l/m^2$）	播種直後	1回
	バシタック水和剤75	750～1500倍（トマト，ミニトマト）	土壌灌注（$3l/m^2$）	播種時～子葉展開時	2回以内
	モンカット水和剤	500～1000倍（トマト，ミニトマト）	土壌灌注 希釈液 $3l/m^2$	播種時～子葉展開時	1回（フルトラニルは2回まで）
	モンカット水和剤50	1000～2000倍	土壌灌注（$3l/m^2$）	播種時～子葉展開時	

トマト:苗立枯病

播種後〜発芽後	ダコニール1000	1000倍	土壌灌注 ($3l/m^2$)	播種時または活着後(ただし,定植14日後まで)	2回(土壌灌注は2回,TPNとしては4回まで)

注) 1　土壌消毒には,クロルピクリン,クロピクテープ剤,バスアミド微粒剤,ディ・トラペックスなどで土壌消毒する。
2　クロルピクリン,クロピクテープ剤では,土壌に適度の水分のある状態で使用する。土壌水分の状態は,土を握りしめて離したときに土に割れ目の生じる程度がよい。
3　クロルピクリンは,低温時の使用には,ガス化しにくく効果が劣ったり,ガスが充分抜けないことがあるので,7℃以下では使用しない。
4　クロルピクリン剤による床土・堆肥の消毒は,高さ30cmに積み上げ,30cm×30cmごとの深さ15cmの穴に1穴処理する。圃場では,30cm×30cmごとの深さ15cmの穴に1穴処理する。
5　クロルピクリンテープ剤では,高さ30cmに積み上げた用土に90cm間隔で15cmの溝を掘り,テープ1本を施用後直ちに被覆し,10日経過してからガス抜きし,10日後に定植する。
6　ディ・トラペックス油剤では,気温15℃以上で使用する。7〜9日後にガス抜きし,ガスが抜けたことを確かめて作付けする。
7　ディ・トラペックス剤を15℃以下で使用する場合には,2週間期間をおいてからガス抜きし,2週後に作付けする。また,10℃以下,重粘土質土壌,降雨などにより土壌水分が多いときは,ガス抜きをていねいに行ない,回数を増やし,注入してから作付けまでの期間をさらに約7日間長くする。
8　バスアミドでは,土壌に本剤の所定量を加え充分混和した後ビニールなどで被覆。7〜14日後,被覆を除去して,2回以上の耕起によるガス抜きを行なう(土壌に適度の水分が必要)。
9　種子消毒剤では,オーソサイド水和剤80,バシタック,モンカット,リゾレックス,ウイスペクトなどの薬剤が利用できる。
10　播種前,播種直後にリゾレックス,モンセレンなどの薬剤を土壌灌注処理してもよい。
11　発芽後に立枯れ症状が発生した場合には,バシタック,モンカット,ダコニールなどの薬剤を希釈して土壌灌注する。
12　被害発生時には,被害株をできるだけすみやかに除去するとともに,キャプタン剤などを発病株周辺に灌注する。
13　*Rhizoctonia* 属菌の苗立枯病の発病後にバシタック,モンカット,リゾレックス水和剤で処理すると発病進展が停止する。被害程度が低い場合は処理後回復することがある。
14　*Pythium* 属菌による苗立枯病の発病後にオーソサイド水和剤80で処理しても被害の進展は停止するが,腰折れ状となった植物は回復しない。

トマト：うどんこ病

トマト　うどんこ病　防除適期と薬剤（長浜　恵，2004）

防除時期	商品名	希釈倍数	使用量	使用時期	使用回数
発病前	カリグリーン	800～1000倍	100～400l/10a	収穫前日まで	8回以内
	ハーモメイト水溶剤	800～1000倍	150～300l/10a	収穫前日まで	8回以内
発病前～発病初期	サンヨール	500倍		収穫前日まで	4回以内
	硫黄粉剤50		3kg/10a		
	クムラス	500～1000倍			
	イオウフロアブル	500～1000倍			3回以内
	ボトキラー水和剤	1000倍	150～300l/10a	発病前～発病初期	
	インプレッション水和剤	500倍		発病前～発病初期	
	バイオワーク水和剤	1000倍	100～300l/10a	発病前～発病初期	
発病初期	ジーファイン水和剤	750～1000倍	150～500l/10a	収穫前日まで	6回以内
	サンクリスタル乳剤	300倍	150～300l/10a	収穫前日まで	6回以内
発病初期～	テーク水和剤	800倍	150～300l/10a	収穫前日まで	2回以内

注）ボトキラー水和剤，インプレッション水和剤，バイオワーク水和剤は生物農薬で，他剤と混用すると充分に効果が発揮されない場合があるので，混用の可否を確認して使用する。

トマト：へた腐症，根腐病，黒点根腐病

トマト　へた腐症　防除適期と薬剤　（小板橋基夫，2004）

防除時期	商品名	希釈倍数	使用量	使用時期	使用回数
生育期（初発前）	ダイファー水和剤	400～650倍		収穫14日前まで	3回以内
	オーセン	400～650倍		収穫14日前まで	3回以内
	ドイツボルドーA	500倍			
生育期（初発後）	ロブラール水和剤	1000倍		収穫前日まで	3回以内
	トリアジン水和剤	600倍		収穫前日まで	6回以内

注）本症に対する登録農薬はないが，斑点病と病害菌が同一であるため，同病に農薬登録のある上記の薬剤が有効である。

トマト　根腐病　防除適期と薬剤　（草刈眞一，2004）

防除時期	商品名	希釈倍数	使用量	使用時期	使用回数
定植後	オクトクロス		1枚/t	定植2日前より	1回

注）1　オクトクロスは，定植1～2日前に培養液1tに1枚添加する。
　2　発病を予防する資材として，オクトクロス（金属銀剤）が利用できる。発病前より使用することで高い抑制効果が得られる。発病後でも伝染速度は遅くなり，蔓延は防止される。
　3　トマトを栽培槽へ定植する1～2日前までに，培養液中にオクトクロスを添加するとよい。
　4　トマトの幼苗期では，オクトクロスの使用量を1/2～1/3以下とする。
　5　栽培系など施設の消毒は，タンク，栽培槽に水を満たし，ケミクロンGなど塩素系の薬剤を所定量溶解し，8時間以上処理する。日中処理するときは太陽光線により薬剤が分解するので栽培槽上面など太陽光線の当たる部分を黒ビニールで覆う。

トマト　黒点根腐病　防除適期と薬剤　（萩原　廣，2004）

防除時期	薬剤等	使用量・方法	使用回数
播種，定植前	蒸気消毒		
	クロルピクリン剤	土壌くん蒸処理（30cm×30cmごとに深さ15cmの所に1穴2～3mlずつ注入，被覆処理）約20～30l/10a	1回

トマト:斑点病, ミニトマト:斑点病, トマト:モモアカアブラムシ

トマト　斑点病　防除適期と薬剤 (吉松英明, 2004)

防除時期	商品名	希釈倍数	使用量	使用時期	使用回数
発病前〜発病初期	ロブラール水和剤	1000倍		収穫前日まで	3回以内
	ダイファー水和剤	400〜650倍		収穫14日前まで	3回以内
	ドイツボルドーA	500倍			
	ボルドー	500倍			
	トリアジン水和剤50	600倍		収穫前日まで	6回以内

注) 1　トリアジン水和剤50やダイファー水和剤は人によりかぶれやすく, トリアジン水和剤50は魚毒性が高いので注意する。
　　2　ダイファー水和剤は銅剤との混用, 連用は避け, 銅剤との散布間隔は7日以上あける。

ミニトマト　斑点病　防除適期と薬剤 (吉松英明, 2004)

防除時期	商品名	希釈倍数	使用量	使用時期	使用回数
発病前〜発病初期	ドイツボルドーA	500倍			
	ボルドー	500倍			

トマト　モモアカアブラムシ　防除適期と薬剤 (木村 裕, 2004)

防除時期	商品名	希釈倍数	使用量	使用時期	使用回数	ミニトマト登録
定植時	モスピラン粒剤		1g/株	定植時	1回	ミニOK
	アドマイヤー1粒剤		1〜2g/株	定植時	1回	ミニOK
	スタークル粒剤 アルバリン粒剤		1g/株	定植時	1回	ミニOK
	ダントツ粒剤		1〜2g/株	定植時	1回	ミニOK
	ベストガード粒剤		1〜2g/株	定植時	1回	ミニOK
	オルトラン粒剤		3〜6kg/10a (1〜2g/株)	定植時, 収穫前日まで	3回以内	ミニ異なる
	チェス粒剤		1g/株	定植時, 育苗期後半	1回	ミニOK

トマト：モモアカアブラムシ

生育期（発生初期）	モスピラン水溶剤	2000倍	150～300l/10a	収穫前日まで	2回以内	ミニOK
	アドマイヤー水和剤	2000倍	150～300l/10a	収穫前日まで	2回以内	ミニ×
	ダントツ水溶剤	2000～4000倍	150～300l/10a	収穫前日まで	3回以内	ミニOK
	ベストガード水溶剤	1000～2000倍	150～300l/10a	収穫前日まで	3回以内	ミニOK
	バリアード顆粒水和剤	4000倍	150～300l/10a	収穫前日まで	3回以内	ミニ×
	アグロスリン乳剤	2000倍		収穫前日まで	5回以内	ミニ×
	アディオン乳剤	2000～3000倍		収穫前日まで	3回以内	ミニ×
	ロディー乳剤	1000～2000倍		収穫前日まで	3回以内	ミニ×
	オルトラン水和剤	1000～2000倍		収穫前日まで	3回以内	ミニ異なる
	DDVP乳剤50, デス	1000～2000倍		収穫3日前まで	3回以内	ミニ×
	スミチオン乳剤	2000倍		収穫1週間前まで	2回以内	ミニ×
	ハチハチ乳剤	1000～2000倍	150～300l/10a	収穫前日まで	2回以内	ミニ×
	チェス水和剤	3000倍	150～300l/10a	収穫前日まで	3回以内	ミニOK
	粘着くん液剤	100倍		収穫前日まで	6回以内	ミニOK
	オレート液剤	100倍		収穫前日まで	5回以内	ミニOK
	サンスモークVP		11g/100m^3	収穫3日前まで	3回以内	ミニ×

注）ミニトマトでは登録がないか，または登録が異なる場合があるので注意する。

トマト：モモアカアブラムシ，テントウムシダマシ類，ミナミアオカメムシ

トマト　モモアカアブラムシ　防除適期と薬剤（生物農薬）（木村　裕，2004）

＜施設栽培＞

防除時期	商品名	希釈倍数	使用量	使用時期	使用回数
生育期（発生初期）	アフィパール		2瓶（約1000頭）/10a		
	アブラバチAC		4〜8ボトル（1000〜2000頭）/10a		
	コレトップ		4〜8ボトル（1000〜2000頭）/10a		
	アフィデント		2瓶（約2000頭）/10a		
	ナミトップ		0.5〜4頭/株		
	カゲタロウ		10〜40頭/m^2		
	バータレック	1000倍	150〜300l/10a		

トマト　テントウムシダマシ類　防除適期と薬剤（木村　裕，2004）

防除時期	商品名	希釈倍数	使用量	使用時期	使用回数
生育期（発生初期）	スミチオン乳剤	2000倍		収穫1週間前まで	2回以内
	ダイアジノン水和剤34	2000倍		収穫10日前まで	3回以内
	ダイアジノン乳剤	1000倍		収穫10日前まで	3回以内

注）いずれの剤もミニトマトに対する登録はないので注意する。

トマト　ミナミアオカメムシ　防除適期と薬剤（木村　裕，2004）

防除時期	商品名	希釈倍数	使用量	使用時期	使用回数
生育期（発生初期）	マラソン粉剤3		3kg/10a	収穫前日まで	5回以内

注）ミニトマトに対する登録はないので注意する。

トマト：オンシツコナジラミ

トマト　オンシツコナジラミ　防除適期と薬剤 (林　英明, 2004)

防除時期	商品名	希釈倍数	使用量	使用時期	使用回数
生育期（初発後）	モスピラン水溶剤	2000倍	150～300l/10a	収穫前日まで	3回以内
	アドマイヤー水和剤	2000倍	150～300l/10a	収穫前日まで	2回以内
	アドマイヤー顆粒水和剤	10000倍	150～300l/10a	収穫前日まで	2回以内
	モレスタン水和剤	1500～2000倍		収穫前日まで	5回以内
	トレボン乳剤	1000倍		収穫前日まで	2回以内
	ダントツ水溶剤	2000～4000倍	150～300l/10a	収穫前日まで	3回以内
	スタークル顆粒水溶剤，アルバリン顆粒水溶剤	3000倍	150～300l/10a	収穫前日まで	2回以内
	サイハロン乳剤	2000～3000倍		収穫前日まで	3回以内
	アグロスリン水和剤	1000～2000倍		収穫前日まで	5回以内
	アグロスリン乳剤	2000倍		収穫前日まで	5回以内
	ノーモルト乳剤	2000倍	150～300l/10a	収穫前日まで	2回以内
	ハチハチ乳剤	1000～2000倍	150～300l/10a	収穫前日まで	2回以内
	ベストガード水溶剤	1000～2000倍	150～300l/10a	収穫前日まで	3回以内
	テルスターフロアブル	4000倍	150～300l/10a	収穫前日まで	2回以内
	サンコンビフロアブル	1500倍	150～300l/10a	収穫前日まで	2回以内
	チェス水和剤	3000倍	150～300l/10a	収穫前日まで	3回以内

トマト：オンシツコナジラミ

	サンマイトフロアブル	1000～1500倍	150～300*l*/10a	収穫前日まで	2回以内
	ラノー乳剤（施設栽培）	1000～2000倍	150～400*l*/10a	収穫前日まで	4回以内
	アプロードエースフロアブル	1000～2000倍		収穫前日まで	3回以内
	ロディー乳剤	1000～2000倍		収穫前日まで	3回以内
	スミロディー乳剤	2000倍		収穫7日前まで	2回以内
	アプロード水和剤	1000～2000倍		収穫前日まで	3回以内
	マブリック水和剤20	4000倍		収穫前日まで	2回以内
	アディオン乳剤	2000～3000倍		収穫前日まで	3回以内
	マリックス乳剤	500～800倍		収穫14日前まで	5回以内
	ジブロム乳剤	1000倍		収穫7日前まで	3回以内
	サンヨール	500倍		収穫前日まで	4回以内
	ボタニガードES（施設栽培）	500倍	200～300*l*/10a	発生初期	
	マイコタール（施設栽培）	1000倍	150～300*l*/10a	発生初期	
	プリファード水和剤	1000倍	200～300*l*/10a	発生初期	
	ツヤコバチEF（施設栽培）		1カード/20～30株	発生初期	
	エルカード（施設栽培）		約3000頭/10a	発生初期	
	モスピランジェット		50g/400m³	収穫前日まで	2回以内
生育期	アドマイヤー1粒剤		1g/株	育苗期後半	1回

トマト：オンシツコナジラミ，ネコブセンチュウ類

定植時,生育期(初発後)	オルトラン粒剤，ジェイエース粒剤		3～6kg/10a（1～2g/株）	収穫前日まで	3回以内
定植時	ダントツ粒剤		1g/株	定植時	1回
	スタークル粒剤，アルバリン粒剤		1g/株	定植時	1回
	アクタラ粒剤5		1g/株	定植時	1回
育苗期(初発後)	チェス粒剤		1g/株	育苗期後半	1回

注）モレスタン水和剤は卵に効果が高い。30℃以上の高温時の使用では，薬害がでることがあるから注意する。

トマト　ネコブセンチュウ類　防除適期と薬剤（近岡一郎，2004）

防除時期	商品名	希釈倍数	使用量	使用時期	使用回数
植付け前	D-D	原液	20～30l/10a	植付け10～15日前まで	1回
	D-D 92	原液	15～20l/10a	植付け10～15日前まで	1回
	DC油剤	原液	15～20l/10a	植付け10～15日前まで	1回
	テロン92	原液	15～20l/10a	植付け10～15日前まで	1回
	ディ・トラペックス油剤	原液	20～30l/10a	植付け21日前まで	1回
	キルパー	原液	40l/10a	植付け15～20日前まで	1回
	ソイリーン	原液	30l/10a	植付け10～15日前まで	1回
	ネマトリンエース粒剤		15～20kg/10a	定植前	1回
	ラクビーMC粒剤		20～30kg/10a	定植前	1回
	バイデートL粒剤		25～50kg/10a	定植前	1回
	ボルテージ粒剤6		30～40kg/10a	定植前	1回
生育中	アオバ液剤	4000倍	2l/m²	収穫前日まで	1回

トマト:ヒラズハナアザミウマ,オオタバコガ

トマト　ヒラズハナアザミウマ　防除適期と薬剤　(藤沢　巧,2004)

防除時期	商品名	希釈倍数	使用量	使用時期	使用回数
生育期	モスピラン水溶剤	2000倍	150〜300l/10a	収穫前日まで	2回以内
	ベストガード水溶剤	1000倍	150〜300l/10a	収穫前日まで	3回以内
	スピノエース顆粒水和剤	5000倍	150〜300l/10a	収穫前日まで	2回以内

注)モスピラン水溶剤は本種に対して適用があるが,ベストガード水溶剤とスピノエース顆粒水和剤はアザミウマ類に対する適用である.

トマト　オオタバコガ　防除適期と薬剤　(中島三夫,2004)

防除時期	商品名	希釈倍数	使用量	使用時期	使用回数
生育期（初発後）	BT水和剤	1000倍	150〜300l/10a	収穫前日まで	4回以内
	クロルフルフェナビル水和剤	1000〜2000倍	100〜300l/10a	収穫前日まで	3回以内
	クロルフルアズロン水和剤	2000倍		収穫前日まで	3回以内
	メトキシフェノシド水和剤	2000倍	100〜300l/10a	収穫前日まで	2回以内
	メトキシフェノシド水和剤	4000倍	100〜300l/10a	収穫前日まで	2回以内
	ルフェヌロン乳剤	2000倍	100〜300l/10a	収穫前日まで	4回以内

トマト：マメハモグリバエ，ミニトマト：マメハモグリバエ

トマト　マメハモグリバエ　防除適期と薬剤 （西東　力，2004）

防除時期	商品名	希釈倍数	使用量	使用時期	使用回数
生育期（初発後）	スピノエース顆粒水和剤	5000倍	100～300*l*/10a	収穫前日まで	2回以内
	アファーム乳剤	2000倍	150～300*l*/10a	収穫前日まで	2回以内
	トリガード液剤	1000倍	100～300*l*/10a	収穫前日まで	3回以内
	カスケード乳剤	2000～4000倍	150～300*l*/10a	収穫前日まで	4回以内
	ダントツ水溶剤	2000倍	150～300*l*/10a	収穫前日まで	3回以内
	ハチハチ乳剤	1000倍	150～300*l*/10a	収穫前日まで	2回以内
	オルトラン水和剤	1000倍		収穫前日まで	3回以内
定植時（発生前）	アクタラ粒剤		1g/株	定植時	1回
	ダントツ粒剤		1～2g/株	定植時	1回
生育期（初発後）	ヒメコバチDI		100～200頭/10a		
	ヒメトップ		200～800頭/10a		
	マイネックス		250～500頭/10a		
	マイネックス91		500～1000頭/10a		

ミニトマト　マメハモグリバエ　防除適期と薬剤 （西東　力，2004）

防除時期	商品名	希釈倍数	使用量	使用時期	使用回数
生育期（初発後）	アファーム乳剤	2000倍	150～300*l*/10a	収穫前日まで	2回以内
	ダントツ水溶剤	2000倍	150～300*l*/10a	収穫前日まで	3回以内
定植時（発生前）	ダントツ粒剤		1～2g/株	定植時	1回
生育期（初発後）	ヒメコバチDI		100～200頭/10a		
	ヒメトップ		200～800頭/10a		
	マイネックス		250～500頭/10a		
	マイネックス91		500～1000頭/10a		

トマト：シルバーリーフコナジラミ

トマト　シルバーリーフコナジラミ　防除適期と薬剤 （松井正春，2004）

防除時期	商品名	希釈倍数	使用量	使用時期	使用回数
育苗期以降	ベストガード粒剤		1〜2g/株（定植時植穴土壌混和）	播種時，鉢上げ時，定植時	1回
育苗期後半以降	アドマイヤー1粒剤		1〜2g/株（定植時植穴土壌混和）	育苗期後半，定植時	1回
	チェス粒剤		1g/株（株元散布）	育苗期後半，定植時	1回
定植期以降	スタークル（アルバリン）粒剤		1g/株（植穴土壌混和）	定植時	1回
	ダントツ粒剤		1g/株（植穴土壌混和）	定植時	1回
	モスピラン粒剤		1g/株（植穴土壌混和）	定植時	1回
	アクタラ粒剤		1g/株（植穴土壌混和）	定植時	1回
	ラノーテープ		畦の長さ	一作期	1回
発生初期	アドマイヤー（顆粒）水和剤	2000倍	150〜300l/10a	収穫前日まで	2回以内
	スタークル（アルバリン）顆粒水溶剤	3000倍	150〜300l/10a	収穫前日まで	2回以内
	ダントツ水溶剤	2000〜4000倍	150〜300l/10a	収穫前日まで	3回以内
	ベストガード水溶剤	1000〜2000倍	150〜300l/10a	収穫前日まで	3回以内
	バリアード顆粒水和剤	4000倍	150〜300l/10a	収穫前日まで	3回以内
	モスピラン水溶剤	2000倍	150〜300l/10a	収穫前日まで	2回以内
	アプロード水和剤	1000倍	150〜300l/10a	収穫前日まで	3回以内
	ノーモルト乳剤	2000倍	150〜300l/10a	収穫前日まで	2回以内

トマト：シルバーリーフコナジラミ

発生初期	カウンター乳剤	2000倍	150〜300l/10a	収穫前日まで	4回以内
	チェス水和剤	3000倍	150〜300l/10a	収穫前日まで	3回以内
	サンマイトフロアブル	1000〜1500倍	150〜300l/10a	収穫前日まで	2回以内
	ハチハチ乳剤	1000〜2000倍	150〜300l/10a	収穫前日まで	2回以内
	トレボン乳剤	1000倍	150〜300l/10a	収穫前日まで	2回以内
	コロマイト乳剤	1500倍	150〜300l/10a	収穫前日まで	2回以内
	スミロディー乳剤	2000倍	150〜300l/10a	収穫1週間前まで	2回以内
	アプロードエースフロアブル	1000〜2000倍	150〜300l/10a	収穫前日まで	3回以内
	エンストリップ	25〜30株/カード	2500〜5000頭（1〜2箱）/10a	発生初期	1〜2週間間隔
	ツヤトップ	25〜30株/カード	4500頭（2箱）/10a	発生初期	毎週連続4回
	ツヤコバチEF30	12〜15株/カード	2400頭（2箱）/10a	発生初期	1〜2週間間隔
	エルカード	25〜30株/カード	3000頭（1箱）/10a	発生初期	（夏）1〜2週間間隔で1〜数回
	マイコタール	1000倍	150〜300l/10a	発生初期	7日間隔で2〜3回
	プリファード水和剤	1000倍	200〜300l/10a	発生初期	
	ボタニガードES	500倍	200〜300l/10a	発生初期	7日間隔で3〜4回

トマト：シルバーリーフコナジラミ，ハスモンヨトウ

発生初期〜中期	オレート液剤	100倍	150〜300l/10a	収穫前日まで	5回以内
	粘着くん液剤	100倍	150〜300l/10a	収穫前日まで	6回以内
	モスピランジェット		50g/200m²×2m（400m³）	収穫前日まで	2回以内

注）チェス粒剤・水和剤，IGR剤のアプロード水和剤，ノーモルト乳剤，カウンター乳剤，その他オレート液剤，粘着くん液剤は天敵昆虫や天敵微生物に影響が少なく，セイヨウオオマルハナバチにも農薬散布翌日にはほとんど影響がない。モスピラン水溶剤は，天敵昆虫に影響があるが，マルハナバチには翌日放飼で影響がほとんどない。その他の薬剤は天敵昆虫に影響があり，マルハナバチを放飼できる時期については薬剤ごとに異なるので専門情報を参照されたい。

トマト ハスモンヨトウ 防除適期と薬剤（古家 忠，2004）

防除時期	商品名	希釈倍数	使用量	使用時期	使用回数
幼虫発生初期	トルネードフロアブル	2000倍	150〜300l/10a	収穫前日まで	2回以内
	アタブロン乳剤	2000倍		収穫前日まで	3回以内
	ノーモルト乳剤	2000倍	150〜300l/10a	収穫前日まで	2回以内
	マッチ乳剤	3000倍	100〜300l/10a	収穫前日まで	4回以内
	ファルコンフロアブル	4000倍	100〜300l/10a	収穫前日まで	2回以内
	ゼンターリ顆粒水和剤	1000倍		発生初期ただし，収穫前日まで	4回以内（他のBT剤も含む）
	デルフィン顆粒水和剤	1000倍		発生初期ただし，収穫前日まで	4回以内（他のBT剤も含む）

注）1 近年，有機リン剤，カーバメート剤，合成ピレスロイド剤に対して感受性が低下した個体群が確認されている。抵抗性の発達を防ぐためには，同一系統の薬剤を連用せずに，異なる系統の薬剤のローテーション散布を行なう。
2 IGR剤，BT剤は遅効的であり，また齢期が進むと効果が低下するので，発生初期に若齢幼虫を対象に散布する。
3 IGR剤，BT剤は浸透移行性がないので，葉裏にも薬液が充分かかるよう散布する。また，葉が混み合うと薬液がかかりにくくなるので，摘葉などを行ない，ていねいに散布する。
4 IGR剤，BT剤は遅効的なので，効果の判定は散布3〜7日後を目安に行なう。

トマト：トマトサビダニ，ダイズウスイロアザミウマ

トマト　トマトサビダニ　防除適期と薬剤（田中　寛，2004）

防除時期	商品名	希釈倍数	使用量	使用時期	使用回数
発生時	マイトコーネフロアブル	1000倍	150～300*l*/10a	収穫前日まで	1回
	マッチ乳剤	2000倍	100～300*l*/10a	収穫前日まで	4回以内
	アファーム乳剤	2000倍	150～300*l*/10a	収穫前日まで	2回以内
	モレスタン水和剤	1500倍		収穫前日まで	5回以内
	イオウフロアブル	400倍			4回以内
	ハチハチ乳剤	1000倍	150～300*l*/10a	収穫前日まで	2回以内
	コロマイト乳剤	1500倍	150～300*l*/10a	収穫前日まで	2回以内

注）1　マッチ乳剤，モレスタン水和剤，ハチハチ乳剤，コロマイト乳剤はミニトマトには使用できない。
　　2　マイトコーネフロアブルとマッチ乳剤はコハリダニ類に対する悪影響が小さい。

トマト　ダイズウスイロアザミウマ　防除適期と薬剤（柴尾　学，2004）

防除時期	商品名	希釈倍数	使用量	使用時期	使用回数
発生初期（トマト・ミニトマト）	ベストガード水溶剤	1000倍	150～300*l*/10a	収穫前日まで	3回以内
発生初期	スピノエース顆粒水和剤	5000倍	100～300*l*/10a	収穫前日まで	2回以内
	タイリク（施設栽培）		500～2000ml（約500～2000頭）/10a	発生初期	
	オリスター（施設栽培）		0.5～2*l*（約500～2000頭）/10a	発生初期	
	ククメリス（施設栽培）		50～100頭/株	発生初期	
	メリトップ（施設栽培）		100頭/株	発生初期	

トマト：ミカンキイロアザミウマ，カメムシ類

トマト　ミカンキイロアザミウマ　防除適期と薬剤 （小澤朗人，2004）

防除時期	商品名	希釈倍数	使用量	使用時期	使用回数
発生初期	ベストガード水溶剤	1000倍	150〜300*l*/10a	収穫前日まで	3回以内
	スピノエース顆粒水和剤	5000倍	100〜300*l*/10a	収穫前日まで	2回以内

トマト　カメムシ類　防除適期と薬剤 （高井幹夫，2004）

防除時期	商品名	希釈倍数	使用量	使用時期	使用回数
発生初期	マラソン粉剤		3kg/10a	収穫前日まで	5回以内
	アディオン乳剤	1000倍		収穫前日まで	3回以内
	トレボン乳剤	1000倍		収穫前日まで	3回以内

注）1　マラソン粉剤は残効が短く，多発時にはたびたび散布する必要がある。
　　2　コナジラミ類やアブラムシ類などに適用登録されている合成ピレスロイド剤は速効性で残効も長く，カメムシ類にも有効であるので，同時防除に使用できる。また，合成ピレスロイド剤はカメムシ類に対して忌避効果があるといわれている。
　　3　タバコカスミカメに対する防除試験例はないが，薬剤には弱く，アブラムシ類やコナジラミ類に適用登録のある合成ピレスロイド剤や有機リン剤で同時防除が可能と思われる。
　　4　トレボン乳剤はミナミアオカメムシに対する殺虫効果が劣る。
　　5　アディオン乳剤は魚毒性が高いので，残液を水路などに流さないようにする。

トマト：トマトハモグリバエ

トマト　トマトハモグリバエ　防除適期と薬剤 （徳丸　晋, 2004）

【土壌施用剤】

防除時期	商品名	使用方法	希釈倍数	使用量	使用時期	使用回数	適用害虫名
育苗期（発生初期）	アルバリン粒剤	株元散布		1〜2g/株	育苗期	1回	トマトハモグリバエ
	スタークル粒剤	株元散布		1〜2g/株	育苗期	1回	トマトハモグリバエ
定植時（発生初期）	アクタラ粒剤5	植穴処理		1g/株	定植時	1回	ハモグリバエ類
	アルバリン粒剤	植穴土壌混和		2g/株	定植時	1回	ハモグリバエ類
	スタークル粒剤	植穴土壌混和		2g/株	定植時	1回	ハモグリバエ類
	ダイシストン粒剤	株元散布		3〜6kg/10a（1〜2g/株）	定植時	1回	ハモグリバエ類
	ダントツ粒剤	植穴処理土壌混和		2g/株	定植時	1回	トマトハモグリバエ
	モスピラン粒剤	植穴土壌混和		1g/株	定植時	1回	トマトハモグリバエ
	TD粒剤	株元散布		3〜6kg/10a（1〜2g/株）	定植時	1回	ハモグリバエ類

トマト：トマトハモグリバエ

【茎葉散布剤】

防除時期	商品名	使用方法	希釈倍数	使用量	使用時期	使用回数	適用害虫名
生育時（発生初期）	カスケード乳剤	散布	2000倍		収穫前日まで	4回以内	トマトハモグリバエ
	コロマイト乳剤	散布	1500倍		収穫前日まで	2回以内	ハモグリバエ類
	スピノエース顆粒水溶剤	散布	5000倍		収穫前日まで	2回以内	ハモグリバエ類
	ダントツ水溶剤	散布	2000倍		収穫前日まで	3回以内	ハモグリバエ類
	トリガード液剤	散布	1000倍		収穫前日まで	3回以内	ハモグリバエ類
	ハチハチ乳剤	散布	1000倍		収穫前日まで	2回以内	ハモグリバエ類

【天敵製剤（施設栽培）】

防除時期	商品名	使用方法	希釈倍数	使用量	使用時期	使用回数	適用害虫名
生育時（発生初期）	ヒメコバチDI	放飼		1～2瓶/10a（約100～200頭）	発生初期		ハモグリバエ類（野菜類で登録）
	ヒメトップ	放飼		2～8ボトル/10a（約200～800頭）	発生初期		ハモグリバエ類（野菜類で登録）

トマト：トマトハモグリバエ，**ナス**：青枯病

生育時(発生初期)	マイネックス	放飼		1〜2瓶/10a（約250〜500頭）	発生初期		ハモグリバエ類（野菜類で登録）
	マイネックス91	放飼		2〜4瓶/10a（約500〜1000頭）	発生初期		ハモグリバエ類（野菜類で登録）

ナス　青枯病　防除適期と薬剤（中曾根渡，2004）

防除時期	商品名	希釈倍数	使用量	使用時期	使用回数
定植前	バスアミド微粒剤		20〜30kg/10a	播種・定植21日前まで	1回
	クロピクテープ		110m/100m²（圃場） 2.2m/m²（床土）		1回
	クロールピクリン		2〜3ml/穴（圃場） 3〜5ml/穴（床土・堆肥）		1回
	クロルピクリン錠剤		1錠/穴（床土・堆肥） 1錠/穴，10錠/m²（圃場）		1回

注）施設栽培では連作する場合が多いため，太陽熱を利用した土壌消毒，ダゾメット剤による土壌消毒あるいは両者を併用した土壌消毒を必ず実施する。

ナス：半身萎凋病

ナス　半身萎凋病　防除適期と薬剤 （久下一彦，2004）

防除時期	商品名	希釈倍数	使用量	使用時期	使用回数
育苗前	クロールピクリン		3～5ml/穴		1回
	ドロクロール		3～6ml/穴		1回
	ドジョウピクリン		3～6ml/穴		1回
定植前	クロールピクリン，ドロクロール，ドジョウピクリン		30～40l/10a（注入）		1回
	トラペックサイド油剤		30～40l/10a（注入）	植付けの21日前まで	1回
	バスアミド微粒剤，ガスタード微粒剤		20～30l/10a	植付けの21日前まで	1回
	キルパー		40l/10a	植付けの15～20日前まで	1回
	ダブルストッパー		30l/10a	植付けの10～15日前まで	1回
	ベンレート水和剤	500倍	200～300ml/株灌注	定植後～収穫14日前まで	3回以内
	ベンレート水和剤	1000倍	400～600ml/株灌注	定植後～収穫14日前まで	3回以内

注）1　床土は毎年更新し，さらに安全を期して床土消毒を行なう。苗床で感染した場合に本畑で被害が大きいためである。クロルピクリン剤で消毒するときには床土を3層（高さ90cm）以上は積まないようにし，ポリフィルムで密閉する。

2　本圃でのダゾメット剤（バスアミド微粒剤，ガスタード微粒剤）処理は，所定量を均一に地表面に散布したあと土壌に混和し，ビニールなどで7～10日間被覆する。その後，被覆を除去し耕起してガス抜きを行ない，7～10日後に植え付ける。

3　クロルピクリン剤（ドロクロール，ドジョウピクリン）による本畑の土壌消毒の場合，マルチ畦内処理も有効である。東京都の露地栽培の試験例では，3月にマルチ畦内に2条30cm間隔で3mlを注入し，1か月後の定植で薬害もなく，実用的効果が認められた。

ナス：黒枯病，菌核病

ナス　黒枯病　防除適期と薬剤（久下一彦，2004）

防除時期	商品名	希釈倍数	使用量	使用時期	使用回数
育苗期播種後	トップジンM水和剤	1500～2000倍	100～150l/10a	収穫前日まで	
	ベンレート水和剤	2000～3000倍	100～150l/10a	収穫前日まで	3回以内
	ロブラール水和剤	1000～1500倍	100～150l/10a	収穫前日まで	4回以内
	ゲッター水和剤	1500倍	150～300l/10a	収穫前日まで	5回以内
	ダコニール1000	1000倍	100～150l/10a	収穫前日まで	4回以内
	ダコニールくん煙剤		40g/100m^3	収穫前日まで	4回以内
	ダコニール46くん煙剤		20g/100m^3	収穫前日まで	4回以内

ナス　菌核病　防除適期と薬剤（久下一彦，2004）

防除時期	商品名	希釈倍数	使用量	使用時期	使用回数
定植後	トップジンM水和剤	1500～2000倍	100～150l/10a	収穫前日まで	
	ベンレート水和剤	2000倍	100～150l/10a	収穫前日まで	3回以内
	スミレックス水和剤	1000～2000倍	100～150l/10a	収穫前日まで	6回以内
	スミブレンド水和剤	1500～2000倍	100～150l/10a	収穫前日まで	5回以内
	ゲッター水和剤	1000～1500倍	150～300l/10a	収穫前日まで	5回以内
	ロブラール水和剤	1000倍	150～300l/10a	収穫前日まで	4回以内
	ロブラールくん煙剤		50g/150～200m^3	収穫前日まで	4回以内

ナス：うどんこ病

ナス　うどんこ病　防除適期と薬剤（久下一彦，2004）

防除時期	商品名	希釈倍数	使用量	使用時期	使用回数
定植後（発生初期）	モレスタン水和剤	2000～3000倍	100～150ℓ/10a	収穫前日まで	3回以内
	バイレトン水和剤	2000倍	100～150ℓ/10a	収穫前日まで	4回以内
	サプロール乳剤	1000～2000倍	100～150ℓ/10a	収穫前日まで	5回以内
	サンヨール乳剤	700倍	100～150ℓ/10a	収穫前日まで	4回以内
	トリフミン水和剤	3000～5000倍	100～150ℓ/10a	収穫前日まで	5回以内
	トリフミン乳剤	2000倍	100～150ℓ/10a	収穫前日まで	5回以内
	ラリー水和剤	4000～6000倍	150～300ℓ/10a	収穫前日まで	4回以内
	ハーモメイト水和剤	800～1000倍	150～300ℓ/10a	収穫前日まで	8回以内
	硫黄粉剤50		30kg/10a		
	ボトキラー水和剤	1000倍	150～300ℓ/10a	発病前～発病初期	
	ベルクートフロアブル	2000倍	150～300ℓ/10a	収穫前日まで	3回以内
	ストロビーフロアブル	3000倍		収穫前日まで	3回以内
	パンチョ顆粒水和剤	4000倍	150～300ℓ/10a	収穫前日まで	2回以内
	パンチョTF顆粒水和剤	2000倍	150～300ℓ/10a	収穫前日まで	2回以内
	ジーファイン水和剤	1000～2000倍	150～300ℓ/10a	収穫前日まで	6回以内
	ルビゲン水和剤	10000倍		収穫前日まで	3回以内
	フルピカフロアブル	2000～3000倍		収穫前日まで	4回以内

ナス：うどんこ病，灰色かび病

定植後（発生初期）	アミスター20フロアブル	2000倍		収穫前日まで	4回以内
	カリグリーン	800～1000倍	100～150l/10a	収穫前日まで	8回以内
	サンクリスタル乳剤	300倍	150～300l/10a	収穫前日まで	6回以内
	ルビゲンくん煙剤		40g/200m^3	収穫前日まで	3回以内
	トリフミンジェット（くん煙）		50g/400m^3	収穫前日まで	5回以内

注）モレスタンは，うどんこ病以外の病害には効果がない。褐紋病など，ほかの病害が発生しているときには，他の殺菌剤と混用して散布する。オンシツコナジラミ，ダニ類に効果があるので，うどんこ病と同時防除できる。

ナス　灰色かび病　防除適期と薬剤 （岡田清嗣，2004）

防除時期	商品名	希釈倍数	使用量	使用時期	使用回数
定植後（とくに2～3月と5～6月ころ）	トップジンM水和剤（A）	1500～2000倍	100～300l/10a	収穫前日まで	
	ベンレート水和剤（A）	2000～3000倍	100～300l/10a	収穫前日まで	3回以内
	スミレックス水和剤（B）	1500～2000倍	100～300l/10a	収穫前日まで	6回以内
	ロブラール500アクア（B）	1000～1500倍	100～300l/10a	収穫前日まで	4回以内
	ポリオキシンAL乳剤（C）	500～800倍	100～300l/10a	収穫前日まで	3回以内
	スミブレンド水和剤（混合剤）	1500～2000倍	100～300l/10a	収穫前日まで	5回以内
	ジマンレックス水和剤（混合剤）	600倍	100～300l/10a	収穫前日まで（露地）	3回以内
	ポリベリン水和剤（混合剤）	1000倍	100～300l/10a	収穫7日前まで	3回以内

ナス：灰色かび病

	スミレックスくん煙顆粒（くん煙剤）		6g/100m²	収穫前日まで	3回以内
	ロブラールくん煙剤（くん煙剤）		50g/150～200m²	収穫前日まで	4回以内
	スミレックスFD（フローダスト剤）		300g/10a		
3～5月	ゲッター水和剤（混合剤）	1000～1500倍	100～300*l*/10a	収穫前日まで	5回以内
	フルピカフロアブル（D）	2000～3000倍	100～300*l*/10a	収穫前日まで	4回以内
	セイビアーフロアブル20（D）	1000～1500倍	200～300*l*/10a	収穫前日まで	3回以内
	ジャストミート顆粒水和剤（混合剤）	2000～3000倍	200～300*l*/10a	収穫前日まで	3回以内
3～6月	ベルクートフロアブル（F）	2000倍	150～300*l*/10a	収穫前日まで	3回以内
	ボトキラー水和剤（E）	1000倍	150～300*l*/10a	収穫前日まで	
	ボトキラー水和剤（E）	ダクト内投入	10～15g/日/10a	収穫前日まで	
	インプレッション水和剤（E）	500倍	150～300*l*/10a	収穫前日まで	

注）予防散布は，各種病害の防除を兼ねてダコニール1000やベルクートフロアブルなどを散布する。

ナス:すす斑病,すすかび病

ナス　すす斑病　防除適期と薬剤 (橋本光司,2004)

防除時期	商品名	希釈倍数	使用量	使用時期	使用回数
定植後(収穫期)	ベンレート水和剤	2000～3000倍	150～200l/10a	収穫前日まで	3回以内
	トップジンM水和剤	1500～2000倍	150～200l/10a	収穫前日まで	
	ロブラール水和剤	1000～1500倍	150～200l/10a	収穫前日まで	4回以内
	ダコニールくん煙剤		40g/100m^3	収穫前日まで	4回以内

注)現在,ベンレート水和剤,トップジンM水和剤は灰色かび病,うどんこ病に,薬剤耐性菌が発達して効果が期待できない。また,ロブラール水和剤も散布回数が多いと,灰色かび病の薬剤耐性菌が増加し,灰色かび病に対する防除効果が低下するので,つとめて散布回数を少なくするようにしたい。

ナス　すすかび病　防除適期と薬剤 (橋本光司,2004)

防除時期	商品名	希釈倍数	使用量	使用時期	使用回数
収穫開始期前後	アミスター20フロアブル	2000倍	150～200l/10a	収穫前日まで	4回以内
	ストロビーフロアブル	3000倍	150～200l/10a	収穫前日まで	3回以内
	ロブラール水和剤	1000倍	150～200l/10a	収穫前日まで	4回以内
	ルビゲン水和剤	6000倍	150～200l/10a	収穫前日まで	3回以内
	トリフミンジェット(くん煙)		50g/400m^3	収穫前日まで	5回以内

ナス：えそ斑点病，根腐疫病

ナスのえそ斑点病を媒介するアブラムシ類の防除適期と薬剤

(橋本光司，2004)

防除時期	商品名	希釈倍数	使用量	使用時期	使用回数
育苗期後半または定植時	アドマイヤー1粒剤		1g/株	育苗期後半（定植7日前〜前日）	育苗期後半または定植時のいずれか1回
			1〜2g/株	定植時	
	モスピラン粒剤		0.5〜1g/株	定植時	1回
定植後	チェス水和剤	2000〜3000倍	150〜200*l*/10a	収穫前日まで	3回以内
	ベストガード水溶剤	1000〜2000倍	150〜200*l*/10a	収穫前日まで	3回以内
	ハチハチ乳剤	1000〜2000倍	150〜200*l*/10a	収穫前日まで	2回以内

ナス　根腐疫病　防除適期と薬剤 (久下一彦，2004)

防除時期	商品名	希釈倍数	使用量	使用時期	使用回数
定植前	クロールピクリン		3*l*/30cm²		1回
定植時〜生育初期	オーソサイド水和剤	800倍	300m*l*/株	播種時	

注）1　クロールピクリンは土壌消毒，オーソサイド水和剤は株元灌注する。
　　2　オーソサイド水和剤は本病の適用薬剤ではないが，ナスの苗立枯病には登録がある。
　　3　上記以外の薬剤ではパンソイル乳剤，リドミル粒剤（いずれも未登録）を処理し，発病を抑えた有効例がある。

ナス：褐色腐敗病，苗立枯病

ナス　褐色腐敗病　防除適期と薬剤 (橋本光司, 2004)

防除時期	商品名	希釈倍数	使用量	使用時期	使用回数
播種前（床土）	クロルピクリン剤		3〜5ml/穴		1回
定植前	ガスタード微粒剤		20〜30kg/10a	定植21日前まで	1回
	バスアミド微粒剤		20〜30kg/10a	定植21日前まで	1回
定植前（圃場）	クロルピクリン剤		2〜3ml/穴		1回
収穫期	コサイドボルドー	1000倍	200〜250l/10a		
	ドイツボルドーA	500〜1000倍	200〜250l/10a		
	Zボルドー	500倍	200〜250l/10a		

注) 収穫期に使用するコサイドボルドー以下の銅水和剤は露地栽培だけで使用し，予防的に散布する。

ナス　苗立枯病　防除適期と薬剤 (草刈眞一, 2004)

防除時期	商品名	希釈倍数	使用量	使用時期	使用回数
播種前	クロルピクリン	原液	床土，堆肥を30cmに積み，30cm間隔，深さ15cmの穴をあけ，1穴当たり3〜6ml灌注	播種前	1回
	クロルピクリン錠剤	錠剤	床土，堆肥：30cmの高さに積み30×30cmごとに1穴当たり1錠処理。圃場：〈1穴当たり1錠処理〉30×30cmごとに1錠処理。〈1m²当たり10錠処理〉地表面に所定量を散布処理	播種前	1回
	サイロン		床土を30cmに積み上げ，30cm間隔，深さ15cmの穴をあけ，1穴当たり5mlの薬液を灌注	播種前	1回

ナス：苗立枯病

定植前（圃場）	クロルピクリン	原液	1穴当たり2〜3ml薬液を灌注	定植前	1回	
栽培時	オーソサイド水和剤80	原体	種子重量の0.2〜0.4%を種子粉衣	播種時	5回以内	
	オーソサイド水和剤80	800倍液	$2l/m^2$じょろまたは噴霧器で全面散布	播種後から2〜3葉期	5回以内	
	リゾレックス水和剤	原体	種子重量の0.5%を粉衣処理	播種時	1回	
	リゾレックス水和剤	500倍液	$3l/m^2$土壌灌注	播種直後	1回	
	バシタック水和剤75		種子重量の0.4%を粉衣処理	播種前	1回	
	モンカット水和剤	原体	種子重量の0.5〜1.0%を粉衣処理	播種前	1回	
	モンカット水和剤	500〜1000倍液	$3l/m^2$を土壌全面灌注	播種時〜子葉展開時	1回（フルトラニルは2回以内）	
	モンカット水和剤50	1000〜2000倍液	$3l/m^2$土壌全面灌注	播種時〜子葉展開時	2回以内（フルトラニルは2回以内）	

注） 1 種子消毒は，オーソサイド水和剤80，リゾレックス水和剤，モンカット水和剤，バシタック水和剤などが利用できる。
 2 播種後土壌にオーソサイド水和剤80，リゾレックス水和剤を土壌灌注処理して発病を防止することもできる。
 3 クロルピクリン，サイロンによる土壌消毒では，周辺部へのガスの拡散に注意する。また，処理中に施設内へ人畜が入らないように対策を怠らない。
 4 クロルピクリン剤は低温ではガス化しにくいので，冬期など低温条件下での使用は避ける。
 5 苗立枯病には，*Pythium*菌と*Rhizoctonia*菌の2種類が関与する。*Rhizoctonia*菌ではバシタック水和剤75，モンカット水和剤，モンカット水和剤50，オーソサイド水和剤80，リゾレックス水和剤が有効，*Pythium*菌には，オーソサイド水和剤80が有効である。
 6 発病の予防には種子消毒が有効である。種子消毒には，*Rhizoctonia*属菌には，リゾレックス水和剤，バシタック水和剤75，モンカット水和剤，オーソサイド水和剤80を種子粉衣するとよい。*Pythium*属菌に対しては，オーソサイド水和剤80が有効である。

ナス：苗葉枯疫病

ナス　苗葉枯疫病　防除適期と薬剤（久下一彦，2004）

防除時期	商品名	希釈倍数	使用量	使用時期	使用回数
育苗前	クロールピクリン		3ml/30cm^2		
育苗期	サンボルドー	300〜600倍			
	ドウジェット	400〜500倍			
播種時	オーソサイド水和剤	種子重量の0.2〜0.4%		播種時	5回以内
播種時〜本葉2，3葉期	オーソサイド水和剤	800倍	2l/m^2	播種後2〜3葉期まで	5回以内

注）1　クロールピクリンは育苗土壌の消毒，サンボルドー，ドウジェットは育苗期散布，オーソサイド水和剤は，種子粉衣，播種時から本葉2，3葉期に灌注または散布する。
　2　上表に示した有効薬剤のうちオーソサイドはナスの苗立枯病で登録がある。ナスの疫病に対して登録があるのはクロールピクリン，サンボルドー，ドウジェットである。
　3　発生したことのある苗床ではトンネル用支柱，保温資材を次の薬剤であらかじめ消毒する。ホルマリンは50〜100倍液をふりかけ3〜4日間被覆するか100〜200倍液に60分間浸漬，ケミクロンGでは500〜1000倍液に10分間浸漬する（本液を古ビニール，ポリフィルムに散布してもよい）。
　4　育苗中に薬剤散布するときは，予防散布にはサンボルドー，ドウジェットの水和剤を用い，発病後の散布にはオーソサイドの水和剤を使う。薬液には展着剤を10l当たり3ml加用し，葉の表裏にたっぷと散布する。なお，散布は苗床を被覆する前に薬剤が乾くよう時間帯を考えて行なう。
　5　銅水和剤とジマンダイセン水和剤の近接散布は薬害のおそれがあるのでさける。

ナス　茎腐細菌病　防除適期と薬剤（池田　弘，2004）

防除時期	商品名	希釈倍数	使用量	使用時期	使用回数
播種前	クロールピクリン		3〜5ml/30×30cm		
	クロールピクリン		20〜30l/10a		
	ソイリーン		30l/10a		
	バスアミド微粒剤		20〜30kg/10a		
	ガスタード微粒剤		20〜30kg/10a		
生育期から収穫期	コサイドボルドー	1000倍			
	Zボルドー	500倍			
	ドイツボルドーA	500〜1000倍			
	バイオキーパー水和剤	500〜2000倍		収穫前日まで	5回以内

注）1　青枯病に対しては，クロールピクリン，ソイリーン，バスアミド微粒剤，ガスタード微粒剤が登録があるので，これらの土壌消毒剤を用いて同時防除を行なう。
　　2　本病に対しては銅水和剤やバイオキーパー水和剤が有効と思われるので，軟腐病との同時防除をねらって，これらの薬剤を株もとにも充分かかるように予防的に散布する。

ナスの黄化えそ病を媒介するアザミウマ類の防除適期と薬剤

（高橋尚之，2004）

防除時期	商品名	希釈倍数	使用量	使用時期	使用回数
育苗期〜定植初期（収穫前まで）	マラバッサ乳剤	1500倍		収穫3日前まで	3回以内
	オルトラン水和剤	1000〜2000倍		収穫7日前まで	3回以内
	ジェイエース水溶剤	1000倍		収穫7日前まで	3回以内
育苗期（幼苗期を除く）〜収穫期	ハチハチ乳剤	1000〜2000倍	150〜300l/10a	収穫前日まで	2回以内
	コテツフロアブル	2000倍	150〜300l/10a	収穫前日まで	2回以内

ナス：黄化えそ病，テントウムシダマシ類

育苗期〜収穫期	スピノエース顆粒水和剤	2500〜5000倍	100〜300l/10a	収穫前日まで	2回以内
	アーデント水和剤	1000倍	150〜300l/10a	収穫前日まで	4回以内
	ボタニガードES	500倍	200〜300l/10a	発生初期	
定植時	アクタラ粒剤5		2g/株	定植時	1回
	ガゼット粒剤		2g/株	定植時	1回
定植時〜収穫期	オルトラン粒剤		3〜6kg/10a（1〜2g/株）	定植時および収穫前日まで	3回以内

注）1 定植時にアクタラ粒剤5，ガゼット粒剤などを処理することで初期のアザミウマ類の密度抑制効果が期待できる。
　　2 アザミウマ類の発生初期からコテツフロアブル，ハチハチ乳剤などを散布し，アザミウマ類の密度が高くならないように心がける。

ナス　テントウムシダマシ類　防除適期と薬剤（長森茂之，2004）

防除時期	商品名	希釈倍数	使用量	使用時期	使用回数
成虫の発生時	アディオン乳剤	2000倍		収穫前日まで	3回以内
	サイアノックス乳剤	1000倍		収穫前日まで	2回以内
	ディプテレックス乳剤	1000倍		収穫前日まで	3回以内
	ダイアジノン水和剤34	2000倍		露地収穫3日前まで	3回以内
	ダイアジノン乳剤40	2000倍		露地収穫3日前まで	3回以内
	スミチオン乳剤	1000〜2000倍		収穫3日前まで	5回以内
定植時	ジメトエート粒剤		3〜6kg/10a	定植後14日まで	3回以内
	TD粒剤		2〜4kg/10a	定植時	1回
	ダイシストン粒剤		2〜4kg/10a	定植時	1回

注）1 ダイアジノン水和剤34，ダイアジノン乳剤40は露地栽培で使用する。
　　2 アディオン乳剤，ダイアジノン乳剤40，ダイアジノン水和剤34は魚毒性が強いので，使用にあたっては，薬剤が河川などに飛散流入しないように注意する。

ナス：ハスモンヨトウ

ナス　ハスモンヨトウ　防除適期と薬剤 (柴尾　学，2004)

防除時期	商品名	希釈倍数	使用量	使用時期	使用回数
成虫発生初期～終期	ヨトウコン-H		20～200m/10a（20cmチューブ100～1000本/10a）	対象作物の栽培全期間	
	コンフューザーV		100本/10a	対象作物の栽培全期間	
発生初期	アファーム乳剤	2000倍	150～300l/10a	収穫前日まで	2回以内
	トルネードフロアブル	2000倍	150～300l/10a	収穫前日まで	2回以内
	コテツフロアブル	2000倍	150～300l/10a	収穫前日まで	2回以内
	プレオフロアブル	1000倍	100～300l/10a	収穫前日まで	4回以内
	マトリックフロアブル	2000倍	100～300l/10a	収穫前日まで	3回以内
	ファルコンフロアブル	4000倍	100～300l/10a	収穫前日まで	2回以内
	アタブロン乳剤	2000倍		収穫前日まで	3回以内
	ゼンターリ顆粒水和剤	1000倍		収穫前日まで	4回以内
	デルフィン顆粒水和剤	1000倍		収穫前日まで	4回以内
	フローバックDF	1000倍		収穫前日まで	4回以内
	レピタームフロアブル	500倍	150～300l/10a	収穫前日まで	4回以内
	アーデント水和剤	1000倍	150～300l/10a	収穫前日まで	4回以内

注）コテツフロアブルでは幼苗期に薬害が生じやすいので，使用量や使用時期に注意する。

ナス:ハダニ類

ナス　ハダニ類　防除適期と薬剤 (山下　泉, 2004)

防除時期	商品名	希釈倍数	使用量	使用時期	使用回数
発生初期	ピラニカEW	2000倍	150〜300l/10a	収穫前日まで	1回
	コロマイト乳剤	1500倍	150〜300l/10a	収穫前日まで	2回以内
	カネマイトフロアブル	1000〜1500倍	150〜300l/10a	収穫前日まで	1回
	ダニトロンフロアブル	2000倍	150〜300l/10a	収穫前日まで	1回
	マイトコーネフロアブル	1000倍	150〜300l/10a	収穫前日まで	1回
	バロックフロアブル	2000倍	150〜350l/10a	収穫前日まで	1回
	アファーム乳剤	2000倍	150〜300l/10a	収穫前日まで	2回以内
	コテツフロアブル	2000倍	150〜300l/10a	収穫前日まで	2回以内
	オサダン水和剤25	1000〜1500倍		収穫前日まで	2回以内
	マブリック水和剤20	4000倍		収穫前日まで	2回以内
	スパイデックス, カブリダニPP, チリトップ		6000頭/10a		

注) 1　防除体系は, ピラニカEW, ダニトロンフロアブル, カネマイトフロアブル, マイトコーネフロアブルなどを軸に, コロマイト乳剤, バロックフロアブル, オサダン水和剤25などを組み合わせる。また, アザミウマ類や鱗翅目害虫との同時防除を考え, コテツフロアブルやアファーム乳剤を組み入れたり, アブラムシ類との同時防除を考え, マブリック水和剤20などの合成ピレスロイド剤を組み入れてもよい。なお, 薬剤抵抗性の発達予防のため, 同一薬剤は連用しない。
　2　露地栽培では7月中旬の梅雨明け以降に発生が多くなるので, 土着天敵に影響の少ないカネマイトフロアブル, コロマイト乳剤, ダニトロンフロアブル, コテツフロアブルなどで防除する。
　3　半促成栽培, 促成栽培では, 気温が上昇してくる3月以降に発生が多くなりやすい。発生密度の高いときは, 速効的で, 残効性もあるピラニカEW, コロマイト乳剤, カネマイトフロアブルなどを4〜5日間隔で連続散布する。

ナス：アブラムシ類

ナス　アブラムシ類　防除適期と薬剤（山下　泉，2004）

防除時期	商品名	希釈倍数	使用量	使用時期	使用回数
発生初期	アドマイヤー水和剤	2000倍	150〜300*l*/10a	収穫前日まで	2回以内
	モスピラン水溶剤	4000倍	150〜300*l*/10a	収穫前日まで	3回以内
	ベストガード水溶剤	1000〜2000倍	150〜300*l*/10a	収穫前日まで	3回以内
	アクタラ顆粒水溶剤	3000倍	100〜300*l*/10a	収穫前日まで	3回以内
	チェス水和剤	2000〜3000倍	100〜300*l*/10a	収穫前日まで	3回以内
	ハチハチ乳剤	1000〜2000倍	150〜300*l*/10a	収穫前日まで	2回以内
	アーデント水和剤	1000倍	150〜300*l*/10a	収穫前日まで	4回以内
	テルスター水和剤	1000倍	150〜300*l*/10a	収穫前日まで	3回以内
	ロディー乳剤	1000〜2000倍		収穫前日まで	5回以内
	マブリック水和剤20	4000倍		収穫前日まで	2回以内
	アクテリック乳剤	500〜1000倍		収穫前日まで	2回以内
	DDVP乳剤	1000〜2000倍		収穫前日まで（施設栽培は収穫3日前まで）	3回以内
育苗期後半〜定植時	アドマイヤー1粒剤		1〜2g/株（育苗期後半処理は1g/株）	育苗期後半または定植時	1回
定植時	モスピラン粒剤		0.5〜1g/株	定植時	1回

ナス：アブラムシ類

時期	薬剤	倍率	使用量	使用時期	回数
育苗期後半〜定植時	ベストガード粒剤		1〜2g/株（育苗期後半処理は1g/株）	育苗期後半または定植時	1回
	アクタラ粒剤5		1g/株	育苗期後半または定植時	1回
育苗期後半	チェス粒剤		1g/株	育苗期後半	1回
定植時または発生初期	オルトラン粒剤		定植時：1〜2g/株，生育期：3〜6kg/10a	定植時，生育期（収穫前日まで）	3回以内
	ジェイエース粒剤		定植時：2g/株，生育期：6kg/10a	定植時，生育期（収穫前日まで）	3回以内
定植時	オンコル粒剤5		1g/株	定植時	1回
発生初期（施設栽培）	モスピランジェット		50g/くん煙室容積400m³	収穫前日まで	3回以内
	マブリックジェット		50g/くん煙室容積400m³	収穫前日まで	2回以内
	ニッソランVジェット		50g/くん煙室容積500m³	収穫前日まで	2回以内
	マラバッサくん煙剤		50g/くん煙室容積200m³	収穫前日まで	3回以内
	アフィパール，コレトップ，アブラバチAC		1000〜2000頭/10a		
	アフィデント		2000頭/10a		
	バータレック	1000倍	150〜300l/10a		

注）1　育苗後期〜定植時にネオニコチノイド系粒剤（アドマイヤー，モスピラン，アクタラなど）やチェス粒剤の処理を行なえば発生が抑制される。
　　2　アブラムシ類は増殖力が大きく，短期間で高密度になるが，発生の始まりは有翅虫の飛び込みからであり，圃場全体が一斉に多発状態になることはない。小さなコロニーが見られ始めたら直ちに，アドマイヤー水和剤，モスピラン水溶剤，チェス水和剤，ハチハチ乳剤などを散布して防除する。

ナス：アブラムシ類，ネコブセンチュウ類

3　施設栽培ではコレマンアブラバチ剤（天敵寄生蜂，アフィパール，コレトップ，アブラバチAC）やショクガタマバエ剤（アフィデント）などの天敵製剤が利用できる。コレマンアブラバチ剤は小さなコロニーが見られ始めたら直ちにその株元に集中的に放飼する。ただし，ジャガイモヒゲナガアブラムシとチューリップヒゲナガアブラムシには効果がないので，これらの種が発生したときはショクガタマバエ剤やチェス水和剤で防除する。

4　近年，モモアカアブラムシとワタアブラムシで合成ピレスロイド剤やカーバメート剤などに対して薬剤抵抗性の発達による防除効果の低下が問題となっている。薬剤抵抗性の発達程度は，地域による違いだけでなく，同一圃場内でも個体群によって異なる場合が多いので，防除薬剤の選択にあたっては注意が必要である。

5　現在問題となっている感受性低下個体群にも高い防除効果を示す剤としては，ネオニコチノイド系剤（アドマイヤー，モスピラン，アクタラなど），チェス水和剤，ハチハチ乳剤などがある。

6　コレマンアブラバチ剤では温湿度条件が適当であれば，放飼後約2週間で寄生されたマミーがみられるようになる。1か月後に寄生率（マミーの率）が50%以上になり，アブラムシによる甘露の発生がなくなれば，効果があったものと判断する。2週間たってもマミーがみられない場合は，追加放飼を検討するか，コレマンアブラバチに影響の少ないチェス水和剤などによる防除に切り替える。

ナス　ネコブセンチュウ類　防除適期と薬剤 （下元満喜, 2004）

防除時期	商品名	希釈倍数	使用量	使用時期	使用回数
作付け前	DC油剤		15〜20*l*/10a	作付けの10〜15日前まで	1回
	D-D92, テロン92		15〜20*l*/10a	作付けの10〜15日前まで	1回
	D-D		20〜30*l*/10a	作付けの10〜15日前まで	1回
	ソイリーン		20〜30*l*/10a	作付けの10〜15日前まで	1回
	ダブルストッパー		30*l*/10a	作付けの10〜15日前まで	1回
	ネマトリンエース粒剤		15〜20kg/10a	定植前	1回
播種前または作付け前	バスアミド微粒剤		20〜30kg/10a	播種または定植21日前まで	1回
	ガスタード微粒剤		20〜30kg/10a	播種または定植21日前まで	1回

ナス：ネコブセンチュウ類，ネキリムシ類

注）1　D-D剤（DC油剤，D-D92，テロン92，D-D）はくん蒸剤であり，最も高い殺線虫活性を有する。ソイリーン，ダブルストッパーはD-D剤とクロルピクリン剤との混合剤であり，土壌病害との同時防除時に使用する。
　　2　バスアミド微粒剤，ガスタード微粒剤はともにダゾメットを有効成分とするくん蒸剤である。D-D剤に比べ殺線虫活性はやや劣るが，土壌病害に対する活性もあり，同時防除が可能である。
　　3　ネマトリン粒剤はネコブセンチュウ類と直接接触することで殺線虫力または運動阻害作用を示す。くん蒸剤のようにガス抜きの必要はない。また，ハダニ類やミナミキイロアザミウマに対しても殺虫活性を有する。

ナス　ネキリムシ類　防除適期と薬剤（永井一哉，2004）

防除時期	商品名	希釈倍数	使用量	使用時期	使用回数
播種時または植付け時	カルホス粉剤		6kg/10a	播種時または植付け時	2回以内
	ダイアジノン粒剤3		6～9kg/10a	播種時または植付け時	3回以内
播種時または定植時	ダイアジノン粒剤5		4～6kg/10a	播種時または定植時	3回以内
定植時	ガードベイトA		3kg/10a	定植時	3回以内
床土・堆肥，植付け前の圃場	クロールピクリンくん蒸剤		〈床土・堆肥〉1穴当たり3～5ml，〈圃場〉1穴当たり2～3ml		1回

注）1　各薬剤の使用方法は以下のとおり。カルホス剤は土壌表面散布，土壌混和処理。ダイアジノン粒剤3，ダイアジノン粒剤5は全面土壌混和。ガードベイトAは散布。クロールピクリンは土壌くん蒸。〈床土，堆肥〉高さ30cmに積み，30cm×30cmごとの深さ15cmの穴に1穴処理する。〈圃場〉30cm×30cmごとの深さ15cmの穴に1穴処理する。
　　2　ダイアジノン剤は，多量の薬剤が直接根に触れると，薬害を生ずることがある。だから，定植時に施用するときは，植穴の土と薬剤を混ぜ合わせるようにする。また，播種床に施用するときも，薬剤と土を混ぜ合わせてから播種する。
　　3　ダイアジノン剤，ガードベイトA，クロールピクリンは魚毒性が強いので河川，湖沼，養魚池などの周辺で薬剤が飛散，流入するおそれがある場所での使用を避け，また，散布器具，容器の洗浄水は河川などに流さず，容器空き袋などは魚介類に影響を与えないよう処理する。使用にあたっては薬液が河川などに入らないように注意する。

ナス：ネキリムシ類，チャノホコリダニ

4 ガードベイトAは，蚕に長期間毒性があるので，桑に付着するおそれがある場所では使用しない。
5 クロールピクリンは作物がない状態で処理し，処理後ガス抜きを完全に行なう。ガス抜き期間は地温15℃以上のときは処理後10日，これより地温が低いときは処理後20～30日とし，臭気が残っているときはよく切返し，完全にガスを抜ききってから播種または移植する。低温時（地温7℃以下）はガス化が悪いので，冬期には使用しない。
6 クロールピクリンは催涙性の刺激がある窒素性有害ガスを発生するので，作業に際しては防護マスク，眼鏡，保護服，手袋などを着用する。
7 クロールピクリンは人畜毒性が高いので取扱いには充分注意し，人家や畜舎の近くでは使用しない。

ナス　チャノホコリダニ　防除適期と薬剤 （山下　泉，2004）

防除時期	商品名	希釈倍数	使用量	使用時期	使用回数
発生初期	ピラニカEW	2000倍	150～300*l*/10a	収穫前日まで	1回
	コテツフロアブル	2000倍	150～300*l*/10a	収穫前日まで	2回以内
	アファーム乳剤	2000倍	150～300*l*/10a	収穫前日まで	2回以内
	ハチハチ乳剤	1000～2000倍	150～300*l*/10a	収穫前日まで	2回以内
	オサダン水和剤25	1000～1500倍		収穫前日まで	2回以内
	アプロードエースフロアブル	1000倍		収穫前日まで	3回以内

注）1 促成栽培では，定植後の9～11月の生育初期に初発生することが多い。この時期はハスモンヨトウやアザミウマ類の発生時期でもあることから，これらとの同時防除をねらってコテツフロアブル，アファーム乳剤などで防除を行なう。発生が最も多いのは気温が上昇してくる3月以降である。この時期は，増殖速度が速く，短期間のうちに多発状態になるので，ただちにピラニカEW，アファーム乳剤，ハチハチ乳剤などで防除を行なう。
2 トンネル早熟栽培，露地栽培では，7月の梅雨明け以降に発生することが多い。この時期は，本種の増殖に最適なため，短期間のうちに増殖し，被害が拡大する。発生を確認したときはただちにピラニカEW，アファーム乳剤，ハチハチ乳剤，オサダン水和剤25，アプロードエースフロアブルなどを散布して被害の蔓延を防止する。

ナス：ミナミキイロアザミウマ

ナス　ミナミキイロアザミウマ　防除適期と薬剤 （松崎征美，2004）

防除時期	商品名	希釈倍数	使用量	使用時期	使用回数
定植時	アドマイヤー1粒剤		1〜2g/株	定植時	1回
	ジノテフラン粒剤		2g/株	定植時	1回
	アクタラ粒剤5		1g/株	定植時	1回
	オンコル粒剤		0.5g/株	定植時	1回
生育期	スピノエース顆粒水和剤	2500〜5000倍		収穫前日まで	2回以内
	アファーム乳剤	2000倍		収穫前日まで	2回以内
	コテツフロアブル	2000倍		収穫前日まで	2回以内
	モスピラン水溶剤	4000倍		収穫前日まで	3回以内
	アドマイヤー水和剤	2000倍		収穫前日まで	2回以内
	アクタラ顆粒水和剤	2000倍		収穫前日まで	3回以内
	ダントツ水溶剤	2000倍		収穫前日まで	3回以内
	ジノテフラン顆粒水溶剤	2000倍		収穫前日まで	3回以内
	ハチハチ乳剤	1000〜2000倍		収穫前日まで	2回以内
	ラノー乳剤	2000倍		収穫前日まで	4回以内
	プレオフロアブル	1000倍		収穫前日まで	4回以内
	モスピランジェット		50g/400m^2（施設）	収穫前日まで	5回以内
	ボタニガードES	500倍		発生初期	
	オリスターA タイリク		500〜2000頭/10a（施設のみ）	発生初期	
	ククメリスカブリダニ		100頭/株（施設のみ）	発生初期	

ナス：ナメクジ類

ナス　ナメクジ類　防除適期と薬剤（永井一哉，2004）

防除時期	商品名	希釈倍数	使用量	使用時期	使用回数
発生時	マイキラー	100〜200倍			
	ナメキール（日本農薬）		100g/100m^2		
	ナメキール（第一農薬）		1〜3kg/10a（1m^{2}当たり1〜3g）		
	ナメキット		2〜4kg/10a		
	ナメトックス		1.5〜3.0kg/10a		
	ナメクリーン		1.5〜3.0kg/10a		
	ナメトリン		4.5kg/10a		

注）1　マイキラーは，一般畑作物の圃場周辺雑草地および花卉類栽培温室などの生息地に散布する。
2　ナメキールは庭，野菜畑，温室，穴倉にバラバラとまくか，5〜10粒ずつ，固めて配置する。また，庭園，温室，圃場，森林に5〜10粒ずつまとめて，1m^{2}当たり2〜3か所に適宜配置する。
3　ナメキットは温室，ハウス，圃場，庭園に本剤を1m^{2}当たり5〜6か所の割合で1か所当たり約0.5gずつ適宜配置する。
4　ナメトックスは一般畑作物では，ナメクジ類の加害する場所にまばらに配置する。
5　ナメクリーンは畑，温室，庭園，森林など生息場所のナメクジ類の加害する場所にまばらに配置する。
6　ナメトリンは畑，温室，庭園，森林など生息場所に1m^{2}当たり4〜5か所の割合で1か所当たり数粒ずつ配置する。
7　ナメクジ類は一般にメタアルデヒド臭に誘引される性質がある。また，メタアルデヒドにはナメクジ類に対する毒性もある。しかし，ナメクジ（フタスジナメクジ）はメタアルデヒド剤に誘引されないともされる。
8　メタアルデヒド剤の粒剤は水分を吸うと膨張して崩壊するので，処理は雨天の日を避ける。また，処理後の灌水も避ける。
9　メタアルデヒド剤の誘殺効果は1週間前後あるが，その効果が高いのは処理当日と翌日の2日間である。
10　メタアルデヒドはナメクジ類の粘液の分泌を促進し脱水させて死亡させるが，回復することもある。

ナス：ダイズウスイロアザミウマ，オンシツコナジラミ

ナス　ダイズウスイロアザミウマ　防除適期と薬剤 (柴尾　学，2004)

防除時期	商品名	希釈倍数	使用量	使用時期	使用回数
発生初期	オルトラン粒剤		3～6kg/10a（1～2g/株）	定植時，収穫前日までの生育期	3回以内
	スピノエース顆粒水和剤	2500～5000倍	100～300l/10a	収穫前日まで	2回以内
	ハチハチ乳剤	1000～2000倍	150～300l/10a	収穫前日まで	2回以内
	オルトラン水和剤	1000～2000倍		収穫7日前まで	3回以内
	タイリク		500～2000ml（約500～2000頭）/10a		
	オリスターA		0.5～2l（約500～2000頭）/10a		
	ククメリス		50～100頭/株		
	メリトップ		100頭/株		
	ボタニガードES	500倍	200～300l/10a		

注）天敵糸状菌のボタニガードESは高濃度で使用すると葉に褐色斑点を生じやすいので，使用量や使用時期に注意する。

ナス　オンシツコナジラミ　防除適期と薬剤 (嶽本弘之，2004)

防除時期	商品名	希釈倍数	使用量	使用時期	使用回数
成・幼虫の発生初期	アプロード水和剤	1000～2000倍		収穫前日まで	3回以内
	トレボン乳剤	1000倍		収穫前日まで	3回以内
	チェス水和剤	3000倍		収穫前日まで	3回以内
	アドマイヤー水和剤	2000倍		収穫前日まで	2回以内
定植時	アクタラ粒剤5		1g/株	定植時	1回
	オルトラン粒剤		1～2g/株	定植時	3回以内

注）アプロード水和剤は，成虫に対しては効果がなく，成虫の産卵抑制，卵の孵化抑制，幼虫などに効果が高いので，散布直後では効果がなかったかのようにみえる。

ナス：ヨトウガ，マメハモグリバエ

ナス　ヨトウガ　防除適期と薬剤（長森茂之，2004）

防除時期	商品名	希釈倍数	使用量	使用時期	使用回数
若齢幼虫期	ディプテレックス乳剤	1000倍		収穫前日まで	3回以内
発生初期	コテツフロアブル	2000倍		収穫前日まで	2回以内

注）通常，5～6月ごろはアブラムシ類が多発するので，その防除にオルトラン水和剤，モスピラン水溶剤，アーデント水和剤，アディオン乳剤などが使用されていると，ヨトウガの発生も抑制される。

ナス　マメハモグリバエ　防除適期と薬剤（柴尾　学，2004）

防除時期	商品名	希釈倍数	使用量	使用時期	使用回数
発生初期	ダントツ粒剤		1g/株	定植時	1回
	スタークル粒剤		2g/株	定植時	1回
	アルバリン粒剤		2g/株	定植時	1回
	アクタラ粒剤5		1g/株	定植時	1回
	アファーム乳剤	2000倍	150～300l/10a	収穫前日まで	2回以内
	ダントツ水溶剤	2000～4000倍	150～300l/10a	収穫前日まで	3回以内
	アクタラ顆粒水溶剤	2000倍	100～300l/10a	収穫前日まで	3回以内
	ハチハチ乳剤	1000～2000倍	150～300l/10a	収穫前日まで	2回以内
	トリガード液剤	1000倍	100～300l/10a	収穫前日まで	3回以内
	コロマイト乳剤	1500倍	150～300l/10a	収穫前日まで	2回以内
	マイネックス		1～2瓶（約250～500頭）/10a		
	マイネックス91		2～4瓶（約500～1000頭）/10a		
	ヒメコバチDI		100～200頭/10a		
	ヒメトップ		2～8ボトル（200～800頭）/10a		

注）1　カスケード乳剤は開花期までの使用に制限されているため，使用時期に注意する。
　　2　コロマイト乳剤は炎天下での散布により水ナス，賀茂ナスで果実に日焼け症状を生じやすいので，使用量や使用時期に注意する。

ナス：シルバーリーフコナジラミ

ナス　シルバーリーフコナジラミ　防除適期と薬剤 (柴尾　学，2004)

防除時期	商品名	希釈倍数	使用量	使用時期	使用回数
発生初期	スタークル粒剤		1g/株	定植時	1回
	アルバリン粒剤		1g/株	定植時	1回
	ダントツ粒剤		1g/株	定植時	1回
	ダントツ水溶剤	2000～4000倍	150～300l/10a	収穫前日まで	3回以内
	スタークル顆粒水溶剤	3000倍	150～300l/10a	収穫前日まで	2回以内
	アルバリン顆粒水溶剤	3000倍	150～300l/10a	収穫前日まで	2回以内
	ハチハチ乳剤	1000～2000倍	150～300l/10a	収穫前日まで	2回以内
	チェス水和剤	3000倍	100～300l/10a	収穫前日まで	3回以内
	ラノーテープ		10～50m^2/10a	栽培期間中	1回
	エンストリップ		1カード/25～30株		
	ツヤコバチEF30		80枚/10a		
	エルカード		1箱（約3000頭）/10a		
	プリファード水和剤	1000倍	200～300l/10a		

注）1　毎年発生が多い施設栽培では，栽培期間中にラノーテープを施設内に設置する。本剤は有効成分のピリプロキシフェン（IGR系）が塗布された黄色のテープで，テープに接触した成虫が産下した卵の孵化が抑制される。

2　施設栽培では天敵寄生蜂が使用できる。エンストリップおよびツヤコバチEF30はともにオンシツツヤコバチを（エルカードはサバクツヤコバチを）製剤化したものである。シルバーリーフコナジラミが多発してからの放飼では防除効果が劣るので，発生初期に放飼する。

3　施設栽培では天敵糸状菌が使用できる。プリファード水和剤はペキロマイセス・フモソロセウスを製剤化したものである。散布はシルバーリーフコナジラミの発生初期に開始し，充分量の薬液が葉裏によく付着するよう，7日間隔で3～4回散布する。夕方など湿度を充分に確保できる条件で散布する。

4　ラノーテープは使用後に資材の回収が義務づけられているので，処分しないように注意する。

ナス：ミカンキイロアザミウマ

ナス　ミカンキイロアザミウマ　防除適期と薬剤 （柴尾　学，2004）

防除時期	商品名	希釈倍数	使用量	使用時期	使用回数
発生初期	オルトラン粒剤		3〜6kg/10a（1〜2g/株）	定植時，収穫前日までの生育期	3回以内
	アクタラ粒剤5		2g/株	定植時	1回
	ガゼット粒剤		2g/株	定植時	1回
	スピノエース顆粒水和剤	2500〜5000倍	100〜300l/10a	収穫前日まで	2回以内
	コテツフロアブル	2000倍	150〜300l/10a	収穫前日まで	2回以内
	マラバッサ乳剤	1500倍		収穫3日前まで	3回以内
	ハチハチ乳剤	1000〜2000倍	150〜300l/10a	収穫前日まで	2回以内
	アーデント水和剤	1000倍	150〜300l/10a	収穫前日まで	4回以内
	タイリク		500〜2000ml（約500〜2000頭）/10a		
	オリスターA		0.5〜2l（約500〜2000頭）/10a		
	ククメリス		50〜100頭/株		
	メリトップ		100頭/株		
	ボタニガードES	500倍	200〜300l/10a		

注）1　コテツフロアブル，マラバッサ乳剤では幼苗期に薬害が生じやすいので，使用量や使用時期に注意する。
　　2　天敵糸状菌のボタニガードESは高濃度で使用すると葉に褐色斑点を生じやすいので，使用量に注意する。

ナス：オオタバコガ

ナス オオタバコガ 防除適期と薬剤 (柴尾 学, 2004)

防除時期	商品名	希釈倍数	使用量	使用時期	使用回数
成虫発生初期～終期	コナガコン		露地100～110m/10a, 20cmチューブ200本/10a ハウス100～400m/10a	加害作物栽培の全期間	
	コナガコン－プラス		100～120本/10a	対象作物の栽培全期間	
	コンフューザーV		100本/10a	対象作物の栽培全期間	
発生初期	スピノエース顆粒水和剤	5000倍	100～300l/10a	収穫前日まで	2回以内
	スピノエース顆粒水和剤100	2000倍	100～300l/10a	収穫前日まで	2回以内
	アファーム乳剤	2000倍	150～300l/10a	収穫前日まで	2回以内
	コテツフロアブル	2000倍	150～300l/10a	収穫前日まで	2回以内
	トルネードフロアブル	2000倍	150～300l/10a	収穫前日まで	2回以内
	プレオフロアブル	1000倍	100～300l/10a	収穫前日まで	4回以内
	マトリックフロアブル	1000～2000倍	100～300l/10a	収穫前日まで	3回以内
	マッチ乳剤	2000倍	100～300l/10a	収穫前日まで	4回以内
	アタブロン乳剤	2000倍		収穫前日まで	3回以内
	エスマルクDF	1000倍		収穫前日まで	4回以内
	ゼンターリ顆粒水和剤	1000倍		収穫前日まで	4回以内
	デルフィン顆粒水和剤	1000倍		収穫前日まで	4回以内
	フローバックDF	1000倍		収穫前日まで	4回以内
	ガードジェット水和剤	1000倍	150～300l/10a	収穫前日まで	4回以内
	ハクサップ水和剤	2000倍		収穫前日まで	5回以内

注) コテツフロアブルでは幼苗期に薬害が生じやすいので, 使用量や使用時期に注意する.

ナス：カメムシ類，ピーマン：モザイク病，疫病

ナス　カメムシ類　防除適期と薬剤 （下元満喜，2004）

防除時期	商品名	希釈倍数	使用量	使用時期	使用回数
生育期～収穫期	マラソン粉剤		3kg/10a	収穫前日まで	6回以内

注）1　現在，ナスに適用登録されているカメムシ類の防除薬剤はマラソン粉剤のみであるが，本剤は残効が短く，多発時にはたびたび散布する必要がある。
　　2　コナジラミ類やアブラムシ類などに適用登録されている合成ピレスロイド剤，ネオニコチノイド系剤はカメムシ類にも有効であるので，同時防除に使用できる。なお，合成ピレスロイド剤としてはアーデント水和剤，トレボン乳剤，サイハロン乳剤，アグロスリン乳剤，テルスターフロアブル，ハクサップ水和剤，マブリック水和剤などがある。また，ネオニコチノイド系剤としてはモスピラン水溶剤，アドマイヤー水和剤，ダントツ水溶剤，スタークル顆粒水溶剤，アルバリン顆粒水溶剤，アクタラ顆粒水溶剤，バリアード顆粒水和剤，ベストガード水溶剤などがある。
　　3　アブラムシ類に適用登録のあるスミチオン乳剤もカメムシ類に有効であり，同時防除に使用できる。

ピーマンのモザイク病を媒介するアブラムシ類の防除適期と薬剤

（今村幸久，2004）

防除時期	商品名	希釈倍数	使用量	使用時期	使用回数
生育期	レンテミン	1000倍		収穫前日まで	
	レンテミン液剤	10倍	100l/10a	収穫前日まで	5回以内
管理作業時	レンテミン	100倍			
	レンテミン液剤	原液	100l/10a	収穫前日まで	5回以内

ピーマン　疫病　防除適期と薬剤 （田村逸美，2004）

防除時期	商品名	希釈倍数	使用量	使用時期	使用回数
床土・堆肥	クロールピクリン		3～5ml/穴		1回
	クロピクテープ		2.2m/m²		1回
	クロルピクリン錠剤		1錠/穴		1回
圃場	クロピクテープ		110m/100m²		1回
	クロールピクリン		2～3ml/穴		1回
生育期	ランマンフロアブル	2000倍	150～300l/10a	収穫前日まで	4回以内
	リドミル水和剤	1500～2000倍	200～400ml/株灌注	収穫前日まで	3回以内
	リドミル粒剤2		2～3g/株	収穫前日まで	3回以内

ピーマン：うどんこ病

ピーマン　うどんこ病　防除適期と薬剤 （田村逸美，2004）

防除時期	商品名	希釈倍数	使用量	使用時期	使用回数
定植時	オリゼメート粒剤		5～10g/株	定植時	1回
生育期	カスミンボルドー	1000倍		収穫前日まで	5回以内
	カッパーシン水和剤	1000倍		収穫前日まで	5回以内
	サプロール乳剤	1000倍		収穫前日まで	3回以内
	サンヨール	500倍		収穫前日まで	4回以内
	ストロビーフロアブル	3000倍		収穫前日まで	3回以内
	ダコニール1000	1000倍		収穫前日まで	3回以内
	トップジンM水和剤	1500～2000倍		収穫前日まで	
	トリフミンジェット		50g/くん煙室容積400m^3（高さ2m，床面積200m^2）	収穫前日まで	5回以内
	トリフミン水和剤	3000～5000倍		収穫前日まで	5回以内
	バイレトン水和剤5	1000～2000倍		収穫前日まで	4回以内
	パンチョ顆粒水和剤	4000倍	150～300l/10a	収穫前日まで	2回以内
	パンチョTF顆粒水和剤	2000倍	150～300l/10a	収穫前日まで	2回以内
	ポリオキシンAL乳剤	500～1000倍		収穫7日前まで	5回以内
	モレスタン水和剤	2000～3000倍		収穫前日まで	3回以内
	ラリー水和剤	4000～6000倍	150～300l/10a	収穫前日まで	4回以内
	ルビゲン水和剤	10000倍		収穫前日まで	4回以内
	硫黄粉剤50		3kg/10a		

ピーマン：斑点細菌病，軟腐病，菌核病

ピーマン　斑点細菌病　防除適期と薬剤 （田村逸美, 2004）

防除時期	商品名	希釈倍数	使用量	使用時期	使用回数
生育期	カスミンボルドー	1000倍		収穫前日まで	5回以内
	カッパーシン水和剤	1000倍		収穫前日まで	5回以内
	Zボルドー	500倍			
	コサイドボルドー	1000倍			

ピーマン　軟腐病　防除適期と薬剤 （田村逸美, 2004）

防除時期	商品名	希釈倍数	使用量	使用時期	使用回数
生育期	ボルドー，ドイツボルドーA	500～1000倍			
	Zボルドー	500倍			
	コサイドボルドー，コサイドDF	1000倍			
	ジーファイン	1000倍	150～500l/10a	収穫前日まで	6回以内
発病前～発病初期	バイオキーパー水和剤	500～2000倍	150～300l/10a	発病前～発病初期	

ピーマン　菌核病　防除適期と薬剤 （田村逸美, 2004）

防除時期	商品名	希釈倍数	使用量	使用時期	使用回数
生育期	スミレックス水和剤	1000～2000倍		収穫前日まで	5回以内
	トップジンM水和剤	1500～2000倍		収穫前日まで	
	ロブラールくん煙剤		100g（50g×2個）/くん煙室容積300～400m^3（高さ2m，床面積150～200m^2)	収穫前日まで	4回以内
	ロブラール水和剤	1000倍		収穫前日まで	4回以内

注）灰色かび病と共通する防除剤が多いが，灰色かび病菌は耐性菌の発生が多いことから，農薬の選定にあたっては灰色かび病の防除を優先する。つまり，菌核病に対しては，トップジンM水和剤を優先して使用し，スミレックスやロブラールは灰色かび病防除にとっておくとよい。

ピーマン：青枯病，灰色かび病

ピーマン　青枯病　防除適期と薬剤 (田村逸美，2004)

防除時期	商品名	希釈倍数	使用量	使用時期	使用回数
床土・堆肥	クロールピクリン		3〜5ml/穴		1回
	クロルピクリン錠剤		1錠/穴		1回
	クロピクテープ		2.2m/m^2		1回
圃場	クロールピクリン		2〜3ml/穴		1回
	クロピクテープ		110m/100m^2		1回
作付け前	ソイリーン		30l/10a（3ml/穴）	作付けの10〜15日前まで	1回
播種または定植前	ルートガード		30l/10a（3ml/穴）	播種または定植の20日前まで	1回

ピーマン　灰色かび病　防除適期と薬剤 (田村逸美，2004)

防除時期	商品名	希釈倍数	使用量	使用時期	使用回数
生育期	スミレックス水和剤	1000〜2000倍		収穫前日まで	5回以内
	スミレックスくん煙顆粒		6g/くん煙室容積100m^3（床面積50m^2×高さ2m）	収穫前日まで	5回以内
	ロブラールくん煙剤		100g（50g×2個）/くん煙室容積300〜400m^3（高さ2m，床面積150〜200m^2）	収穫前日まで	4回以内
	ロブラール水和剤	1000〜1500倍		収穫前日まで	4回以内
	インプレッション水和剤	500倍		発病前から発病初期まで	
	ボトキラー水和剤	1000倍	150〜300l/10a	発病前から発病初期まで	

注）スミレックスやロブラールに対する耐性菌が増加している。

ピーマン：苗立枯病, 白絹病, 斑点病

ピーマン　苗立枯病　防除適期と薬剤 （田村逸美, 2004）

防除時期	商品名	希釈倍数	使用量	使用時期	使用回数
床土・堆肥	クロピクテープ		2.2m/m²		1回
播種時	リゾレックス水和剤	500倍	3l/m²	播種時	1回
播種前	リゾレックス粉剤		50～100g/m²	播種前	1回
播種時～子葉展開時（露地栽培では播種時のみ）	モンカット水和剤	500～1000倍	3l/m²	播種時～子葉展開時（露地栽培では播種時のみ）	2回以内（露地栽培では1回）

注）1　モンカット水和剤は土壌が乾燥している場合に, 薬害がでることがあるので注意する。
　　2　施設栽培と露地栽培では使用方法が異なるので注意する。

ピーマン　白絹病　防除適期と薬剤 （田村逸美, 2004）

防除時期	商品名	希釈倍数	使用量	使用時期	使用回数
床土・堆肥	クロルピクリン錠剤		1錠/穴		1回
生育期（露地栽培）	モンカットフロアブル40	1000倍	1l/株	収穫前日まで	3回以内
	リゾレックス水和剤	1000倍	1l/株	収穫前日まで	1回

ピーマン　斑点病　防除適期と薬剤 （田村逸美, 2004）

防除時期	商品名	希釈倍数	使用量	使用時期	使用回数
定植時	オリゼメート粒剤		5～10g/株		1回
生育期	カスミンボルドー	1000倍		収穫前日まで	5回以内
	カッパーシン水和剤	1000倍		収穫前日まで	5回以内
	ダコニール1000	1000倍		収穫前日まで	3回以内
	ラリー水和剤	4000～6000倍	150～300l/10a	収穫前日まで	4回以内

ピーマン：ミナミキイロアザミウマ

ピーマン　ミナミキイロアザミウマ　防除適期と薬剤 (松崎征美, 2004)

防除時期	商品名	希釈倍数	使用量	使用時期	使用回数
定植時	アドマイヤー1粒剤		1～2g/株	定植時	1回
	ベストガード粒剤		1～2g/株	定植時	1回
	ガゼット粒剤		1g/株	定植時	1回
	オンコル粒剤		1～2g/株	定植時	1回
	バイデートL粒剤		1～2.5g/株	定植時	1回
生育期	スピノエース顆粒水和剤	5000倍		収穫前日まで	2回以内
	コテツフロアブル	2000倍		収穫前日まで	2回以内
	モスピラン水溶剤	4000倍		収穫前日まで	2回以内
	アドマイヤー顆粒水和剤	10000倍		収穫前日まで	2回以内
	ベストガード水溶剤	1000～2000倍		収穫前日まで	3回以内
	アタブロン乳剤	2000倍		収穫前日まで	2回以内
	ラノー乳剤	1000～2000倍		収穫前日まで	3回以内
	ボタニガードES	500倍		発生初期（施設のみ）	
	オリスターA		500～2000頭/10a	発生初期（施設のみ）	
	タイリク		500～2000頭/10a	発生初期（施設のみ）	
	ククメリスカブリダニ		50～100頭/株	発生初期（施設のみ）	

ピーマン：オンシツコナジラミ

ピーマン　オンシツコナジラミ　防除適期と薬剤 (山下　泉，2004)

防除時期	商品名	希釈倍数	使用量	使用時期	使用回数
発生初期	モスピラン水溶剤	4000倍	150～300l/10a	収穫前日まで	2回以内
	ラノーテープ		10～50m²/10a	栽培期間中	1回
	プリファード水和剤	1000倍	200～300l/10a	発生初期	
	エンストリップ		1カード；25～30株（1週間間隔で3～5回程度放飼）	発生初期	
	ツヤコバチEF30		80枚/10a（1週間間隔で3～5回程度放飼）	発生初期	

注）1　定植時にアブラムシ類やアザミウマ類を対象として，ネオニコチノイド系粒剤（アドマイヤー，ベストガード，アクタラ，スタークル，アルバリン）やチェス粒剤の植穴処理を行なえば本種の発生が抑制される。

2　発生密度が高い場合はモスピラン水溶剤を散布する。また，アザミウマ類やアブラムシ類の防除にアドマイヤー水和剤，アクタラ顆粒水溶剤，ラノー乳剤，チェス水和剤などを用いることで，同時防除が可能である。

3　幼若ホルモン様作用をもつ薬剤（ピリプロキシフェン）が塗布されたラノーテープを作物上に張ると（作物の生育にともない設置位置を上げる），長期間にわたり本種の発生を抑制できる。

4　天敵としてオンシツツヤコバチ剤が使用できる。また，微生物農薬ではプリファード水和剤（ペキロマイセス・フモソロセウス菌）が使用でき，天敵昆虫との併用が可能である。本剤を使用する場合は午後に散布し，翌朝まで施設の湿度を高く保つ必要がある。また，殺菌剤との併用を避ける。

ピーマン：チャノホコリダニ，タバコガ類

ピーマン チャノホコリダニ 防除適期と薬剤 (山下 泉, 2004)

防除時期	商品名	希釈倍数	使用量	使用時期	使用回数
発生初期	モレスタン水和剤	2000〜3000倍		収穫前日まで	3回以内

注) 1 促成栽培では，定植後の9〜11月の生育初期に初発生することが多い。この時期はアザミウマ類やオオタバコガなどが発生している場合が多いので，これらに対してコテツフロアブル，アファーム乳剤などを散布することで，チャノホコリダニも併殺される。発生が最も多いのは気温が上昇してくる3月以降である。この時期は，増殖速度が非常に速く，短期間のうちに多発状態になる。この時期もアザミウマ類やハダニ類の発生が多い時期であり，これらに対してコテツフロアブル，アファーム乳剤，ダニトロンフロアブルなどを用いることによってチャノホコリダニを併殺する。

2 露地栽培では，7月の梅雨明け以降に，発生することが多い。この時期は，本種の発生に最適なため，短期間のうちに増殖し，被害が拡大する。発生を確認したときはただちにモレスタン水和剤を散布して被害の蔓延を防止する。なお，アザミウマ類やハダニ類などの発生がみられる場合は，コテツフロアブル，ダニトロンフロアブルなどを散布して併殺を図る。

ピーマン タバコガ類 防除適期と薬剤 (山下 泉, 2004)

防除時期	商品名	希釈倍数	使用量	使用時期	使用回数
発生初期	プレオフロアブル	1000倍	100〜300l/10a	収穫前日まで	2回以内
	トルネードフロアブル	2000倍	150〜300l/10a	収穫前日まで	2回以内
	マトリックフロアブル	1000〜2000倍	100〜300l/10a	収穫前日まで	3回以内
	アファーム乳剤	2000倍	150〜300l/10a	収穫前日まで	2回以内
	コテツフロアブル	2000倍	150〜300l/10a	収穫前日まで	2回以内
	マッチ乳剤	2000倍	100〜300l/10a	収穫前日まで	4回以内
	アタブロン乳剤	2000倍	150〜300l/10a	収穫前日まで	2回以内
	カスケード乳剤	2000倍	150〜300l/10a	収穫前日まで	3回以内
	スピノエース顆粒水和剤	2500〜5000倍	100〜300l/10a	収穫前日まで	2回以内
	エスマルクDF	1000倍		収穫前日まで	4回以内
	ゼンターリ顆粒水和剤	1000倍		収穫前日まで	4回以内

注) オオタバコガに対しては，プレオフロアブル，トルネードフロアブル，アファーム乳剤，マトリックフロアブル，コテツフロアブル，アタブロン乳剤，マッチ乳剤などの登録がある。タバコガに対する登録農薬はアグロスリン乳剤，アディオン乳剤があるが，オオタバコガに登録のある薬剤を用いれば同時防除できる。

ピーマン:ハダニ類,ヒラズハナアザミウマ

ピーマン ハダニ類 防除適期と薬剤 (松崎征美, 2004)

防除時期	商品名	希釈倍数	使用量	使用時期	使用回数
生育期	ダニトロンフロアブル	2000倍		収穫前日まで	1回
	ニッソラン水和剤	2000倍		収穫前日まで	2回以内
	ロディー乳剤	2000倍		収穫前日まで	3回以内
	アーデント水和剤	1000倍		収穫前日まで	2回以内
	硫黄粉剤		3kg/10a		
	粘着くん液剤	100倍		収穫前日まで	6回以内
	サンクリスタル乳剤	300倍		収穫前日まで	6回以内
	アカリタッチ乳剤	1000〜2000倍		収穫前日まで	6回以内
	チリカブリダニ(生物農薬)		2000〜6000頭/10a	発生初期(施設のみ)	
	スパイカル(ミヤコカブリダニ)		2000頭/10a	発生初期(施設のみ)	

ピーマン ヒラズハナアザミウマ 防除適期と薬剤 (山下 泉, 2004)

防除時期	商品名	希釈倍数	使用量	使用時期	使用回数
発生初期	スピノエース顆粒水和剤	5000倍	100〜300*l*/10a	収穫前日まで	2回以内
発生初期(施設栽培)	タイリク,オリスターA		500〜2000頭/10a (1週間間隔で2〜3回放飼)	発生初期	
	ククメリス,メリトップ		50〜100頭/株 (1週間間隔で2〜3回放飼)	発生初期	
	ボタニガードES	500倍	200〜300*l*/10a	発生初期	

注) 1 定植時にミナミキイロアザミウマやミカンキイロアザミウマを対象にオンコル粒剤,ガゼット粒剤などの植穴処理を行なえば,発生が抑制される。
2 発生がみられた場合は,スピノエース顆粒水和剤を散布する。また,ミナミキイロアザミウマに登録のあるコテツフロアブル,ボルスタール乳剤やオオタバコガに登録のあるアファーム乳剤でも同時防除が可能である。本種は増殖速度が速いことから,薬剤散布は4〜5日間隔で2〜3回連続散布する。また,薬液が花の内部にかかるようていねいに行なう。
3 ネオニコチノイド系薬剤(アドマイヤー,モスピラン,ベストガードなど)はアザミウマ類に登録があるが,本種には効果が低いので留意する。

ピーマン：アブラムシ類

ピーマン　アブラムシ類　防除適期と薬剤 (高井幹夫, 2004)

防除時期	商品名	希釈倍数	使用量	使用時期	使用回数
発生前	アドマイヤー1粒剤		1g/株；株元散布	育苗期後半（定植7日前まで）	1回
	アドマイヤー1粒剤		1〜2g/株；植穴または株元土壌混和	定植時	1回
	ベストガード粒剤		1〜2g/株；植穴または株元土壌混和	定植時	1回
	チェス粒剤		1g/株；株元散布	育苗期後半	1回
	アクタラ粒剤5		1g/株；植穴処理	定植時	1回
	アルバリン粒剤		1g/株；株元散布	収穫前日まで	1回
発生初期	アドマイヤー顆粒水和剤	10000倍		収穫前日まで	2回以内
	モスピラン水溶剤	4000倍		収穫前日まで	2回以内
	チェス水和剤	3000倍		収穫前日まで	3回以内
	スタークル顆粒水溶剤	3000倍		収穫前日まで	2回以内
	バリアード顆粒水和剤	4000倍		収穫前日まで	2回以内
	アクタラ顆粒水溶剤	3000倍		収穫前日まで	3回以内
	DDVP乳剤	1000〜2000倍		収穫前日まで（露地栽培），収穫3日前まで（施設栽培）	3回以内
	マブリック水和剤	4000倍		収穫前日まで	2回以内
	アグロスリン乳剤	2000倍		収穫前日まで	5回以内

ピーマン：アブラムシ類

モスピランジェット		15g/100m^3（床面積50m^2×高さ2m）（くん煙剤）	収穫前日まで	2回以内
DDVPくん煙剤		11g/100m^3	収穫3日前まで（施設栽培）	3回以内
マラバッサくん煙剤		50g/200m^3（床面積100m^2×高さ2m）	収穫前日まで	3回以内
アフィパール		2ボトル/10a		

注）1 ピーマンのアブラムシ類に適用登録のある薬剤は多いが，すでに有機リン剤，カーバメート剤，有機リン剤＋カーバメート剤の混合剤，合成ピレスロイド剤に対して，感受性の低下した個体群が広く分布しているので，薬剤の選択にあたっては充分注意する。
2 現在，これらの薬剤に対して感受性の低下した個体群にも高い効果を示す薬剤はアドマイヤー粒剤，アドマイヤー顆粒水和剤，ベストガード粒剤，チェス粒剤，チェス水和剤，アクタラ粒剤，アクタラ顆粒水溶剤，アルバリン粒剤，スタークル顆粒水溶剤，モスピラン水溶剤，バリアード顆粒水和剤などである。
3 アドマイヤー，ベストガード，モスピラン，バリアード，アルバリン，スタークルおよびアクタラは同一タイプの薬剤であるので，薬剤抵抗性の発達防止上からもこれらの剤の連用は避ける。
4 くん煙剤は植物体やビニールから離れた場所に設置し，発炎させないようにくん煙する。煙が施設内全体によくまわるようにするため，数か所に分けて配置して点火する。30℃を超えるような高温時，風が強い日，幼苗，軟弱徒長気味のときには使用を避ける。くん煙は夕方に行ない，終了後はハウスを開放するか換気扇を回して充分換気する。
5 天敵寄生蜂の導入時，アブラムシ類の寄生密度が高い株がある場合には，それらの株を対象に寄生蜂に影響の少ないチェス水和剤をスポット散布しておく。
6 合成ピレスロイド剤（マブリック水和剤，アグロスリン乳剤）はいずれの剤も魚毒性が高いので，残液を水路などに流さないようにする。
7 ミナミキイロアザミウマの防除にアドマイヤー顆粒水和剤，アクタラ顆粒水和剤，モスピラン水溶剤，バリアード顆粒水和剤あるいはスタークル顆粒水和剤が使用されれば，アブラムシ類の発生はほとんど問題にならない。
8 露地栽培では，ランネート水和剤によるハスモンヨトウとの同時防除が可能である。ランネート水和剤は，施設栽培では危険であるので絶対に使用しない。

ピーマン：ハスモンヨトウ，サツマイモネコブセンチュウ

ピーマン　ハスモンヨトウ　防除適期と薬剤　（高井幹夫，2004）

防除時期	商品名	希釈倍数	使用量	使用時期	使用回数
発生初期	ファルコンフロアブル	4000倍		収穫前日まで	2回以内
	アタブロン乳剤	2000倍		収穫前日まで	3回以内
	レピタームフロアブル	500倍		収穫前日まで	4回以内
	ランネート45水和剤	1000～2000倍		収穫14日前まで（露地栽培のみ）	3回以内

注）1　ピーマンのハスモンヨトウ防除に適用登録のある薬剤は非常に少ない。適用登録薬剤のうち，ランネート水和剤に対しては抵抗性が確認されており，3齢期以降の防除では実用的な防除が得られない場合がある。
　2　ハスモンヨトウ防除の特効薬として長く使用されてきたランネートの効果減退が著しい現状では，中・老齢幼虫が混在するような多発状態になると，現在の適用登録薬剤で防除することはきわめて困難である。
　3　ランネート45水和剤は露地栽培でのみ使用。気化しやすく，急性毒性が高いので，施設栽培では危険であり，絶対に使用しない。
　4　ファルコンフロアブルとアタブロン乳剤はIGR剤であり，遅効的であるので，発生初期，遅くとも3齢幼虫期までに処理する。
　5　レピタームフロアブル（BT剤）は若齢幼虫期に使用する。
　6　オオタバコガに適用登録のあるトルネードフロアブル，マトリックフロアブル，マッチ乳剤などはハスモンヨトウに対する適用登録はないが，ハスモンヨトウにも効果があり，オオタバコガとの同時防除が可能である。
　7　ミナミキイロアザミウマに適用登録のあるアファーム乳剤，コテツフロアブルなどはハスモンヨトウに対する適用登録はないが，ハスモンヨトウ若齢幼虫期であれば効果があり，ミナミキイロアザミウマとの同時防除が可能である。
　8　アタブロン乳剤，ファルコンフロアブルはハナカメムシ類の幼虫に影響があるので，アザミウマ類の天敵であるタイリクヒメハナカメムシを導入している施設では極力使用を避ける。

ピーマン　サツマイモネコブセンチュウ　防除適期と薬剤　（松崎征美，2004）

防除時期	商品名	希釈倍数	使用量	使用時期	使用回数
植付け前	ネマトリンエース		15～20kg/10a	植付け前	1回
	D-D剤		20kg/10a	植付け15日前まで	1回
	ソイリーン		30ℓ/10a (3mℓ/穴)	植付け15日前まで	1回
	キルパー		4mℓ/穴	植付け20日前まで	1回
	ボルテージ粒剤6		40kg/10a	植付け前	1回

ピーマン：コナカイガラムシ類，シルバーリーフコナジラミ

ピーマン　コナカイガラムシ類　防除適期と薬剤 (山下　泉，2004)

防除時期	商品名	希釈倍数	使用量	使用時期	使用回数
発生初期	アクタラ顆粒水溶剤	3000倍	100〜300l/10a	収穫前日まで	3回以内

注）1　定植時にミナミキイロアザミウマやミカンキイロアザミウマを対象にネオニコチノイド系粒剤（アドマイヤー，ベストガード，アクタラ，スタークル，アルバリン）やオンコル粒剤などの植穴処理を行なうと発生が抑制される。
　　2　収穫期に発生がみられたときは，アクタラ顆粒水溶剤を散布する。また，アザミウマ類の防除を行なう際に，ラノー乳剤やモスピラン水溶剤などを用いることで併殺される。なお，ラノー乳剤は遅効的であり，効果が確認できるまで約2週間を要する。
　　3　アザミウマ類の防除にタイリクヒメハナカメムシを放飼しているところで発生がみられた場合は，できるだけラノー乳剤を使用し，ミナミキイロアザミウマとの同時防除をはかる。もし，アクタラ顆粒水溶剤やモスピラン水溶剤を使用する場合は，スポット散布にとどめる。

ピーマン　シルバーリーフコナジラミ　防除適期と薬剤 (山下　泉，2004)

防除時期	商品名	希釈倍数	使用量	使用時期	使用回数
発生初期	ラノーテープ		10〜50m²/10a	栽培期間中	1回
	プリファード水和剤	1000倍	200〜300l/10a	発生初期	
	エンストリップ		1カード；25〜30株（1週間間隔で3〜5回程度放飼）	発生初期	
	ツヤコバチEF30		80枚/10a（1週間間隔で3〜5回程度放飼）	発生初期	

注）1　定植時にアブラムシ類やアザミウマ類を対象として，ネオニコチノイド系粒剤（アドマイヤー，ベストガード，アクタラ，スタークル，アルバリン）やチェス粒剤の植穴処理を行なえば本種の発生が抑制される。
　　2　幼若ホルモン様作用をもつ薬剤（ピリプロキシフェン）が塗布されたラノーテープを作物上に張ると（作物の生育にともない設置位置を上げる），長期間にわたり本種の発生を抑制できる。
　　3　ピーマンではラノーテープ以外に本種に登録のある化学合成殺虫剤はないが，アザミウマ類やアブラムシ類の防除にアドマイヤー水和剤，モスピラン水溶剤，アクタラ顆粒水溶剤，ラノー乳剤，チェス水和剤などを用いることで，同時防除できる。
　　4　薬剤の散布前後に上位葉の裏側の虫数を観察して判定する。成虫に対しては，ラノー乳剤を除き90％以上減少していれば効果があったものとみなす。幼虫については散布1週間後頃にルーペで葉裏を観察し，幼虫が干からびたり褐色に変色しているかを観察する。

ピーマン：ミカンキイロアザミウマ，クリバネアザミウマ

ピーマン　ミカンキイロアザミウマ　防除適期と薬剤 （下元満喜，2004）

防除時期	商品名	希釈倍数	使用量	使用時期	使用回数
発生初期	アーデント水和剤	1000倍	150～300l/10a	収穫前日まで	2回以内
	スピノエース顆粒水和剤	5000倍	100～300l/10a	収穫前日まで	2回以内
	コテツフロアブル	2000倍	150～300l/10a	収穫前日まで	2回以内
	ククメリス		50～100頭/株	発生初期（施設栽培）	
	メリトップ		100頭/株	発生初期（施設栽培）	
	タイリク		500～2000頭/10a	発生初期（施設栽培）	
	オリスターA		500～2000頭/10a	発生初期（施設栽培）	

注）1　コテツフロアブルは品種により薬害を生じることがあり，予備散布し確認後使用する。
　　2　天敵資材のククメリスカブリダニ剤（ククメリス，メリトップ），タイリクヒメハナカメムシ剤（タイリク，オリスターA）は生物農薬であるため，入手後速やかに使用し，使い切る。

ピーマン　クリバネアザミウマ　防除適期と薬剤 （山下　泉，2004）

防除時期	商品名	希釈倍数	使用量	使用時期	使用回数
発生初期	モスピラン水溶剤	4000倍	150～300l/10a	収穫前日まで	2回以内
	スピノエース顆粒水和剤	5000倍	100～300l/10a	収穫前日まで	2回以内
	タイリク，オリスターA		500～2000頭/10a（1週間間隔で2～3回放飼）	発生初期	
	ククメリス，メリトップ		50～100頭/株（1週間間隔で2～3回放飼）	発生初期	
発生初期（施設栽培）	ボタニガードES	500倍	200～300l/10a	発生初期	

ピーマン：クリバネアザミウマ，ナメクジ類，トウガラシ：軟腐病

注）1 定植時にミナミキイロアザミウマやミカンキイロアザミウマを対象にネオニコチノイド系粒剤（アドマイヤー，ベストガード，アクタラ，スタークル，アルバリン）やオンコル粒剤などの植穴処理を行なえば，発生が抑制される。
   2 発生がみられた場合は，スピノエース顆粒水和剤，モスピラン水溶剤を散布する。薬剤散布は，薬液が株のふところ部や葉裏にかかるようていねいに行なう。
   3 タイリクヒメハナカメムシやククメリスカブリダニなどの天敵を栽培初期に放飼しておけばある程度防除効果が期待できる。ただし，本種の発生部位（ふところ部）と天敵類の発生部位（生長点部）が若干異なることから，ミナミキイロアザミウマなどの防除の際に選択性殺虫剤（コテツフロアブルなど）を用いて併殺を図る必要がある。
   4 タイリク，オリスターA，ククメリス，メリトップは施設栽培で用いる。

ピーマン　ナメクジ類　防除適期と薬剤（下元満喜，2004）

防除時期	商品名	希釈倍数	使用量	使用時期	使用回数
被害発生時	マイマイペレット		1～4kg/10a		
	ナメキール		1～3kg/10a		
	ナメキット		2～4kg/10a		
	ナメトックス		1.5～4.5kg/10a		
	ナメトリン		4.5kg/10a		

注）1 表に掲げた薬剤はすべてメタアルデヒド剤である。同剤はナメクジ類の誘引作用と食毒作用を有する。ただし，ナメクジ（フタスジナメクジ）は本剤に誘引されないので注意する。
   2 メタアルデヒド剤への誘引虫数の多少や被害葉や被害果の発生を確認することで防除効果を判定できる。

トウガラシ　軟腐病　防除適期と薬剤（田村逸美，2004）

防除時期	商品名	希釈倍数	使用量	使用時期	使用回数
生育期（発生初期）	ジーファイン水和剤	1000倍	150～500l/10a	収穫前日まで	6回以内
	コサイドボルドー	1000倍			
	ボルドー	500～1000倍			
	Zボルドー	500倍			
	コサイドDF	1000倍			
生育期（発生前～発生初期）	バイオキーパー水和剤	500～2000倍	150～300l/10a	収穫直前まで	5回以内

トウガラシ：青枯病，疫病

トウガラシ　青枯病　防除適期と薬剤 （田村逸美，2004）

防除時期	商品名	希釈倍数	使用量	使用時期	使用回数
床土：播種前 圃場：定植前	クロールピクリン	原液	3〜5ml/穴 2〜3ml/穴		1回 1回
定植前	クロピクテープ		110m/100m²		1回
	クロルピクリンテープ		110m/100m²		1回
床土：播種前 圃場：定植前	クロルピクリン錠剤		1錠/穴 1錠/穴		1回 1回
定植前	ソイリーン	原液	30l/10a		1回

注）1　クロールピクリンを用いて床土を消毒する場合は，床土を高さ30cmに積み，30cm×30cmごとの深さ15cmに所定量を処理し，クロルピクリン錠剤の場合は所定量を表面処理し，直ちにポリエチレンフィルムで被覆する。
　　2　圃場の消毒の場合は，クロルピクリンは30cm×30cmごとの深さ15cmに所定量を処理し，錠剤やテープ剤は表面に所定量を処理し，直ちにポリエチレンフィルムで被覆する。
　　3　処理方法などについては農薬ごとに違う場合があるので，容器などのラベルに記されている使用方法に従って使用し，安全使用に努める。

トウガラシ　疫病　防除適期と薬剤 （田村逸美，2004）

防除時期	商品名	希釈倍数	使用量	使用時期	使用回数
床土：播種前 圃場：定植前	クロールピクリン	原液	3〜5ml/穴 2〜3ml/穴		1回 1回
定植前	クロピクテープ		110m/100m²		1回
床土：播種前 圃場：定植前	クロルピクリン錠剤		1錠/穴 1錠/穴		1回 1回

注）1　クロールピクリンを用いて床土を消毒する場合は，床土を高さ30cmに積み，30cm×30cmごとの深さ15cmに所定量を処理し，クロルピクリン錠剤の場合は所定量を表面処理し直ちにポリエチレンフィルムで被覆する。
　　2　圃場の消毒の場合は，クロルピクリンは30cm×30cmごとの深さ15cmに所定量を処理し，錠剤やテープ剤は表面に所定量を処理し，直ちにポリエチレンフィルムで被覆する。
　　3　処理方法などについては農薬ごとに違う場合があるので，容器などのラベルに記されている使用方法に従って使用し，安全使用に努める。

執 筆 者 一 覧

＊所属は執筆当時

<トマトの病気>

阿部善三郎（元東京都農業試験場）
飯嶋　勉（東京都農業試験場）
石井　正義（元農林水産省野菜・茶業試験場）
漆原　寿彦（群馬県農業技術センター）
小畠　博文（奈良県植物防疫協会）
加藤　公彦（静岡農業試験場）
唐津　達彦（山口県田布施農林事務所大島支所）
神納　浄（元兵庫県立中央農業技術センター）
草刈　眞一（大阪府立食とみどりの総合技術センター）
黒田　克利（三重県科学技術振興センター　農業研究部）
小板橋基夫（〈独〉農業環境技術研究所）
清水　武（大阪府立食とみどりの総合技術センター）
瀧川　雄一（静岡大学農学部）
竹内　妙子（千葉県農業総合研究センター）
谷名　光治（岡山県農業総合センター）
田部　真（信州大学）
手塚　信夫（〈株〉武蔵野種苗園）
長濱　恵（北海道中央農業試験場）
萩原　廣（〈独〉農業・生物系特定産業技術研究機構　東北農業研究センター）
本橋　精一（元東京都農業試験場）
森田　儔（元静岡県農業試験場）
矢ノ口幸夫（長野県中信農業試験場）
山本　磐（高知県農林水産部）
吉松　英明（大分県農業技術センター）

<トマトの害虫>

阿久津喜作（東京都農業試験場）
阿部　芳久（京都府立大学）
石井　卓爾（元島根県農業試験場）
小澤　朗人（静岡県茶業試験場）
於保　信彦（元農林水産省果樹試験場）
木村　裕（元大阪府立農林技術センター）
西東　力（静岡県農業試験場）
柴尾　学（大阪府立食とみどりの総合技術センター）
高井　幹夫（高知県農業総合センター）
田中　寛ひろし（大阪府立食とみどりの総合技術センター）
近岡　一郎（元神奈川県専門技術員）
徳丸　晋（京都府農業総合研究所）
中沢　啓一（広島県農業試験場）
中島　三夫（大分県宇佐病害虫防除所）
野村　健一（元千葉大学園芸学部）
林　英明（広島県農業技術センター）
藤沢　巧（岩手県農業研究センター）
古家　忠（熊本県農業試験場）
松井　正春（〈独〉農業環境技術研究所）

<ナスの病気>

飯嶋　勉（東京都農業試験場）
池田　弘（福岡県農業総合試験場）
石井　貴明（福岡県農業総合試験場）
岡田　清嗣（大阪府立食とみどりの総合技術センター）
木曾　皓（日本植物防疫協会）
久下　一彦（京都府農業総合研究所）
草刈　眞一（大阪府立食とみどりの総合技術センター）

825

高橋　尚之（高知県農業技術センター）
伊達　寛敬（岡山県農業総合センター）
中曽根　渡（大阪府立食とみどりの総合技術センター）
橋本　光司（埼玉県農林総合研究センター）
藤井新太郎（岡山県農業試験場）
本橋　精一（元東京都農業試験場）
矢野　和孝（高知県農業技術センター）
吉野　正義（埼玉県専門技術員）

＜ナスの害虫＞
木村　裕（元大阪府立農林技術センター）
柴尾　学（大阪府立食とみどりの総合技術センター）
下元　満喜（高知県農業技術センター）
嶽本　弘之（福岡県農業総合試験場）
田中　寛ひろし（大阪府立農林技術センター）
永井　一哉（岡山県農業総合センター）
長森　茂之（岡山県農業総合センター）
深沢　永光（元静岡県農業試験場）
松崎　征美（高知県植物防疫協会）
山下　泉（高知県農業技術センター）

＜ピーマンの病気＞
今村　幸久（宮崎県総合農業試験場）
内田　和馬（茨城県園芸試験場）
勝部　和則（岩手県農業研究センター）
川越　仁（元宮崎県総合農業試験場）
倉田　宗良（高知県農業水産部）
田村　逸美（宮崎県総合農業試験場）
米山　伸吾（元茨城県園芸試験場）

＜ピーマンの害虫＞
下元　満喜（高知県農業技術センター）
高井　幹夫（高知県農業技術センター）
中垣　至郎（茨城県農業総合センター園芸研究所）
松崎　征美（高知県植物防疫協会）
山下　泉（高知県農業技術センター）

＜トウガラシの病気＞
竹内　妙子（千葉県農業総合研究センター）
田村　逸美（宮崎県総合農業試験場）
若井田正義（元宇都宮大学農学部）

写真提供者一覧

＊所属は提供当時

<トマトの病気>
我孫子和雄（農林水産省中国農業試験場）
鐙谷　大節（元農林省北海道農業試験場）
石井　貴明（福岡県農業総合試験場）
磯島　正春（写真家）
伊藤　喜隆（元長野県果樹試験場）
今村　昭二（長野県植物防疫協会）
内川　敬介（長崎県総合農林試験場）
梶原　敏宏（日本植物防疫協会）
岸　　国平（元農林水産省農業研究センター）
草刈　眞一（大阪府立食とみどりの総合技術センター）
田口　義弘（岐阜県専門技術員）
富永　時任（元新潟大学）
挾間　　渉（大分県農業大学校）
山本　　勉（元徳島県農業試験場）
脇本　　哲（九州大学）

<トマトの害虫>
磯島　正春（写真家）
大串　龍一（金沢大学理学部）
片山　春喜（静岡県病害虫防除所）
木村　　裕（元大阪府立農業技術センター）
斎藤　　正（日本植物防疫協会）
澤田　正明（千葉県農業試験場）
田中　　寛（大阪府農林技術センター）
筒井喜代治（元農林省東海近畿農業試験場）
富永　時任（元新潟大学農学部）
永沢　　実（元東京都農業試験場）
橋本　光司（埼玉県園芸試験場）
平野　和弥（千葉大学園芸学部）

三浦　春夫（山形県農林水産部）
村井　　保（島根県農業試験場）
山本　　磐（高知県農林水産部）
山本　　勉（元徳島県農業試験場）

<ナスの病気>
磯島　正春（写真家）
梶原　敏宏（日本植物防疫協会）
岸　　国平（元農林水産省農業研究センター）
斎藤　　正（日本植物防疫協会）
田中　　寛（大阪府農業大学校）
富永　時任（元新潟大学農学部）
古谷　眞二（高知県農業技術センター茶業試験場）
三浦　春夫（山形県農林水産部）
山本　　磐（日本植物防疫協会）
山本　　勉（元徳島県農業試験場）

<ナスの害虫>
木村　　裕（大阪府立農業技術センター）
高井　幹夫（高知県農業技術センター）
根来　　実（大阪府病害虫防除所）

<ピーマンの病気>
岩手県農業研究センター
木曽　　皓（日本植物防疫協会）
高橋　尚之（高知県農業技術センター）
野中　耕次（宮崎県病害虫防除所）

<ピーマンの害虫>
川村　　満（元高知県南国病害虫防除所）

827

原色　野菜病害虫百科　第2版
1　トマト・ナス・ピーマン他

2005年3月31日　第1刷発行
2012年3月20日　第3刷発行

農 文 協 編

発行者　社団法人　農山漁村文化協会

〒107-8668　東京都港区赤坂7-6-1
電　話　03-3585-1141（営業）03-3585-1145（編集）
FAX　03-3589-1387　振替　00120-3-144478
URL　http://www.ruralnet.or.jp/

ISBN978-4-540-04267-6	印刷／新協・藤原印刷
©2005	製本／田中製本印刷
Printed in Japan	定価はカバーに表示
乱丁・落丁本はお取替えいたします。	

農文協の大百科シリーズ

稲作大百科 第2版（全5巻）　各11,429円＋税，揃価57,143円＋税

稲作の基本技術から栽培事例まで

　①総説/形態/品種/土壌管理
　②栽培の基礎/品種・食味/気象災害
　③栽培の実際/施肥技術
　④各種栽培法/直播栽培/生育診断
　⑤農家・地域の栽培事例

野菜園芸大百科 第2版（全23巻）
7,143～12,381円＋税　揃価207,619円＋税

15年ぶりの大改訂　最新・最高の技術を結集

　1 キュウリ　2 トマト　3 イチゴ　4 メロン　5 スイカ・カボチャ　6 ナス　7 ピーマン・生食用トウモロコシ・オクラ　8 エンドウ・インゲン・ソラマメ・エダマメ・その他マメ　9 アスパラガス　10 ダイコン・カブ　11 ニンジン・ゴボウ・ショウガ　12 サツマイモ・ジャガイモ　13 サトイモ・ナガイモ・レンコン・ウド・フキ・ミョウガ　14 レタス・ミツバ・シソ・パセリ　15 ホウレンソウ・シュンギク・セルリー　16 キャベツ・ハナヤサイ・ブロッコリー　17 ハクサイ・ツケナ類・チンゲンサイ・タアサイ　18 ネギ・ニラ・ワケギ・リーキ・やぐら性ネギ　19 タマネギ・ニンニク・ラッキョウ・アサツキ・シャロット　20 特産野菜70種　21 品質・鮮度保持　22 養液栽培・養液土耕　23 施設・資材，産地形成事例

果樹園芸大百科（全18巻）
4,762～14,286円＋税　揃価142,857円＋税

寒地から熱帯までの全果樹を網羅

　1 カンキツ　2 リンゴ　3 ブドウ　4 ナシ　5 モモ　6 カキ　7 クリ　8 ウメ　9 西洋ナシ　10 オウトウ　11 ビワ　12 キウイ　13 イチジク　14 スモモ　15 常緑特産果樹　16 落葉特産果樹　17 熱帯特産果樹　18 共通技術

花卉園芸大百科（全16巻）
7,619～14,286円＋税　揃価176,190円＋税

栽培の最先端技術から経営戦略まで

　1 生長・開花とその調節　2 土・施肥・水管理　3 環境要素とその制御　4 経営戦略/品質　5 緑化と緑化植物　6 ガーデニング/ハーブ/園芸　7 育種/苗生産/バイテク活用　8 キク　9 カーネーション（ダイアンサス）　10 バラ　11 1, 2年草　12 宿根草　13 シクラメン/球根類　14 花木　15 ラン　16 観葉植物/サボテン/多肉植物